Entstehung von Vertrauen am Beispiel des Berufsstandes der Wirtschaftsprüfer in Polen

AF776425

Europäische Hochschulschriften
Publications Universitaires Européennes
European University Studies

Reihe V
Volks- und Betriebswirtschaft

Série V Series V
Sciences économiques, gestion d'entreprise
Economics and Management

Bd./Vol. 2940

PETER LANG
Frankfurt am Main · Berlin · Bern · Bruxelles · New York · Oxford · Wien

Iwona Nowicka

Entstehung von Vertrauen am Beispiel des Berufsstandes der Wirtschaftsprüfer in Polen

PETER LANG
Europäischer Verlag der Wissenschaften

Bibliografische Information Der Deutschen Bibliothek
Die Deutsche Bibliothek verzeichnet diese Publikation in der Deutschen Nationalbibliografie; detaillierte bibliografische Daten sind im Internet über <http://dnb.ddb.de> abrufbar.

Gedruckt auf alterungsbeständigem,
säurefreiem Papier.

ISSN 0531-7339
ISBN 3-631-50273-7

© Peter Lang GmbH
Europäischer Verlag der Wissenschaften
Frankfurt am Main 2003
Alle Rechte vorbehalten.

Das Werk einschließlich aller seiner Teile ist urheberrechtlich geschützt. Jede Verwertung außerhalb der engen Grenzen des Urheberrechtsgesetzes ist ohne Zustimmung des Verlages unzulässig und strafbar. Das gilt insbesondere für Vervielfältigungen, Übersetzungen, Mikroverfilmungen und die Einspeicherung und Verarbeitung in elektronischen Systemen.

Printed in Germany 1 2 4 5 6 7

www.peterlang.de

Danksagung

An dieser Stelle möchte ich allen denjenigen danken, die mich bei der Erstellung der vorliegenden Arbeit unterstützt haben.

Mein besonderer Dank gilt Herrn Professor Henning Egner und Herrn Prof. Dr. Florian Schramm. Herr Prof. Dr. Egner hat mir die Motivation zum Schreiben dieser Arbeit gegeben und mir eine ausgezeichnete Betreuung zukommen lassen. Auch nach seiner Emeritierung und Wohnsitzverlegung in die USA hat er mir stets mit Rat und Tat zur Seite gestanden.

Mein Doktorvater Herr Prof. Dr. Schramm hat die Fertigstellung der Arbeit ermöglicht indem er die Rolle des ersten Gutachters übernommen hat und mich in der Gestaltung der Arbeit sicher angeleitet, mir dennoch aber alle Freiheiten in der Ausführung gelassen hat.

Für das meiner Arbeit gegenüber entgegengebrachte Interesse danke ich auch meinem Zweitgutachter Herrn Professor Dr. Michael Zerres und meinem externen Gutachter Herrn Professor Dr. Wenzel Matiaske.

Ich danke ferner meinen Interviewspartanern dafür, dass sie sich die Zeit zur Beantwortung meiner Fragen genommen und offen über ihre Erfahrungen berichtet haben.

Für ihr sorgfältiges Korrekturlesen danke ich Familie Mix. Herrn Dr. Manfred Lauermann danke ich für anregende Fachdiskussionen.

Roland Mix danke ich für die ständige Motivation und an das Glauben an meiner Person.

Iwona Nowicka, München im September 2002

Geleitwort zur Dissertationsschrift „Entstehung von Vertrauen am Beispiel des Berufsstandes der Wirtschaftsprüfer in Polen“ von Dipl.-Kffr. Iwona Nowicka

Die Transformation der vormaligen Planwirtschaft Polens in eine Marktwirtschaft westlicher Prägung vollzieht mit einer erheblichen Dynamik, die sich auf sämtliche wirtschaftliche Strukturen und Prozesse erstreckt. Die in diesen Kontext einzuordnende Arbeit von Frau Nowicka befaßt sich mit drei Themengebieten: Erstens handelt die Arbeit mit dem Wandel des Standes der Wirtschaftsprüfer in Polen von einem Aspekt der Transformation. Zweitens befaßt sich die Schrift mit der Funktionsweise der Institution „Wirtschaftsprüfung“. Drittens nimmt Frau Nowicka mit dem Konstrukt „Vertrauen“ eine Größe der betriebswirtschaftlichen Diskussion auf, die in jüngerer Zeit zunehmend Beachtung findet. Frau Nowicka führt diese drei, zumeist unverbundenen Stränge zusammen, indem sie die Entstehung und den Wandel der Institution der Wirtschaftsprüfung in der Transformation Polens mit einer Ausrichtung auf die Analyse von Vertrauensprozessen analysiert. Die Autorin nimmt bei der Bearbeitung ihres interessanten und innovativen Themas eine Position ein, die sich den Begriffen Methodologischer Individualismus, verhaltenswissenschaftliches Paradigma und empirische Fundierung charakterisieren läßt. Nun ist der Stand der empirischen Forschung zum Stand der Wirtschaftsprüfer auch in Deutschland nicht sonderlich ausgeprägt; in Polen stellt sich aufgrund der umwälzenden Neuerungen des letzten Jahrzehnts der Stand ungleich schlechter dar. Daher stellt die Arbeit einen nützlichen Mosaikstein der Transformationsforschung dar, der Wissenschaft wie Praxis hilft, sich ein Bild von den wirtschaftlichen Vorgängen zu machen.

Florian Schramm, Hamburg im August 2002

Inhaltsverzeichnis

Abbildungsverzeichnis

„Vertrauen hat, wenn wir uns um eine Bewertung drücken wollen, zumindest einen hohen pragmatischen Wert. Es ist ein wichtiges Schmiermittel im Räderwerk des sozialen Systems. Und es ist höchst effizient; es erspart zum Beispiel eine Menge Ärger und Umstände, wenn man sich auf ein einmal gegebenes Wort verlassen kann. Dummerweise ist es eine Annehmlichkeit, die nicht so ohne weiteres zu erwerben ist.“

(Arrow 1980, S. 20)

1. Einführung

1.1. Anmerkungen zum Thema

Anteilseigner und Aktionäre legen dauerhaft ihre finanziellen Mittel im Kapital von Unternehmen an. Banken räumen den Unternehmen kurz- bis langfristig Kredite ein. Auch Lieferanten kreditieren durch ihre Zahlungsbedingungen ihre Abnehmer. Personen, die über finanzielle Mittel verfügen, legen diese z.B. in Anleihen von Unternehmen an. Sowohl natürliche als auch juristische Personen, die ihr Geldkapital bestimmten Unternehmen entweder anvertraut haben oder es vorhaben, möchten so viel Informationen wie möglich über dieses Unternehmen bekommen. Die Gläubiger, um die finanzielle Kraft und die Rentabilität des Schuldners einschätzen zu können, die Anteilseigner, um die richtige Investitionsentscheidung treffen zu können. An der Lage des Unternehmens sind ebenfalls Mitarbeiter, Staat und die breite Öffentlichkeit interessiert. Je größer das Unternehmen ist, desto größer ist auch der Einfluss auf die wirtschaftliche Lage einer Region oder eines Landes. Es besteht also eine Bandbreite von Ursachen für den Bedarf an Informationen über die Finanz-, Vermögens- und Ertragslage der betroffenen Unternehmen. Die Voraussetzung dafür, dass derartige Informationen verwendbar sind, ist, dass sie wahr, vollständig, wesentlich und natürlich zugänglich sind. Folglich bilden Jahresabschluss und Lagebericht ein wichtiges Kommunikationsinstrument zwischen den gesetzlichen Vertretern des Unternehmens und den Eigentümern des Kapitals. Es kommt jedoch immer wieder vor, dass die Angaben in Jahresabschlüssen[1] fehlerhaft bzw. lückenhaft sind oder sogar absichtlich gefälscht werden, um die tatsächliche Lage des

1 Sooft in weiteren Ausführungen die Rede von Jahresabschlüssen ist, werden damit auch die dazu gehörenden Lageberichte gemeint.

Unternehmens zu verbergen. Um derartigen Gefahren zu entgehen, hat der Gesetzgeber größere Unternehmen dazu verpflichtet, ihre Jahresabschlüsse vor der Feststellung und Veröffentlichung durch die Wirtschaftsprüfer prüfen zu lassen. Die Wirtschaftsprüfer sind somit ein Bindeglied zwischen dem Unternehmen und den Eigentümern des Kapitals und zugleich ein Garant für die Korrektheit der Informationen des Jahresabschlusses. Um ihrer Rolle und ihrer Aufgabe gerecht zu werden, müssen die Wirtschaftsprüfer das Vertrauen der Adressaten[2] des Jahresabschlusses besitzen, da für die Mehrzahl von ihnen keine Möglichkeit besteht, die geleistete Arbeit der Wirtschaftsprüfer zu kontrollieren.

Die vorliegende Arbeit beschäftigt sich mit genau dieser Thematik. Untersuchungsgegenstand ist der Prozess der Vertrauensentstehung zu der Berufsgruppe der Wirtschaftsprüfer in Polen. Die Wahl der polnischen Wirtschaftsprüfer anstelle der deutschen als Untersuchungsobjekt ist meiner Meinung nach sinnvoller, weil eine ähnliche Problematik in Deutschland bereits mehrfach diskutiert wurde (Siehe hierzu: Binz 1985, Hunger 1981, Leffson 1988, Schildbach 1996, Schmidt 1996, Taupitz 1989). Dagegen stellt die entsprechende Problematik in Polen eine Herausforderung dar, da dort entsprechende Untersuchungen noch nicht stattgefunden haben. Das liegt daran, dass es sich bei den Wirtschaftsprüfern in Polen um einen noch sehr junge Profession handelt, die erst nach der Wende entstanden ist[3] und sich immer noch im Entwicklungsstadium befindet.[4]

---

[2] Der Begriff „Adressaten" wird im fünften Kapitel, Abschnitt 5.1.1 genauer betrachtet.

[3] Der Wirtschaftsprüferberuf wurde in Polen aufgrund des Gesetzes vom 19.10.1991 über Prüfung und Offenlegung von Jahresabschlüssen sowie über Wirtschaftsprüfer und deren Selbstverwaltung (vgl. Dz. U. Nr. 11, Position 48) eingeführt. Dieser Beruf besitzt in Polen eine Tradition, vorhergehend durch den Berufsstand als „Sachverständiger diplomierter Buchprüfer" vertreten (eingeführt durch Beschluss des Ministerrates im Jahre 1959), dessen Aufgabe die Prüfung der Jahresabschlüsse der Staatsbetriebe war. Die Auftraggeber waren die Gründerorgane und später die Finanzorgane. Die Einführung des Wirtschaftsprüferberufes war ein Ausdruck der Anpassung des polnischen Rechnungswesens an die Bedürfnisse der Marktwirtschaft. Dieser Prozess begann mit der Verordnung des Finanzministers vom 15.1.1991, anschließend folgte das bereits oben erwähnte Gesetz von 1991. Auf Anregung des Finanzministers und unter Mitarbeit des Buchhalterverbandes und der Lehrstühle für Rechnungswesen der polnischen Universitäten wurde das Gesetz über Rechnungslegung vorbereitet und das Gesetz über Wirtschaftsprüfer ergänzt. Beide Gesetze wurden durch das polnische Parlament im Jahre 1994 beschlossen. Die Konsequenzen dieser Gesetze sind zweierlei. Erstens wurde damit die Vereinheitlichung der Erfassung von Geschäftsvorfällen und Jahresabschlüssen erreicht und deren Inhalt an die Anforderungen der EU-Richtlinien angepasst. Zweitens wurden damit die Bedingungen bezüglich der Prüfung von Jahresabschlüssen durch die unabhängigen, öffentliches Vertrauen besitzenden Prüfer erfüllt.

[4] Zwei zusätzliche Gründe, die für die Wahl Polens sprachen, waren zum einen die Tatsache, dass es sich hier um einen direkten Nachbarn Deutschlands handelt, zum anderen, dass die Verfasserin dieser Arbeit aus Polen stammt und daher vor allem ihre landesspezifischen sowie sprachlichen Kenntnisse anwenden konnte.

Ferner ist Polen, dass oft auch als „osteuropäischer Tigerstaat“ bezeichnet wird, jetzt schon ein bedeutender Fleck auf der Landkarte internationaler Kapitalanleger. Die schnelle Öffnung nach Westen nach der Wende hat, gekoppelt mit einem im Vergleich zu anderen ehemaligen COMECON Staaten relativ erfolgreichen Transformationsprozess, schon viel Geld ins Land gelockt. Die in absehbarer Zukunft mögliche Teilnahme an der Europäischen Union dürfte zusätzliches Interesse von ausländischen Kapitalgebern an diesem mit über 40 Millionen Menschen relativ großem Markt hervorrufen.

1.2. Zielsetzung

In der vorliegenden Arbeit werden mehrere Ziele verfolgt. Das Hauptziel ist zu prüfen, ob zum Berufsstand der Wirtschaftsprüfer in Polen Vertrauen besteht. Es soll weiterhin ermittelt werden, welche Vertrauensquellen der Berufsstand besitzt. Dies, um feststellen zu können, wo die Gründe für mangelndes Vertrauen liegen bzw. wenn Vertrauen vorhanden ist, wo die Verbesserungsmöglichkeiten für größeres Vertrauen liegen. Es ist unumstritten, dass Vertrauen beim Berufsstand der Wirtschaftsprüfer weltweit eine existentielle Rolle spielt. Die Aufgabe der Wirtschaftsprüfer ist nämlich, die Eigentümer, die Gläubiger und die anderen externen Interessenten davor zu schützen, dass das Management seine Informationsvorsprünge zum Schaden der genannten Bilanzadressaten ausnutzt. Die Wirtschaftsprüfer sollen die vorhandene Informationsasymmetrie zwischen dem Management und den externen Adressaten verringern. Dazu hat der Wirtschaftsprüfer die Ordnungsmäßigkeit von Jahresabschlussinformationen zu überprüfen und bei positivem Befund zu bestätigen. Das Vertrauen in die Ergebnisse einer derartigen Prüfung hängt in entscheidendem Maße von der Person des Wirtschaftsprüfers ab und ist für die Adressaten von zentraler Bedeutung. Das Vertrauen soll durch die hohen fachlichen und moralischen Qualifikationen der Personen, die den Beruf des Wirtschaftsprüfers ausüben, gewährleistet werden. Dabei muss aber berücksichtigt werden, dass Wirtschaftsprüfer Personen mit Eigeninteressen sind, auf deren Prüferverhalten[5] bestimmte ökonomische Faktoren Einfluss nehmen können. Zu diesen Faktoren zählen beispielsweise: ein möglicher Verlust des Mandanten, Reputationsaspekte auf dem Prüfungsmarkt bei einer Fehlwarnung sowie die Gefahr von gerichtlichen Klagen. Diese Aspekte bergen prinzipiell die Gefahr, dass, obwohl der Prüfer die Unternehmensgefährdungen erkannt hat, er sie nicht in seine Berichterstattung und Testaterteilung umsetzt (vgl. Ewert 1993, S. 719).

---

[5] In der vorliegenden Arbeit wird die „Jahresabschlussprüfung“ auch als „Abschlussprüfung“ oder „Prüfung“ bezeichnet. Der gesetzliche „Jahresabschlussprüfer“ wird entsprechend als „Abschlussprüfer“ oder „Prüfer“ bezeichnet.

Neben dem oben formulierten Hauptziel bestehen noch weitere Ziele. Eines der wichtigsten betrifft die Vertrauensforschung. Auf die wachsende Rolle von Vertrauen in und zu Organisationen und Institutionen haben bereits mehrere Forscher hingewiesen, wie beispielsweise: Bentele 1993, Bleicher 1982, 1994, 1995, Döring 1990, Gabriel 1993, Krystek 1991, Nieder 1999, Sydow 1996, Walz 1996 - um nur einige zu nennen. Etliche haben dann auch die Merkmale einer Vertrauensorganisation aufgelistet (vgl. Maaß 1995, S. 56f., Stahl 1996, S. 30ff.). Jedoch haben sich nur wenige mit dem Begriff selbst auseinandergesetzt. Vertrauen wurde zwar oft definiert (vgl. Bleicher 1994, S.15ff., Grunwald 1995, S.74ff.), der Prozess der Entstehung und der theoretische Hintergrund von Vertrauen dagegen nur selten behandelt. Ziel der Arbeit ist es daher auch, ein Modell der Vertrauensentstehung (vgl. hierzu Zucker, 1986) zu entwickeln, dass auf Institutionen und Organisationen anwendbar ist. Das entwickelte Modell soll auf den Berufsstand der Wirtschaftsprüfer unter dem Aspekt der Institution der Wirtschaftsprüfung angewendet werden. Mit Hilfe des Modells soll dann auch das Hauptziel der vorliegenden Arbeit in theoretischer Sicht erfüllt werden.

Andere Ziele der vorliegenden Arbeit liegen in den Informationsfunktionen der vorliegenden Ausführungen. Die Informationsfunktionen bestehen sowohl für die polnische als auch für die deutsche Seite. Beginnen wir mit der polnischen Seite. Was für ein Nutzen besteht für sie in der hier verfassten Arbeit? Bis heute existiert in Polen keine verhaltenswissenschaftliche Analyse über den Berufsstand der Wirtschaftsprüfer. Dieser Berufsstand nimmt aber im Leben von polnischen Organisationen und Untenehmen eine genauso wichtige Rolle ein wie in anderen Ländern. Er ist in der polnischen Öffentlichkeit noch weitgehend unbekannt und wird oft lediglich mit spärlichen, sensationsgeladenen Informationen aus den Medien in Verbindung gebracht.

Jedoch können auch für die deutsche Seite diese Ausführungen von Nutzen sein. Im Wege der Transformation hat sich in Polen nicht nur für die großen multinationalen, sondern auch für die mittleren Beratungs- und Wirtschaftsprüfungsgesellschaften der Zugang zu neuen Märkten eröffnet. Im Laufe der letzten Jahre wurde von vielen dieser Unternehmen in Polen ein Mandantenstamm aufgebaut. Für sie und auch für alle anderen, die ein Kooperationsinteresse mit Polen besitzen, ist es sicherlich von Interesse zu erfahren, nicht nur welche Gesetze es gibt, da diese Information relativ einfach zu erhalten ist, sondern wie die Gesetze in Polen ausgelegt und umgesetzt werden.

1.3. Vorgehensweise

Im Anschluss an das *Einführungskapitel*, das sich mit den grundlegenden Fragestellungen dieser Arbeit beschäftigt, wird im *zweiten Kapitel* der Begriff des Vertrauens für die vorliegenden Ausführungen definiert und ein Überblick über die verschiedenen Vertrauensansätze gegeben. Die Erkenntnis, dass Vertrauen nicht nur im privaten sondern auch im beruflichen Leben eine wichtige Rolle einnimmt, wurde schon vor langer Zeit gemacht und dementsprechend thematisiert. Dennoch bleibt das Konstrukt Vertrauen oft nicht ausreichend definiert. Die Gründe dafür können unterschiedliche Ursachen haben. Zum einen handelt es sich beim Vertrauen um einen für die Meisten bereits erfahrenen und somit selbstverständlichen Begriff. Zum anderen ist Vertrauen bei näherer Betrachtung schwer definierbar. Vertrauen bezieht sich immer auf etwas: zu wem, wozu, wofür. Das heißt, Vertrauen ist weniger Besitz und Zustand, denn Prozess und Beziehung. Dieses Konstrukt ist in aller Regel kein einmaliger oder punktueller Akt, sondern ein sich im Zeitablauf häufig wiederholender Prozess, der aus verschiedenen Teilkomponenten besteht. Seine Mehrdimensionalität (vgl. Anfang/Urban 1994, S. 2) führt dazu, dass der Begriff nur schwer zu erfassen und abzugrenzen ist. Je nachdem, aus welcher wissenschaftlichen Perspektive der Versuch unternommen wird, Vertrauen zu erfassen, entstehen Konzepte, die auf unterschiedliche Aspekte des Vertrauens und seiner Entstehung den Schwerpunkt legen. So betrachtet ist die psychologische Sicht des Vertrauens ein Blick auf andere Personen oder sich selbst, das sog. interpersonelle Vertrauen. Die soziologische Sichtweise legt ihren Schwerpunkt auf gesellschaftliche Phänomene, hier auf Institutionen oder auf Systeme. Vom wirtschaftswissenschaftlichen Standpunkt kann eigentlich kaum die Rede sein, da bis jetzt keine explizite Theorie des Vertrauens in dieser Disziplin formuliert worden ist. Es werden lediglich Versuche unternommen, das Konstrukt Vertrauen in die bereits existierenden Theorien einzubetten, was vor allem bei der Neoinstitutionenökonomie der Fall ist (vgl. Rippberger 1998; Vogt 1997). Das Ziel dieses Kapitels ist es, einen geeigneten Vertrauensansatz zu finden, der sich mit der Problematik des Berufsstandes der Wirtschaftsprüfer vereinbaren lässt und sowohl theoretische als auch praktische Schlussfolgerungen ermöglicht.

Im *dritten Kapitel* wird der ausgewählte Ansatz näher betrachtet und ein Modell der Entstehung von Vertrauen ausgearbeitet. Anschließend wird das Modell auf die Problematik der Entstehung von Vertrauen in den Berufsstand der Wirtschaftsprüfer und seiner Mitglieder in Polen angepasst.

Im *vierten Kapitel* findet die Darstellung der hier relevanten empirischen Grundlagen statt. Weiterhin wird dort, die im Rahmen der vorliegenden Arbeit durchgeführte Untersuchung, beschrieben.

Diese bilden wiederum den Ausgang für das nächste, *fünfte Kapitel.* Dieses beinhaltet die Anwendung der theoretischen und empirischen Erkenntnisse der vorherigen Kapitel auf das Modell der Entstehung von Vertrauen beim Berufsstand der Wirtschaftsprüfer und seiner Mitglieder in Polen.

Die Arbeit schließt mit einer *Schlussbetrachtung*, in der die Überlegungen und Ergebnisse der vorliegenden Arbeit komprimiert dargestellt werden und einem anschließenden Ausblick.

1.4. Forschungsprobleme

Diese knappe Skizze des Aufbaus der Arbeit bleibt in dieser Form oberflächig und kann nur eine erste Orientierung vermitteln. Bei der Durchführung sind aber offenkundig Probleme entstanden, die aus den unterschiedlichen Forschungstraditionen resultieren. Schon auf dem ersten Blick scheinen die theoretische Teile und die empirischen Teile kaum vermittelt zu sein. Theorie erscheint oft als empiriefern, Empirie oft als atheoretisch, Theorie reflektiert die Makrostruktur, Empirie die Mikrostruktur. Deshalb hat die Verfasserin die Ansätze bevorzugt, die eine mittlere Ebene – die Mesostruktur – zum Gegenstand haben. Es gibt somit Zwänge der Darstellung, qualitative Sozialforschung an jene Theorien anzulagern, die Institutionen in empirischer Absicht analysieren, dem Neoinstitutionalismus. Speziell für die Klärung der Kategorie Vertrauen bot sich deshalb die Theorie von Zucker an, die Ergebnisse sowohl der psychologischen wie der soziologischen Forschungstradition integriert.

Interessanterweise hat Preisendörfer in seinem ansonsten informierten Übersichtsartikel (einem Habilitationsvortrag an der Ludwig-Maximillians-Universität München) ausgerechnet diesen produktiven Ansatz übersehen, der jedoch seine Argumentation hätte verstärken können. Preisendörfer gelingt eine tragfähige Grunddefinition von Vertrauen.

> *„Ein Bedarf nach Vertrauen entsteht in der Regel aus zwei sehr grundlegenden Eigenarten, wie sie für soziale Beziehungen typisch sind: Soziale Beziehungen, soweit es sich nicht um reine ‚Spot-Transaktionen' handelt, haben zum einen ein Zeitproblem und zum anderen ein mit dem Zeitproblem zusammenhängendes Informationsproblem. Mit dem Zeitproblem ist gemeint, dass die Leistungen in sozialen Beziehungen zumeist nur mit gewissen zeitlichen Verzögerungen und sequentiell ausgetauscht werden können. Und aus dem sequentiellen Charakter ergibt sich das Informationsproblem, nämlich die Unsicherheit bzw. das Risiko, ob sich die Interaktionspartnertatsächlich an die impliziten oder auch expliziten Vereinbarungen halten werden. Abstellend auf diese beiden Probleme lässt sich Vertrauen als ein Mechanismus sehen, der das Zeitproblem überwindet und die Informationsunsicherheit überbrückt, und zwar dergestalt, dass ein Akteur, nämlich derjenige, der Vertrauen schenkt, eine einseitige Vorleistung erbringt."*
> (Preisendörfer 1995, S. 264)

Trotzdem erschien es nützlich, andere (soziologische, psychologische und neoinstitutionalistische) Theorienvorschläge näher zu betrachten, um von Beobachtungen zu profitieren, die für die Erklärung bestimmter Phänomene der Empirie fruchtbar gemacht werden konnten. Ähnlich wie Vertrauen an individuellen Akteuren aufgezeigt werden kann, kann Vertrauen bruchlos für korporative Akteure nachgewiesen werden (vgl. Preisendörfer 1995, 270f.). In der spezifischen Sicht von

Wirtschaftswissenschaften gewinnen natürlich Konzepte an heuristischen Wert, die Rationalität anhand des Paradigmas von Marktrationalität entwickeln, wie besonders: Coleman (1995), aber auch die Überlegungen der Systemtheorie, die seit Parsons (1951) ihre Beispiele oft wirtschaftlichen Sachverhalten entnehmen. Luhmanns (1989) Hervorhebung des Geldcodes in seiner Vertrauensmonographie führt diese Tradition konsequent fort.

Da die Arbeit sich auf die Besonderheiten eines Landes – Polen – konzentriert, also ein kontingentes gesellschaftlichen System zum Gegenstand hat, ist es wichtig, die Bedeutung kultureller Faktoren zu reflektieren. Die Forschung hat früh bemängelt, dass die Transformationsprozesse der ehemals sozialistischen Gesellschaften ohne eine plausible Theorie untersucht werden (vgl. Lauermann 1996, S. 263ff.). Im Rahmen dieser Arbeit kann natürlich dieses Grunddefizit nicht behoben werden, aber es wäre viel gewonnen, wenn ein Problembewusstsein entstanden wäre. Schon bei einem Vergleich von verwandten Gesellschaften wie Deutschland und Großbritannien wird eine nicht bloß graduell unterschiedliche Genese und Struktur von Vertrauen konstatiert (vgl. Bachmann 1997, 262ff.). Mit Bachmann kann geschlossen werden, dass ein empirisch nachweisbares Gefälle des generellen Vertrauensniveaus nicht den Schluss zulässt, dass auf Vertrauen verzichtet werden könnte. Vielmehr müssen funktionale Äquivalente gesucht werden, die Vertrauen als symbolisches Kapital auf Dauer stellt. Für Großbritannien sind das machtvolle Verbände, die den Austausch zwischen den Akteuren des Wirtschaftsprozesses steuern, „quasi-verbindliche Spielregeln“ (vgl. Bachmann 1997, S. 263) institutionalisieren. Für Polen kann vermutet werden, dass Ressourcen individueller Akteure diese Funktion erfüllen: Vertrauen wird in Verhaltensformen von Ethik-Katalogen motivational verankert.

Ein weiteres Schwergewicht legt die Arbeit auf Erstellung, Durchführung und Auswertung von qualitativen Interviews, die von der Verfasserin mit Adressaten bzw. Interessenten der Arbeit der Wirtschaftsprüfer sowie mit den Wirtschaftsprüfern durchgeführt wurden. Um diese Dimension qualitativer Sozialforschung zu konkretisieren, mag es nicht überflüssig erscheinen, bereits in dieser Einleitung die Hypothesen vorzustellen, die zu überprüfen gilt und die dann im Schlussabschnitt noch einmal explizit aufgegriffen werden[6] .

1. Die Adressaten und die Interessenten haben kein oder wenig Vertrauen zu den einzelnen Wirtschaftsprüfern, weil sie sich in der überwiegenden Mehrheit aus ehemaligen diplomierten Buchprüfern zusammensetzen, die in der Zeit vor der Reform die Bilanzen geprüft hatten. (Dafür sprechen: Andere Ziele, Normen, Ausbildung, Arbeitsmotivation, Arbeitsmoral,

[6] Die folgenden Hypothesen wurden vor allem aufgrund der einschlägigen Literatur und den eigenen Erfahrungen der Verfasserin erstellt.

Vergütung, Stellung des Berufes, Erfahrungen des diplomierten Buchprüfers aus dem Sozialismus, die nicht vollständig ausgelöscht werden können und somit die heutige Situation mitgestalten.)

2. Die Adressaten und die Interessenten vertrauen der Institution der Wirtschaftsprüfung, dem Berufsstand der Wirtschaftsprüfer nicht. (Begründung: Der Berufsstand der Wirtschaftsprüfer ist eine rechtlich geregelte Institution. Im Sozialismus bestand weder Vertrauen zum Rechtssystem noch zu dessen Institutionen. Die langen negativen Erfahrungen beeinflussen die Gegenwart und somit die Einstellung zum Berufsstand der Wirtschaftsprüfer.)

3. Die Testate der Wirtschaftsprüfer werden bei der Kaufentscheidung von Aktien oder bei der Vergabe von Krediten nur am Rande berücksichtigt. (Begründung: Es besteht kein Vertrauen zu dem Berufsstand der Wirtschaftsprüfer und dessen Angehörigen.)

4. Der Informationsstand der Adressaten und der Interessenten bezüglich des Berufsstandes der Wirtschaftsprüfer und deren rechtliche Regelung ist minimal, was zu einer großen Diskrepanz zwischen den Erwartungen der Adressaten sowie der Interessenten einerseits und den Leistungen der Wirtschaftsprüfer andererseits, führt. (Begründung: Die Informationen sind nur schwer erhältlich. Der Berufsstand vernachlässigt die Informationsweitergabe an die Adressaten und die Interessenten: die relevanten Artikel werden spärlich in der Fachpresse publiziert, es gibt keine Info- Seite im Internet.)

Abschließend möchte ich der Hoffnung Ausdruck verleihen, dass der Spagat nicht überflüssig erscheint, der in der Arbeit vorgenommen worden ist. Auf der einen Seite (fast) spekulativ anmutende Großtheorien, auf der anderen Seite Diskurspartikel einzelner Individuen in Interviews. Die behandelten Gegenstände gehören verschiedenen ausdifferenzierten Teilsystemen an: Wirtschaft, Recht, Politik – um nur die wichtigsten zu nennen . Erschwerend kommt hinzu, dass die verschiedenen Theorien die Zuordnung Individuum - Gesellschaft nicht nur unterschiedlich, sondern krass gegensätzlich thematisieren. Für die vorliegende Arbeit aber war eine Theorieebene zu finden, die sowohl Individuen (hier: in der Rolle der Wirtschaftsprüfer) als auch Institutionen (hier: als Profession der Wirtschaftprüfer) adäquat beschreiben kann. Um aber diese heterogenen Überlegungen wenigstens im Prinzip kompatibel zu machen, bietet sich kaum eine andere Kategorie so sehr an, wie das Konstrukt Vertrauen.

2. Terminologische und konzeptionelle Grundlagen von Vertrauen: Ein Überblick über die klassischen Ansätze

Der Begriff Vertrauen hat in der Literatur ein weites Spektrum definitorischer Abgrenzungen erfahren. Trotzdem lassen sich die verschiedenen Ansätze, zumindest teilweise, systematisieren. Ein mögliches Kriterium wäre, die Ansätze unter dem Aspekt der Personen- und Situationsgebundenheit zu analysieren. Wobei sich hier relativ schnell feststellen lässt, dass so gut wie keine reinen Formen zu finden sind. In den meisten Fällen dominiert eines der beiden genannten Kriterien bei gleichzeitiger Anwesenheit des anderen. Insbesondere in den neueren Arbeiten über Vertrauen sind die Mischformen gut sichtbar. Würde man nach möglichst reinen Formen suchen, so würde sich als Repräsentant des personengebundenen Ansatzes die Formulierung von Rotter bieten, und für den situationsgebundenen Ansatz die Formulierung von Deutsch. Auf die beiden genannten Konzeptionen bezieht sich die aktuelle wissenschaftliche Diskussion. Eine andere Möglichkeit, die Ansätze zu klassifizieren ist, sie möglichst nach den Fachgebieten, innerhalb derer sie entstanden sind, zu systematisieren (vgl. z.B. Hosmer 1995). So wird von Vertrauen meistens aus soziologischer, psychologischer, sozialpsychologischer und auch zunehmend häufiger aus ökonomischer Perspektive gesprochen.

Beide hier beispielhaft dargestellten Möglichkeiten der Systematisierung des Begriffs Vertrauen sind nicht eindeutig. Der große Nachteil derartiger Klassifizierungsversuche liegt darin begründet, dass die reinen Formen kaum zu finden sind. Dieser Nachteil kann gewissermaßen kompensiert werden, wenn unterschiedliche Perspektiven eingenommen werden. Auf diese Problematik bei der Zuordnung zu den personengebundenen beziehungsweise zu den situationsgebundenen Ansätzen wurde gerade hingewiesen. Ähnlich sieht das auch bei der Zuordnung von den Ansätzen zu den einzelnen Disziplinen aus. Die Überschneidungen zwischen den einzelnen Bereichen sind unvermeidbar. Dennoch halte ich eine Klassifizierung für sinnvoll, da sie, auch wenn sie nicht jedem Anspruch genügt, eine Möglichkeit zur Orientierung in einem großen Spektrum bietet.

In den folgenden Ausführungen werden überblicksweise einige Definitionsansätze nach den oben genannten Systematisierungskriterien beschrieben. Weitere Vertrauensansätze bleiben unberücksichtigt. Das Ziel ist es vor allem, die Unterschiede an die Herangehensweise der unterschiedlichen Disziplinen an das Konstrukt Vertrauen zu zeigen. Es werden daher in jeder Disziplin zwei Ansätze eingehender dargestellt. Dadurch wird Vertrauen aus teilweise sehr unterschiedlichen

Perspektiven beleuchtet, um dem Leser die Verschiedenheit der einzelnen Perspektiven und deren Schwerpunkte deutlicher zu machen.

Die detailliertesten Ansätze stammen bislang von Psychologen und Soziologen, die auch die Kontextbedingungen, Funktionsweisen und Wirkungen von Vertrauen im einzelnen untersuchten, in ihren Vertrauensverständnissen aber bisher weit voneinander abwichen. In den folgenden Ausführungen wird zunächst der Bereich der Psychologie mit seiner Betrachtung des Phänomens Vertrauen kurz skizziert. Hier werden die Ansätze von Deutsch (1962) und von Rotter (1971) dargestellt. Danach folgt die Schilderung der soziologischen Sichtweise mit einer genaueren Betrachtung des Ansatzes von Coleman (1995) und des Ansatzes von Luhmann (1989). In der Ökonomie existiert kein selbständiger, umfassender Ansatz (vgl. Creed/Miles 1996, S. 17; Siehe auch: Bittl 1997, S. 158) von Vertrauen. Es bestehen zwar Ansätze, in die ökonomischen Theorien das Konstrukt Vertrauen „einzubauen" wie das z.B. der Fall in der Informationsökonomie (vgl. Albach 1991, S. 5f.) und im ökonomischen Neoinstitutionalistismus (vgl. Rippberger 1998) ist. Es handelt sich dort jedoch nicht um selbständige Vertrauensansätze, die den Begriff definieren und dessen Entstehung beschreiben.

Die Psychologische und soziologische Perspektiven unterscheiden sich grundlegend. Die psychologische Perspektive basiert auf Beobachtung von individuellen Handeln, Motiven und individueller Verarbeitung von Interaktionsprozessen. Als Sozialpsychologie wird diese Perspektive generalisiert, wobei über die Eigenständigkeit von Institutionen und Strukturen nicht reflektiert wird. Diese Eigenständigkeit ist für die soziologische Perspektive der Ausgangspunkt. Für die vorliegende Arbeit ist die Mesoebene kooperativer Akteure (vgl. Preisendörfer 1995, S. 270f.) wesentlich. Deshalb wird die psychologische Perspektive zwar ausführlich von mir behandelt werden, weil in der psychologischen Disziplin Vertrauen seit langem thematisiert wird, aber die soziologische Perspektive ist für meine Erkenntnisabsicht nicht weniger wichtig.

2.1. Psychologische Perspektive

Das folgende Kapitel bietet einen Überblick über die psychologischen Theorien des Vertrauens. Diese stellen den individuellen Akteur in den Mittelpunkt ihrer Überlegungen und fragen vor allem nach den Mechanismen interpersonalen Vertrauens. Gemeinsam ist den hier dargestellten Ansätzen die Auffassung, dass das Entstehen von Vertrauen auf einem rationalen psychologischen Prozess aufbaut, dass Vertrauen auf Grund von früheren Erfahrungen entsteht. Dargestellt werden hier zwei Ansätze: von Deutsch und von Rotter. Die Auswahl der beiden Ansätze findet ihre Begründung in der Tatsache, dass beide Ansätzen den Beginn des psychologischen Vertrauensdiskurses markieren: Viele spätere Ansätze basieren auf diesen Überlegungen, modifizieren und entwickelten sie weiter. Auffällig ist, dass die häufigste Auffassung vom Begriff Vertrauen der alltagssprachliche Gebrauch ist, der in den Definitionen von Rotter und Deutsch gebraucht wird (vgl. Koczkas 1981, S. 120).

2.1.1 Vertrauen als Entscheidung: Ansatz von Deutsch

Der Sozialpsychologe Morton Deutsch hat sich umfassend mit dem Konstrukt Vertrauen befasst. Er definierte Vertrauen, oder genauer gesagt vertrauensvolles Handeln, als beobachtbares Verhalten. Von vertrauensvollem Handeln wird demnach dann gesprochen, wenn dieses die eigene Verwundbarkeit steigert bzw. gegenüber einer Person erfolgt, die nicht der persönlichen Kontrolle unterliegt und in einer Situation stattfindet, in der ein potentieller Schaden durch einen Vertrauensmissbrauch größer ist als der Nutzenzugewinn durch die Handlung selbst. Wesentlich dabei ist, dass die Entscheidung, einem anderen zu vertrauen, von einer Person freiwillig getroffen worden ist (vgl. Deutsch 1962, S. 303f.). Die Verwundbarkeit des Vertrauenden resultiert aus der Tatsache, dass mögliche Vorteile aus der Entscheidung des Vertrauen-Schenkens kleiner sind als die möglichen Nachteile eines Vertrauensbruchs. Diese Vertrauensentscheidung hängt für den Akteur immer mit der Unsicherheit über die Folgen zusammen. Nach dem Verständnis des Vertrauens von Deutsch können folglich zwei charakteristische Elemente identifiziert werden. Zum einen die Erwartung und zum anderen der Umstand, dass bei Nicht-Eintreten eines erwarteten Ereignisses die vertrauende Person mit unangenehmen Konsequenzen rechnen muss. Hier liegt auch der Unterschied zur Hoffnung, die ebenfalls eine Erwartung beinhaltet, deren Nicht-Erfüllung dagegen nicht unbedingt mit einer Verschlechterung der Situation der betroffenen Person einhergeht.

Deutsch hat das Wesen seiner Überlegung anhand des folgenden Beispiels verdeutlicht: Eine Mutter entscheidet sich, ihr Kind einem Babysitter zu überlassen. Einerseits ermöglicht das der Mutter gewisse Vorteile, nämlich ihre Zeit für andere Zwecke zu verwenden. Andererseits sind, falls der Babysitter seine Aufsichtspflichten vernachlässigt und ein Unglücksfall passiert, die negativen Folgen der Vertrauensentscheidung wesentlich höher als die möglichen positiven Folgen gewesen wären (vgl. Deutsch 1962, S. 303).

Vertrauen wird, psychologisch gesehen, aus sehr verschiedenen Gründen erwiesen bzw. verweigert. Deutsch deutet diese Vielfalt mit nicht sehr detaillierten Begriffen an, die wissenschaftlich unbestimmt bleiben. Gründe für vertrauensvolle Verhaltensweisen trotz nutzenübersteigender Schadenpotentiale stellen für Deutsch Verzweiflung, soziale Anpassung, Arglosigkeit, Impulsivität, Tugend, Masochismus, Glauben, Risikoverhalten, Spiel und Zuversicht dar (vgl. Deutsch 1976, S. 136ff.). Der *erste* genannte Umstand schildert Vertrauen aus Verzweiflung. Eine Person entscheidet sich zu vertrauen, wenn die negativen Folgen, die aus zögerndem Verhalten entstehen können, so gravierend erscheinen, dass Vertrauen in einer derartigen Situation noch ein kleineres Übel ist. Beispielsweise möchte man normalerweise nicht vom Dach in ein Feuerwehrnetz springen. Falls dies dennoch die einzige Möglichkeit ist, einem Feuer zu entkommen, springt man vermutlich aus Verzweiflung. *Zweitens* unterscheidet Deutsch Vertrauen aus sozialer Anpassung. In vielen sozialen Situationen wird nämlich Vertrauen vorausgesetzt, so dass ein abweichendes Verhalten zu sozialen Zwangsmaßnahmen führt. Z.B. leiht man einem Freund Geld, obwohl die Rückzahlung aufgrund seiner finanziellen Situation fraglich ist. Die Verweigerung der Bitte und somit ein offenes Eingeständnis eines Vertrauensmangels in seine finanzielle Stabilität könnte die Freundschaft zerstören. Die *dritte* Möglichkeit bildet laut Deutsch das Vertrauen aus Arglosigkeit oder mangelhafter Einschätzung gefährlicher Situationen. Dies kann wiederum aus kognitiver Unreife oder aus einem Mangel an relevanten Informationen resultieren, oder aber einen kognitiven Defekt widerspiegeln. So kann beispielsweise ein vertrauensvolles Kind seine Hand in einen Raubtierkäfig stecken, in dem Glauben, es handele sich um ein harmloses Haustier, wie eine Katze. *Viertens* wird Vertrauen aus Impulsivität erkannt. Einige Faktoren, wie kognitive Unreife, kognitiver Defekt oder eine bestimmte Blindheit gegenüber der Zukunft können die Anstrengungen eines Individuums erschweren, neben den unmittelbaren auch die zukünftigen Resultate seines Handelns zu beachten und abzuwägen. Erscheint für eine Person die Zukunft als nicht vorhersehbar und als verhängnisbringend, unabhängig von einzelnen Entscheidungen, oder aber die Unüberschaubarkeit lässt ein zukünftiges Ereignis als unwahrscheinlich erscheinen, neigt das Individuum dazu, die Zukunft zu ignorieren und sich auf das Hier und Jetzt zu konzentrieren. Insbesondere Personen, die momentan mit sich und ihrer Umwelt völlig in Einklang sind, beachten die künftigen gefährlichen oder unangenehmen Folgen ihres Verhaltens objektiv nicht. Die *fünfte* Möglichkeit stellt Vertrauen als Tugend dar. Gegenseitiges Vertrauen und Vertrauenswürdigkeit bilden eine Basis für kooperative Handlungen und soziale Beziehungen. Folglich ist Vertrauen ein Wert im sozialen Leben, und die Fähigkeit zu vertrauen kann als Tugend angesehen werden. Zeichnet sich eine Person durch vertrauensvolles Handeln aus, so kann das als eine Bestätigung dieses Wertes aufgefasst werden und folglich zum Ausdruck der eigenen Tugend werden. *Sechstens* erkennt Deutsch Vertrauen aus Masochismus. Folgt man dieser Ansicht, so erwartet eine Person negative Konsequenzen resultierend aus einer eigenen Entscheidung. Eine derartige Strafe dient hier dazu, von Schuld zu befreien und kann sogar erwünscht und erwartet werden. Sie kann auch eine Bestätigung der Ansicht sein, dass die Welt feindselig ist, kein Vertrauen verdient und die Bedürfnisse der Menschen unbeachtet lässt. Wie erwartet, wird das Vertrauen nicht belohnt, sondern bestraft. Die *siebte* Möglichkeit stellt Vertrauen aus Glauben dar. Das Individuum vertraut hier völlig darauf, dass alles was ihm passiert, vorherbestimmt ist und angenommen werden soll. Ein derartiges Festhalten an einem Glauben eliminiert teilweise das Bewusstsein für die Existenz negativer Folgen. Die *achte* Form des Vertrauens bezieht sich auf Risikoverhalten und Spiel. Hin und wieder beurteilen Individuen die Bedeutung des Verlierens für sich selbst falsch und verhalten sich so, als ob sie spielen würden. Währenddessen vertrauen sie lediglich auf einen schlechten Rat. Bisweilen gehen sie auch ein erhebliches Risiko ein, und zwar dann, wenn die möglichen Gewinne aus dem Erfolg die möglichen Verluste aus dem Verlieren bei weitem übersteigen, wie es beispielsweise der Fall bei Rennbahnwetten sein kann. Die *neunte* und letzte Möglichkeit des Vertrauens stellt für Deutsch das Vertrauen aus Zuversicht dar. Das Prinzip dieser Art von Vertrauen beruht darauf, dass die Individuen, obwohl sie sich des möglichen Schadens bewusst sind, ausreichend Zuversicht in die Erwartung setzen, dass die negativen Folgen nicht eintreffen. Die negativen Konsequenzen verlieren nämlich an Bedeutung im Vergleich zur Anziehungskraft des erwünschten und erwarteten Erfolgs.

In weiteren Ausführungen entwickelt Deutsch 19 Hypothesen über Vertrauen, die ein Individuum dazu bewegen, eine Entscheidung auf Vertrauensbasis zu treffen. Seine Überlegungen beziehen sich dabei vor allem auf das Vertrauen aus Zuversicht. Die von Deutsch formulierten 19 Hypothesen lassen sich in sechs Gruppen mit verschieden Einflussfaktoren zusammenfassen.

Der *erste* Einflussfaktor ist die subjektive Wahrscheinlichkeit. Vorab eine entscheidende Überlegung von Deutsch. Sie besagt, dass eine Wahl, die sich auf Vertrauen gründet, als Wahl eines ambiguenten Weges[7] definiert wird. Dabei ist die Stärke von positiver Valenz (**Va**$^+$)[8] geringer als die von negativer Valenz (**Va**$^-$)[9]. Diese Wahl kann nur dann getroffen werden, wenn die subjektive Wahrscheinlichkeit des Auftretens von **Va**$^+$ größer ist als die von **Va**$^-$**.** Zu den Faktoren die subjektive Wahrscheinlichkeit beeinflussen, dass die positive Valenz eher als die negative Valenz zustande kommt, gehören die eigenen Erfahrungen in ähnlichen Situationen wie auch die vergangenen Erlebnisse anderer. Weitere Faktoren sind die Meinungen anderer Personen, die ein Individuum respektiert, die eigenen Ansichten über Vor- und Nachteile der Situation, in der das Individuum sich befindet und schließlich die Möglichkeit, die **Va**$^-$ durch eigene Aktionen oder mit erreichbarer Hilfe zu beeinflussen (vgl. Deutsch 1976, S. 142f.; Loose/Sydow 1994, S. 167).

Die Zeitperspektive kann als nächster (*zweiter*) Einflussfaktor unterschieden werden. Es wird bei Deutsch die Auffassung vertreten, dass die unmittelbare Gegenwart das Verhalten stärker beeinflusst als die entfernte Zukunft. Die Wirkung von Belohnungen und Strafen ist viel größer wenn sie direkt erfolgen, als wenn sie hinausgezögert werden. Auf der Minimalisierung der künftigen negativen Folgen

---

7 Unter einem „ambiguenten Weg“ wird ein Weg verstanden, der genau so gut zu einem Ereignis mit positiv motivierender Bedeutung (Va$^+$) wie zu einem Ereignis mit negativ motivierender Bedeutung (Va$^-$) führen kann (vgl. Deutsch 1976, S. 140).

8 Eine positive Valenz, oder positiver Nutzen kann ein Ereignis haben, dessen Auftreten für das Individuum von positivem Interesse ist (vgl. Deutsch 1976, S. 139).

9 Eine negative Valenz oder negativen Nutzen kann ein Ereignis haben, dessen Auftreten das Gelingen einer Sache oder das Wohlbefinden eines Individuums vermindert oder ein Anwachsen verhindert (vgl. Deutsch 1976, S. 139).

beruht unmittelbares Vertrauen. Folglich führt das Vertrauen, dass die gegenwärtige harte Arbeit zu einer späteren Belohnung führen wird, zu einer geringeren Wertschätzung der zukünftigen Freuden im Verhältnis zum gegenwärtigen Leiden (vgl. Deutsch 1976, S. 143f.).

Die *dritte* Einflussgruppe beinhaltet die zwischenmenschlichen Beziehungen. Die bisherigen Ausführungen bezogen sich überwiegend auf die Beziehungen des Individuums zu seiner sozialen Umwelt. Die nachfolgenden Hypothesen werden um interpersonelle Beziehungen und Handlungsweisen erweitert. Die Überlegungen konzentrieren sich insbesondere auf die Bedingungen, die dazu führen, in das Verhalten einer anderen Person zu vertrauen. Insbesondere handelt es sich hier um folgende Faktoren: wahrgenommene Absichten, Stärke, Quelle und Zielrichtung der Verhaltensorientierung und die wahrgenommenen Fähigkeiten der anderen Person (vgl. Deutsch 1976, S. 144). Um einer anderen Person dahingehend zu vertrauen, dass sie menschenfreundlich handeln wird, muss ein Individuum die Zuversicht haben, dass die andere Person die Fähigkeit und die Absicht besitzt, ein beabsichtigtes Ereignis zustande zu bringen. Deutsch unterscheidet vier wahrnehmbare Aspekte, die die Zuverlässigkeit der Absicht einer anderen Person determinieren. Die Motivationsstärke, die diesbezügliche Verpflichtung des Individuums, die Art des Ursprungs der Absicht und ihr Ziel (vgl. Deutsch 1976, S. 145). Es stellt sich die Frage, wovon es abhängt, wie das Individuum diese Aspekte der Absichten eines anderen Individuums wahrnimmt. Die Antwort auf diese Fragestellung kann sehr allgemein beantwortet werden. Die Wahrnehmung der Absichten des anderen wird davon bestimmt, wie der andere in gewissen Situationen handelt, welche Informationsquellen ihm bezüglich seines Verhaltens zur Verfügung stehen, von seinen Persönlichkeitseigenschaften und von der Beziehungen, die der Betroffene zu dem anderen aufbaut (vgl. Deutsch 1976, S. 147).

Der *vierte* Einflussfaktor beinhaltet die Auswirkungen der wahrgenommenen Macht. Falls ein Individuum glaubt, dass eine andere Person motiviert ist, in wohlwollender Absicht zu handeln und gleichzeitig die Umstände kennt, die dazu führen, so vertraut das Individuum um so mehr auf den Erfolg, je mehr Macht es der andern Person zuschreibt. Macht wird hier als Wissen, Fähigkeit und Mittel verstanden. Je mehr Macht ein Individuum einer anderen Person zuschreibt, ein negatives Ereignis erzeugen zu können, um so misstrauischer wird es. Die Art des Ereignisses bestimmt die Dimensionen der Macht. Diesbezügliche Indikatoren können beispielsweise intellektuelle Fähigkeit, physische Stärke, sozialer Status, Besitz oder Reichtum sein (vgl. Deutsch 1976, S. 152).

Die Kommunikation bildet den *fünften* Einflussfaktor. Welche Rolle spielt die Kommunikation bei der Entwicklung vom Vertrauen? Kommunikation kann dazu benutzt werden, einen Austausch zu gegenseitigem Nutzen in einer Situation herbeizuführen, in der die Tauschpartner individualistisch orientiert sind. Weiterhin wird davon ausgegangen, dass Kommunikation in Situationen, in denen die Beziehungen zwischen den Individuen nicht eindeutig geklärt sind, informativ und wahr ist. Dies, weil sich im Verlauf der Sozialisation innere Barrieren gegen das Lügen entwickelt haben (vgl. Deutsch 1976, S. 153f.).

Der Einfluss dritter Parteien stellt die *sechste* Bedingung dar. Diese Bedingung bezieht sich auf die Möglichkeit, dass eine dritte Partei die Beziehung zwischen zwei sonst beziehungslosen Individuen beeinflussen kann, indem sie die psychischen Bedingungen verbessert, die für einen Austausch die Voraussetzung darstellen. Deutsch kommt zu der Überzeugung, dass, falls zwei Personen ähnliche Gefühle gegenüber einer dritten Partei haben und sich dieser Tatsache auch bewusst sind, sie sich eher vertrauen werden, als wenn die dritte Partei nicht vorhanden ist (vgl. Deutsch 1976, S. 155).

Zusammenfassend lässt sich sagen, dass die Wahl einer Vertrauensentscheidung bei Deutsch von der Erwartung über die Konsequenzen dieser Entscheidung abhängt. Ist die subjektive Wahrscheinlichkeit des Akteurs über das Auftreten einer positiven Konsequenz höher als die subjektive Wahrscheinlichkeit über das Auftreten einer negativen Konsequenz, so schenkt der Akteur Vertrauen. Wann ist aber die subjektive Wahrscheinlichkeit über das Auftreten von positiven Konsequenzen größer als die von negativen Konsequenzen? Die Antwort hierauf liegt in den verschiedenen oben beschriebenen Faktoren. Die wichtigsten sind wahrscheinlich die Erfahrungen des Individuums. Dabei können das sowohl eigene als auch fremde Erfahrungen sein, die auf ähnliche oder gleiche Situationen übertragen werden. Grundsätzlich gilt, dass positive Erfahrungen Vertrauen hervorrufen (vgl. Koller 1997, S. 15). Der Vertrauensbildungsprozess wird auch noch durch andere Faktoren wie z.B. eine wechselseitige Kommunikation und die Anwesenheit dritter Personen gefördert. Würde man den oben beschriebenen Fall, in dem eine Mutter ihr Kind einem Babysitter überlassen will, weiterführen und fragen, wovon die Entscheidung der Mutter abhängt, so könnte die Antwort im Sinne der Theorie von Deutsch folgendermaßen aussehen. Die Mutter würde sich fragen, ob sie bereits Erfahrungen mit dem Babysitter gemacht hat und wie sie waren. Wenn sie keine eigenen Erfahrungen gemacht hat, wird sie auf die Erfahrungen anderer bekannter Personen zurückgreifen. Sind die Erfahrungen positiv, so wird sie wahrscheinlich dem Babysitter das Kind anvertrauen.

Deutsch hatte den Anspruch, nicht bloß eine Theorie des Vertauens zu entwickeln, sondern sie auch empirisch zu überprüfen. Um dieses Ziel umzusetzen bediente er sich experimenteller Spiele. Deutsch hat seine Untersuchung an das Gefangenendilemmabeispiel aus der Spieltheorie angelehnt. Er bediente sich eines Zahlenbeispiels für zwei Personen (two-person nonzero-sum game). Die folgende Abbildung illustriert die Situation.

Abbildung 1: **Ein Zahlenbeispiel für das two-person nonzero-sum game**

		P_2	
		X	**Y**
P_1	**A**	(+9, +9)	(-10,+10)
	B	(+10,-10)	(-9,-9)

Quelle: **Deutsch 1962, S. 309**

In dem Experiment von Deutsch soll eine Person (P_1) zwischen den Zeilen A und B wählen, die andere Person (P_2) zwischen den Reihen X und Y. Die jeweils an erster Stelle genannten Zahlen bedeuten entweder Gewinne (+) oder Verluste (-) der Person P_1, die anderen Zahlen die Gewinne oder Verluste der Person P_2. Die angegebenen Werte entsprachen im Experiment der Höhe des (fiktiven) Geldes in Dollar (vgl. Deutsch 1962, S. 309. Siehe auch Narowski 1974, S. 64).

Laut Deutsch besteht das tatsächliche psychologische Charakteristikum dieses Spiels darin, dass es keine Möglichkeit für ein rationales Verhalten der beiden Individuen gibt. Anders gesagt, es existiert keine für die beiden Spieler gleich vorteilhafte Alternative, es sei denn, dass die Bedingungen gegenseitigen Vertrauens angewendet werden (vgl. Deutsch 1962, S. 309). Denn nur aufgrund von Vertrauen können die Spieler sich sinnvoll für die Möglichkeit eines kleineren Gewinns (+9) entscheiden und gleichzeitig der Möglichkeit des höchsten Verlustes (-10) aussetzen. Wären die Personen nämlich misstrauisch, müssten sie sich vernünftigerweise nur der Möglichkeit des größten Gewinns (+10) bei gleichzeitigem Risiko des niedrigsten Verlustes (-9) aussetzen. Das Ziel dieses Experiments war es daher, Bedingungen des gegenseitigen Vertrauens ausfindig zu machen oder angenommene Hypothesen zu bestätigen. Deutsch unterscheidet in diesem Zusammenhang einerseits die motivationale Orientierung und andererseits die experimentellen Bedingungen (vgl. Deutsch 1962, S. 310. Siehe auch Narowski 1974, S. 65). Die motivationale

Orientierung mit ihren drei Merkmalsausprägungen[10] wurde dabei konstant gehalten und die experimentellen Bedingungen[11] wurden variiert. Aufgrund der statistischen Ergebnisse seines Experiments kommt Deutsch zu folgenden Schlussfolgerungen. (vgl. Deutsch 1962, S. 311ff. Siehe auch Narowski 1974, S. 66) Erstens: Eine kooperative Atmosphäre führt zu vertrauensvollem Verhalten der Spieler, und zwar auch dann, wenn keine begünstigenden Umstände, wie z.B. die Kommunikation vorhanden sind. Zweitens: Eine konkurrierende Atmosphäre führt bei allen experimentellen Bedingungen zu misstrauischem Verhalten der Spieler. Drittens führt die individualistische Atmosphäre zu unterschiedlichen Ergebnissen, je nachdem, welche experimentellen Bedingungen angewendet werden. Ein vertrauensvolles Verhalten bei individualistischer Atmosphäre ist demnach nur in drei Fällen möglich. Eine Alternative ist die Kommunikation, eine andere Möglichkeit stellt die Anwesenheit dritter Personen dar. Die letzte Alternative kommt dann in Frage, wenn bestimmte Machtverhältnisse und Motivationslagen vorhanden sind.[12]

Als Fazit lässt sich feststellen, dass der Ansatz von Deutsch mit der Unterstellung eines rationalen Menschenbildes operiert. Der Betroffene wägt die Wahrscheinlichkeiten von positiven und negativen Konsequenzen gegeneinander ab und kommt auf diese Weise zu einer möglichst risikofreien Entscheidung. Es stellt sich die Frage, ob eine vertrauensvolle Handlung immer ein Resultat eines derartigen vernünftigen Entscheidungsprozesses ist. Sicher nicht. Dieser Tatsache war sich bereits Deutsch bewusst und hat erkannt, dass ebenfalls andere Faktoren, wie Verzweiflung, Unwissenheit und Impulsivität Ursachen für Vertrauensbildung sein können. Unklar bleibt dabei jedoch, ob unter derartigen Umständen die von Deutsch postulierten Vertrauensdeterminanten ihre Gültigkeit behalten (vgl. Koller 1992, S. 102). Problematisch ist ebenfalls die Tatsache, dass der Ansatz von Deutsch nichts darüber aussagt, wie sich die Situation, in der der Vertrauensprozess stattfindet, auf das Vertrauen auswirkt.

---

[10] Zu den drei Merkmalsausprägungen der Variable motivationale Orientierung zählen: die konkurrierende Orientierung (nicht nur ich soll den möglichst höchsten Gewinn erzielen, sondern mein Partner sollte den möglichst höchsten Verlust erzielen), die individualistische Orientierung (beide Partner sollen lediglich auf den eigenen Vorteil bedacht sein) und die kooperative Orientierung (Jeder Spieler soll nicht nur auf den eigenen Vorteil bedacht sein sondern auch dafür sorgen, dass der andere auch einen Gewinn erzielen kann).

[11] Zu den experimentellen Bedingungen zählen: Kommunikation (hier eine einmalige schriftliche Absprachemöglichkeit vor der Wahl), Nicht-Kommunikation (jeder Spieler trifft seine Wahl ohne mündliche oder schriftliche Information seitens seines Mitspielers), Reversibilität (die Annahme der Möglichkeit des öfteren Austausches über Wahlabsichten) und Nicht-Gleichzeitigkeit (zunächst trifft ein Partner seine Wahl, danach wird sie dem anderen Partner mitgeteilt und erst dann trifft der andere seine Wahl).

[12] Dies ist z.B. dann der Fall wenn ein Partner glaubt, der andere hat durch ein misstrauisches Verhalten nichts zu gewinnen, oder wenn ein Spieler bemerkt, dass er in der Lage ist, über den Erfolg des anderen Spielers eine gewisse Kontrolle auszuüben.

2.1.2 Vertrauen als Persönlichkeitsdisposition: Ansatz von Rotter

Julian B. Rotter, ein amerikanischer Psychologe hat sich mit dem Konstrukt Vertrauen im Rahmen der Theorie des sozialen Lernens[13] befasst. Es handelt sich hier um eine Persönlichkeitstheorie, die in den Fünfziger Jahren durch Rotter[14] entwickelt wurde.

Die Wahl des Ansatzes von Rotter begründet sich vor allem daher, dass er neben Deutsch[15] zu den bekanntesten Vertrauensforschern in der Psychologie zählt. Zum anderen befinden sich in dem Ansatz von Rotter Gedanken über die Vertrauensentstehung, die später auch in dem Ansatz von Zucker[16] zu finden sind.

Um den Ansatz von Rotter bezüglich des Phänomens Vertrauen nachvollziehen zu können ist es notwendig, sich zumindest in Ansätzen mit der Theorie des sozialen Lernens zu beschäftigen, da sie den theoretischen Rahmen für das Vertrauensverständnis von Rotter abgibt. Die soziale Lerntheorie wurde zu dem Zweck entwickelt, menschliches Verhalten in komplexen Situationen erklären und vorhersagen zu können (vgl. Rotter 1954, S. 85; Rotter/Chance/Phares 1972, S. 4). Der Terminus „Lernen" in der Bezeichnung der Theorie unterstreicht die voraussetzende Annahme der Theorie, dass ein erheblicher Teil menschlichen Verhaltens mittels Erfahrungen und Interaktionen mit der Umwelt gemacht wird. Der Terminus „Sozial" weist darauf hin, dass ein bedeutender Teil der Umwelt des Individuums sich aus sozialen Situationen zusammensetzt und demgemäss Bestand der im Laufe des Lebens erworbenen Verhaltensweisen wird (vgl. Grabitz 1985, S. 219).

Rotter geht davon aus, dass keine universelle Persönlichkeitsdefinition existiert, zumal sämtliche Theoretiker verschiedene Grundauffassungen von Menschen haben:

> *„..there is no entity called personality; there are simply many different views or constructions about the nature of man, each leading to a different definition of personality."* (Rotter/Chance/Phares 1972, S. 2)

---

[13] Orginalversion: Social Learning Theory

[14] Eine erste ausführliche Darstellung seiner Theorie fand 1954 in dem Buch „Social learning and clinical psychology" statt.

[15] Die von Deutsch vertretene Sichtweise des Vertrauens als Ergebnis eines subjektiv-rationalen Kalküls findet sich auch bei dem Soziologen James Coleman, der im nächsten Kapitel etwas ausführlicher dargestellt wird.

[16] Vor allem in den Quellen des eigenschaftsbasierten Vertrauens. Hierzu siehe drittes Kapitel, Abschnitt 3.3.2.1.2

Der Terminus Persönlichkeit wird für die Theorie des sozialen Lernens durch eine Reihe allgemeiner Annahmen verdeutlicht. Im folgenden werden nur die bedeutsamsten dieser Annahmen dargestellt.[17]

Die vielleicht wichtigste Annahme dieser Theorie besagt, dass die Interaktion des Individuums mit seiner bedeutsamen Umgebung inmitten der Erforschung der Persönlichkeit steht. Die bedeutsame Umgebung bezieht sich hier auf die Ausschnitte aus der gesamten Umgebung, die das Individuum subjektiv erlebt und mit der es in einem Wechselverhältnis steht. Nachdem die Persönlichkeit als Folge der Interaktion von Person und Situation aufgefasst werden kann, liegt die Annahme nah, dass das Verhalten, das ein Individuum kennzeichnet, erlernt ist. Das untersuchte Verhalten ist nicht nur erlernbar, sondern auch durch die im Laufe des Lebens gemachten Erfahrungen modifizierbar. Die Erfahrungen wurden überwiegend in der Vergangenheit gemacht, daraus schließt Rotter, dass zur Erklärung der Persönlichkeit ein historischer Ansatz notwendig ist (vgl. Rotter 1954, S. 86f.; Rotter/Chance/Phares 1972, S. 4f.; Rotter/Hochreich 1979, S. 105). Weiterhin geht Rotter davon aus, dass die persönlichen Erfahrungen eines Individuums sich gegenseitig beeinflussen. Und so werden die zukünftigen Entscheidungen durch die in der Vergangenheit gemachten Erfahrungen beeinflusst. Es kann aber auch zu einem umgekehrtem Lernprozess kommen, nämlich wenn die in der Vergangenheit gelernten Verhaltensweisen durch neue Erfahrungen modifiziert werden. Daraus lässt sich zunächst feststellen, dass die Persönlichkeit einerseits ständigen Veränderungen unterliegt, und zwar durch den Einfluss von immer wieder neu gemachten Erfahrungen, andererseits wird sie im Laufe des Lebens zunehmend stabiler, da das Lernen in der Gegenwart stark durch die Erfahrungen aus der Vergangenheit beeinflusst wird (vgl. Rotter 1954, S. 94ff.; Rotter/Chance/Phares 1972, S. 7f.; Rotter/Hochreich 1979, S. 105). In einer weiteren Annahme behauptet Rotter, dass das Verhalten von Individuen zielorientiert ist und zwar dadurch, dass ein Individuum sich einigen Aspekten der Umgebung zuwendet, anderen hingegen ausweicht (vgl. Rotter 1954, S. 97ff.; Rotter/Chance/Phares 1972, S. 8ff.; Rotter/Hochreich 1979, S. 105f.). Die Zuwendung und das Ausweichen eines Individuums hängt wiederum von den Qualitäten einer Verstärkung[18] ab. Dennoch bestimmen nicht nur Ziele und Verstärkungen das individuelle Verhalten (motivationale Komponente), sondern auch die personellen Erwartungen[19] (kognitive Komponente) des Individuums. Derartige Erwartungen sind durch Erfahrungen aus der Vergangenheit determiniert (vgl. Rotter 1954, S. 102ff.; Rotter/Chance/Phares 1972, S. 11).

---

[17] Die ausführlichste Beschreibung der einzelnen Annahmen der Theorie des Sozialen Lernens befindet sich bei Rotter 1954, S. 85ff. Etwas straffer erfasst sind die Annahmen u.a. in Rotter/Chance/Phares 1972, S. 4ff. und in Rotter/Hochreich 1979, S. 105f.

[18] Auf den Begriff „Verstärkung“ wird noch auf den folgenden Seiten näher eingegangen.

[19] Auf den Begriff „Erwartung“ wird noch näher in den folgenden Ausführungen eingegangen.

Um das Verhalten von Individuen mit Hilfe der sozialen Lerntheorie beschreiben und vorhersagen zu können verwendet Rotter vier Basisvariablen,[20] aus denen ein generalisiertes Konzept entwickelt wurde. Zu diesen Variablen zählen: das Verhaltenspotential, die Erwartung, der Verstärkungswert und die psychologische Situation (vgl. Rotter 1954, S. 105ff.; Rotter/Chance/Phares 1972, S. 11ff.; Rotter/Hochreich 1979, S. 106ff.).

Als Verhaltenspotential wird die Wahrscheinlichkeit eines Verhaltens bei einer gegebenen Situation mit gegebener Verstärkung bezeichnet (vgl. Rotter 1954, S. 105; Rotter/Chance/Phares 1972, S. 12; Rotter/Hochreich 1979, S. 106). In der Regel kann sich ein Individuum in einer gegebenen Situation zwischen mehreren verschiedenen Verhaltensweisen entscheiden, die durch einen Vergleich charakterisiert werden können. Demzufolge ist feststellbar, dass für ein bestimmtes Verhalten das Verhaltenspotential stärker oder schwächer ist (vgl. Rotter 1954, S. 105f.; Rotter/Chance/Phares 1972, S. 15f.; Rotter/Hochreich 1979, S. 107). Die Variable Verhaltenspotential kann anhand des folgenden Beispiels verdeutlicht werden. Ein Musikschüler spielt Klavier und solle an einem wichtigen Konzert teilnehmen. Als Verstärkung kann hier angesehen werden z.B. die Anerkennung der Zuhörer oder das Knüpfen von Kontakten, die für die spätere Karriere wichtig sein könnten. Der Schüler kann unterschiedliche Verhaltensweisen in Erwägung ziehen, wie z.B. viel üben, sich krank melden, nicht üben oder mäßig üben. Um eine Vorhersage des Verhaltens des Schülers treffen zu können, werden zunächst die möglichen Verhaltensweisen miteinander verglichen und anschließend erfolgt die Feststellung, welche von diesen Alternativen die stärkste und welche die schwächste ist.

Bei der Variable Erwartung handelt es sich um die durch das Individuum eingeschätzte Wahrscheinlichkeit, diesmal für das Eintreten einer Verstärkung als Folge einer Handlung in einer bestimmten Situation (vgl. Rotter 1954, S. 107; Rotter/Chance/Phares 1972, S. 12; Rotter/Hochreich 1979, S. 107). Jedoch ist nicht nur das bloße Vorhandensein einer Verstärkung ein Grund für ein bestimmtes Verhalten, sondern auch die Erwartung eines Individuums, dass diese Verstärkung auch eintritt, wenn das Individuum sich auf eine bestimmte Art und Weise verhält. Die Größe derartiger Erwartungen hängt von den bereits gemachten Erfahrungen ab. Bei den Erwartungen handelt es sich allerdings immer um subjektive Erwartungen (vgl. Rotter 1954, S. 107; Rotter/Chance/Phares 1972, S. 12f.; Rotter/Hochreich 1979, S. 107f.). Kommen wir zurück zu dem oben erwähnten Beispiel mit dem Musikschüler. Er könnte durchaus das starke Bedürfnis haben, die Anerkennung der Zuhörer zu bekommen, oder die Möglichkeit nützliche Kontakte zu knüpfen. Diese

---

[20] In der ersten ausführlichen Publikation zur sozialen Lerntheorie (vgl. Rotter 1954, S. 105) war noch die Rede von drei Variablen, erst später wurde die vierte Variable, die „psychologische Situation“ dazugenommen (vgl. dazu z.B. Rotter/Chance/Phares 1972, S. 11 und Rotter/Hochreich 1979, S. 106).

würden ihn in der Musik- Szene weiterbringen und dadurch auch helfen, später ein bekannter Musiker zu werden. Sofern der Musikschüler aufgrund der bislang gemachten Erfahrungen zu der Auffassung gelangt, dass viel Üben zu einer guten Leistung seinerseits führt, falls er also seine Situation mit Aussicht auf Erfolg einschätzt, wird er sich anstrengen und für das Konzert üben. Es ist aber andererseits vorstellbar, dass ein anderer Mitschüler, der auch an diesem Konzert teilnehmen soll und ähnliche Ziele verfolgt, andere Erfahrungen gemacht hat; nämlich, dass gleichgültig wie sehr er sich anstrengt und übt, sein Spiel eher mäßig ausfällt. Er wird sich in der jetzigen Situation nicht besonders anstrengen, da seine Erwartungen ja niedrig sind. Es lässt sich also festhalten, dass die unterschiedlichen Erwartungen der beiden Musikschüler, bei gegebenen gleichen Zielen, wahrscheinlich zu unterschiedlichem Verhalten führen werden.

Der Verstärkungswert kann als Präferenz eines Individuums für eine bestimmte Verstärkung, bei gleicher Wahrscheinlichkeit der einzelnen Alternativen, verstanden werden (vgl. Rotter 1954, S. 107; Rotter/Chance/Phares 1972, S. 13; Rotter/Hochreich 1979, S. 109). Unter Verstärkung versteht Rotter ein Ereignis, das die Wahrscheinlichkeit für das Verhalten einer Person erhöht oder verringert.[21] In diesem Zusammenhang wird gesprochen von positiver Verstärkung bei der Erhöhung und negativer Verstärkung bei der Verringerung der Wahrscheinlichkeit, dass bestimmtes Verhalten unter ähnlichen Umständen nochmals auftritt (vgl. Rotter/Hochreich 1979, S. 106). Analog zu dem Erwartungskonzept handelt es sich hier ebenfalls um eine subjektive Sichtweise. Um zu unserem Beispiel zurückzukehren, so werden die unterschiedlichen Musikschüler, die an dem Konzert mitwirken, aus vielen möglichen Gründen, wie z.B. die Anerkennung der Zuhörer, das Knüpfen von Kontakten, die für die spätere Kariere wichtig sein könnten, eine persönliche Herausforderung, die Erfüllung der in der Musikwelt herrschenden Standards, jeweils andere subjektive Präferenzen haben. In dem gleichen Beispiel bei der Variable Erwartung, wurde die Schlussfolgerung gezogen, dass die beiden Musikschüler bei verschiedenen Erfolgserwartungen sich unterschiedlich verhalten werden. Nehmen wir an, dass sie jetzt gleiche Erfolgserwartungen haben, aber ihre Zielpräferenzen anders sind. In dem Fall ist zu erwarten, dass ihr Verhalten ebenfalls unterschiedlich ausfallen wird.

Die letzte von den genannten Variablen, nämlich die psychologische Situation wird als das relevante Umfeld, in dem die Individuen ihre Entscheidungen treffen, verstanden (vgl. Rotter/Chance/Phares 1972, S. 13; Rotter/Hochreich 1979, S. 110). Individuen unterscheiden sich u.a. dadurch, dass sie eine gleiche Situation different wahrnehmen. Entscheidend sind dabei die subjektiven Reaktionen und die

---

[21] Natürlich unter der Annahme, dass Ereignisse aus der Vergangenheit Einfluss auf das Handeln in der Zukunft nehmen können.

Bedeutung, die Individuen unter einem bestimmten Gesichtspunkt einer Situation geben (vgl. Rotter/Hochreich 1979, S. 110).

Für die Prognose, welches Verhalten in einer bestimmten Situation unter einer bestimmten Verstärkungsbedingung auftreten wird, muss das Verhaltenspotential für alle bekannten Verhaltensweisen festgelegt werden. Das Verhaltenspotential ist eine Funktion der Erwartung, des Wertes der Verstärkung und der psychologischen Situation. In der Theorie des sozialen Lernens werden diese Zusammenhänge in Form von Formeln dargestellt (vgl. Rotter 1954, S. 108ff.; Rotter/Chance/Phares 1972, S. 14ff.; Rotter/Hochreich 1979, S. 111f.). Auf die Darstellung und die Auseinandersetzung mit den einzelnen Formeln wird im Rahmen dieser Arbeit verzichtet, da das hier verfolgte Ziel sich zunächst auf die begriffliche Einordnung des Phänomens Vertrauen in die Theorie des sozialen Lernen bezieht.

Rotter gibt dem Konstrukt Vertrauen folgende Begriffsbestimmung:

> *„Interpersonal trust is defined here as an expectancy held by an individual or a group that the word, promise, verbal, or written statement of another individual or group can be relied on."* (Rotter 1971, S. 444)

Da das Konstrukt Vertrauen aus der Theorie des sozialen Lernens abgeleitet wird, kann als erstes festgestellt werden, dass es sich um Vertrauen als Persönlichkeitsvariable handelt. Weiterhin ist nicht zu übersehen, dass Erwartung bei diesem Konstrukt eine zentrale Rolle spielt. In weiteren Ausführungen macht Rotter (vgl. Rotter 1971, S. 444) darauf aufmerksam, dass es sich um generalisierte Erwartung handelt. Die Erwartung wird in einer Situation von verschiedenen Kategorien von Erfahrungen beeinflusst, durch spezifische und durch generalisierte Erfahrungen (vgl. Rotter 1980, S. 1f.). Folglich resultiert die spezifische Erwartung aus Erfahrungen aus gleichen Situationen, die sich auf Einzelzusammenhänge beziehen. Die generalisierte Erwartung kann als Übertragung der Erfahrungen aus nicht verwandten Situationen auf eine neue Situation verstanden werden (vgl. Rotter 1971, S. 445f.; Rotter 1981, S. 23f.). Die generalisierten Erwartungen sind in neuen Situationen ausschlaggebend. Mit wachsender Erfahrung wird der Einfluss der generalisierten Erwartung jedoch auf die Erwartungsbildung immer geringer und an die Stelle der generalisierten Erwartungen treten spezifische Erwartungen (vgl. Rotter 1954, S. 165ff.; Rotter/Chance/Phares 1972, S. 24ff.). Um der Problematik der generalisierten Erwartung etwas näher zu kommen, folgen hier einige Beispiele. Ist eine Person z.B. musikalisch begabt, spielt gut Klavier und Bratsche, dann besteht die Erwartung, dass sie auch ein neues Instrument (z.B. Klarinette) gut spielen wird. Oder wurde einer Person als Kind viel Toleranz entgegengebracht, dann erwartet sie das als Erwachsener von ihrer Umwelt auch.

Innerhalb der Kategorie der generalisierten Erwartungen unterscheidet Rotter noch weitergehende Entscheidungen, nämlich die problemlösenden generalisierten Erwartungen. Unter diese Gruppe wird auch das Konstrukt Vertrauen eingeordnet (vgl. Rotter 1971, S. 445ff.). Problemlösende generalisierte Erwartungen sind ein Resultat der Erfahrungen aus verschiedenen Situationen und Bedürfnisbereichen. Sie finden beispielsweise Anwendung in Situationen, in denen die Zielerreichung oder Bedürfnisbefriedigung durch das herkömmlich dazu eingesetzte Verhalten blockiert wird. Ein Individuum, das in verschiedenen Situationen die Erfahrung gemacht hat, dass eine Zielerreichung auch in scheinbar aussichtslosen Situationen möglich war, entwickelt aufgrund derartiger Erfahrungen eine problemlösende generalisierte Erwartung. Dabei können die Erfahrungen auch aus nicht zusammenhängenden Situationen stammen (vgl. Schneewind 1992, S. 111; Mielke 1996, S. 187). Rotter hat problemlösende generalisierte Erwartungen nicht nur inhaltlich näher beschrieben sondern einige davon auch empirisch untersucht. Zu diesen zählt das Konstrukt zwischenmenschliches Vertrauen. In diesem Zusammenhang hat sich Rotter mit der Problematik der Erfassung von zwischenmenschlichem Vertrauen beschäftigt (vgl. Rotter 1967, S. 651ff.), mit der Frage nach den Voraussetzungen für Entstehung des zwischenmenschlichen Vertrauens (vgl. Rotter/Katz 1969, S. 657ff.) und schließlich auch etliche Studien hinsichtlich der Korrelate und Konsequenzen zwischenmenschlichen Vertrauens (vgl. Rotter 1967, S. 651ff.) durchgeführt.

Zur Erfassung zwischenmenschlichen Vertrauens hat Rotter eine Vertrauens-Skala[22] entwickelt (vgl. Rotter 1967 S. 654; Rotter 1981, S. 24). Die Items wurden in der Art konstruiert, dass verschiedene Zielpersonen oder Zielbereiche, denen gegenüber die befragte Person Vertrauen oder Misstrauen entgegenbringen konnte, berücksichtigt werden. Dies entsprach auch dem Konzept der problemlösenden generalisierten Erwartung (vgl. Hamsher/Geller/Rotter 1968, S. 211f.; Rotter 1981, S. 24. Siehe auch Schneewind 1992, S. 131). Die verschiedenen Items, die zur Beschreibung von Vertrauen geeignet schienen und aus Aussagen über Vertrauensverhältnisse zu verschiedenen Vertrauensobjekten wie z.B. gegenüber von Lehrern, Eltern, Ärzten, Freunden generiert wurden, hat Rotter in Form einer Likert Skala erfasst (vgl. Rotter 1967, S. 653). Bei der Formulierung der Items wurden dementsprechend die folgenden Kriterien berücksichtigt: Das Item musste eine signifikante Korrelation mit den anderen Items der Skala besitzen, weiterhin musste es eine geringe oder keine Korrelation mit den Items der zur Kontrolle eingesetzten Marlowe-Crowne Social Desirability Scale[23] aufweisen und schließlich die Zustimmung über die Items – Aussage musste in den fünf Likert Kategorien erfassbar sein (starke Zustimmung, leichte Zustimmung, weder Zustimmung noch Ablehnung, leichte Ablehnung, starke Ablehnung). Die Skala erfasste insgesamt 40 Items, davon waren 15 reine Füllitems (vgl. Rotter 1967, S. 654). Beispielhaft werden hier einige Items aufgelistet:

(1) „Die Menschen sind verlogener denn je“,

---

22 Originalversion: „Interpersonal Trust Scale“, vgl. Rotter 1967, S. 653

23 Instrument zur Messung sozial erwünschter Zustände.

(2) „Beim Umgang mit Freunden sieht man sich besser vor, bis ihre Vertrauenswürdigkeit bewiesen ist“,

(3) „Die Justiz behandelt uns alle gleich und unvoreingenommen“,

(4) „Im großen und ganzen sind Handwerker, die Waschmaschinen oder Fernseher reparieren, ehrlich“ (Rotter 1981, S. 24).

Die bejahende Antwort auf die ersten beiden Items würde für Misstrauen sprechen, während Bejahung auf die zwei letztgenannten Items ein Indiz für Vertrauen wäre. Die Summe der bejahenden Reaktionen auf die Vertrauens-Items und die verneinende Reaktionen auf die Misstrauens-Items ergibt den persönlichen Kennwert für „zwischenmenschliches Vertrauen“ (vgl. Rotter 1981, S. 24. Siehe auch Schneewind 1992, S. 131).

Mit Hilfe der Skala kann Vertrauen sowohl in Personen als auch Vertrauen in Institutionen oder in die Politik gemessen werden. In diesem Zusammenhang wird von Mehrdimensionalität der Skala gesprochen. Faktoranalysen haben nämlich ergeben, dass es sich bei den Items um mehrere Aspekte von Vertrauen handelt (vgl. Mielke 1996, S. 196; Schneewind 1992, S. 131f.). Die 25 Fragen lassen sich in Gruppen unterteilen, die sowohl personelle als auch institutionelle Aspekte beinhalten. Dementsprechend können Aussagen über Gesellschaft und Zukunft allgemein, Aussagen über politische und soziale Institutionen, Aussagen über die Glaubhaftigkeit von Medien und Aussagen über die Glaubwürdigkeit von Gruppen unterschieden werden (vgl. Petermann 1996, S. 22). Es handelt sich dabei um verschiedene inhaltsspezifische Vertrauenserwartungen, die theoretisch nicht mehr mit dem von Rotter gewollten Vertrauensverständnis im Sinne einer problemlösenden generalisierten Erwartung übereinstimmen.

Mit Hilfe der Skala zur Messung des zwischenmenschlichen Vertrauens hatten Rotter und Katz (vgl. Rotter/Katz 1969) versucht, auch die Frage nach der Voraussetzung für Entstehung des zwischenmenschlichen Vertrauens zu beantworten. In diesem Zusammenhang haben sie männliche und weibliche Studenten untersucht, die aus einem Elternhaus mit hohen Vertrauenswerten stammen und selbst ebenfalls diese Werte aufwiesen. In Folge der Untersuchung hat sich z.B. herausgestellt, dass Mütter einen niedrigeren Einfluss auf die Vertrauensentwicklung hatten als die Väter. Aufgrund der Ergebnisse hatten Katz und Rotter eine Reihe von Hypothesen aufgestellt, wie z.B. die Zuverlässigkeit der Eltern bei dem Einlösen von Versprechungen und dem daraus folgenden Prozess der Vertrauensbildung von Kindern. Diese Hypothesen sind allerdings nicht überprüft worden (vgl. Rotter /Katz 1969, S. 658ff. Siehe auch Schneewind 1992, S. 132).

Bezüglich der Korrelate und Konsequenzen zwischenmenschlichen Vertrauens hatte Rotter in Zusammenarbeit mit seinen Mitarbeitern einige Studien durchgeführt. Zum einen ging es um die Abgrenzung einer generalisierten Vertrauenserwartung gegenüber anderen Konstrukten, zum anderen ging es um die Ermittlung der

Verhaltensfolgen von vertrauensvollen gegenüber misstrauischen Personen. Während der Untersuchungen hat sich herausgestellt, dass vertrauensvolle Personen nicht leichtgläubiger sind als misstrauische Personen. Vertrauensvolle Personen geben zwar anderen Personen einen hohen Vertrauensvorschuss, der allerdings dann aufgebraucht wird, wenn die anderen Personen das Vertrauen enttäuschen. Vertrauensvolle Personen sind ausreichend realistisch um den spezifischen Erwartungen einen größeren Wert zuzuschreiben als den generalisierten Erwartungen, unter der Voraussetzung, dass sie entsprechende konkrete Erfahrungen besitzen. Die Erstbegegnungen, bei denen noch keine Erfahrungen vorliegen, führen insbesondere dazu, dass zwischenmenschliches Vertrauen als generalisierte Erwartungshaltung höchstwahrscheinlich den stärksten Einfluss auf die Bildung einer gegenwärtigen Vertrauenserwartung hat (vgl. Rotter 1981, S. 27ff. Siehe auch Schneewind 1992, S. 133f.). Rotter hat am Beispiel der Vertrauensbereitschaft gegenüber Fremden die prinzipiell ungleiche Fassung von vertrauensvollen und misstrauischen Personen treffend beschrieben:

> *"Der Vertrauensvolle sagt: `Ich werde ihm trauen, bis ich vom Gegenteil überzeugt bin`. Der Misstrauische dagegen erklärt: `Ich werde ihm nicht trauen, bis ich ganz sicher bin, dass er vertrauenswürdig ist`."*
> (Rotter 1981, S. 29)

In Anlehnung an Rotter können bedeutende Auswirkungen von hohem interpersonalem Vertrauen in positiven Konsequenzen für die Gesellschaft und für die einzelnen Individuen gesehen werden. Die positiven Konsequenzen für die Gesellschaft bestehen darin, dass vertrauensvolle Personen wahrscheinlich selbst weniger dazu geneigt sind zu lügen, zu stehlen oder zu betrügen. Sie gehören zu den Mitgliedern einer Gesellschaft, die die Rechte des anderen respektieren, die bereit sind, anderen eine zweite Chance zu geben und mehr Vertrauen in staatliche Institutionen haben. Die positiven Konsequenzen für die einzelnen Individuen bestehen darin, dass vertrauensvolle Personen insgesamt glücklicher, angepasster und weniger konfliktbeladen sind, um nur einige Beispiele zu nennen. An dieser Stelle könnten Leser einwenden, dass misstrauische Personen weniger oft betrogen werden und negative Überraschungen ihnen erspart bleiben. Das ist durchaus möglich, aber durch ihre misstrauische Haltung auch ehrlichen Personen gegenüber verspielen sie die Vorteile, die sich aus dem Vertrauen in andere ergeben (vgl. Rotter 1981, S. 29. Siehe auch Koller 1997, S. 16).

Vergleich man die beiden Ansätze, so fällt auf, dass Rotter im Unterschied zu Deutsch die Strukturen von Interaktionsprozessen in seine Theorie integriert. Diese Strukturen werden nun aber traditionell von der Soziologie untersucht, so dass es sinnvoll ist, die psychologische Perspektive abzuschließen und die soziologische Perspektive zu eröffnen.

2.2. Soziologische Perspektive

Nimmt man an, dass Vertrauen eine Basis für jede kooperative Beziehung ist, so ist der Verlust von Vertrauen eine bestandsentscheidende Frage für die Gesellschaft und somit ein ausreichender Grund für die Soziologie sich mit dem Konstrukt Vertrauen zu beschäftigen. Die Definition von Rotter oder Deutsch, die sich auf der interpersonalen Ebene abspielen, sind dann nicht ausreichend. Die soziologische Analyse fragt zusätzlich nach den sozialen Funktionen des Vertrauens und den situativen, strukturellen, kulturellen und den normativen Abhängigkeiten vertrauensvollen Handelns. Die soziologische Perspektive erweitert und hinterfragt die Annahme, dass Vertrauensbereitschaft und Vertrauenswürdigkeit nur auf personelle Attribute zurückzuführen sein sollten (vgl. Dederichs 1997, S, 62).

Beschäftigt man sich mit dem Konstrukt Vertrauen, so kommt Niklas Luhmann und James Coleman in der soziologischen Literatur eine besondere Bedeutung zu. Luhmann hat sich ausführlich mit dem Begriff Vertrauen als Mechanismus der Reduktion von sozialer und zeitlicher Komplexität auseinandergesetzt. Die genauere Schilderung der Gedanken von Luhmann erfolgt im folgenden Abschnitt dieses Kapitels. Anschließend wird der Vertrauensansatz von Coleman dargestellt.

2.2.1 Der funktionalistische Vertrauensansatz von Luhmann

Luhmann beschäftigt sich mit dem Konstrukt Vertrauen und dessen Funktionen aus systemtheoretischer[24] Perspektive. Die Funktion von Vertrauen besteht für Luhmann in der Reduzierung von Komplexität[25]. Er geht von der Überlegung aus, dass die Welt sehr komplex ist und das Individuum nicht in der Lage ist, das Übermaß an Informationen, mit denen es stets konfrontiert ist, vollständig zu verarbeiten. Es ist daher notwendig, die Informationen in zweckmäßiger Weise zu reduzieren, um Handlungsrichtlinien entwickeln zu können. Vertrauen ist ein Mechanismus zur Informations- und folglich auch zur Komplexitätsreduktion (vgl. Luhmann 1989, S. 7f.). Vertrauen ist die Erwartung, dass der andere sich im Sinne der

[24] Luhmann hat eine universelle Theorie entwickelt, die unter dem Stichwort „Systemtheorie" weltweite Aufmerksamkeit gewonnen hat. Sie erhebt den Anspruch, auf alle Bereiche des gesellschaftlichen Geschehens anwendbar zu sein. Sie operiert differenztheoretisch, der zentrale Ausgangspunkt ist die Differenz von System und Umwelt. Für die moderneGesellschaft im Gegensatz zu den vorhergehenden ist zu konstatieren, dass die Gesellschaft durchgehend in ausdifferenzierten Teil-Systemen gegliedert ist (vgl. Willke 2000). Der Begriff System bildet auch den Schlüsselbegriff dieser Theorie. Systeme bilden sich durch die Unterscheidung von Innen und Außen und erhalten sich durch die Stabilisierung dieser Grenze (vgl. Luhmann 1989, S. 101).

[25] Komplexität bezeichnet hier die kausale Verknüpfung von mehreren unsicheren Ereignissen. Die Komplexität einer Entscheidung wächst mit der Anzahl möglicher, aber unsicherer Ereignisse, die es bei der Entscheidung zu berücksichtigen gilt, sowie mit dem Ausmaße ihrer Vernetzung untereinander (vgl. Luhmann 1989).

Vertrauensbeziehung und der mit ihr verbundenen Erwartungen entscheidet, wenn er sich aufgrund seiner Freiheit prinzipiell auch anders entscheiden kann. Des weiteren ist Vertrauen in die Zukunft gerichtet und liegt dann vor, wenn eine vertrauensvolle Erwartung den Ausschlag für die Entscheidung gibt, ansonsten handelt es sich lediglich um Hoffnung. Als Beispiel bringt Luhmann ein von Deutsch sehr vertrautes Gedankenspiel. Man stellt sich die Situation vor, in der eine Mutter sich entscheiden soll, ob sie für ihr Kind einen Babysitter engagieren soll. Ihr Vertrauen erstreckt sich laut Luhmann nur auf Ereignisse, bei deren Eintritt sie ihre Entscheidung bereuen würde, das Kind dem Babysitter zu überlassen, wenn also z.B. ein schlimmer Unfall passierte. Falls sich eine Mutter dazu entschließt ihr Kind einem Babysitter anzuvertrauen, hat sie neben dem Vertrauen auch einige Hoffnungen, z.B. dass der Babysitter nett zu ihrem Kind ist und das er das Baby beim Einschlafen nicht durch laute Musik stört etc. (vgl. Luhmann 1989, S. 24).

> *„Der Vertrauende macht sich mithin an der Möglichkeit übergroßen Schadens die Selektivität des Handelns anderer bewusst und stellt sich ihr. Der Hoffende fasst trotz Unsicherheit einfach Zuversicht. Vertrauen reflektiert Kontingenz, Hoffnung eliminiert Kontingenz."* (Luhmann 1989, S. 24f.)

Luhmann nähert sich dem Begriff Vertrauen auf mehreren Ebenen. Erstens versteht er Vertrauen als ein Zutrauen zu den eigenen Erwartungen. Anders ausgedrückt handelt es sich hier darum, ob eine Person ihren eigenen Erwartungen ihre Richtigkeit und Angemessenheit zutraut (vgl. Luhmann 1989, S. 1. Siehe auch Loose/Sydow 1994, S. 168). Dabei werden positive Erfahrungen aus der Vergangenheit in die Gegenwart übertragen und positive Erwartungen zugespitzt. Positive vertrauensvolle Erwartungen geben dem Individuum ein Gefühl relativer Sicherheit und bilden gleichzeitig die Grundlage für neue Interaktionen und Erfahrungen (vgl. Koller 1992, S. 107). In einer komplexen Welt ist Vertrauen in diesem Sinne ein unentbehrliches Wesensmerkmal einer Person, die andernfalls mit der Informationssammlung und –bewertung vollkommen überlastet wäre. In dieser Weise verstandenes Vertrauen dient als Entscheidungshilfe bei der Auswahl von relevanten Informationen und hilft somit die Komplexität zu reduzieren. Sie ist dennoch keine bewusst aufgebaute und keine veränderbare Einstellung des Menschen (vgl. Schmitz 1997, S. 155f.). In dieser Weise vertraut beispielsweise der Mensch, dass der Zug sein Ziel erreicht, oder die gekauften Eier salmonellenfrei sind. Zweitens ist Vertrauen stets eine riskante Vorleistung. Vertrauen bezieht sich also immer auf eine kritische Alternative, bei deren Eintritt der Schaden größer ist als der Vorteil. Hier orientiert sich Luhmann ähnlich wie Deutsch am Babysitter-Beispiel. Anders jedoch als bei Deutsch wird hier kein rationales Kalkül gefordert. Luhmann sieht nämlich, dass vertrauensvolles Handeln auch blind, gedankenlos, leichtfertig und routinemäßig sein kann. Seine komplexitätsreduzierende Wirkung erreicht dieses Vertrauen dadurch, dass bestimmte Entwicklungs- und Handlungsalternativen ignoriert werden können. Auf diese Weise können Menschen bestimmte Gefahren, die nicht ausgeräumt werden können neutralisieren (vgl.

Luhmann 1989, S. 25f. Siehe auch Loose/Sydow 1994, S. 168). Schließlich ist Vertrauen eine riskante Vorleistung und jederzeit ein Wagnis, eine Mischung aus Wissen und Nichtwissen. Das Risiko ist unvermeidbar, weil derjenige, der sich entschließt, einer anderen Person Vertrauen zu schenken, über die für ihn verfügbaren Informationen hinaus auf das zukünftige Verhalten seines Partners schließt. Vertrauen kann sich aber auch als ungerechtfertigt erweisen, z.B. in geschäftlichen Beziehungen kann jemand betrogen werden und auf diese Weise kann die Leichtgläubigkeit zu großen Verlusten führen. Dieses Risiko ist beim Vertrauen nicht ausschließbar, aber unter Umständen minimierbar. Eines der effektivsten Mittel, die das Risiko begrenzen, sind laut Luhmann die Rechtsnormen, die die Erwartungen von Akteuren in bestimmter Weise strukturieren (vgl. Bachmann 1997, S. 258). Vertrauen ist schließlich auch unbegründbar. Gründe lassen sich jederzeit finden und werden als Rechtfertigung sich selbst und anderen gegenüber benutzt (vgl. Luhmann 1989, S. 23ff. Siehe auch Koller 1997, S. 19).

Luhmann unterscheidet zwei Arten von Vertrauen: Zum einen das persönliche Vertrauen, zum anderen das Systemvertrauen. Da Vertrauen vor allem einem anderen Menschen geschenkt wird, indem man ihn als Persönlichkeit und Zentrum eines Systems von Handlungen wahrnimmt, beschäftigt sich Luhmann zuerst mit dem persönlichen Vertrauen. Darunter versteht er die

> *„...generalisierte Erwartung, dass der andere seine Freiheit, das unheimliche Potential seiner Handlungsmöglichkeiten, im Sinne seiner Persönlichkeit handhaben wird – oder genauer, im Sinne der Persönlichkeit, die er als die seine dargestellt und sozial sichtbar gemacht hat. Vertrauenswürdig ist, wer bei dem bleibt, was er bewusst oder unbewusst über sich selbst mitgeteilt hat."* (Luhmann 1989, S. 40f.)

Persönliches Vertrauen ist somit die einer anderen Person entgegengebrachte Erwartung, dass diese sich so verhält wie sie sich schon immer verhalten hat. Das gesamte soziale Handeln ist schließlich auch Selbstdarstellung des Systems bezüglich seiner Vertrauenswürdigkeit. Jede Kommunikation, die etwas über den, der sie durchführt mitteilt, geht insofern ein Risiko ein, als dass die Einstufung der Vertrauenswürdigkeit durch andere Systeme beeinflusst wird. Sowohl das bewusste als auch das unbewusste mitteilen von Determinanten der Vertrauenswürdigkeit ist für den einzelnen Akteur nicht vollständig planbar. Demnach setzt das bloße Erscheinungsbild ein Vertrauen voraus. Laut Luhmann ist die Entwicklung des persönlichen Vertrauens einem sozialisatorischen Prozess unterlegen. Infolge des Aufbaus von Selbstvertrauen und von Vertrauen in die eigene Darstellung sowie in die Fremdinterpretation der eigenen Selbstdarstellung durch andere, nimmt das Handlungspotential zu. Demzufolge lässt sich bei möglich gewordenen Handlungen neues Vertrauenskapital erwerben (vgl. Fuderholz 1998, S. 67f.).

Die wichtigste Voraussetzung für die Entstehung von persönlichen Vertrauensbeziehungen ist, dass menschliches Handeln als persönlich bedingtes

Handeln sichtbar wird. Vertrauen beruht daher auf der zugeschriebenen Motivation des Handelns. Das Handeln, auf dessen Erfahrung sich das Vertrauen bildet, muss dabei als Ausdruck der Persönlichkeit erscheinen und sich bewähren, damit die Vertrauensbeziehung aufrecht erhalten werden kann. Luhmann spricht in diesem Zusammenhang nur vom freiem Handeln. Freiheit im Sinne einer unkontrollierbaren Handlungsvielfalt anderer Personen ist dabei die Quelle des Bedarfs für Vertrauen (vgl. Luhmann 1989, S. 43).

Die nächste Voraussetzung für Herausbildung des persönlichen Vertrauens ist, dass ein Anlass für die Erweisung vom Vertrauen existiert. Für den Vertrauenden bedarf es eines Anlasses zu vertrauen, er muss eine Situation definieren, in der er auf die Vertrauensperson angewiesen ist. Durch sein Verhalten, sich auf die Informationen anderer zu verlassen und sich einem Vertrauensbruch auszusetzen, erbringt er die Bedingung für das Entstehen von Vertrauen, nämlich seine riskante Vorleistung. Die Person, in die Vertrauen gesetzt wird, muss ihrerseits als Rahmenbedingung die Möglichkeit besitzen, das Vertrauen zu enttäuschen. Wenn sie von dieser Möglichkeit keinen Gebrauch macht, so muss sie das ihr entgegengebrachte Vertrauen honorieren und andere Interessen zurückstellen. Der Vertrauensbildungsprozess erfordert damit einen beiderseitigen Einsatz, auf den sich beide Parteien einlassen müssen. Zuerst wird der Vertrauende aktiv, dann der, dem vertraut wird (vgl. Luhmann 1989, S. 45. Siehe auch Fuderholz 1998, S. 68). Für den Vertrauenden ist seine Verwundbarkeit, die riskante Vorleistung, enttäuscht zu werden, das Instrument, mit dem er eine Vertrauensbeziehung in Gang bringt. Sie kann allerdings als ein Wagnis nicht normiert werden. Andererseits kann ebenso wenig das Sich-einlassen auf einen Vertrauensbeweis normiert werden. Luhmann bemerkt hier, dass Vertrauen nicht verlangt werden kann, sondern es wird geschenkt und angenommen (vgl. Luhmann 1989, S. 46). Dieses emotional spontan entstandene Vertrauen stellt die erste Form des persönlichen Vertrauens dar. Es trifft dort zu, wo man sich kennt bzw. dort wo man sich gefühlsmäßig einander nahe steht. Dabei besitzt die Person, der man vertraut, einen gewissen Kredit, in dessen Rahmen sich auch negative Erfahrungen nicht nachteilig auf die Vertrauensbeziehung auswirken. Stellt der Vertrauende durch die Kontrolle der Vertrauensbeziehung fest, dass dieser Rahmen übertreten wurde, wird der Vertrauensperson das Vertrauen entzogen. Die zweite Form des persönlichen Vertrauens, neben dem spontanen Vertrauen, bildet das taktisch durchschauend aufgebaute Vertrauen. Diese Form stellt gleichzeitig für Luhmann eine Variante des Systemvertrauens dar, worauf noch einzugehen ist.

Ausgehend von der überwältigenden Größe gesellschaftlich verfügbarer Komplexität, muss der Einzelne sich auf fremde Informationsverarbeitung stützen und verlassen können. Dieses Vertrauen kann nicht mehr durchgängig persönliches Vertrauen sein. Wenn man diese These von Luhmann ernst nimmt, kann man begreifen, dass Luhmanns Erörterungen zu Vertrauen nicht ernsthaft persönliches Vertrauen meinen kann. Die bisher angeführten Hinweise auf persönliches Vertrauen müssen relativiert werden. Erstens, Luhmann referiert die üblichen wissenschaftlichen Diskurse zu Vertrauen ohne besondere Akzentuierung seiner eigenen Präferenzen. Zweitens, Vertrauen scheint eine Kategorie zu sein, die der Alltagssprache nicht entbehren kann. Es klingt daher ironisch, wenn er ausgerechnet im Abschnitt „Persönliches Vertrauen" einen einfachen Sachverhalt mit dem, wie er selbst sagt „altem Begriff supererogatorisch" (Luhmann 1989, S. 47) bezeichnet, auf dem er nicht mehr zurückgreifen wird.

In das Zentrum des Luhmannschen Arguments gelangt man nur, wenn man sein Begriff des Systemsvertrauens analysiert. Es

> „... *ist gar kein Zweifel, dass die moderne Sozialordnung differenzierter Gesellschaften viel zu komplex ist, als dass mit solch einer Orientierung an Personen allein das lebensnotwendige soziale Vertrauen geschaffen werden könnte; ist doch allzu offensichtlich, dass die Sozialordnung nicht mit den wenigen Personen, die man kennen und denen man vertrauen kann, steht und fällt.*" (Luhmann 1989, S. 50)

Der Begriff des Systemvertrauens erfordert logischerweise andere Beispiele als die bis jetzt gebrauchten auf der Ebene des persönlichen Vertrauens. Luhmann wählt in dem einschlägigen siebten Abschnitt: „Medien der Kommunikation und Systemvertrauen" Beispiele aus den ausdifferenzierten, gesellschaftlichen Teilsystemen Wirtschaft, Politik, Wissenschaft. Es handelt sich also um Geld, Wahrheit und Macht (vgl. Luhmann 1989, S. 51ff.).

Vertrauen in spezielle und nachweisbare Fähigkeiten zur Informationsverarbeitung in eine funktionale Autorität wird notwendig. Daher ist das Systemvertrauen auch eine Einstellung des sich Verlassens auf die Mitglieder der Gesellschaft, insofern diese den allgemein verbindlichen Normen unterstehen. Die Vorleistung des Vertrauenden besteht hier in einer Verwendung von Informationen, die andere aufgrund ihrer funktionalen Autorität erarbeitet haben. Ihr Engagement besteht in der Gefahr, dass die Informationen sich als falsch herausstellen bzw. sich nicht wie vorgesehen bewähren können (vgl. Luhmann 1989, S. 57f.). Der Bedeutungsinhalt des Vertrauens in funktionale Autoritätspersonen, z.B. in Wirtschaftsprüfer, wird gerade im Bereich der Jahresabschlussprüfung deutlich. Auch hier vertrauen die Adressaten dem Wahrheitsgehalt der von Wirtschaftsprüfern bereitgestellten Informationen. Systemtheoretisch handelt es sich also um das Verhältnis zweier ausdifferenzierte Teilsysteme: Wirtschaft und Recht.

Würde man sich au die vertrautere Sprache von Handlungssubjekten einlassen, dann könnte man formulieren: Beim Systemvertrauen verlässt sich der Vertrauende auf eine Ordnung kommunikativen Verhaltens, die funktionale Autoritätsträger einhalten sollen und darauf, dass Kontrollen im System unabhängig von den persönlichen Motivationen der Beteiligten funktionieren. Der Vertrauende braucht diejenigen nicht persönlich zu kennen, die das Wissen in Form von zu übermittelnden Informationen erarbeitet haben (vgl. Luhmann 1989, S. 58ff.). Vertrauen wird nicht in eine bekannte Person gesetzt, sondern in das Funktionieren eines Systems.

Systemvertrauen wird dabei durch sich bestätigende Erfahrungen von selbst aufgebaut, wobei es lediglich eines kontinuierlichen feedbacks, aber keiner besonderen Innengarantien bedarf. Aus diesem Grund ist es unvergleichbar leichter das Systemvertrauen zu erlernen, als im Fall des persönlichen Vertrauens wo immer neuen Personen Vertrauen zu schenken ist. Beim Aufbau von Systemvertrauen verlagert sich das Lernen deutlich in den Mittelpunkt des Geschehens. Gleichzeitig ist Systemvertrauen auch viel schwieriger zu kontrollieren als persönliches Vertrauen. Die Kontrolle von Systemvertrauen erfordert Wachsamkeit, Zeitaufwand, gelerntes Wissen und Intelligenz. In immer größerem Ausmaß wird hierzu Fachwissen benötigt. Luhmann geht sogar so weit, dass er behauptet, dass Vertrauenskontrolle nur noch im Hauptberuf ausgeübt werden kann (vgl. Luhmann 1989, S. 65). Folglich wird das Systemvertrauen diffus und hierdurch widerstandsfähig gegen einzelne Enttäuschungen. Während das persönliche Vertrauen an Kleinigkeiten scheitern kann, ist in der Diffusion des Systemsvertrauens ein Einzelschicksal einfacher zu begründen (vgl. Fuderholz 1998, S. 72).

Wie bereits oben dargestellt, betrachtet Luhmann auch eine bestimmte Form des persönlichen Vertrauens als Systemvertrauen. Er vertritt die Meinung, dass persönliches Vertrauen unter Zivilisationsbedingungen zu einer Art Systemvertrauen wird. Gemeint ist hier die bereits erwähnte zweite Form des persönlichen Vertrauens, das taktisch durchschauend aufgebaute Vertrauen. Es wird hier nicht den einzelnen Menschen vertraut sondern ihrer durchschauten Selbstdarstellung. Die Besonderheit des Systemvertrauens liegt in seiner Reflexivität begründet. Damit wird die zunehmend funktionale Bewusstheit und das Durchschauen der Grundlagen sowie Funktionen sozialer Vertrauensbildung verstanden. Durchschauen versucht nicht Vertrauen durch Wissen zu ersetzen, sondern es nimmt Abstand, bedenkt Funktionen und Funktionsvoraussetzungen des Vertrauens. Es geht von der Notwendigkeit aus, Informationen zu überziehen und setzt das Vertauen dann reflexiv in die Mechanismen der Vertrauensbildung (vgl. Luhmann 1989, S. 73f.). Während beim persönlichen Vertrauen Reflexivität eine Ausnahmeerscheinung ist, baut Systemvertrauen darauf auf, dass andere Personen ebenfalls vertrauen und dass dieses gemeinsame Vertrauen auch bewusst wird. Im Hinblick auf die Funktion des Vertrauens, Komplexität zu reduzieren, erfüllt durchschauendes Vertrauen diese Funktion weniger gut als spontanes Vertrauen. Gegenüber dem spontanen Vertrauen verlangt durchschauendes Vertrauen vom Vertrauenden mehr Umsicht und Überlegung. Der Vertrauende vertraut nicht direkt dem anderen Menschen, sondern vertraut den Gründen, aus denen das Vertrauen trotzdem funktioniert. Beispielsweise verlassen sich viele darauf, dass der Staat die erforderliche Macht besitzt, Frieden zu garantieren und Probleme zu lösen, obwohl allgemein bekannt ist, dass sein Gewaltmonopol dafür nicht ausreicht, falls ein erheblicher Prozentsatz der Bevölkerung rebelliert oder die Anerkennung der Entscheidungen verweigert (vgl. Luhmann 1989, S. 75f.).

Als Fazit lässt sich feststellen, dass Luhmann die Bedeutung des Vertrauens für die Bewältigung sozialer und zeitlicher Komplexität herausgestellt hat. Die Reduktion der zeitlichen Komplexität ermöglichst es, den Zeithorizont des Systems oder auch des Individuums auszuweiten. Wäre die Ausweitung nicht möglich gewesen, so wären nur solche Handlungen möglich, die gleichzeitig Aktion und Reaktion beinhalten (vgl. Offermanns 1990, S. 174). Die soziale Komplexität wird durch Vertrauen reduziert indem die vorhandene Informationen überzogen[26], fehlende durch intern garantierte Sicherheit ersetzt werden. Der Vertrauende setzt sich willentlich über einen Informationsmangel hinweg und reduziert dadurch Komplexität (vgl. Luhmann 1989, S. 105). Die damit verbundene Risikoübernahme des Vertrauenden ermöglichst erst ein Handeln bzw. eine Entscheidungsfindung. Aus der Reduktion der beiden Komplexitäten ergeben sich zwei gewichtige Funktionen von Vertrauen. Erstens ist Vertrauen für viele Handlungen die Voraussetzung. Ansonsten können nur solche Handlungen stattfinden, die entweder aus einer Normausführung resultieren oder die durch Gleichzeitigkeit von Aktion und Reaktion charakterisiert sind. Zweitens ist Vertrauen selbst ein anzustrebendes Ziel, wie vergleichsweise der Gewinn, weil Vertrauen andere höherrangige Ziele erst ermöglicht (vgl. Offermanns 1990, S. 175).

Hinsichtlich des Konstruktes Vertrauen hat die funktionale Theorie zweifaches zu leisten. Erstens muss sie darstellen, dass Vertrauen soziale Komplexität reduziert. Zweitens muss sie zeigen, wie Vertrauen soziale Komplexität reduziert. Diesen beiden Forderungen versucht der Vertrauensansatz von Luhmann zu entsprechen. In diesem Zusammenhang lautet die Hauptthese Luhmanns funktionaler Theorie folgendermaßen: Vertrauen ist ein Mechanismus der Reduktion sozialer Komplexität. Diese Hauptthese wird durch zwei Nebenthesen ergänzt. Die erste Nebenthese besagt, dass nur dort, wo Komplexität reduziert wird, es Möglichkeiten des Handelns und des Erlebens gibt. Die zweite Nebenthese erklärt, dass dort wo es Vertrauen gibt, auch mehre Möglichkeiten des Erlebens und Handelns existieren (vgl. Luhmann 1989, S. 7). Die erste Nebenthese, die aus dem größeren Rahmen seiner Systemtheorie übernommen ist, lässt Luhmann als Voraussetzung in seine Argumentation einfließen. Sie ist in der funktionalen Theorie des Vertrauens der stets gegenwärtige Hintergrund, wobei sie jedoch selbst nicht näher ausgeführt wird. Die zweite Nebenthese wird zum eigentlichen Gegenstand der Untersuchung. Die

---

[26] Überziehung von Informationen bedeutet, dass Erfahrungen, die durch ein Individuum früher gemacht worden sind, auf die Zukunft übertragen werden. Dieser Prozess der Generalisierung schließt drei Aspekte ein. Erstens die Teilverlagerung der Problematik von außen nach innen. Dabei wird die äußere Unsicherheit durch innere Sicherheit ersetzt. Innere Systeme weisen nämlich eine geringere Komplexität aus und verlaufen mit größerer Ordnung. Der zweite Aspekt das Imstande-sein von einem Individuum die Ich/Du-Differenzierung vorzunehmen, Besitz von Selbstvertauen und die Fähigkeit von sich auf andere zu schließen. Dritter Aspekt ist die symbolische Kontrolle. Hier wird mit Hilfe von Rückkoppelungsschleifen geprüft, ob Vertrauen gerechtfertigt ist. Hier wird nicht die gesamte Faktenlage überprüft, sondern es werden Symbole als ausreichende Anhaltspunkte betrachtet (vgl. Koller 1997, S. 19).

Begründung dieser Nebenthese verläuft parallel zum Versuch herauszufinden, wie Vertrauen soziale Komplexität reduziert. Die Antwort auf diese Fragestellung lautet: Indem Vertrauen vorhandene Informationen überzieht, Verhaltenserwartungen generalisiert und fehlende Informationen durch intern garantierte Sicherheit ersetzt (vgl. Luhmann 1989, S. 105). Dadurch, dass man mittels Vertrauen negative Entwicklungsmöglichkeiten ausschließt, können Handlungen ungehemmter verlaufen. Hinzu kommt ein weiteres Moment, das besonders beim Konstrukt Vertrauen vorhandene Verhältnis zur Zeit. Luhmann vertritt hier die These, dass jemand, der Vertrauen schenkt, Zukunft vorweg nimmt (vgl. Luhmann 1989, S. 8). Durch diese Vorwegnahme wird die Zukunft zugleich in einer bestimmten Weise festgelegt. Obwohl der Vertrauende in der Weise handelt, als ob es nur eine bestimmte Zukunft gäbe, muss ihm bewusst sein, dass Enttäuschungen seiner in die Zukunft gerichteten Erwartungen nicht ausgeschlossen sind. Darüber hinaus ermöglichst erst das Vertrauen erfolgreiches Handeln, da sich der Erfolg ausschließlich nach dem Handeln einstellen kann. Das Zeitproblem wird durch Vertrauen überbrückt, welches als Vorschuss auf den Erfolg im voraus auf Zeit und auf Widerruf gewährt wird (vgl. Luhmann 1989, S. 26). Bei den hier gemachten Ausführungen handelt es sich durchgehend um persönliches Vertrauen. Der Betrachtungspunkt ist jedoch nicht immer der gleiche. Einmal ist die Rede von dem, der vertraut, ein anderes mal von dem, dem vertraut wird bzw. von beiden gleichzeitig. Zusammenfassend lässt sich sagen, dass Vertrauen größeren Handlungs- und Bewegungsspielraum schafft. Diese Aussage wird allerdings eingeschränkt, wenn Vertrauen sich als Fessel erweist. Jedoch wird Vertrauen bei Luhmann nicht durchgängig positiv bewertet. Vertrauen bzw. Vertrauensbeziehungen können sich zugleich als Chance und Fessel erweisen. Indem sich Vertrauen als eine Art Kapital ansammelt, das mehr Möglichkeiten zu weiterreichendem Handeln eröffnet, muss es auch permanent benutzt und gepflegt werden. Es legt den Benutzer auf eine vertrauenswürdige Selbstdarstellung fest, von der er nur schwer abweichen kann. Vertrauen lässt sich zwar durch täuschende Selbstdarstellung erwerben, es kann aber nur erhalten werden, wenn die Täuschung fortgesetzt wird. Der Schein kann zur Wirklichkeit werden, indem die vorgetäuschten Qualitäten zur Gewohnheit werden.

> *„Wer sich Vertrauen erwerben will, muss am sozialen Leben teil nehmen und in der Lage sein, fremde Erwartungen in die eigene Selbstdarstellung einzubauen."* (Luhmann 1989, S. 68)

Wenn ich den Argumentationsgang der Luhmannschen Konzeption abschließend bewerten möchte, muss eingeräumt werden, dass ich die Dimension der Systemtheorie nur ausschnittsweise behandelt habe. Für meine Argumentation sind aber die philosophisch-theoretische (Grundannahmen z.B. Kontingenz) nicht wichtig. Ich werde daher im Folgenden eine philosophisch weniger belastete Soziologie behandeln, die von Coleman.

2.2.2 Vertrauen als Nutzenmaximierungskalkül: Ansatz von Coleman

Coleman,[27] ein soziologischer Handlungstheoretiker, hat sich mit dem Konstrukt Vertrauen im Rahmen seiner Sozialtheorie beschäftigt. In den „Grundlagen der Sozialtheorie", die aus 34 Kapiteln besteht, widmet er dem Thema Vertrauen 3 Kapitel. Das erste Kapitel, das die Problematik Vertrauen behandelt, setzt sich mit elementaren Vertrauensbeziehungen auseinander (vgl. Coleman 1995, S. 115ff.). Hier wird überwiegend die Sicht des einzelnen Akteurs als potentieller Vertrauensgeber betrachtet, es handelt sich um die Mikro-Fundierung[28] der Sozialtheorie. Im zweiten Kapitel wird Vertrauen auf der Ebene der Systeme (also von mehreren, einander mehr oder weniger vertrauenden Akteuren) betrachtet und konzentriert sich hiermit auf den Mikro-Makro-Übergang (vgl. Coleman 1995, S. 225ff.). Es geht hier um die Aggregation einer Vielzahl von Einzelentscheidungen. Im dritten Kapitel[29] fasst Coleman die Aussagen der beiden vorherigen Kapitel in einer mathematischen Formel zusammen. Dadurch ist der Mikro-Makro-Übergang definitiv klar nachvollziehbar (vgl. Junge 1998, S. 27f.).

Ähnlich wie bei Deutsch handelt es sich bei Coleman bezüglich des Konstruktes Vertrauen um eine Entscheidung. Coleman modelliert jedoch keine Verhaltensentscheidungen von Personen, denen Vertrauen geschenkt wird. Coleman betrachtet einen egoistischen und unmoralischen rationalen Akteur, den Vertrauenden, der über die einseitige Abgabe der Kontrolle über knappe Ressourcen an die ebenfalls egoistische und unmoralische Vertrauensperson zu entscheiden hat. Der Vertrauende weiß, dass es von der zukünftigen Handlung der Vertrauensperson abhängt, ob diese Abgabe für ihn Gewinn oder Verlust bedeutet (vgl. Braun 1992, S. 178). Folglich liegt Vertrauen laut Coleman dann vor, wenn jemand eine riskante Entscheidung trifft, deren erwartete Folgen erheblich vom Verhalten anderer Personen oder Institutionen abhängen. Vertrauen kann auch als einseitige

---

[27] James Coleman, einer der Klassiker der amerikanischen Soziologe, übernahm den Handlungsbegriff des methodologischen Individualismus dadurch, dass er sich auf zielgerichtete Handlungen von Individuen bezog. Er ging davon aus, dass einerseits der soziale Austausch das gesamte soziale Leben beherrscht und andererseits die Belehnungsstrukturen alles überstimmen. Dabei versuchte er, neben der Mikroebene auch die Makroebene miteinzubeziehen. Er beschäftigte sich nicht nur mit Akteuren und den jeweils zur Verfügung stehenden Ressourcen, sondern auch mit dem weitergehenden Prozess der Entstehung eines sozialen Systems, einschließlich sozialstruktureller Veränderungen. Dabei werden statt Gütern die Handlungs- und Kontrollrechte ausgetauscht. Unter dieser Prämisse untersuchte Coleman sowohl die Struktur von Herrschaftsbeziehungen als auch die Struktur von Vertrauensbeziehungen (vgl. Treibel 1997, S. 100).

[28] Zu der Mikro-, Makro-, Mesoebene bei Coleman, siehe beispielsweise Lüdemann 1998, S. 17ff. und Büschges/Abraham 1997, S. 75ff.

[29] Das dritte Kapitel zum Thema Vertrauen liefert lediglich eine mikroökonomische, mathematische Formalisierung der zuvor hauptsächlich verbal präsentierten Überlegungen und bleibt hier deshalb unberücksichtigt.

Übertragung der Kontrolle über Ressourcen, Handlungen und Ereignisse verstanden werden, wobei Risiko und Zukunftsbezogenheit eine entscheidende Rolle spielen (vgl. Coleman 1995, S. 124f.). Diese Definition erinnert stark an die Definition des Vertrauens von Deutsch.[30] Bei Coleman handelt sich im Unterschied zu Deutsch auch um eine landläufigere Sichtweise. Deutsch beschränkt Vergabe von Vertrauen auf derartige Situationen, in denen der mögliche Verlust größer ist als der mögliche Gewinn. Coleman kritisiert diese Einschränkung in der Definition von Deutsch, da sie eine typische Vertrauenssituation ausschließt. Hier handelt es sich um den Fall, in dem ein Hochstapler einem Akteur einen außergewöhnlich hohen Gewinn gegen einen im Vergleich hierzu geringen Einsatz verspricht (vgl. Coleman 1995, S. 126f. Hierzu auch Antfang/Urban 1994, S. 3).

Laut Coleman ist Vertrauen ein stark von Nutzenkalkülen beeinflusstes Verhalten. Er fragt nach den Bedingungen die erfüllt werden müssen, wenn ein rational denkender Akteur sich entscheidet sein Vertrauen zu schenken. Die Entscheidung, ist deswegen riskant, da die Person, die sie trifft, nicht sicher sein kann, wie sich ihr jeweiliges Gegenüber in der Zukunft verhalten wird. Die Entscheidung wird mit einer Portion Unsicherheit gefällt (vgl. Matiaske 1999, S. 187; Braun 1992, S. 178 und Loose/Sydow 1994, S. 167). Coleman argumentiert in diesem Zusammenhang folgendermaßen: Der potentielle Vertrauensgeber kann seiner Entscheidung bestimmte Wahrscheinlichkeiten über das zu erwartende Verhalten des Vertrauensnehmers zuschreiben. Ist abgesehen von dieser Wahrscheinlichkeit auch der zu erwartende Gewinn (falls Vertrauen bestätigt wird – bzw. der möglichst einzutretende Verlust falls Vertrauen enttäuscht wird) deutlich, so lassen sich die beiden Faktoren - Gewinn und Verlust – mit den ihnen zugeschriebenen Wahrscheinlichkeiten verrechnen und hinterher vergleichen. Ist die Eintrittswahrscheinlichkeit des möglichen Gewinns höher als der mögliche Verlust (und zwar nur dann), lohnt es sich Verrauen zu schenken und damit den erwarteten Nutzen des Vertrauensgebers zu maximieren (vgl. Coleman 1995, S. 125f. Siehe auch Junge 1998, S. 39 und Matiaske 1999, S. 188f.). Ist die Größe des erwarteten Gewinns jedoch nicht exakt bekannt, so muss die Person, der Vertrauen geschenkt werden sollte, in den Augen des Vertrauensgebers außerordentlich vertrauenswürdig sein oder der mögliche Verlust vergleichsweise klein sein. Im umgekehrten Fall, wenn der mögliche Verlust nicht genau einschätzbar ist, so muss die Vertrauenswürdigkeit des Vertrauensnehmers außerordentlich hoch sein oder der mögliche Gewinn entsprechend höher sein. Coleman (vgl. Coleman 1995) hat seine Überlegung zum Vertrauen auch in einer Ungleichung zusammengefasst. Demnach gewährt ein Akteur Vertrauen wenn, die folgende Ungleichung erfüllt ist:

$$p * G > (1 - p) * V$$

---

30 Siehe Abschnitt 2.1.1 dieses Kapitels.

Dabei bedeutet „p“ die subjektive Wahrscheinlichkeit des gerechtfertigten Vertrauens, „G“ die Höhe des potentiellen Gewinns, „1-p“ die Wahrscheinlichkeit des Vertrauensmissbrauchs und „V“ die Höhe des potentiellen Verlustes. Ein Akteur gewährt demzufolge dann Vertrauen, wenn der erwartete Gewinn im Fall, dass Vertrauen bestätigt wird, größer ist als der erwartete Verlust im Fall eines Vertrauensbruchs.

Coleman zeigt, dass mit Hilfe der eben dargestellten einfach gehaltenen Hypothesen sich eine bedeutende Anzahl der sozialen Phänomene erklären lassen. Hierzu wird allerdings zusätzlich eine geringe Anzahl von Zusatzannahmen erforderlich. Zu diesen Annahmen zählt beispielsweise die soziale sowie zeitliche Einbettung und die damit zusammenhängenden Handlungsoptionen von Akteuren (vgl. Junge 1998, S. 41). Diese Zusatzannahmen sind vor allem in Situationen von Bedeutung, in denen der Vertrauensgeber sich nicht über die Absicht des Vertrauensnehmers sicher ist, im Interesse des Vertrauensgebers zu handeln.

Insbesondere bei einmaligen Begegnungen kann es jedoch dazu kommen, dass der Vertrauensgeber die Vorleistung erfüllt, dagegen der Vertrauensnehmer die erwartete Gegenleistung nicht erbringt, da ihm dies günstiger erscheint und als Konsequenz bleibt der Vertrauensbruch für ihn sozial folgenlos. Anders ist die Situation, wenn die beiden Akteure in eine Gemeinschaft eingebettet sind. Je stärker die Einbettung ist, desto stärker ist auch der Druck für den Vertrauensnehmer, den Vertrauensbruch nicht zu begehen und seine potentiellen Gewinne zurückzustellen. Sogar ein einmaliger Vertrauensbruch, soweit er bekannt wird, kann zu Verlusten an Reputation und Ansehen des Vertrauensnehmers führen. Tritt der Fall ein, dass der Vertrauensgeber keinen höheren Gewinn als Ausgleich für sein enttäuschtes Vertrauen erzielt, so wird er, soweit er über andere Alternativen verfügt, die Beziehung wahrscheinlich abbrechen. Kommt der Vertrauensnehmer in eine Situation, in der er von keinem Akteur Vertrauen erhält, so haben die potentiellen Vertrauensgeber die Möglichkeit, die Verweigerung ihrer Vertrauensinvestition als Sanktion einzusetzen. Es lässt sich also feststellen, dass die Person, die mit ihrem Handeln Vertrauen bestätigt, normalerweise an Vertrauenswürdigkeit gewinnt und in der Zukunft mit den dadurch aufgebauten Beziehungen und weiteren besseren Angeboten rechnen kann. Konformes Verhalten hängt somit nicht nur mit moralischem Pflichtbewusstsein zusammen, sondern resultiert auch aus reinem Eigeninteresse (vgl. Coleman 1995, S. 138ff. Hierzu auch Junge 1998, S. 43ff.).

Eine andere Möglichkeit, die Vertrauensinvestition mit Hilfe sozialer Einbettung zu vereinfachen, besteht in ihrer rechtlichen Absicherung. Verträge, die gesetzlich festgelegt sind, steigern die Erwartung einer Vertrauensbestätigung bzw. senken die Höhe des einzukalkulierenden Verlustes. Diese rechtlichen Regelungen durch Verträge bedeuten Kosten. Behält man diese Tatsache vor Augen so wird deutlich, dass informelles Vertrauen nicht nur die Transaktionen erleichtert oder gar ermöglicht, sondern sie auch vorteilhafter macht. Coleman spricht hier vom

Vertrauen als einer Form von Sozialkapital (vgl. Coleman 1995, S. 141f. Siehe auch Junge 1998, S. 43).

Nachdem die Vertrauensbeziehungen auf personeller Ebene dargestellt wurden, beschäftigt sich Coleman im nächsten Schritt mit Systemen von Vertrauen und ihren dynamischen Eigenschaften. Auf der Grundlage der im ersten Kapitel beschriebenen Bedingungen leitet Coleman im zweiten Kapitel eine Reihe interessanter Schlussfolgerungen über Vertrauensbeziehungen und Vertrauenssysteme ab. Er erkennt drei typische Zusammenstellungen von Vertrauenssystemen. Der erste Fall behandelt gegenseitiges Vertrauen. Der zweite Fall beschäftigt sich mit Vertrauensintermediären. Im dritten Fall fällt das Augenmerk auf Vertrauen gegenüber einer gemeinsamen dritten Instanz (vgl. Coleman 1995, S. 227f.).

Beim *ersten Fall*, dem gegenseitigen Vertrauen, handelt es sich laut Coleman um ein Handlungssystem mit positiver Rückkopplung. Hier vertrauen sich zwei Personen gegenseitig, die zwischen dem einmaligen Nutzen eines Vertrauensbruchs und dem langfristigen Nutzen, der aus einer ergiebigen Vertrauensbeziehung resultiert, vergleichen. Kommt es in derartigen Beziehung zum Vertrauensbruch, so können die Betroffenen auf zweierlei Weise reagieren. Entweder sie erwidern das enttäuschte Vertauen ebenfalls durch einen Vertrauensbruch, oder aber sie entziehen zukünftig das Vertrauen der Person, die sie enttäuscht hat. Wenn sich jeder über die möglichen Strafen bewusst ist, wird einerseits die Attraktivität des Vertrauensbruchs sinken und andererseits steigt indirekt die eigene Vertrauenswürdigkeit. Demzufolge wird die Vertrauensinvestition für die beiden involvierten Personen vorteilhafter und der mögliche Verlust wegen Abbruch dieser Beziehung auch entsprechend höher angesetzt. Dadurch steigert sich die Vertrauenswürdigkeit beider Beziehungspartner weiter. Dies wiederum erhöht den Gewinn aus der Beziehung für beide Seiten. Dieser Mechanismus wird zu einem Selbstläufer (vgl. Coleman 1995, S. 228ff. Siehe auch Junge 1998, S. 46). Aufgrund des hier beschriebenen Mechanismus formulierte Coleman zwei Aussagen. Zum einen werden sich zwei Akteure, die sich in einer einseitigen Vertrauensbeziehung befinden, bemühen, diese in eine Beziehung des gegenseitigen Vertrauens umzuwandeln. Zum anderen verhelfen Personen, die sich in einer Beziehung gegenseitigen Vertrauens befinden einander zu einem größerem Vertrauen, als ein Vertrauensnehmer, der sich in einer einseitigen Vertrauensbeziehung befindet, je erfahren kann (vgl. Coleman 1995, S. 229). Außerdem nimmt Coleman an, dass speziell in Situationen, in denen die Akteure auf das gegenseitige Vertrauen und die gegenseitige Hilfestellungen angewiesen sind, die Vertrauensnehmer den an sie gerichteten Erwartungen oft mehr als gerecht werden. Der Grund hierfür liegt darin, dass ein derartiges Verhalten die Möglichkeit schafft, auch die andere Partei stärker in die Pflicht zu nehmen. Auf diese Art geschaffene gegenseitige Verpflichtungen der gegenseitigen Unterstützung erfüllen hier die Funktion einer Versicherung (vgl. Coleman 1995, S. 230f. Hierzu auch Junge 1998, S. 46).

Im *zweiten Fall* betrachtet Coleman die sozialen Funktionen von Vertrauensintermediären. Dabei wird zwischen Berater, Bürger und Unternehmer unterschieden. Diese Art von Vertrauensbeziehungen kommt dann zu Stande, wenn der Vertrauensgeber dem Vertrauensnehmer noch nicht bzw. noch nicht ausreichend vertraut (vgl. Junge 1998, S. 47). Auf die genaue Darstellung von Vertrauensintermediären wird an dieser Stelle verzichtet, da dieser Teil der Vertrauenstheorie von Coleman im Abschnitt 3.3.2.1.4 des dritten Kapitels genauer betrachtet wird.

Der *dritte Fall* behandelt Vertrauen in eine dritte Partei oder eine Instanz. Diese Art der Vertrauensbeziehung erinnert stark an die Rolle des Bürgers bei den Intermediären. Der Unterschied liegt vor allem darin, dass die dritte Partei im Vergleich zum Bürger eine passivere Rolle spielt (vgl. Coleman 1995, S. 239). Dies indem die dritte Partei weder einen direkten Einfluss auf die Transaktion ausübt noch tritt sie als ausdrücklich einzuschaltender Mittler auf. Als Beispiel für eine dritte Partei bzw. eine Instanz können hier vor allem Banken und Kreditinstitute dienen. Üblicherweise nimmt kaum ein Akteur Papiergeld oder einen Scheck an oder akzeptiert die Kreditkarte als Zahlungsmittel, da er dem Akteur, der diese Form der Bezahlung anbietet, besonders vertraut. Es wird eher der Stabilität der Währung oder der Solvenz des Kreditinstituts, das in der Transaktion nur eine extrem passive Rolle spielt, vertraut. Der Bank oder einem Kreditinstitut wird nur vertraut, weil die mit Namen gezeichneten Zahlungsversprechen auch an andere Akteure problemlos weitergereicht werden können (vgl. Coleman 1995, S. 239f. Siehe auch Junge 1998, S. 48). Jedoch nicht nur Banken und Kreditinstitute verlassen sich auf das Drittparteien-Vertrauen sondern auch formale Organisationen. Dies indem der Arbeitsnehmer zwar die Weisungen von bestimmten Vorgesetzten entgegennimmt und auch erfüllt im Vertrauen darauf, dass die Lohnzahlungen nicht von den Vorgesetzten, sondern von der Organisation am Monatsende erfolgen (vgl. Coleman 1995, S. 239ff.). Abschließend hierzu kann noch festgestellt werden, dass der Übergang vom Bürger als Intermediär zur dritten Partei in Vertrauensbeziehungen, die keinen ökonomischen Hintergrund haben, äußerst selten stattfindet (vgl. Coleman 1995, S. 241).

Coleman schließt das Kapitel über Vertrauensbeziehungen mit den seine Überlegungen akzentuierenden Thesen. Sie charakterisieren drei verschiedene, aber miteinander gekoppelte Konsequenzen der Vergrößerung und der Begrenzung von Vertrauen. Erstens die Vergrößerung von Vertrauen erweitert den Handlungsspielraum von Akteuren, die dieses Vertrauen besitzen, die Begrenzung von Vertrauen dagegen verkleinert den Spielraum. Zweitens sind die Vertrauensbeziehungen instabil. Dies, weil der Erfolg der auf Vertrauen angewiesenen Akteure vom Ausmaß des in sie investierten Vertrauens abhängt, so dass ein weiterer Vertrauenszuwachs möglich wird. Auch umgekehrt, eine Abnahme des Vertrauens zieht eine weitere Schmälerung von Vertrauen nach sich. Und drittens schließlich, schafft der Entzug von Vertrauen in einem Sektor der Gesellschaft das

Bedürfnis, dieses Vertrauen woanders zu investieren (vgl. Coleman 1995, S. 253. Hierzu auch Junge 1998, S. 49).

Als kritische Überlegungen könnte man zur Colemanschen Formel folgendes anmerken: Erstens die von ihm angenommene Tatsache, dass die Akteure explizit den möglichen Verlust dem möglichen Gewinn gegenüberstellen. Die Einschätzung der beiden Größen kann äußerst problematisch sein. Beispielsweise ist nicht ohne weiteres genau bestimmbar, was die möglichen Gewinne und Verluste sind, wenn ein Bürger einem Politiker oder einer Partei bei der Wahl seine Stimme gibt. Auch eine sich anbahnende und auf Dauer gerichtete interpersonelle Vertrauensbeziehung beginnt normalerweise mit knappen Leistungen und Gegenleistungen und baut sich schrittweise auf, wobei der Ausgang zu Beginn unklar ist (vgl. Preisendörfer 1995, S. 267). Noch schwieriger wird es, wenn man sich mit der Wahrscheinlichkeit in der Formel von Coleman beschäftigt, die ein Schlüssel zum Vertrauensproblem zu sein scheint. Um die Abschätzung der Vertrauenswürdigkeit zu erreichen würde ein Akteur versuchen, Informationen einzuholen. Dies könnte aber gerade für die sich anbahnende Vertrauensbeziehung mehr Schaden als Nutzen einbringen. Außerdem ist die Wahrscheinlichkeit nicht ausschließlich situationsabhängig variierbar, sondern hängt gleichzeitig von personenbezogenen und von kulturellen Faktoren ab (vgl. Preisendörfer 1995, S. 268; Bachmann 1997, S. 259f.).

Der Gewinn aus dem Unternehmen von Coleman kann gar nicht hoch genug veranschlagt werden. Für die Abschätzung des Risikos von Vertrauen sind soziale Institutionen von wesentlicher Bedeutung. Bei Luhmann versteht sich das von selbst, während Colemans Sicht aus der Perspektive der Rational-Choice-Theorie, die von Individuen ausgeht, soziale Institutionen nicht unbedingt präferieren müsste.

Die hier diskutierten Theorien über Vertrauen weisen sowohl Stärken als auch Schwächen auf. Keiner von den dargestellten Ansätzen bildet in der vorliegenden Form die theoretische Basis, die ausreichend für meine Überlegung wäre. Relativ einfach ist die Begründung für die Ablehnung der psychologischen Ansätze. Da der Untersuchungsgegenstand der vorliegenden Ausführungen einerseits der Berufsstand der Wirtschaftsprüfer ist und andererseits seine Mitglieder - im Sinne von einzelnen Personen - sind, so suchte die Verfasserin nach einem Ansatz, der sowohl den interpersonellen als auch den institutionellen Vertrauensbildungsprozess erklären würde. Aus diesem Grunde scheiden die psychologischen Ansätze, die sich ausschließlich auf die interpersonelle Ebene beziehen aus. Die oben gemachte Darstellung der psychologischen Ansätze war jedoch notwendig, da sich ein Teil der vorliegenden Arbeit durchaus mit interpersonellem Vertrauen beschäftigt.

Die andere Alternative stellten die soziologischen Ansätze dar. Die Ablehnung der beiden hier beschriebenen Ansätze hat andere Gründe als die Ablehnung der psychologischen. Die soziologischen Großtheorien von Luhmann und Coleman sind letztlich zu breit, um ein Einzelproblem wie Vertrauen erfassen zu können. Deshalb wird in der vorliegenden Arbeit ein dritter Zugang von Zucker (1986) in der Folge vorgestellt, was auch den Vorteil hat, dass Zucker mit dem New Institutionalism vertraut ist. Auf die Fruchtbarkeit dieses Ansatzes und auf die Vereinbarkeit mit Luhmann und Coleman hat schlüssig Bachmann hingewiesen (vgl. Bachmann 1997, S. 290ff.). Für Zucker sprach außerdem die Tatsache, dass sie als einzige eine ausführliche Differenzierung der verschiedenen Vertrauensquellen eingeführt hat. Zucker hat aufgrund einer historischen Analyse der Entwicklung der U.S.-amerikanischen Wirtschaft drei verschiedene Gruppen von Vertrauensquellen unterschieden. Im einzelnen handelt es sich hier um Vertrauensquellen von eigenschaftsbasiertem Vertrauen, prozessbasiertem Vertrauen sowie institutionsbasiertem Vertrauen.

Für die Analyse des empirischen Teils war es reizvoll, mit dem Konzept einer Soziologin zu arbeiten, die einen historischen Zugang zum Thema Vertrauen hat. Ohne historische Sensibilität können Prozesse in der Transformation einer Planwirtschaft in eine Marktwirtschaft sinnvollerweise nicht dargestellt werden.

Die vier vorgestellten Theorien aus der Psychologie und aus der Soziologie umfassen die wesentlichen Sachverhalte einer Vertrauenskonzeption. Zucker hat nun nicht ein fünftes Konzept entwickelt, das einzeln darzustellen wäre, sondern in ihrem Ansatz sind diese Konzepte gewissermaßen unentfaltet vorhanden, bzw. aufgehoben. Deshalb wird das nächste Kapitel ein Basiskonzept von Vertrauen vorstellen, in welches die referierten Theorien insoweit einfließen, soweit die psychologischen und die soziologischen Kategorien erforderlich sind.

3. Terminologische und konzeptionelle Grundlagen von Vertrauen: Basiskonzept

Ziel des folgenden Kapitels ist die Ausarbeitung eines adäquaten Analyseinstrumentariums, in diesem Fall eines Basismodells der Entstehung von Vertrauen, das dann im nächsten Kapitel auf den Berufsstand der Wirtschaftsprüfer und dessen Mitglieder in Polen übertragen wird. Das hier verwendete Vertrauenskonzept soll möglichst zweierlei Aussagen enthalten: Sowohl über individuelles Handeln (sog. interpersonelles Vertrauen, hier: Vertrauen zwischen einem Adressaten/Interessenten[31] und einem bestimmten Wirtschaftsprüfer) als auch über institutionelles Handeln (sog. institutionelles Vertrauen, hier: Vertrauen zwischen einem Adressaten/Interessenten und dem Berufsstand der Wirtschaftsprüfer). Das Vertrauenskonzept von Lynne Zucker[32] erfüllt beide Kriterien und dient als Ausgangsbasis für weitere Überlegungen. Das von Zucker (Zucker 1986) entwickelte Konzept besitzt einen starken theoretischen Hintergrund in den „Institutionalistischen Ansätzen in der Organisationstheorie“[33]. Aus diesem Grund wird zunächst ein Überblick über die Institutionalistischen Ansätze gegeben, deren spezifische Begrifflichkeit im Vertrauenskonzept von Zucker wiederzufinden ist. Anschließend folgt die Darstellung des Vertrauenskonzeptes, wobei vor allem dessen definitorische Festlegung und der Prozess der Entstehung von Vertrauen im Vordergrund stehen. Die Überlegungen von Zucker werden in diesem Zusammenhang teilweise ergänzt und verändert. Dadurch werden die konzeptionellen Grundlagen des Vertrauensbildungsprozesses geschaffen, die in der vorliegenden Arbeit die theoretische Basis herstellen. Diese wiederum bildet das gedankliche Fundament, dass für die anschließenden empirischen Ausführungen, notwendig ist, um die Abfolgelogik der einzelnen Schritte dieser Arbeit zu verdeutlichen.

---

31 Auf die Begriffe: „Adressat“ und „Interessent“ wird im fünften Kapitel, Abschnitt 5.1.1 genauer eingegangen.

32 Zucker ist eine amerikanische Soziologin, die sich in ihren Schriften insbesondere der Organisationssoziologie widmet und zu den Vertretern des Neuen Institutionalismus in der Organisationstheorie zählt.

33 Die Bezeichnung "Institutionalistische Ansätze in der Organisationstheorie" (vgl. z.B. Walgenbach 1995; Hennersdorf 1998) ist nur eine von vielen Möglichkeiten. In der Literatur wird auch von "Institutionalistischer Organisationssoziologie" (vgl. Türk 1997) oder “Organisationssoziologischem Neo-Institutionalismus“ (vgl. Hasse/Krücken 1996) gesprochen. Die Vertreter selbst sprechen von "The New Institutionalism in Organizational Analysis" (vgl. DiMaggio/Powell 1991a) in dem durch sie herausgebrachten, einflussreichen Buch mit dem gleichnamigen Titel. In den folgenden Ausführungen wird aus Vereinfachungsgründen der Ausdruck „Institutionalistische Ansätze“ verwendet.

3.1. Institutionalistische Ansätze als theoretische Basis

Im Zusammenhang mit dem Begriff „Institutionalistische Ansätze der Organisationstheorie“ sprechen deren Vertreter von einem Paradigma (und nicht von einer Theorie). Dies kann zum einem den Grund haben, dass hier noch kein einheitlich abgeschlossenes Konzept vorliegt, sondern die Institutionalistischen Ansätze vielmehr verschiedene theoretische Konzepte integrieren. Zum anderen wird durch die Bezeichnung „Paradigma“ die Forderung der Falsifizierbarkeit von Theorien umgangen (vgl. Scott 1986, S. 185. Siehe auch Hennersdorf 1998, S. 265). Allgemein ausgedrückt wird in den Institutionalistischen Ansätzen der Einfluss von Institutionalisierung auf unterschiedliche organisationelle Problemstellungen analysiert. Da die Institutionalistischen Ansätze nicht das zentrale Thema der vorliegenden Arbeit darstellen, sondern lediglich als eine Verständnisstütze für das Vertrauenskonzept fungieren, wurden sie hier stark vereinfacht und in einigen Übersichten zusammengefasst (Siehe hierzu die *Abbildung 2* und die *Abbildung 3*).

Abbildung 2: **Entstehung von Institutionen**

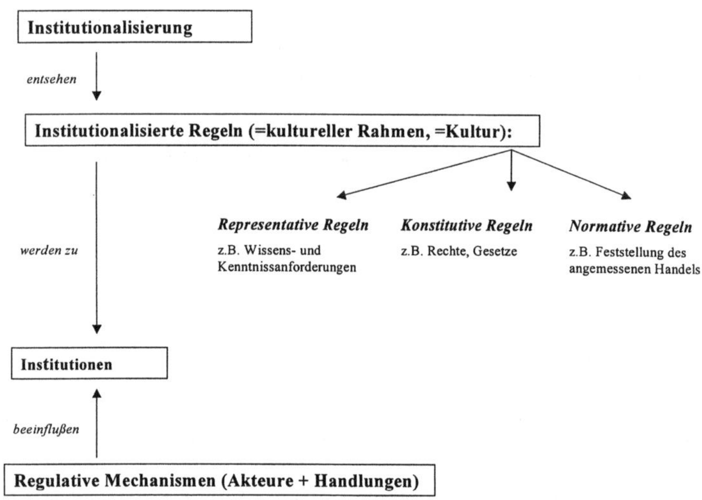

Quelle: **Eigene Darstellung**

Unter *Institutionalisierung* sind Prozesse zu verstehen, in denen gesellschaftliche Zwänge, Verpflichtungen und Gegebenheiten den Status von Regeln einnehmen und dadurch zu Institutionen werden (vgl. Jepperson 1991, S. 144; Zucker 1983, S. 2. Siehe auch Walgenbach 1995, S. 272 und Hennersdorf 1998, S. 281). Der Begriff der Institution lässt sich jedoch nicht eindeutig definieren. Dies liegt darin begründet, dass die einzelnen Institutionalisten[34] sich jeweils auf ein oder zwei Elemente der Institutionalisierung beziehen und dadurch zu unterschiedlichen Definitionen gelangen. Zucker z.B. unterscheidet nicht zwischen Institutionen und Organisationen (vgl. Zucker 1983, S. 13f.), Meyer und Rowan dagegen betrachten nur die staatliche Organisationsumwelt als Institution (vgl. Meyer/Rowan 1977, S. 341ff.). Mit dem Problem der uneinheitlichen Auslegung des Begriffs „Institution" in den Institutionalistischen Ansätzen hat sich insbesondere Scott auseinander gesetzt und versucht, ein Prüfschema zu entwickeln, anhand dessen sich der Begriff der Institution für alle Institutionalisten formulieren lässt (vgl. Scott 1994). Der Vorteil eines derartigen Vorgehens liegt vor allem darin begründet, dass die verschiedenen Konzepte der einzelnen Institutionalisten auf einen gemeinsamen Nenner gebracht werden und dadurch eine gute Ausgangs- und Vergleichsbasis geschaffen wird. Scott identifiziert in diesem Zusammenhang einige Komponenten, auf die das Verständnis von Institutionen gegründet ist:

> *„meaning systems and related patterns, which contain symbolic elements, including representational, constitutive and normative components, that are enforced by regulatory processes."* (Scott 1994, S. 56)

In dieser Definition bringt Scott zum Ausdruck, dass Institutionen nicht nur aus den puren institutionalisierten Regeln[35], die im Rahmen der Institutionalisierung entstanden sind, bestehen, sondern dass sie erst in Kombination mit regulativen Mechanismen einen Sinn ergeben. Nun entsteht zuerst die Frage nach dem genaueren Inhalt des Begriffs der *institutionalisierten Regeln*. Sie werden, wie bereits aus der oben dargestellten Definition von Scott ersichtlich, durch drei Adjektive charakterisiert: „repräsentativ", „konstitutiv" und „normativ". Unter repräsentativen Regelungen werden Wissens- und Kenntnisanforderungen verstanden, die jede Institution für sich verinnerlicht. Sie können entweder empirisch gewonnen werden oder aber einfach aufgrund von Überzeugungen angenommen werden (vgl. Scott 1994, S. 60). Demgegenüber sind die konstitutiven Regeln konstruiert und bestimmen die „Natur" der Akteure und ihren Handlungsspielraum. Als Beispiele können hier die Eigentumsrechte, die Wahlrechte und die Versammlungsrechte, genannt werden (vgl. Scott 1994, S. 61). In unterschiedlichen Kontexten gelten

---

34 Mit „Institutionalisten" sind hier Vertreter der Institutionalistischen Ansätze gemeint.

35 Synonym zu „institutionalisierten Regeln" wird hier der Ausdruck „institutionelle Regeln" verwendet. Ähnlich wird auch in der einschlägigen Literatur verfahren.

verschiedene konstituierende Regeln, die wiederum durch die entsprechenden institutionalen Regeln dieses Kontextes unterstützt werden (vgl. Hennersdorf 1998, 283). Beispielsweise ist innerhalb Europas die monogame Eheschließung gesetzlich festgelegt. In einem anderen Kontext gelten andere konstituierende Charakteristiken. Z.B. ist es in einigen Islamischen Ländern durchaus üblich, dass ein Mann mehrere Frauen heiratet. Diese Vorgehensweise wird durch entsprechende Gesetze gestützt. Normative Regeln beschreiben nicht nur, wie ein Akteur handelt (repräsentativ, konstitutiv), sondern sie legen fest, wie er angemessen handeln soll. Sie können sowohl expliziten Charakter besitzen z.B. Schachspielregeln, als auch impliziten z.B. in einem Industrieunternehmen sollen Frauen die gleiche Stellung wie Männer besitzen (vgl. Scott 1994, S. 63. Siehe auch Hennersdorf 1998, S. 283f.). Wichtig für das Begriffsverständnis ist die Tatsache, dass die institutionalisierten Regeln synonym als kultureller Rahmen oder sogar Kultur verwendet werden (vgl. Meyer/Boli/Thomas 1994, S. 16ff.). In der Definition der Institution von Scott spielen neben den institutionalen Regeln auch die regulativen Mechanismen eine wichtige Rolle. Die regulativen Mechanismen sind mit einer Form der Kontrolle vergleichbar, die Konformität in Organisationen in unterschiedlichen Richtungen erzeugt. Diese Mechanismen können formalen oder informellen Charakter annehmen (vgl. Scott 1994, S. 63. Siehe auch Hennersdorf 1998, S. 284). Zusammenfassend kann die *Institution* für die vorliegende Arbeit als symbolisches und verhaltensrelevantes System definiert werden, das sich aus repräsentativen, konstitutiven und normativen Regeln zusammensetzt und erst mit gemeinsamen regulativen Mechanismen einen Sinn ergibt (vgl. Scott 1994, S. 68; Hennersdorf 1998, S. 381). Dabei können die regulativen Mechanismen sowohl Akteure als auch Handlungen sein.

In den Institutionalistischen Ansätzen wird davon ausgegangen, dass sowohl der Institutionalisierungsprozess als auch die Institutionen diverse *Quellen und Multiplikatoren* besitzen. An dieser Stelle teilen sich auch partiell die Meinungen der einzelnen Institutionalisten. Einige, wie z.B. Meyer und Rowen, vertreten die Meinung, die Quellen und die Multiplikatoren befinden sich außerhalb der Organisation und liegen in deren Umwelten. Anders ausgedrückt haben sie ihren Ursprung in gesellschaftlichen Phänomenen (vgl. Zucker 1987, S. 446). Andere dagegen, wie z.B. Zucker, sehen die Quellen und die Multiplikatoren innerhalb der Organisation und deren intraorganisationellen Prozessen, in kleinen Gruppen also, oder sogar in Individuen selbst. Die zuerst genannten Vertreter können der makroinstitutionalistischen Variante, die zuletzt genannten der mikroinstitutionalistischen Variante zugeordnet werden. Dennoch akzeptieren alle Vertreter der Institutionalistischen Ansätze sowohl die makroinstitutionalistischen als auch die mikroinstitutionalistischen Effekte (vgl. Scott 1986, S. 199. Siehe auch Hennersdorf 1998, S. 295 und Walgenbach 1995, S. 273f.). Der Unterschied besteht lediglich darin, dass sie sich in ihren Forschungen eher zu der einen oder anderen Variante hingezogen fühlen.

Neben den Fragen nach der Institutionalisierung beschäftigt die Institutionalisten, welchen Einfluss diese Prozesse auf die Organisation haben. Die Vertreter der Institutionalistischen Ansätze gehen davon aus, dass Organisationen in unterschiedlichem Ausmaß in den institutionellen und in den technischen Kontexten agieren (vgl. Zucker 1987, S. 445; Meyer/Rowan 1977, S. 353; Scott 1990, S. 46; Walgenbach 1995, S. 276f.; Hennersdorf 1998, S. 296). Beide Kontexte tragen zum organisationellen Überleben bei (Siehe hier auch die *Abbildung 3*).

Abbildung 3: **Organisation, ihre Ziele und Kontexte**

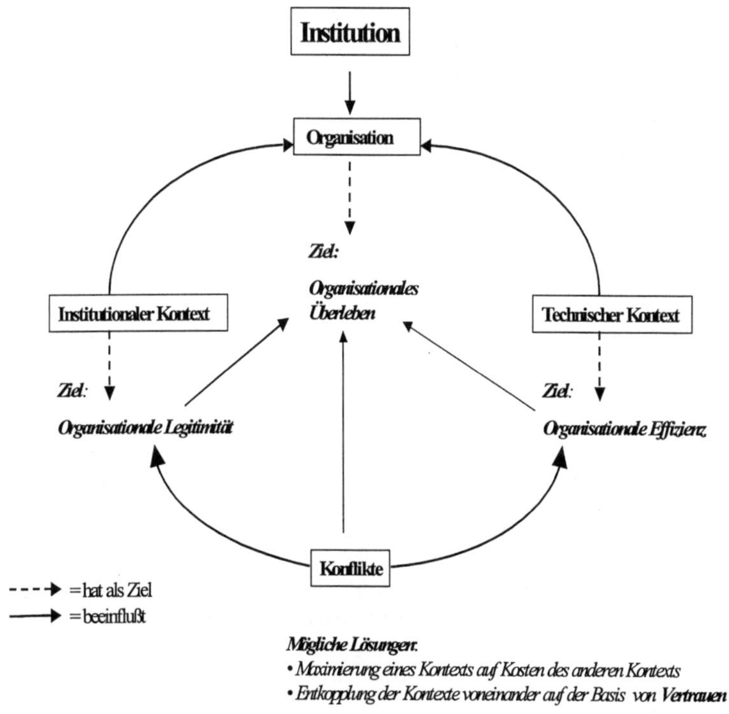

Quelle: **Eigene Darstellung**

Der *institutionale Kontext* repräsentiert die auf eine Organisation einwirkenden Institutionen und institutionalen Regelungen und reflektiert deren formale Struktur (vgl. Scott 1990, S. 47). Das Überleben einer Organisation wird in diesem Kontext durch Erwerb der organisationellen Legitimität bedingt. Die Sicherstellung der Legitimität erfolgt wiederum durch die organisationelle Anpassung der institutionalisierten Elemente aus dem institutionalen Kontext. Es handelt sich um die Angleichung der formalen Strukturen, Abläufe, Verfahren und Hierarchien, die den in institutionalistischen Kontexten vorherrschenden Vorstellungen von Rationalität entsprechen. Infolgedessen erreichen Organisationen Legitimität und Stabilität und erhöhen dadurch den Ressourcenzufluss (vgl. Meyer/Rowan 1977, S. 351ff; Zucker 1987, S. 443; DiMaggio/Powell 1991b, S. 75. Siehe auch Walgenbach 1995, S. 276). Die Anpassung führt, nach Meinung der Institutionalisten, zu institutionalistischen Isomorphien, was als Strukturgleichheit zwischen Organisation und institutionalem Kontext aufgefasst werden kann. Ausschlaggebend ist nun die Frage nach Mechanismen und Formen der organisationellen Angleichung institutioneller Regelungen. Es werden drei Mechanismen identifiziert, die eine institutionell verursachte Anpassung von Organisationen in Richtung institutioneller Isomorphie[36] bewirken. Bevor die einzelnen Mechanismen näher charakterisiert werden, soll an dieser Stelle kurz auf die Verschiedenheit der bereits oben erwähnten Ausrichtungen der Institutionalistischen Ansätze hingewiesen werden, denn Makroinstitutionalisten und Mikrorinstitutionalisten vertreten teilweise unterschiedliche Sichtweisen bezüglich der Isomorphien. Entscheidend ist, dass sowohl die makroinstitutionalistischen Vertreter als auch die mikroinstiutionalistischen Vertreter Isomorphien als Konsequenz von Institutionalisierungseffekten hinsichtlich des institutionalen Kontextes betrachten (vgl. Zucker 1987, S. 444. Siehe auch Hennersdorf 1998, S. 309). Weiterhin fassen sie die Strukturgleichheit als legitimationsfördernd auf. Unterschiedlich ist dagegen die Betrachtung der organisationellen Legitimation über institutionale Isomorphien. Die Makroinstitutionalisten betonen die Ausschließlichkeit dieser Legitimation, die Mikroinstitutionalisten weisen zusätzlich auf die Möglichkeit der Legitimation über organisationelle Reaktionen auf Elemente des technischen Kontextes hin. Ferner betonen die Mikroinstitutionalisten, im Gegensatz zu den Makroinstitutionalisten, in größerem Umfang kognitive und in geringerem Umfang normative Elemente institutionaler Isomorphien und organisationeller Reaktionsmöglichkeiten (vgl. Hennersdorf 1998, S. 311f.). Bei den erwähnten Mechanismen handelt es sich im einzelnen um: Isomorphismus durch Zwang, Isomorphismus durch mimetische Prozesse und Isomorphismus durch normativen Druck (vgl. DiMaggio/Powell 1991b, S. 67ff.). Isomorphismus durch Zwang ergibt sich aus dem Druck, den andere mächtige Organisationen ausüben bzw. aus kulturell verursachten Erwartungen in

---

[36] Der institutionell bedingte Isomorphismus wird als Ergebnis von Anpassungsfähigkeit an Wettbewerbsbedingungen in einer Nische verstanden (vlg. DiMaggio/Powell 1991b, S. 66. Siehe auch Hennersdorf 1998, S.304 und Walgenbach 1995, S. 283).

einer Gesellschaft. Folgendes Beispiel verdeutlicht die Wirkung dieses Mechanismus: Kapitalgesellschaften haben aufgrund von gesetzlichen Bestimmungen, die durch den Staat erlassen worden sind, einen Jahresabschluss zu erstellen (vgl. § 264 Abs. 1 HGB). Hieraus folgt weiterhin, dass Kapitalgesellschaften (Organisationen) den Jahresabschluss nicht beliebig, sondern in einer vorgeschriebenen Form erstellen müssen. Schon dadurch werden sie untereinander ähnlicher, homogener und erhalten gleichzeitig, durch die Konformität gegenüber den institutionalisierten Regeln (hier dem Gesetz), die erforderliche Legitimität. Bei dem zweiten Prozess, dem Isomorphismus durch mimetische Prozesse, handelt es sich um die Imitation von Strukturen und Prozessen von anderen Organisationen, die im Bereich ihres organisationellen Feldes[37] eine zentrale Position inne haben. Eine Imitation wird durch eine Unsicherheit und Mehrdeutigkeit in der marktlichen und technologischen Umwelt verursacht. Je größer die organisationelle Unsicherheit (z.B. bezüglich Einführung einer spezifischen Technologie) ist, desto kraftvoller wird die Suche nach derartigen Vorbildern, die als erfolgreich und legitim gelten, um sich an diesen zu orientieren oder sie nachzuahmen (vgl. Zucker 1987, S. 444. Siehe auch Hennersdorf 1998; S. 306, Walgenbach 1995, S. 284 und Wiegand 1996, S. 109). Der zugletztgenannte Mechanismus, der Isomorphismus durch normativen Druck, entsteht infolge zunehmender Professionalisierung (vgl. Powell/DiMaggio 1991b, S. 150). Unter Professionalisierung werden die kollektiven Bemühungen einer Berufsgruppe verstanden, die Konditionen und Methoden ihrer Arbeit festzulegen. Die Bestimmung der Definitionen und die Verbreitung der normativen Regeln des organisationellen und des professionellen Verhaltens liegt im Aufgabenbereich der Wirtschaftsverbände, der Berufsverbände und der Ausbildungsinstitute. In diesen Netzwerken werden überwiegend auswechselbare Individuen mit beinahe übereinstimmenden Orientierungen und Dispositionen geschaffen, die gleichartige Positionen in einer Vielzahl von Organisationen bekleiden. Hierdurch werden in verschiedenen Organisationen ähnliche normative und arbeitsbezogene Orientierungen vertreten. Es kommt zur Angleichung von Organisationen (vgl. DiMaggio/Powell 1983, S. 152f. Siehe auch Walgenbach 1995, S. 285; Hennersdorf 1998, S. 307f. und Wiegand 1996, S. 109). Abschließend soll darauf hingewiesen werden, dass die Professionalisierung sowie der Isomorphismus durch mimetische Prozesse als beständigste Form aufgefasst wird, und zwar sowohl durch die Vertreter der makroinstitutionalistischen als auch durch die Vertreter der mikroinstitutionalistischen Ausrichtung.

Zusammenfassend lässt sich feststellen, dass Institutionalisten am häufigsten die Tatsache hervorheben, dass eine Organisation durch die Aufnahme

---

[37] Organisationelle Felder können vereinfacht als sehr breit gefasster Branchenbegriff verstanden werden. Sie werden nämlich als Einheit von Organisationen mit gemeinsamen Zielen sowie strategischen Arenen und Konflikten definiert (vgl. DiMaggio 1983, S. 149. Siehe auch Hennersdorf 1998, S. 292).

institutionalisierter Regeln ihre Struktur und ihre Legitimität erhöht (vgl. Meyer/Rowan 1977, S. 344f.; Zucker 1987, S. 443; DiMaggio/Powell 1991b, S. 75). Bei der Legitimität können einerseits die normativen, andererseits die kognitiven Komponenten unterschieden werden. Dementsprechend bedeutet die Legitimation zum einem, dass die Ziele und die Werte der Organisation mit den Werten in der Gesellschaft korrespondieren. Zum andern erklärt oder aber auch rechtfertigt die Legitimation eine bestimmte institutionelle Ordnung. Die Erklärbarkeit wächst mit der zunehmenden Anzahl der durch die Organisation aufgenommenen institutionalisierten Regeln aus dem institutionalen Kontext. Von einer vollständig legitimierten Organisation kann dann gesprochen werden, wenn es ausgeschlossen ist, sie in Frage zu stellen. Dies wiederum, weil alle ihre Ziele, Strukturen und Verfahren durch die Übernahme institutioneller Regelungen angemessen sind und keine anderen Wahlmöglichkeiten bestehen (vgl. Meyer/Scott 1992, S. 201. Siehe auch Hennersdorf 1998, S. 299f. und Walgenbach 1995, S. 280f.). Folglich adoptieren die Organisationen institutionalisierte Regeln, weil sie legitim sind, unabhängig davon, ob sie auch effizient sind (vgl. Tolbert/Zucker 1983, S. 26; Meyer/Rowan 1977, S. 360). Mit dem Kriterium der Effizienz beschäftigt sich der *technische Kontext*, dem zwar eine geringere Bedeutung als dem institutionalen zugeschrieben wird, der aber ebenfalls zum organisationellen Überleben beiträgt. Charakteristisch für den technischen Kontext sind die komplexen materiellen und technischen Austauschprozesse zwischen Organisation und internen und externen Umwelten (vgl. Meyer/Scott/Deal 1981, S. 46). Die Umwelten sind unterschiedlich und haben differierende Anforderungsbereiche, wie z.B. Kunden, Lieferanten, Gläubiger, Arbeitnehmer, um nur einige zu nennen, die erfüllt werden sollten. Funktionen der formalen Strukturen sind einerseits die komplexen technischen Aufgaben zu koordinieren und zu kontrollieren, andererseits den Effizienzanforderungen gerecht zu werden, um hiervon einen stabilen Ressourcenzufluss zu wahren (vgl. Meyer/Scott/Deal 1981, S. 46. Siehe auch Hennersdorf 1998, S, 301).

Eine Organisation agiert sowohl im institutionellen als auch im technischen Kontext. Beide Kontexte tragen zum Überleben der Organisation bei und üben gleichzeitig einen Einfluss auf sie aus. Die jeweiligen technischen und institutionalen Anforderungen an die Organisation können im Konflikt zu einander stehen. Die Adoption institutionaler Regeln kann beispielsweise aus dem Blickwinkel einer technischen Effizienz unnötige Kosten bedeuten (vgl. Meyer/Rowan 1977, S. 355). Folgendes Beispiel verdeutlicht diese Situation. Beschäftigt eine Organisation renommierte Unternehmensberater einzig um das „Absegnen“ der bereits getroffenen Entscheidungen des Top Managements zu erhalten, so erscheint aus institutionaler und legitimatorischer Perspektive ein derartiges Vorgehen angemessen zu sein. Aus der Sichtweise einer technischen Effizienz werden dadurch keine unmittelbaren Verbesserungen der Produktivität der Organisation erreicht, sondern Kosten verursacht, die nicht gerechtfertigt sind (vgl. Walgenbach 1995, S. 288). Andererseits ist auch ein Fall vorstellbar, der zwar dem Kriterium der technischen Effizienz entspricht, aber die Legitimität der betroffenen Organisation gefährdet. Eine derartige Situation kann beispielsweise dann eintreten, wenn eine Organisation eine sehr effiziente aber zugleich auch sehr umweltschädigende Technologie benutzt, obwohl es als Alternative eine umweltfreundlichere Technologie gibt, die allerdings sehr kostspielig ist. In diesem Beispiel kann es zur Gefährdung der institutionellen Legitimität kommen.

Die Konflikte, die zwischen den beiden Kontexten bestehen, können im Extremfall das Überleben der Organisation in Frage stellen. Die erste Möglichkeit zur Konfliktlösung stellen die partiellen Lösungsalternativen (vgl. Meyer/Rowan 1977, S. 356) dar. Hiermit ist die Maximierung eines Kontextes auf Kosten des anderen Kontextes gemeint. Folglich sind zwei Situationen vorstellbar. Im ersten Fall werden die institutionellen Anforderungen zwar erfüllt, gleichzeitig kann es aber zum Ausfall der technischen Effizienz kommen. Im zweiten Fall dagegen werden die technischen Anforderungen maximiert, mit der Folge, dass dafür die Organisation ihre Legitimität verlieren kann. Vielversprechender ist die zweite Möglichkeit zur Konfliktlösung, die Entkopplung der beiden Kontexte voneinander auf der Basis von Vertrauen, das aufgebaut oder aber erhalten werden soll. Entkopplung bedeutet, dass die Organisationen die Strukturen der beiden Kontexte entkoppeln und die Idee, sie unter ein Dach zu bringen, aufgegeben wird. Die formale Struktur entspricht den Erwartungen des institutionalen Kontexts und wird vom eigentlichen Arbeitsablauf des technischen Kontexts getrennt. Weiterhin wird die formale Struktur vor einer Kontrolle bezüglich ihrer technischen Leistungsfähigkeit geschützt, indem die Rechenschaft lediglich durch die publizierten Jahresabschlüsse und durch gelegentliche Pressemitteilungen abgelegt wird. Die Vorteile einer derartigen Entkopplung sind, dass die legitimierten Strukturen bestehen bleiben, während die tatsächlichen Aktivitäten als Antwort auf aktuelle und praktische Notwendigkeiten variieren (vgl. Meyer/Rowan 1977, S. 357. Siehe auch Walgenbach 1995, S. 289). Um diese Vorteile behalten zu können ist es vor allem wichtig, das angemessene Vokabular zu benutzen. In Klartext heißt das, Lippenbekenntnisse zu machen, die mit den institutionalen Regeln übereinstimmen, wie z.B. die Behauptung, dass in der Organisation besonders hohe Qualitätsstandards angewendet werden. Wenn derartigen Statements vertraut wird, wenn den Annahmen, dass die Organisationsführung und die Professionsangehörigen ihre Aufgaben gewissenhaft erfüllen werden, vertraut wird, wenn also die Organisation als tadellos und rational erscheint, können die täglichen Routinen mit einer entkoppelten Struktur erledigt werden. Beispielsweise können die potentiellen Aktionäre Anteile an der Organisation erwerben. Vertrauen veranlasst die Organisationsmitglieder zum Bewahren der zeremoniellen Fassade der Organisation und zugleich zur Erledigung der technischen Anforderungen auf dem informellen Wege. Folglich ist der Erhalt oder der Aufbau von Vertrauen, als Bedingung für die Lösung kontextualer Widersprüche, für die institutionalistische Argumentationsweise von größter Bedeutung.

Als Fazit kann festgestellt werden, dass institutionalistische Ansätze keine in sich geschlossene Theorie[38] bilden. Zu den Verdiensten der Institutionalisten zählt die Tatsache, dass sie neue und bedeutsame Erkenntnisse in die Organisations-Umwelt-Beziehungen liefern (vgl. Oliver 1991, S. 151). Die Institutionalistischen Ansätze präzisieren die sonst häufig pauschalen Aussagen zum Einfluss der gesellschaftlichen Umwelt auf die Organisation. Sie zeigen differenziert, im Vergleich zu anderen Organisationstheorien, auf welche Weise institutionalisierte Erwartungen und Regeln auf die formale Struktur von Organisationen Einfluss ausüben (vgl. Walgenbach 1995, S. 296).

3.2. Vertrauen: Terminologische Grundlagen

3.2.1 Begriffliche Festsetzung

Das Konstrukt Vertrauen lässt sich, wie bereits im ersten Kapitel festgestellt, nicht eindeutig definieren. Bevor die Überlegungen von Zucker zum Begriff Vertrauen erörtert werden, wird auf die für die Begriffsbestimmung entscheidende Art der Fragestellung eingegangen. Die vorliegende Arbeit ist verhaltenswissenschaftlich orientiert und geht vom methodologischen Individualismus aus. Dessen Hauptaussage ist, dass soziale Systeme an Hand von Gesetzen über individuelles Verhalten erklärt werden können. Dementsprechend wird die Hauptkomponente der sozialen Welt von einzelnen Individuen gebildet, deren Handlungen für gewöhnlich von ihren Neigungen und ihrem Verständnis für ihre Situation abhängig sind (vgl. Schanz 1977, S. 67; Messelken 1993, S. 145). Folglich vertreten die Anhänger des methodologischen Individualismus die Auffassung, dass die ausschlaggebenden Erklärungsprinzipien innerhalb der Sozialwissenschaften psychologische Gesetzmäßigkeiten bilden (vgl. Schanz 1977, S. 83). Wird aus dieser Perspektive ein komplexes System wie z.B. eine Institution betrachtet, so ist es als Ergebnis eines festen Zusammenseins von Individuen, ihren Neigungen, Situationen, Meinungen, ihren physikalischen Hilfsmittel und ihrer Umwelt zu identifizieren (vgl. Schanz 1977, S. 67f.; Messelken 1993, S. 145f.).

Es darf dennoch aus den vorherigen Ausführungen nicht die Schlussfolgerung gezogen werden, dass die Akteure als isolierte Individuen betrachtet werden. Die Zugehörigkeit eines Individuums z.B. zu einer festen Gruppe oder zu einer bestimmten Institution bildet den Bezugsrahmen, von dem nicht abstrahiert werden kann. Es ist davon auszugehen, dass individuelle Handlungen Reaktionen auf erlebte Gesamtsituationen sind (vgl. Schanz 1977, S. 88; Messelken 1993, S. 145). Ferner

---

[38] Eine umfangreiche kritische Auseinandersetzung mit Institutionalistischen Ansätzen kann der Leser z.B. bei Walgenbach 1995 oder Oliver 1991, finden.

wird beim methodologischen Individualismus davon ausgegangen, dass soziale Normen sowie soziale Institutionen existieren und insofern menschliches Verhalten sozial bedingt ist. Weiterhin wird angenommen, dass im Ergebnis von Interaktionsbeziehungen zwischen Individuen neue Phänomene entstehen. Zentral ist eher das Problem, wie es dazu kommt, dass sich Normen und soziale Institutionen entwickeln. Die Lösung dafür sehen die Vertreter dieser Perspektive in der Existenz von allgemeinen psychologischen Gesetzmäßigkeiten, die zur Aufklärung sozialer Phänomene notwendig sind (vgl. Schanz 1977, S. 92f.).

Nun kurz zum Terminus „methodologischer Individualismus". Unglücklicherweise wird das Begriffspaar „Individualismus-Kollektivismus" oft emotional betrachtet. „Kollektivismus" wird oft mit einem Gesellschafts- und Wirtschaftssystem assoziiert, das in den sog. Volksdemokratien angewendet wurde, der Begriff „Individualismus" dagegen wird mit der kapitalistischen Gesellschafts- und Wirtschaftsordnung verbunden. Angesichts der hier relevanten Fragestellung wird der Individualismus bzw. Kollektivismus als Analysemethode ausdrücklich vom Individualismus bzw. der Kollektivismus als Norm zur Organisation der Gesellschaft unterschieden (vgl. Schanz 1977, S. 78). Weiterhin muss beachtet werden, dass methodologischer Individualismus und methodologischer Kollektivismus zwei Alternativpositionen sind, zwischen denen zu unterscheiden ist.

Nach dem kleinen Exkurs zurück zu dem Kern dieses Abschnitts. Die hier als Basis verwendete Definition von Vertrauen geht auf Zucker zurück. Sie erklärt Vertrauen folgendermaßen:

> *„[...] trust is defined as a set of expectations shared by all those involved in an exchange."* (Zucker 1986, S. 54)

Sie bezeichnet *Vertrauen* somit als Erwartung, die von allen denjenigen geteilt wird, die an einem Austausch beteiligt sind. Um Unklarheiten zu vermeiden und einen eindeutigen Bezug zum methodologischen Individualismus herzustellen, wird die Definition von Zucker präzisiert. *Vertrauen* ist demnach: die Erwartung eines Individuums, dass die andere Person (oder Personengruppe), die am Austausch beteiligt ist, sich in der durch das Individuum erwarteten Weise verhält. Zwei Begriffe, die in der vorgeschlagenen Definition eine gravierende Rolle spielen, sind hier näher zu präzisieren. Erstens der Begriff des "Austausches"[39], der auch in weiteren Ausführungen immer wieder auftauchen wird. Zweitens der Begriff der "Erwartung". Zunächst zu dem Terminus "Tausch". In der Regel wird in der Literatur zwischen sozialem und ökonomischem Tausch unterschieden. Im folgenden wird diese Teilung übernommen. Die Erklärung der beiden Phänomene folgt der

[39] Der Begriff des "Austausches" wird im folgenden mit dem Begriff "Tausch" gleichgesetzt. Da in der Literatur überwiegend der Ausdruck "Tausch" verwendet wird, wird dies auch hier aus Verständlichkeitsgründen praktiziert.

Sichtweise von Kappelhoff (vgl. Kappelhoff 1993). Dementsprechend wird der ökonomische *Tausch* als eine Situation verstanden, in der der Tausch Zug um Zug stattfindet. Dabei kann es sich um einen direkten oder auch indirekten Tausch handeln. Bei dem direkten Tausch handelt es sich um eine Situation, in der Ware gegen Geld in einem Zug getauscht wird. Von einem indirekten ökonomischen Tausch kann z.B. bei einem formellen Vertrag, in dem sämtliche Bedingungen des Tausches während des Vertragsabschlusses bestimmt werden, gesprochen werden (vgl. Kappelhoff 1993, S. 27). Der soziale Tausch dagegen charakterisiert sich durch eine unspezifische Verpflichtung. Der hier etwas unklar dargestellte Gegenstand eines sozialen Tausches lässt sich gut anhand eines Beispiels erklären. Folgende Situation ist gegeben: Person A lädt Person B zum Essen ein. Dadurch erbringt Person A eine Vorleistung. Die Gegenleistung ist in diesem Fall weder zeitlich noch sachlich spezifiziert. Sie hängt wesentlich von der Form der Beziehung zwischen den beiden Personen ab, wobei die Perspektive der Person B relevant ist. Die geleistete Vorleistung von der Person A kann auch als eine Investition in die soziale Tauschbeziehung angesehen werden. Erbringt die Person B eine angemessene Gegenleistung, so ist zum einen die Tauschbilanz ausgeglichen, zum anderen die Vertrauensgrundlage der Tauschbeziehung vergrößert worden. Dadurch ist soziales Kapital entstanden. Folglich kann gesagt werden, dass sozialer Tausch immer entweder einen sozial produktiven oder destruktiven Aspekt besitzt. Der erst genannte Aspekt tritt auf bei der positiven Erfüllung des Tausches, der zuletzt genannte Aspekt beim Misslingen des Tausches (vgl. Kappelhoff 1993, S. 27f.). Demzufolge handelt es sich beim Konstrukt Vertrauen um einen sozialen Tausch.

Wie vorher bemerkt, bezieht sich Vertrauen auf ein Set von Erwartungen bei denjenigen, die in den Austauschprozess involviert sind. Vertrauen basiert auf gemeinsamen Erwartungshaltungen der Austauschpartner. Diese Erwartungshaltungen können aufgespalten werden in die sozialen Erwartungen[40] und den situativen Kontext der Erwartungen[41] (vgl. Zucker 1986, S. 57f.). *Soziale Erwartungen* beziehen sich zum einen auf Umgangsformen, die als selbstverständlich betrachtet werden. Sie sind von der Mehrheit der Gesellschaft akzeptiert. Als Beispiel kann hier die folgende Regel dienen: Wir halten im Straßenverkehr bei Rot an und fahren bei Grün wieder los.

---

[40] Auf die wörtliche Übersetzung von „background expectations“ wird hier zu Gunsten der sinngemäßen Übersetzung verzichtet.

[41] Auf die wörtliche Übersetzung von „constitutive expectations“ wird hier zu Gunsten der sinngemäßen Übersetzung verzichtet.

Zum anderen betreffen die sozialen Erwartungen die Reziprozität der Perspektiven, mit der die Individuen oder auch Organisationen[42] sich als Mitglieder einer Gesellschaft identifizieren lassen. Dies gilt nur unter der Voraussetzung, dass alle die gleichen Deutungsschemata verwenden (vgl. Zucker 1986, S. 57). In diesem Zusammenhang kann auch von Verhaltensgleichförmigkeit gesprochen werden. Zum einen wird aufgrund eines ähnlichen Habitus und Lebensstils angenommen, dass man ähnliche Werte teilt und sich ähnlich verhält (vgl. Müller 1993; Konietzka 1995. Siehe auch Strasser/Voswinkel 1997, S. 223). Zum anderen wird die Verhaltensgleichförmigkeit bei Wiedererkennbarkeit der sozialen Gleichheit der Gesellschaftsmitglieder festgestellt. Diese ist nicht nur für Individuen, sondern auch für Institutionen relevant (vgl. Strasser/Voswinkel 1997, S. 223). Die sozialen Erwartungen beziehen sich hier allerdings nicht auf eine konkrete Situation, sondern dienen als ein genereller Rahmen für Verhalten. Situationsabhängig ist dagegen der *situative Kontext der Erwartungen*, der den zweiten Baustein der Erwartungen darstellt. Damit sind Regeln gemeint, die von den vorhergehenden Erfahrungen abhängen und nicht notwendigerweise von allen Mitgliedern der Gesellschaft akzeptiert sind (vgl. Zucker 1986, S. 57f.). Der situative Kontext der Erwartungen bezieht sich auf spezifische Sachverhalte: Interaktionen und Austauschverhältnisse. Als Beispiel können hier Kreditkarten als Ersatz für Geld dienen. Die Rollen der Kunden und der Angestellten sind in dem Fall eindeutig definiert: Der Kunde fragt, ob die Kreditkarte akzeptiert wird, während der Angestellte eine diesbezüglich Auskunft erteilt (vgl. Zucker 1986, S. 58).

Für das Bestehen von Vertrauen sind sowohl die sozialen Erwartungen als auch der situative Kontext der Erwartungen notwendig. Das Vertrauen hängt dabei vom relativen Ausmaß der beiden Komponenten ab. Bedingt durch das Verhältnis zwischen den beiden Bestandteilen, kann Vertrauen sich unterschiedlich entwickeln. Das Anwachsen der Bedeutung der einen Komponente geht mit der schrumpfenden Bedeutung der anderen Komponente einher. Ausgeprägte soziale Erwartungen verringern die Bedeutung des situativen Kontextes der Erwartungen, weil ursprünglich bestehende vorteilhafte Alternativen durch die faktische Qualität der Gesellschaftsordnung nicht in Frage kommen. Bei der Konfrontation zwischen den sozialen Erwartungen und dem situativen Kontext der Erwartungen gewinnen im Zweifelsfalle die Erstgenannten. So kann sich eine Person in einer bestimmten Situation befinden und spezifische Erfahrungen gemacht haben, die jedoch mit den sozialen Erwartungen nicht übereinstimmen, die der betroffenen Personen nicht einmal im einzelnen bewusst sein müssen. Folglich wird die Alternative verworfen,

---

[42] Zwar spricht Zucker in dem Zusammenhang über Vertrauen von Organisationen, damit sind aber auch Institutionen gemeint, da für Zucker, wie bereits im vorherigen Abschnitt dargestellt, Organisationen zugleich Institutionen sind. In den folgenden Ausführungen wird oft die Rede von Organisationen sein, die Verfasserin meint aber ähnlich wie Zucker gleichzeitig die Institutionen damit. Der Begriff der Organisation wird durch den Begriff Institution aber nicht ersetzt, da es sonst zu verwirrenden Interpretation der Originalquellen kommen könnte.

die mit den spezifischen Erwartungen vereinbar ist, nicht aber mit den sozialen Erwartungen (vgl. Zucker 1986, S. 59).

3.2.2 Exkurs: Ist Misstrauen ein Gegenpol von Vertrauen?

In den bisherigen Ausführungen habe ich mich auf die Begriffsbestimmung von Vertrauen konzentriert. In diesem Zusammenhang ist aber sein Gegenpol, das Misstrauen, nicht zu vernachlässigen. Nicht alle Autoren beschäftigen sich mit dem Begriff Misstrauen im Zusammenhang mit dem Begriff Vertrauen, und wenn der Fall eintritt, dann wird er mit der Aussage versehen, dass Misstrauen gewöhnlich ein Gegenpol von Vertrauen sei. Eine andere Ansicht vertritt hierzu Zucker.[43] Ihrer Meinung nach sind Vertrauen und Misstrauen nicht Gegenpole eines Kontinuums, sondern zwei unterschiedliche Konstrukte (vgl. Zucker 1986, S. 102). Beim Vertrauensbruch durch Nichterfüllung von Erwartungen reagieren Individuen mit Verwirrung und Regellosigkeit. Die Nichterfüllung von Erwartungshintergründen führt wahrscheinlich zu einer Reaktion, die ein Individuum außerhalb des sozialen Systems stellt: Das Individuum ist zu jung um zu verstehen, entstammt einer anderen Kultur oder ist verrückt. Die Nichterfüllung des situativen Kontexts der Erwartungen dagegen erzeugt eher Ablehnung oder aber eine langfristige Normalisierung. Die Verletzung eines der beiden Bestandteile erzeugt somit ein Gefühl von Vertrauensverlust oder von Verwirrung. *Misstrauen* im Vergleich dazu wird nur dann gebildet, wenn der Verdacht entsteht, dass die Nichterfüllung von Erwartungen in einem Austausch dazu führt, dass auch bei weiteren Austauschen mit der Nicht-Erfüllung zu rechnen ist. Misstrauen setzt somit die Vermutung voraus, dass bestimmte Ziele bei bestimmten Interaktionen verfolgt werden. Im Ergebnis kann ein Vertrauensverlust entstehen, ohne dass gleichzeitig Misstrauen eintritt (vgl. Zucker 1986, S. 5). Diese Interpretation des Begriffs Misstrauen wird auch von der Verfasserin geteilt. In diesem Kontext kann nun wiederholt die Frage nach dem Gegenpol von Vertrauen gestellt werden. Wenn es nicht Misstrauen ist, was ist es dann? Die Antwort ist sehr schlicht: Der Gegenpol von Vertrauen ist mangelndes Vertrauen. Mit anderen Worten ausgedrückt es existiert überhaupt keine Erwartung hinsichtlich des Verhaltens des anderen Individuums. Gleiches gilt für Misstrauen, dessen Gegenpol ebenfalls mangelndes Vertrauen ist. Die Beziehung zwischen Vertrauen und Misstrauen kann anhand folgender Abbildung (*Abbildung 4*) verdeutlicht werden.

---

[43] Auch Deutsch (1976) vertritt die Auffassung, dass Misstrauen nicht das bloße Gegenteil von Vertrauen ist, sondern dessen funktionales Äquivalent.

Abbildung 4: **Beziehung zwischen Vertrauen und Misstrauen**

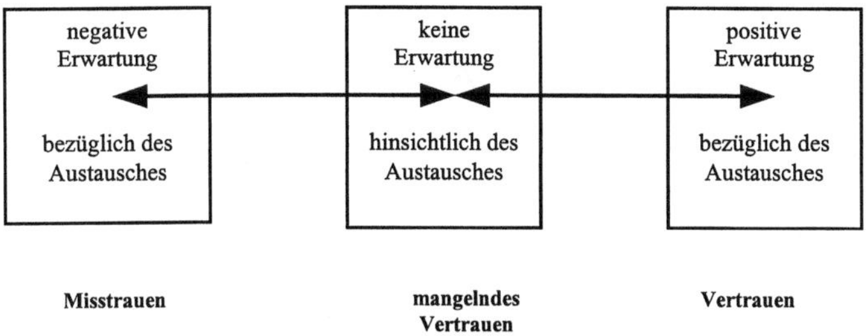

Quelle: **Eigene Darstellung**

3.3. Entstehung von Vertrauen: Basismodell in Anlehnung an Zucker

Wie bereits angekündigt, wird an dieser Stelle das für die vorliegende Ausführung grundlegende Modell der Entstehung von Vertrauen dargestellt. Die Überlegungen hierzu bauen insbesondere auf den Arbeiten von Zucker auf (vgl. Zucker 1986). Im Abschnitt 3.3.1 wird zunächst eine Abgrenzung der hier analysierten Arten von Akteuren vorgenommen. Anschließend (Abschnitt 3.3.2) werden die Einflussgrößen,[44] die zur Vertrauensentstehung führen, erläutert. In der folgenden *Abbildung 5* wird das Modell der Entstehung von Vertrauen grafisch dargestellt.

---

[44] Einflussgröße wird hier verstanden als zielgerichtete bzw. nicht zielgerichtete Veränderungsabsicht.

Abbildung 5: **Basismodell der Vertrauensentstehung**

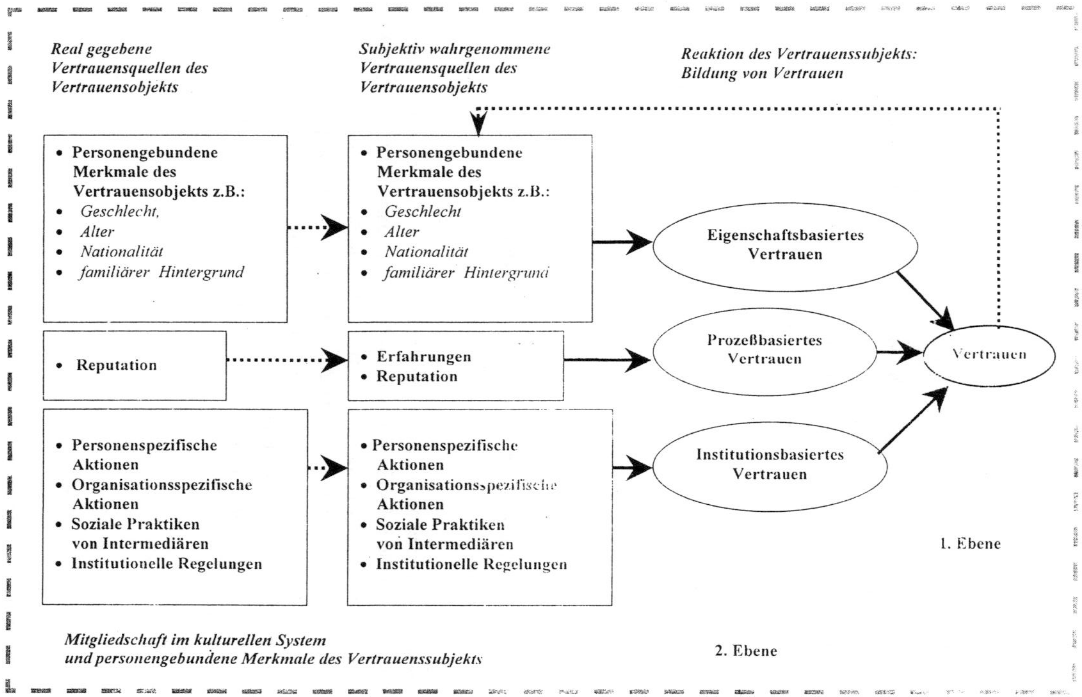

Quelle: **Eigene Darstellung**

3.3.1 Die Akteure: Vertrauenssubjekte und Vertrauensobjekte

Für die vorliegende Arbeit sind zwei Arten von Akteuren relevant. Zum einen einzelne Individuen, zum anderen eine Institution[45]. Beide Arten von Akteuren können sowohl als Vertrauensobjekt als auch als Vertrauenssubjekt fungieren. Demzufolge können grundsätzlich folgende Beziehungen, in denen Vertrauen entstehen kann, unterschieden werden:

Abbildung 6: **Vertrauenssubjekte und Vertrauensobjekte**

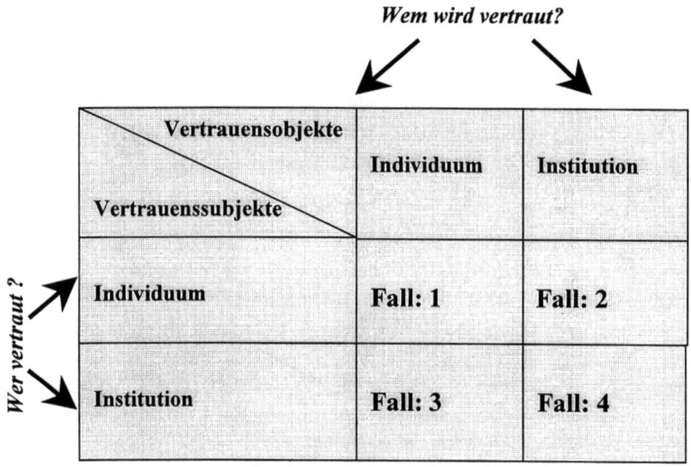

Quelle: **Eigene Darstellung**

Der erste Fall hat als Grundlage eine Situation, in der das Vertrauenssubjekt ein Individuum und das Vertrauensobjekt ebenfalls ein Individuum ist. Im zweiten Fall

---

[45] Institution wird hier, ähnlich wie bei Zucker (1983, S. 13f.), als Organisation betrachtet.

ist das Vertrauenssubjekt ein Individuum, aber das Vertrauensobjekt eine Institution. Der dritte Fall stellt eine Situation dar, in der das Vertrauenssubjekt eine Institution ist und das Vertrauensobjekt ein Individuum. Im letzten, dem vierten Fall, haben wir es mit einer Situation zu tun, in der sowohl das Vertrauenssubjekt als auch das Vertrauensobjekt eine Institution ist.

Im Rahmen der hier verwendeten Definition von Vertrauen[46] wird davon ausgegangen, dass Vertrauen nur von einem einzelnen Individuum entwickelt werden kann. Infolgedessen ist es nicht richtig zu behaupten, dass bezüglich eines bestimmten Ereignisses die Institution X großes Vertrauen zu ihren Mitgliedern hat, sondern es kann lediglich behauptet werden, dass bestimmte Mitglieder der Institution X hinsichtlich eines bestimmten Ereignisses den anderen Mitgliedern vertrauen. Bedingt durch dieses Verständnis wird hier, wenn in den folgenden Ausführungen der Prozess der Vertrauensentstehung geschildert wird, unter der Bezeichnung Vertrauenssubjekt auch immer nur ein einzelnes Individuum verstanden. Als Vertrauensobjekt kann sowohl ein einzelnes Individuum als auch eine Personengruppe agieren, wobei in dem hier analysierten Kontext mit einer Personengruppe vorwiegend eine Institution gemeint ist. Folglich sind für die vorliegenden Ausführungen nur die Fälle 1 und 2 relevant, die die Perspektive eines Individuums als Vertrauenssubjekts (wer vertraut?) widerspiegeln. Als Empfänger des Vertrauens, also als Vertrauensobjekt (wem wird vertraut?) kommen sowohl einzelne Individuen als auch Institutionen in Frage.

Die beiden hier betrachteten Fälle können nur in bestimmten Situationen isoliert analysiert werden. Eine derartige Situation wäre beispielsweise im Falle 1 dann möglich, wenn es sich zwischen Vertrauenssubjekt und Vertrauensobjekt um ein rein interpersonales Vertrauen handelt, wie das z.B. in privaten Angelegenheiten der Fall ist, so dass kein institutioneller Kontext besteht. Im Falle 2 würde eine isolierte Betrachtung nur dann sinnvoll sein, wenn z.B. ein Vertrauenssubjekt das erste Mal mit dem Vertrauensobjekt, in dem Fall einer Institution, Kontakt aufnimmt und sonst auch keine eigenen Erfahrungen mit den einzelnen Mitgliedern der besagten Institution gemacht hat. Da in der vorliegenden Arbeit das Vertrauensobjekt sowohl ein einzelner Akteur als auch ein Mitglied einer Institution ist[47], wird im folgenden angenommen, dass zwischen den hier relevanten Fällen gegenseitige Interdependenzen bestehen. Beispielsweise wird angenommen, dass eine Person ein großes Vertrauen zu dem Rechtssystem seines Landes hat. Wenn das so ist, dann wird die Person wahrscheinlich auch den einzelnen Richtern vertrauen. Andererseits

---

46 Unter Vertrauen ist hier eine Erwartung eines Individuums zu verstehen, dass die andere Person (oder Personengruppe), die am Austausch beteiligt ist, sich in der durch das Individuum erwarteten Weise verhält. Vergleiche auch drittes Kapitel, Abschnitt 3.2.1

47 Ein konkreter Wirtschaftsprüfer als einzelner Akteur und zugleich als Mitglied des Berufsstandes der Wirtschaftsprüfer.

ist es auch möglich, dass sie trotzdem einem bestimmten Richter aufgrund persönlicher negativer Erfahrungen nicht vertraut. Umgekehrt, hat eine Person kein Vertrauen zu dem Rechtssystem seines Landes, so wird sie wahrscheinlich auch den einzelnen Richter zunächst mit Misstrauen betrachten. Obwohl auch hier mit Ausnahmen aufgrund persönlicher Erfahrungen zu rechnen ist.

3.3.2 Die Einflussgrößen der Vertrauensentstehung

Der folgende Abschnitt beschäftigt sich mit der Darstellung der Einflussgrößen, die zur Vertrauensentstehung führen. Wie bereits oben erwähnt, basiert das hier vorgeschlagene Modell überwiegend auf den Überlegungen von Zucker (vgl. Zucker 1986). Sie geht von der Annahme aus, dass Vertrauen regelmäßig entsteht und dass diese Entstehung für das Verständnis des Austausches in sozialen Systemen bedeutend ist (vgl. Zucker 1986, S. 59). In diesem Zusammenhang hat Zucker ein relativ restriktives Modell der Vertrauensentstehung entwickelt. Sie vertritt die Meinung, dass Vertrauen im wesentlichen auf drei Wegen entsteht, denen bestimmte Indikatoren zugeordnet werden können. So können folgende vertrauenschaffende Mechanismen unterschieden werden: prozessbasiertes Vertrauen, eigenschaftsbasiertes Vertrauen und institutionsbasiertes Vertrauen. Diese drei Formen sind von verschiedenen Quellen abhängig, die in unterschiedlichem Ausmaß und in unterschiedlicher Art Informationen über die beteiligten Partner benötigen (vgl. Zucker 1986, S. 60. Siehe auch Neu 1991, S. 247). In den vorliegenden Ausführungen wird, ähnlich wie bei Zucker, Vertrauen in drei Formen unterteilt: eigenschaftsbasiertes Vertrauen, prozessbasiertes Vertrauen und institutionsbasiertes Vertrauen.[48] Die Vertrauensquellen bilden hier die Komponenten der verschiedenen Formen von Vertrauen und besitzen eher einen langfristigen Charakter. Bei der Entstehung von Vertrauen nehmen die einzelnen Vertrauensformen, je nach dem, um welche Vertrauensbeziehung es sich handelt (interpersonales oder institutionelles Vertrauen), unterschiedliche Rollen ein. Im Idealfall sind alle drei Arten beim Prozess der Vertrauensentstehung vorhanden. Im Regelfall kommen jedoch nur eine oder zwei Arten im Frage. Dieses Konzept wird im folgenden erweitert. Das hier relevante Modell besteht aus zwei Ebenen. Den Kern des Modells stellt die erste Ebene dar (Siehe *Abbildung 5*). Diese ist auch überwiegend durch das etwas restriktiv gehaltene Konzept von Zucker geprägt. Das Konzept wird erweitert, indem es in das Schema des S-O-R[49] Paradigma eingebaut wird. Weitere, in der ersten

---

[48] Bei der Erläuterung der drei Untertypen von Vertrauen erfolgt zunächst keine Differenzierung bezüglich der „real gegebenen" und den „subjektiv wahrgenommenen" Vertrauensquellen, da eine derartige Unterscheidung erst bei der empirischen Überprüfung von Bedeutung ist. Für diese Vorgehensweise spricht auch die Tatsache, dass es sich in beiden Fällen um gleiche Begriffe handelt, mit Ausnahme des Terminus „Erfahrung", der lediglich bei subjektiv wahrgenommenen Vertrauensquellen eine Rolle spielt.

[49] S-O-R steht für Stimulus-Organism-Response.

Ebene des Modells nicht berücksichtigte Einflussgrößen der Vertrauensentstehung beim Vertrauenssubjekt und ein daraus resultierendes Verhalten, werden in der zweiten Ebene berücksichtigt. Zum einen handelt es sich hier um das kulturelle System, in dem Vertrauensbildung stattfindet, zum anderen um die das Vertrauenssubjekt charakterisierenden personengebundenen Merkmale. Die beiden zuletzt genannten Elemente bilden die zweite Ebene des Modells. Einen gesamten Überblick über das hier geschilderte Modell bietet die bereits am Anfang des Kapitels dargestellte *Abbildung 5*.

3.3.2.1 Die Einflussgrößen der ersten Ebene

3.3.2.1.1 Die Rahmenbedingungen: Das S-O-R Paradigma

Das S-O-R Paradigma bildet den äußeren Rahmen für das Konzept der Vertrauensentstehung von Zucker. In einfachen Worten gesagt, wird in dem S-O-R Paradigma davon ausgegangen, dass auf einen Organismus[50] Reize (**S**timuli) aus der Umwelt einwirken. Der **O**rganismus nimmt sie wahr und wertet sie aus. Abschließend folgt eine Reaktion (**R**esponse) des Organismus. Die Individuen agieren auf der Grundlage dessen, was und wie sie etwas wahrnehmen,[51] und nicht auf Grund dessen, was tatsächlich ist. Demzufolge bildet die subjektiv wahrgenommene Situation die Handlungsgrundlage. Von der objektiven Situation kann dann gesprochen werden, wenn mehrere Individuen sie unabhängig voneinander einheitlich beschreiben (vgl. Staehle 1999, S. 197).

Das Paradigma entstand aufgrund der Kritik an der vorhergehenden Vorstellung, dem S-R - Konzept[52]. Die Behavioristen, die das S-R Konzept entwickelt haben, gingen davon aus, dass Verhalten nur durch beobachtbare Größen erklärt werden kann. In diesem Zusammenhang wurde angenommen, dass einerseits die Reize, die auf einen Organismus einwirken, beobachtbar sind, andererseits aber auch die dadurch hervorgerufenen Reaktionen. Diese Sichtweise wurde stark kritisiert, was dazu führte, dass die Neobehavioristen das Modell um die Variable Organismus erweiterten. Argumentiert wurde dabei, dass die Erklärung des Verhaltens auch durch nicht-beobachtbare Vorgänge möglich sei, die sich in einem Organismus

---

[50] Bei dem Begriff "Organismus" handelt es sich um einzelne Individuen.

[51] Von der "Wahrnehmung" wird hier gesprochen, wenn Reize aus der Umwelt bei einem Individuum bewusste, gedankliche Verarbeitung hervorrufen, es werden also kognitive Prozesse bei dem Individuum ausgelöst (vgl. Staehle 1999, S. 197f.).

[52] S-R steht für Stimulus-Response.

vollziehen, auf den die Reize wirken (vgl. Staehle 1999, S. 154). Die Grundstruktur des S-O-R-Paradigmas wird mit Hilfe der *Abbildung 7* verdeutlicht.

In dem hier vorgeschlagenen Modell der Vertrauensentstehung werden unter Stimuluskomponenten die real gegebene Vertrauensquellen des Vertrauensobjekts verstanden. Sie werden als real gegebene Reize an das Vertrauenssubjekt gesendet. Diese werden dann durch das Vertrauenssubjekt (Organismus) subjektiv wahrgenommen und ausgewertet. Danach erfolgt die Reaktion des Vertrauenssubjekts (Response). Die äußert sich in einem günstigen Fall in der Bildung von Vertrauen in einem ungünstigen Fall wird kein Vertrauen gebildet bzw. es entsteht im Extremfall Misstrauen. In dem Modell wird lediglich die Situation abgebildet in der Vertrauen entsteht. Auf die Darstellung der Situation in der das Vertrauenssubjekt kein Vertrauen entwickelt wird hier verzichtet, da die Abbildung hierfür fast identisch wäre. Der einzige Unterschied bestünde darin, dass statt der Bezeichnung „Bildung von Vertrauen", „kein Vertrauen bzw. Misstrauen" erfolgte.

Abbildung 7: **Grundstruktur des S-O-R Paradigmas**

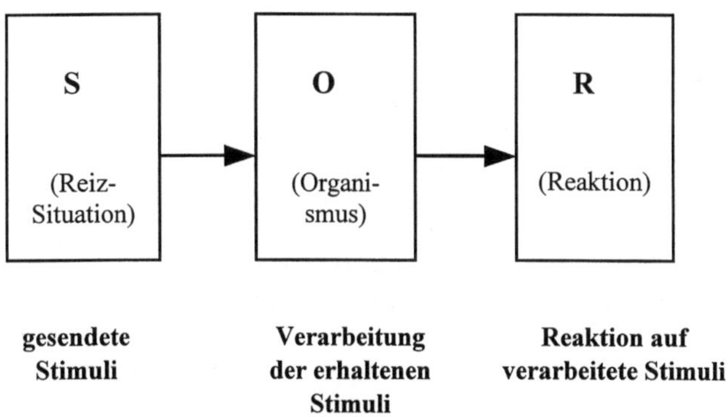

Quelle: **Staehle 1999, S. 154**

3.3.2.1.2 Die vertrauensbildenden Mechanismen des eigenschaftsbasierten Vertrauens

Eigenschaftsbasiertes Vertrauen entsteht aufgrund der wahrgenommenen Ähnlichkeit zwischen den Austauschpartnern. Quellen dieses Vertrauens sind personelle Eigenschaften wie z.B. der familiärer Hintergrund, die Volkszugehörigkeit, das Alter und das Geschlecht. Für einen Tausch werden folglich Menschen mit ähnlichen personengebundenen Eigenschaften ausgewählt. Infolgedessen wird die Erwartung gebildet, dass der Austauschpartner sich ähnlich verhält. Vertrauen wird hier in ein Abhängigkeitsverhältnis zu Eigenschaften des Vertrauensobjekts gesetzt. Die Quellen des eigenschaftsbasierten Vertrauens bilden somit die personengebundenen Merkmale des Vertrauensobjekts.

Zucker spricht in diesem Zusammenhang von einem gemeinsamen Erwartungshintergrund. Sie argumentiert, dass bei Individuen, die häufig auf gemeinsame Erwartungshintergründe zurückgreifen können, wahrscheinlich ist, dass für sie das Tauschergebnis zufriedenstellend ist (vgl. Zucker 1986, S. 61). Unter einem Erwartungshintergrund versteht sie einen generellen Rahmen für Verhalten, der sich aus zwei Komponenten zusammensetzt, den Alltagseinstellungen und der Verhaltensgleichförmigkeit von Individuen. Da die wahrgenommenen Ähnlichkeiten bezüglich der Alltagseinstellungen und dem Verhalten von Individuen großenteils durch persönliche Eigenschaften geprägt werden, werden in weiteren Ausführungen die *personengebundenen Merkmale*, nicht wie bei Zucker der gemeinsam geteilte Erwartungshintergrund als Vertrauensquelle des eigenschaftsbasierten Vertrauen betrachtet. Weil die personengebundenen Merkmale subjektiv durch einzelne Individuen wahrgenommen werden, ist es unmöglich, alle diese Merkmale zu nennen, die die Entstehung des eigenschaftsbasierten Vertrauens fördern. Trotzdem ergaben einige empirische Untersuchungen, dass eine wahrgenommene Integrität, Offenheit, Diskretion, Kompetenz, Konsistenz, Fairness, Korrektheit und Zuverlässigkeit sich positiv auf den Prozess der Vertrauensentstehung auswirken (vgl. Platzköster 1990, S. 172f.; Mayer/Davis/Schoorman 1995, S. 718 und die dort angegebene Literatur.). Bierhoff und Buck (vgl. Bierhoff/Buck 1997, S. 108) haben in ihrer Untersuchung herausgefunden, dass die gleichen Eigenschaften beim Vertrauenssubjekt und beim Vertrauensobjekt die Vertrauensbildung begünstigen. Als Beispiele können hier das Geschlecht, das Alter und das Sozialprestige genannt werden. Im allgemeinem gilt, dass die Tauschpartner um so mehr annehmen, so dass daraus Vertrauen entstehen kann, je größer die sozialen Ähnlichkeiten sind. Umgekehrt gilt, je größer die Differenzen zwischen den Tauschpartnern sind, desto unwahrscheinlicher wird es, dass Vertrauen zwischen den Austauschpartnern geschaffen werden kann.

Last but not least soll noch angemerkt werden, dass das eigenschaftsbasiertes Vertrauen sehr stark an bestimmte Personen gebunden ist und als „freies Vertrauen" bezeichnet wird. Dies, weil der Austauschpartner in diese Form von Vertrauen weder investieren noch sie verkaufen kann. Sie entsteht aufgrund der gesellschaftlichen

Prozesse, womit die Mehrheit der Mechanismen in diesem Prozess auch gesellschaftlich angelegt ist. Die Legitimität der verwendeten Charakteristika kann gegebenenfalls hinterfragt werden, wie das z.B. mit dem Geschlecht der Fall ist. Die Einstellung oder das Verhalten kann aber nur schwer vorhergesagt werden (vgl. Zucker 1986, S. 63).

Abschließend wird noch darauf aufmerksam gemacht, dass eigenschaftsbasiertes Vertrauen ein interpersonales Vertrauen darstellt und daher nur auf der individuellen Ebene zwischen zwei Personen entstehen kann. Somit handelt es sich hier um eine eingeschränkte Perspektive, die lediglich gewisse Charakterzüge und Fähigkeiten des Vertrauensobjekts betrachtet. Vertrauen ist hier ein rein personengebundenes Phänomen. Die folgende Abbildung illustriert die beschriebene Situation.

Ist die Möglichkeit einer Person, Ähnlichkeiten zum Gegenüber herzustellen, stark eingeschränkt, kommen andere Vertrauensarten wie z.B. prozessbasiertes Vertrauen in Frage.

Abbildung 8: **Vertrauenssubjekte und Vertrauensobjekte des eigenschaftsbasierten Vertrauens**

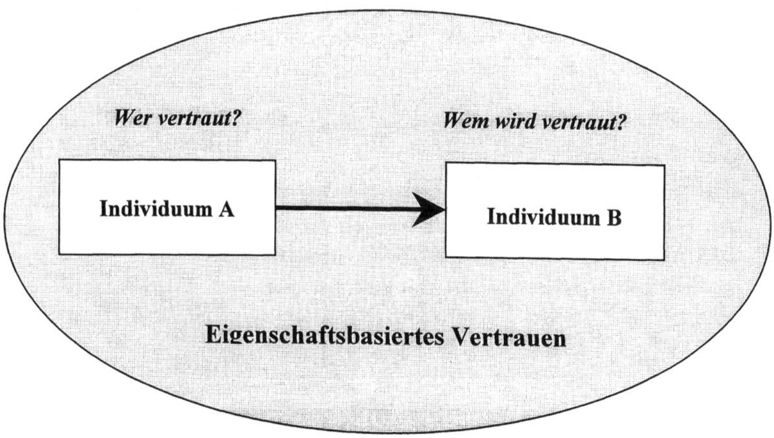

Quelle: **Eigene Darstellung**

3.3.2.1.3 Die vertrauensbildenden Mechanismen des prozessbasierten Vertrauens

Prozessbasiertes Vertrauen entsteht aufgrund der konkreten Erfahrungen aus einem Tausch[53], die als Erwartung an aktuelle oder an zukünftige Transaktionen gestellt werden. Die Erfahrungen können, laut Zucker, direkt oder indirekt gemacht werden. Die indirekten Erfahrungen werden hier im Sinne von Reputation verstanden[54]. Die direkte Erfahrung, hier kurz als *Erfahrung* bezeichnet, kann als private Information zweier Akteure über vergangenes Verhalten verstanden werden (vgl. Vogt 1997, S. 140). Die Informationen können unterschieden werden in die, die der Öffentlichkeit zur Verfügung stehen und die, die aus den Erfahrungen der einzelnen Akteure stammen und einen privaten Charakter besitzen (vgl. Zucker 1986, S. 62. Siehe auch Vogt 1997, S. 1). Der Begriff Erfahrung wird im folgenden etwas enger gefasst, und zwar als Erfahrung über vergangenes Verhalten, die die Transaktionspartner aus nicht-öffentlichen Quellen erhalten haben. Die für die Erfahrungsauffassung relevanten Informationen können weiterhin spezifiziert werden, und zwar in Informationen über die grundsätzliche Vertrauenswürdigkeit des betrachteten Akteurs und in Informationen über das Verhalten des Akteurs in Situationen, die der zu betrachtenden ähneln (vgl. Vogt 1997, S. 146). Die Informationen, die aufgrund privater Erfahrung des Vertrauenssubjekts zustande kamen und die die Vertrauenswürdigkeit des Vertrauensobjekts betreffen, werden hier als "generelle Erfahrung" bezeichnet. Informationen dagegen, die sich auf das Verhalten des Vertrauensobjekts in einer spezifischen Situation beziehen, werden als "spezifische Erfahrung" gekennzeichnet. Als Beispiel für "generelle Erfahrung" kann das Wissen des Nachbarn A über den im allgemeinen sehr freundlichen und hilfsbereiten Umgang mit dem Nachbarn B dienen. Auf der Basis dieser allgemeinen Erfahrung kann das konkrete Verhalten des Nachbars B (z.B. bei der Bitte des Nachbarn A, ihm Geld zu leihen) nicht vorhergesagt werden. Von "spezifischer Erfahrung" kann z.B. dann gesprochen werden, wenn Nachbar C häufig nicht zu Hause ist und weiß, dass der Nachbar D, der fast immer zu Hause ist, seine zahlreichen Postpakte, entgegen nimmt. Diese Erfahrung lässt aber nicht die Schlussfolgerung zu, dass der Nachbar D ihm sein Auto leihen würde.

Die indirekte Erfahrung wird an dieser Stelle mit dem Begriff *Reputation* gleichgestellt und als guter Ruf, als das Ansehen, das aufgrund der Informationen über das Verhalten eines Akteurs in der Vergangenheit entsteht, verstanden (vgl. Vogt 1997, S. 169; Spremann 1988, S. 619). Die Informationen werden, analog zu der Differenzierung, die bei der Erläuterung des Begriffs Erfahrungen bereits vorgenommen wurde, in die unterschieden, die der Öffentlichkeit zur Verfügung stehen und die, die aus den Erfahrungen der einzelnen Akteure stammen und einen

---

53 Dabei kann es sich sowohl um einen sozialen als auch um einen ökonomischen Tausch handeln.

54 Auf die genaue Unterscheidung zwischen den Begriffen "Erfahrung" und "Reputation" wird noch im Abschnitt 3.3.2.1.3, bei der Beschreibung der beiden Vertrauensquellen eingegangen.

privaten Charakter besitzen (vgl. Zucker 1986, S. 62. Siehe auch Vogt 1997, S. 140). Als Ruf oder auch Reputation werden hier die Informationen erfasst, die aus öffentlich zugänglichen Quellen stammen. Die privaten Informationen von Transaktionspartnern über vergangenes Verhalten werden, wie schon oben genannt, hier als Erfahrung bezeichnet. Dieser Verteilung widerspricht die Auffassung von Zucker, wonach Informationen über zurückliegendes Verhalten überwiegend für den einzelnen Akteur kennzeichnend sind und nur durch unmittelbare oder mittelbare Teilnahme des Akteurs an Handlungen entstehen können. Sie sind generell nicht übertragbar, weil eine selbständige Interpretation von Handlungen sowie individuelle Erwartungen in den Prozess miteingeflossen sind (vgl. Zucker 1986, S. 61. Siehe auch Vogt 1997, S. 140). Im folgenden wird ähnlich wie bei der Spieltheorie angenommen, dass Verhalten beobachtbar ist und Informationen gemeinhin zugänglich sind. Es ist nachvollziehbar, dass die Informationen über die Reputation einer Organisation zumindest teilweise der Mehrheit der Öffentlichkeit zugänglich sind, z.B. durch Publikationen in den Medien, Anklagen wegen Vertragsbruchs oder Beschwerden bei Verbraucherverbänden (vgl. Vogt 1997, S. 140; Kleinaltenkamp 1992, S. 818f.).

Die für die Betrachtung der Reputation relevanten Informationen können weiter spezifiziert werden. Auch hier erfolgt die Differenzierung ähnlich wie bei dem Konstrukt der Erfahrung. Es werden die Informationen über die grundsätzliche Vertrauenswürdigkeit des betrachteten Akteurs und die Informationen über das Verhalten in zu betrachteten analogen oder vergleichbaren Situationen unterschieden. Die Vertrauenswürdigkeit charakterisiert sich durch kooperatives Verhalten eines Akteurs in verschiedenen Situationen. Sie entspricht den allgemeinen und grundsätzlichen Erwartungen im Hinblick auf das Verhalten und die Einstellung von anderen in den Austausch einbezogenen Akteuren.[55] Eine genaue Verhaltenserwartung existiert nicht, erwartet wird lediglich ein wohlwollendes Verhalten. Dies wird durch Informationen, die aus spezifischen Situationen stammen, ergänzt. Diese erleichtern dem Akteur zusätzlich, sich zwischen den zur Wahl stehenden Alternativen zu entscheiden.[56] Darauf basierend können zwei Arten von Reputation unterschieden werden, zum einen die "generelle Reputation", die aufgrund öffentlich zugänglicher Informationen über die Vertrauenswürdigkeit des betrachteten Akteurs entstanden ist. Die generelle Reputation kann am Beispiel der Berufsgruppe der Anwälte erläutert werden. Die Mandanten haben die Erwartung, dass jeder Anwalt in ihrem Interesse handelt. Diese Erwartung ist sehr allgemein und lässt das Verhalten eines bestimmten Anwalts in einer bestimmten Situation nur vage prognostizieren. Zum anderen kann die "spezifische Reputation" unterschieden

---

55 Zucker (vgl Zucker 1986, S. 58) spricht in diesem Zusammenhang von "Erwartungshintergrund". Siehe auch Vogt 1997, S. 142.

56 Zucker (vgl. Zucker 1986, S. 58) benutzt hier den Ausdruck "situativer Kontext der Erwartungen". Siehe auch Vogt 1997, S. 142.

werden, die sich aus öffentlich erreichbaren Informationen über das Verhalten in einer spezifischen Situation zusammensetzt. Von einer spezifischer Reputation kann z.B. gesprochen werden, wenn von einem Reisebüro bekannt ist, dass es die Buchungen korrekt vornimmt und die Reiseunterlagen rechtzeitig zuschickt. Diese Information sagt nichts über die allgemeine Verlässlichkeit des Unternehmens aus, und schon gar nichts über die Qualität der Reisen oder das Preis – Leistungs - Verhältnis (vgl. Vogt 1997, S. 146). Es kann auch die Frage nach der Anzahl der erforderlichen Informationen gestellt werden, die notwendig sind, um Vertrauen gerechtfertigt zu schenken. Als Antwort kann jedoch keine allgemeingültige Zahl genannt werden. Die Anzahl der Informationen wird nämlich akteurspezifisch unterschiedlich ausfallen.

Welche Wirkung besitzt die Reputation im Prozess der Entstehung von Vertrauen? Sie reduziert vor allem die Unsicherheit des Vertrauenssubjekts bezüglich des Verhaltens des Vertrauensobjekts. Die Verhaltensunsicherheit wird durch die Informationsinhalte der beiden Reputationsarten reduziert. Aus der Sicht des Vertrauensobjekts besitzt Reputation eine präventive Wirkung, indem sie dafür sorgt, dass es nicht zu Verlustfällen kommt (vgl. Spremann 1988, S. 620). Die vertrauenswürdigen Akteure können aus dem guten Ruf, den sie sich innerhalb einer Vertrauensbeziehung erworben haben, einen Vorteil nutzbar machen. Vertrauenswürdigkeit und Verlässlichkeit bei wirtschaftlichen Aktivitäten führt sowohl zur Beibehaltung von alten Kunden als auch zur Gewinnung von neuen Kunden. Dies wiederum kann langfristig einer Organisation eine bessere Position auf dem Markt sichern. Somit ist die öffentliche positive Reputation ein bedeutsamer Faktor des ökonomischen Erfolgs (vgl. Heisig 1997, S. 133).

Der Prozess der Schaffung von prozessbasiertem Vertrauen kann auch folgendermaßen beschrieben werden: Am Anfang erfolgt meistens der Austausch von Gaben. Die Zeitlücke zwischen Gabe und Gegengabe erfordert Vertrauen. Jeder Tauschpartner hat dabei, aufgrund der Erfahrungen aus früheren Austauschen, klare Erwartungen an den Anderen. Der Austausch von Gaben führt schließlich zur Entstehung von Vertrauen, weil die Erfahrungen aus derartigen Tauschhandlungen für die Tauschpartner normalerweise präsent sind, und weil die Erwartungen oft kulturell vorgegeben sind (vgl. Zucker 1986, S. 61). Während in den kleinen sozialen Systemen davon ausgegangen werden kann, dass die Erwartungen bezüglich eines fairen Austausches einheitlich sind, kann dies bei etwas komplexeren Systemen problematisch werden. Aus diesem Grund müssen sich die komplexeren Systeme bei der Herstellung der einheitlichen Erwartungshaltung anderer Mittel bedienen. Im allgemeinen ist dann die Entstehung von Vertrauen in derartigen Systemen auf diejenigen beschränkt, die eine bekannte Tauschgeschichte vorweisen können, oder auf diejenigen, die bestimmte Garantien auf zukünftige Austauschprozesse geben können. Beispielsweise werden in der Basarökonomie die Informationen über die Tauschgeschichte durch den wiederholten Austausch zwischen Käufer und Verkäufer erzeugt. Allgemein lässt sich hier feststellen, dass dieser informelle prozessbasierte Mechanismus entweder langfristig viele Interaktionen erfordert oder dass die

Entstehung von Vertrauen aufgrund einer eingeschränkten Anzahl von spezifischen Austauschen innerhalb einer kleinen Gruppe von Individuen stattfindet (vgl. Zucker 1986, S. 61f.). Ein ähnlicher, jedoch formalisierterer Mechanismus ist der Einsatz von Reputation oder der eines Markennamens. Solange die Hoffnung auf Wiederholung eines Tauschgeschäfts besteht, neigt die Qualität eines Produktes dazu, hoch zu sein und hält somit das Vertrauen mit jeder Transaktion aufrecht. In summa kann prozessbasiertes Vertrauen überwiegend aufgrund der gemachten Erfahrungen und durch positive Reputation entstehen. Aufgrund der gemachten Erfahrungen entstehen transaktionsspezifische Informationen, auf die sich die Individuen verlassen, da sie das notwendige Vertrauen für einen Austausch ermöglichen. Es spielt dabei keine Rolle, ob es sich um direkte oder indirekte Erfahrungen handelt. Maßgeblich ist dabei, dass sie von einem glaubwürdigen Informanten stammen und als Anfangsgrundlage in einem Austausch dienen können. Derartige Informationen sind nicht einfach auf andere Personen oder Organisationen übertragbar. Daher sind die Märkte für prozessbasiertes Vertrauen schwierig einzurichten. Üblicherweise wird in prozessbasiertes Vertrauen investiert, indem Personen oder Organisationen positive Reputation oder Markennamen aufbauen, z.B. durch de Einsatz von Werbung (vgl. Zucker 1986, S. 60f. Siehe auch Neu 1991, S. 247). Sind jedoch die transaktionsspezifischen Informationen nicht vorhanden, so müssen die Teilnehmer des Austausches auf die sozialen Erwartungen zurückgreifen.

Nach Zucker ist es nicht möglich, prozessbasiertes Vertrauen zu beeinflussen (vgl. Zucker 1986, S. 61f.). In der vorliegenden Arbeit wird dagegen die Meinung vertreten, dass die Beeinflussung des prozessbasierten Vertrauens bedingt möglich ist. Dies, weil die Erfahrungen, die den Kern dieser Art von Vertrauen bilden, zwar nicht rückgängig gemacht werden können. Sie können jedoch durch zusätzliche Informationen über die Hintergründe einer Situation, aufgrund deren eine Erfahrung gemacht worden ist, neu interpretiert werden und dadurch das prozessbasierte Vertrauen beeinflussen. Auch kann die Reputation beeinflusst werden, indem z.B. das Vertrauensobjekt bestimmte negative Handlungsweisen verändert.

Abbildung 9: **Vertrauenssubjekte und Vertrauensobjekte des prozessbasierten Vertrauens**

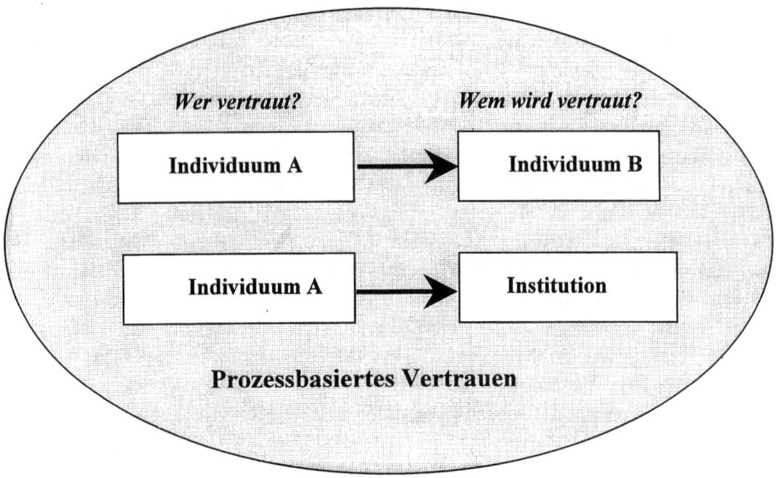

Quelle: **Eigene Darstellung**

Entstehen kann prozessbasiertes Vertrauen sowohl zwischen zwei Individuen als interpersonales Vertrauen, aber auch zwischen einem Individuum und einer Institution als institutionelles Vertrauen (siehe *Abbildung 9*).

3.3.2.1.4 Die vertrauensbildenden Mechanismen des institutionsbasierten Vertrauens

Beim institutionsbasierten Vertrauen sorgen formale Mechanismen für das Entstehen von Vertrauen, welches nicht auf persönlichen Eigenschaften oder Erfahrungen beruht. Institutionenbasiertes Vertrauen reicht sowohl über konkrete Austauschsituationen als auch über konkrete Austauschpartner hinaus. Diese Form von Vertrauen kann z.B. mit Hilfe von Ausbildung erworben werden und kann auf den Märkten in Form von Dienstleistungen verkauft werden, die speziell für den Ausbau von Vertrauen zwischen Akteuren konzipiert sind (vgl. Zucker 1986, S. 61). Dieses Vertrauen ist ein über eine gegebene Transaktion und über eine spezifische Zusammenstellung der Austauschpartner hinaus verallgemeinertes Vertrauen. In diesem Sinne muss dieses Vertrauen unabhängig von einer Situation, gewöhnlich der

Umwelt bekannt und objektiv in dem Sinne sein, dass die bei einer Wiederholung beteiligten Akteure durchaus wechseln können. Das institutionsbasierte Vertrauen hängt nicht von einer spezifischen Person ab, sondern ein Individuum kann auch durch andere Individuen ersetzt werden (vgl. Zucker 1986, S. 63). Soziale Praktiken, innerhalb derer das Vertrauen integriert ist, sind allgemein akzeptiert. Sie gelten als soziale Fakten gemäß dem Motto: So waren die Dinge immer und so werden sie auch immer sein. Hiervon ausgehend werden institutionelle vertrauensbildende Mechanismen nicht in Frage gestellt, sondern als selbstverständlich von der Mehrheit der Gesellschaft angenommen. Auf diese Weise werden gemeinsame Erwartungen geschaffen und auch weiterhin erhalten (vgl. Neu 1991, S. 248). Die Annahmen, dass erstens die Situation im Prozess der Entstehung des institutionsbasierten Vertrauens keine Rolle spielt und zweitens die Vertrauenssubjekte hier austauschbar sind, werden abgelehnt. Anders als bei Zucker wird hier davon ausgegangen, dass die Mitgliedschaft des Vertrauenssubjekts und Vertrauensobjekts im gemeinsamen kulturellen System sowie die personengebundenen Merkmale des Vertrauenssubjekts die Vertrauensentstehung des institutionsbasierten Vertrauens beeinflussen.

Drei Gruppen institutioneller Elemente schaffen und erhalten das institutionenbasierte Vertrauen. Erstens die personenspezifischen und organisationsspezifischen Handlungen, zweitens die sozialen Praktiken von Intermediären und drittens die institutionellen Regelungen. Für alle diese Vertrauensquellen sind sehr detaillierte und spezifische Informationen notwendig.

Die zuerst genannte Vertrauensquelle, die *personenspezifischen und die organisationsspezifischen Handlungen* sind solche, die von irgendeinem Mitglied des Austauschprozesses unternommen werden, um Vertrauen zu bilden. Im allgemeinen zeigen diese Handlungen, dass man bereit ist, den sozialen Erwartungen und dem situativen Kontext der Erwartungen zu entsprechen (vgl. Neu 1991, S. 248). Auf der individuellen Ebene (personenspezifische Handlungen) stellen Berufs- und Bildungsabschlüsse, Zertifizierung[57] sowie Mitgliedschaften in einer Subkultur Möglichkeiten dar, um Vertrauen zu signalisieren. Bei der *Zertifizierung* handelt es sich um eine Art „Versicherung“ eines Individuums oder einer Institution gegenüber der Öffentlichkeit in bezug auf Kompetenz und Vertrauenswürdigkeit der mit einem Zertifikat ausgestatteten Personen, Organisationen oder Produkte (vgl. Strasser/Voswinkel 1997, S. 228). Die Zertifizierung ist ein eigener Ausdruck des Konformitätsnachweises. Dieser wird gemeinhin für eine Vorgehensweise gehalten, die dazu beiträgt, dass Vertrauen dadurch entstehen kann, dass ein Produkt, ein Verfahren oder auch eine Dienstleistung vorgegebene Anforderungen erfüllt (vgl.

---

[57] Zucker unterscheidet zwischen einem Berufs- bzw. Bildungsabschluss und einer Zertifizierung. In der Literatur werden (vgl. Weisenfeld-Schenk 1997, S. 30f.) gewöhnlich Berufs- und Bildungsabschlüsse als eine Art Zertifizierung betrachtet. In den folgenden Ausführungen wird die Sichtweise von Zucker übernommen.

Kassebohm/Malorny 1994, S. 696f.). Die Haftung für eine derartige Zertifizierung kann entweder rechtlich festgelegt sein oder „nur" mit dem gutem Ruf erfolgen. Dabei kommt es immer auf den Lebensbereich und die Art der Zertifizierung an. Als Beispiele dienen hier die Qualitätssiegel. Zertifikate stellen oft eine Bedingung für den Verkauf und die Benutzung der einzelnen Produkte dar. Das Zertifikat kann ein Signal in bezug auf das Qualitätspotential sein, es kann als Garantie bezüglich des Einsatzes bestimmter Verfahren oder Materialien bei Produkten und bezüglich bestimmter Fähigkeiten bei Menschen dienen (vgl. Weisenfeld-Schenk 1997, S. 30f.). Ein Zertifikat kann auch einen subjektiven Eindruck erwecken, nämlich dass es für ein leistungsfähigeres Unternehmen oder ein qualitativ höherwertiges Produkt steht. So gesehen stellt ein Zertifikat eine vertrauensbildende Maßnahme dar (vgl. Kassebohm/Malorny 1994, S. 708). Schließlich bildet ein Zertifikat eine Grundlage für Reputation (hier ist ersichtlich, dass die verschiedenen Arten des Vertrauens auch gemeinsame Schnittpunkte haben können. In diesem Fall zur Reputation als eine der Quellen des prozessbasierten Vertrauens. Ein Zertifikat bietet für den Nachfrager nur einen Nutzen unter bestimmten Voraussetzungen. Dazu zählt z.B. eine bestehende Qualitätsunsicherheit, die ein Kaufrisiko bedingt. Den Nachfragern ist es dann entweder nicht oder nur in Verbindung mit einem hohen Aufwand möglich, sich selbst über die Qualität zu informieren (vgl. Weisenfeld-Schenk 1997, S. 32).

Mitgliedschaften in einer Subkultur stellen die nächste Möglichkeit dar, Vertrauen zu signalisieren. So haben z.B. Ärzte oder Anwälte durch ihre Mitgliedschaft in einer spezifischen Subkultur eine verhaltensstabilisierende Wirkung. Der situative Kontext der Erwartungen ist hinreichend bei verschiedenen Rollen detailliert, wie es z.B. der Fall bei den Wirtschaftsprüfern ist, die in ein soziales System eingebettet sind, so dass klar definierte Vertrauensbeziehungen ausgelegt werden können (vgl. Zucker 1986, S. 63f.). Eine Professionalisierung liefert gemeinhin besonders schlüssige Beispiele dafür, wie Vertrauen signalisiert werden kann. Eine Subkultur kann als Teil einer Gesamtkultur, z.B. eines Unternehmens, beschrieben werden. Subkulturen bilden sich auch ähnlich wie Gesamtkulturen heraus (vgl. Schreyögg 1996, S. 443f.; Keller-Pfrunder/Treichler 1993, S. 60). Folglich können hier die Hauptmerkmale der Unternehmenskultur auf die Subkultur übertragen werden und als Anhaltspunkte für die Charakterisierung der Subkultur dienen. Zu einem der Hauptmerkmale zählen die gemeinsam geteilten Überzeugungen der Mitglieder einer Subkultur, die als selbstverständliche Annahmen im täglichen Geschehen gesehen werden. Weiterhin ist das Kriterium der Gemeinsamkeit von Bedeutung. Die Orientierungen, die Werte oder die Handlungsmuster werden gemeinsam geteilt und prägen das Verhalten der einzelnen Mitglieder einer Subkultur. Sie vermittelt Sinn und Orientierung in einer komplexen Welt dadurch, dass sie den Mitgliedern die Auswahlmodelle, die Erklärung von Geschehnissen sowie Reaktionsmöglichkeiten vorgibt. Es werden jedoch nicht nur Kognitionen, sondern auch Emotionen beeinflusst. Bei den neuen Mitgliedern einer Subkultur wird überwiegend mit Hilfe von Symbolen verdeutlicht, welche Handlungsweisen der Tradition einer Subkultur entsprechen (vgl. Schreyögg 1996, S. 429f.).

Subkulturen entwickeln sich gewöhnlich ad hoc meistens durch direkte Interaktionen. Es bestehen jedoch mehrere Umstände, die die Entwicklung von Subkulturen fördern können. Es handelt sich hier um die Organisationsstrukturen, die Aufgaben und professionellen Hintergründe, die gemeinsamen Erfahrungen, Alter, Geschlecht, Nationalität, Religion, Bildungsgrad und Karriereerwartungen, um nur einige zu nennen (vgl. Schreyögg 1996, S. 444f.; Kiechl 1993, S. 23). In dem hier dargestelltem Modell sind vor allem die Aufgaben und der professionelle Hintergrund als Förderfaktoren zur Bildung von Subkulturen interessant. Eine bestimmte Art von Aufgaben und die zu ihrer Erfüllung erforderliche Qualifikation führen oft zur Entwicklung von Subkulturen. Als Beispiele seien die Subkulturen der Ärzte, der Kaufleute und der Wirtschaftsprüfer genannt. Dieser Vorgang ist insbesondere dort zu beobachten, wo für die Aufgabenerfüllung eine professionelle Ausbildung notwendig ist und die Zugehörigkeit zu einer "Profession" die Orientierung vorgibt und ein Gemeinschaftsgefühl erzeugt (vgl. Schreyögg 1996, S. 445). In diesen Fällen wird auch von einer Branchenkultur gesprochen.

Die bei der Branchenkultur betrachtete soziale Gruppe umfasst, wie der Name schon sagt, die Mitglieder einer Branche. Als Beispiele können hier die Anwalts-Kultur, die Architekten-Kultur oder auch die Wirtschaftsprüfer-Kultur genannt werden. Die Entstehung branchenspezifischer Werte und Normen und ihre Kundgebung in Handlungsweisen findet im Rahmen von Sozialisationsprozessen[58] statt (vgl. Stüdlein 1997, S. 37). Zum einen kann die bestimmte Prägung bereits während der Ausbildung stattfinden, zum anderen bei der Ausübung des Berufes, in dem branchentypische Organisationspraktiken die Mitglieder beeinflussen (vgl. Hofstede 1993, S. 206, 217).

Die einzelnen Branchenkulturen werden oft als Subkulturen der einzelnen Landeskulturen betrachtet. Die Verschiedenheit einer Branchenkultur im Vergleich zur Landeskultur ist in den branchenspezifischen Werten (z.B. ethische Werte bestimmter Branchen) und Normen (z.B. Verhaltensrichtlinien) gut zu beobachten. Interessant ist dabei, dass die Mitglieder einer Branche, z.B. die Wirtschaftsprüfer in Polen, Ähnlichkeiten mit den Mitgliedern der gleichen Branche in einem anderem Land, z.B. Wirtschaftsprüfern in Deutschland, aufweisen können. Dafür ist oft die Technologie, die Art eines Produktes oder die Dienstleistung verantwortlich, die für eine bestimmte Branche spezifisch ist (vgl. Steiner 1995, S. 30), z.B. der Prüfung des Jahresabschlusses durch die Wirtschaftsprüfer. Obwohl die Branchenkultur eine erhebliche Rolle bei der Formung des gesamten Bildes einer Profession spielt, kann nicht aus der Tatsache, dass bestimmte Individuen der gleichen Branchenkultur angehören die Schlussfolgerung gezogen werden, dass diese Individuen sich in ihren

[58] Sozialisation wird hier als Prozess verstanden, in dem ein Individuum das Wertsystem, die Normen und die Verhaltensmuster von Gesellschaften, Organisationen oder anderen Gruppen lernt, deren Mitglied es ist oder zu werden wünscht.

Handlungen immer gleichen. Im Gegenteil, es ist von Unterschieden in den Verhaltensweisen auszugehen.

In diesem Zusammenhang ist auch die Stellung der Subkultur interessant, die auf einer Zugehörigkeit zu einer professionellen Gemeinschaft der Landeskultur beruht, und zwar unter dem Aspekt des Einflusses der Landeskultur auf diese Branchenkultur. Die Frage ist, ob die Landeskultur den Ton, die Wertebene angibt und die Subkultur nur ein Ausfluss der jeweiligen Landeskultur ist. Oder aber ob durch zunehmende Internationalisierung und Harmonisierung bestimmte Professionen diese Subkultur so stark prägen, dass die Landeskultur nur den Rahmen bildet und die Branchenkultur eine prägende Kultur über die Landeskultur bildet. Wobei nicht vergessen werden darf, dass die Mitglieder einer Branchenkultur gleichzeitig einer bestimmten Landeskultur angehören.

Zusätzlich zu den bereits beschriebenen Vertrauensquellen werden an dieser Stelle *Rollen, die Tauschpartner erfüllen* als Vertrauensquelle der individuellen Ebene einbezogen. Diese Quelle stellt eine Ergänzung zu den Überlegungen von Zucker dar. Es ist nämlich vorstellbar, dass es Situationen gibt, in denen die wahrgenommene Ähnlichkeit zur Entstehung von dieser Art Vertrauen führt. In den meisten Fällen kommt es jedoch zusätzlich noch auf die Rolle an, die der Austauschpartner zu erfüllen hat. Zum Beispiel: Person A kann Person B als Tauschpartner in einer geschäftlichen Transaktion vertrauen. Diese Tatsache muss nicht automatisch dazu führen, dass die Person A der Person B auch auf der privaten Ebene Vertrauen schenken und ihr eine größere Summe Geld leihen würde. Unter einer "Rolle" wird hier ein sozial definiertes Verhaltensmuster verstanden, das von einem Individuum, das eine festgelegte Funktion in einer Gruppe hat, erwartet wird (vgl. Zimbardo 1995, S. 723). Vertraut ein Individuum der Rolle, die der Austauschpartner in einer Situation spielt, so verlässt sich das Vertrauenssubjekt darauf, dass das Vertrauensobjekt entweder durch die entsprechenden Normen oder durch rationales Kalkül motiviert ist, seine Rolle zu erfüllen (vgl. Strasser/Voswinkel 1997, S. 225). Rollen sind meistens von dem bestimmten Individuum, das sie erfüllt, unabhängig. Die erwarteten Verhaltensweisen sind dieselben, unabhängig davon über welche persönlichen Merkmale der Rolleninhaber verfügt (vgl. Zimbardo 1995, S. 723).

Bemerkenswert bei den personenspezifischen Handlungen ist die Tatsache, dass sie mit dem eigenschaftsbasierten Vertrauen vergleichbar sind. Der einzige Unterschied besteht darin, dass die zugeschriebenen Eigenschaften nicht manipuliert werden können, es ist z.B. unmöglich, das eigene Alter zu verändern, während personenspezifische Handlungen durchaus modifizierbar sind. Beispielsweise können bestimmte Berufsabschlüsse nachgeholt werden oder eine fehlende Zertifizierung erworben werden (vgl. Neu 1991, S. 248).

Bei den *organisationsspezifischen Aktionen* handelt es sich um die Mitgliedschaft in relevanten Vereinen und Verbänden und um die Annahme bestimmter

Handlungsweisen, wodurch Vertrauen signalisiert werden könnte (vgl. Zucker 1986, S. 61). Die Mitgliedschaft in den relevanten Vereinen und Verbänden signalisiert die Akzeptanz des jeweiligen Mitgliedschaftsstandards. Beispielsweise deutet die Mitgliedschaft einer Organisation in Berufsverbänden auf Kompetenz dieser Organisation und der Bereitwilligkeit hin, sich einem bestimmten Berufsrecht unterzuordnen und die damit verbundenen Anforderungen (fachliche und persönliche Verhaltensnormen) zu erfüllen. Diese Anforderungen sollen den Adressaten der professionellen Dienstleistungen vor unfähigen und vor opportunistisch handelnden Anbietern schützen (vgl. Hunger 1981, S. 134).

Ähnlich kann auch die *Übernahme bestimmter Handlungsweisen,* womit vor allem allgemein akzeptierte organisationelle Praktiken gemeint sind, signalisieren, dass man bereit ist, sich an die Erwartungen zu halten und dadurch Vertrauen zu schaffen (vgl. Neu 1991, S. 248f.).

Die zweite Vertrauensquelle des institutionsbasierten Vertrauens bilden die sozialen Praktiken von *Intermediären.* Man könnte an dieser Stelle auch „Vertrauensintermediäre" sagen. Sie agieren gegenüber einem Transaktionspartner als Treuhänder und gegenüber dem anderen als Treugeber und schaffen auf diese Weise eine Vertrauensbeziehung, die direkt nicht entstehen könnte. Die Intermediäre erfüllen die Rolle eines Vermittlers, der Vertrauen zwischen dritten Personen oder Institutionen schaffen soll (vgl. Zucker 1986, S. 64f.; Coleman 1995, S. 232. Siehe auch Sydow 1995, S. 189). Dies ist dann notwendig, wenn das Vertrauenssubjekt dem Vertrauensobjekt nicht oder nicht genügend vertraut (vgl. Junge 1998, S. 47). Die Intermediäre liefern dem Austauschpartner ein Produkt oder eine Idee, die mit einer Art Garantie versehen ist, dass die allgemeinen Regeln eingehalten werden und dass der Austausch möglich ist. Intermediäre funktionieren also als eine Legitimierungsinstitution. Dem Teilnehmer eines Austausches wird durch die Legitimität der Intermediäre ein Signal gesendet, das darüber informiert, ob Vertrauen vorhanden ist oder nicht (vgl. Zucker 1986, S. 64. Siehe auch Neu 1991, S. 249).

Abbildung 10: **Arten von Intermediären in Vertrauensbeziehungen**

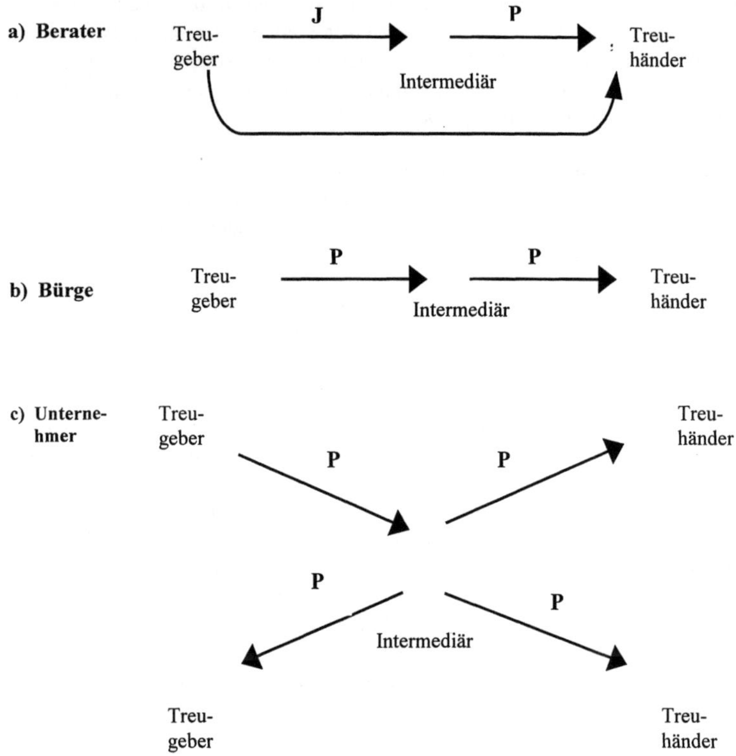

Quelle: **Coleman 1995, S. 234**

Bisher wurden Ausführungen zur Rolle und den Aufgaben von Intermediären gemacht ohne eine genauere Darstellung der Charakteristik von Intermediären.

Dieses Versäumnis wird im folgenden nachgeholt. Coleman[59] unterscheidet verschiedene Arten von Intermediären in Vertrauensbeziehungen. Erstens einen Berater, zweitens einen Bürgen und drittens einen Unternehmer (vgl. Coleman 1995, S. 232). Die drei Typen von Intermediären lassen sich auch graphisch in der veranschaulichen (Siehe *Abbildung 10*).

Agiert der Intermediär als Berater, so vertraut das Vertrauenssubjekt dem Urteilsvermögen des Beraters und hat aufgrund dessen auch Vertrauen in die Fähigkeit und die Integrität des Vertrauensobjekts. Auf diese Weise führt das Vertrauen in das Urteil eines Beraters dazu, dass das Vertrauenssubjekt Vertrauen in die Leistungskapazität des eigentlichen Vertrauensobjekts setzt. Der in der Abbildung gezeichnete "Pfeil J" steht für Vertrauen in das Urteilsvermögen des Intermediäres, der "Pfeil P" für Vertrauen in die Leistungskapazität. Erwies sich das Vertrauen als nicht gerechtfertigt, so erleidet das Vertrauenssubjekt Verluste. Der Berater dagegen erleidet lediglich eine Rufschädigung (vgl. Coleman 1995, S. 233f.). Tritt der Fall häufiger auf, dass das Urteil des Beraters falsch war, so wird seine positive Reputation zerstört und der Berater muss möglicherweise mit einer Auftragsminderung rechnen. Dies gilt dann, wenn er als Intermediär beruflich fungiert. Als Beispiel für die Funktion des Intermediäres als Berater eignet sich die folgende Situation: Person A hat noch nie selbst Erfahrungen mit einem Anwalt gemacht und eher Negatives über Juristen gehört. Nun gerät sie in eine Situation, in der die Hilfe eines Anwalts unerlässlich ist. In dem Fall kann der Rat und die persönliche Erfahrung eines Freundes (Person B), sich zu einem bestimmten Anwalt zu begeben, sehr nützlich sein. Die Person A schenkt dem empfohlenen Anwalt Vertrauen aufgrund der Tatsache, dass sie dem Urteilsvermögen der Person B vertraut. In dem Fall spielt die Person B die Rolle des Intermediäres als Berater.

Handelt dagegen der Intermediär als Bürge oder als Unternehmer, so setzt das Vertrauenssubjekt das Vertrauen nur in den Intermediär, seine Integrität und seine Leistungskapazität. Der Bürge oder der Unternehmer seinerseits setzt Vertrauen in das Vertrauensobjekt. Wird das Vertrauen des Intermediäres durch das Vertrauensobjekt enttäuscht, so muss der Intermediär den Schaden tragen. Das Vertrauenssubjekt erleidet in dem Fall keine Ressourcenverluste und folglich bleibt die Vertrauenswürdigkeit des Intermediäres bestehen (vgl. Coleman 1995, S. 234f.). Der Unterschied zwischen dem Intermediär als Bürge und als Unternehmer besteht darin, dass dem Intermediär in der Funktion eines Unternehmers mehrere

[59] Folgende Ausführungen basieren auf Überlegungen von Coleman, der die Beziehungen von Intermediären genauer untersucht hat und diese auch im Rahmen seiner Ausführungen zum Konstrukt Vertrauen behandelt hat. Da die Intermediäre nicht ein fester Bestandteil der Institutionalistischen Ansätze sind, und auch Zucker selbst es nicht näher spezialisiert, hält die Verfasserin derartige Vorgehensweise für zulässig. Eine genauere Darstellung des Konstrukts Vertrauen aus der Sicht von Coleman findet der Leser im Abschnitt 2.2.2 des zweiten Kapitel dieser Arbeit.

Vertrauenssubjekte mit verschiedenen Ressourcen Vertrauen schenken. Die Leistungskapazität des Unternehmers kann zum Teil darin bestehen, dass er diese Ressourcen angemessen unter den Vertrauensobjekten verteilt, die gemeinschaftlich Gewinne aus der Tätigkeit erwirtschaften. Diese Aufgabe ähnelt der Rolle des ökonomischen Unternehmers, der eine Organisation gründet, um ein Produkt oder eine Dienstleistung herzustellen, wobei seine Angestellten als Vertrauensobjekte agieren (vgl. Coleman 1995, S. 235).

Als Beispiel für die Rolle des Intermediäres als Bürge eignet sich die folgende Konstellation: Der gerade volljährig gewordene Schüler O. ist noch im Gymnasium und möchte sich gerne ein Auto kaufen. Für dessen Finanzierung will er einen Kredit bei Bank Y beantragen. Dazu fehlen ihm jedoch die dafür notwendigen Sicherheiten. Bei der gleichen Bank ist der Vater des Schülers O. seit langer Zeit Kunde. Die Bank vertraut dem Vater von O. und der wiederum vertraut seinem Sohn. Aufgrund dessen wird O. der Kredit zugesagt. Der Vater fungiert somit als Bürge, ohne den der Kredit nicht gewährt worden wäre (vgl. Junge 1998, S. 47).

Ein sehr einprägsames Beispiel des Intermediäres in der Rolle des Unternehmers liefert Coleman (vgl. Coleman 1995, S. 236f.) selbst. Eine Gastgeberin aus diplomatischen Kreisen plant eine Party. Die einzelnen, geladenen Gäste sind in diesem Fall die möglichen Vertrauenssubjekte. Der Erfolg der geplanten Party hängt von den teilnehmenden Personen ab. Die eingeladenen Gäste fragen sich ihrerseits nach möglichen Vorteilen, die für sie entstehen, wenn sie die Einladung annehmen und nach möglichen Verlusten, wenn sie die Einladung ablehnen. Sie wägen die beiden Alternativen ab und treffen ihre Entscheidung. Ein wichtiger Faktor ist dabei die Information über andere eingeladene Gäste und deren Zusagen bzw. Absagen. Die Vertrauensobjekte sind in diesem Fall ebenfalls die Gäste, aber diesmal nicht als Individuen, sondern als Kollektiv gesehen. Nun vertrauen die Vertrauenssubjekte darauf, dass die Gastgeberin hier die Rolle des Unternehmers einnimmt. Sie vertraut darauf, dass alle eingeladenen Gäste kommen. Die Gäste ihrerseits vertrauen der Gastgeberin, dass sie imstande ist, die richtigen Personen einzuladen und sie dazu zu motivieren, an der Party teilzunehmen. Ist die Party gut besucht, so wird das Vertrauen in die unternehmerischen Fähigkeiten der Gastgeberin steigen, ist die Party dagegen nur mäßig besucht, so sinkt das Vertrauen in ihre Fähigkeiten. Folglich ist das Schenken von Vertrauen in die Fähigkeiten der Gastgeberin ein bedeutender Grund für den Erfolg der Party. Die Ressourcen, die die Gastgeberin dabei benötigt, liegen in den Gästen selbst. Die Feststellung, dass der Großteil der Gäste schon zugesagt hat, wird die Zusage der meisten Gäste wahrscheinlich beträchtlich erleichtern, ebenso wie das Gerücht, es würde fast niemand kommen, auch noch zur Rücknahme einer längst gemachten Zusage führen kann (vgl. Coleman 1995, S. 236f. Siehe auch Junge 1998, S. 48).

Die letzte Vertrauensquelle von institutionsbasiertem Vertrauen bilden die *institutionellen Regelungen.* Sie schaffen das institutionsbasierte Vertrauen, indem sie formalisierte Regeln entwickeln, die den Austauschprozess betreffen. Diese

Regeln bewirken dann die Standardisierung von Abläufen für alle Beteiligten in einem besonderen organisationellen Feld.[60] Zu diesen Regelungen zählen z.B. Sanktionsmechanismen. Sie reduzieren das Risiko beträchtlich, das ständig bei der Entwicklung von Vertrauen vorhanden ist. Wenn nämlich wirksame Sanktionsmechanismen bestehen, kann das Vertrauenssubjekt im Falle eines Vertrauensbruchs seine Rechte einklagen. Das Vorhandensein derartiger Sanktionsmechanismen führt dazu, dass die Akteure sich eher auf das Risiko der Vertrauensbeziehung einlassen, als sie es in Situationen täten, in denen nur schwache Sanktionsmechanismen existieren (vgl. Heisig 1997, S. 132f.). Summa summarum lässt sich feststellen, dass die institutionellen Regelungen das Verhalten der Teilnehmer in den organisationellen Strukturen wesentlich voraussehbarer und homogener machen.

Abschließend ist festzuhalten, dass es sich beim institutionsbasierten Vertrauen um ein handelbares Gut handelt, dessen Teile „käuflich" sind, sie können nämlich durch das Vertrauensobjekt erworben werden, wie es z.B. der Fall bei den Bildungsabschlüssen ist. Institutionsbasiertes Vertrauen wird folglich von Individuen, Unternehmen oder auch von ganzen Wirtschaftssektoren hergestellt. Manche Akteure oder Unternehmungen spezialisieren sich sogar auf die Herstellung von Vertrauen, das sog. "Marketing von Vertrauen zu anderen". Der Hauptunterschied bei der Herstellung von Vertrauen zur Herstellung von anderen Gütern besteht darin, dass Vertrauen stark von der Zeit abhängt. Außerdem bedarf diese Herleitung der sozialen Legitimität, bevor ein realer Markt entstehen kann (vgl. Zucker 1986, S. 64f.).

60 Unter einem "organisationellen Feld" wird hier, ähnlich wie bei Neoinstitutionalisten, eine Organisation verstanden, die insgesamt einen klar erkennbaren Bereich institutionellen Leben ausdrückt, z.B. als Anbieter von Produkten oder Dienstleistungen und deren Abnehmer (vgl. DiMaggio/Powell 1991b, S: 64f.).

Abbildung 11: **Vertrauenssubjekte und Vertrauensobjekte des institutionsbasierten Vertrauens**

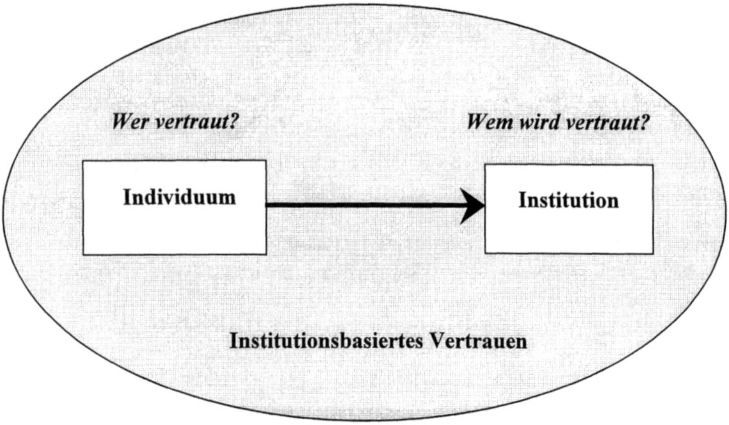

Quelle: **Eigene Darstellung**

Wie aus der *Abbildung 11* hervorgeht kann das institutionsbasiertes Vertrauen sowohl zwischen zwei Institutionen als auch zwischen einem Individuum und einer Institution entstehen. Entscheidend dabei ist, dass das Vertrauensobjekt eine Institution ist.

3.3.2.1.5 Reaktion des Vertrauenssubjekts auf die Vertrauensquellen

Die bereits beschriebenen Vertrauensquellen des Vertrauensobjekts, werden durch das Vertrauenssubjekt wahrgenommen und ausgewertet. Darauffolgend kommt es zu einer Reaktion des Vertrauenssubjekts. Entweder ist der Prozess positiv zu bewerten und es kommt zur Vertrauensentstehung oder er ist negativ zu bewerten und es kommt nicht zur Vertrauensbildung. Vertrauensvergabe oder deren Verweigerung ist ein konkretes Verhalten des Vertrauenssubjekts. Folglich beeinflusst das Resultat des Vertrauensbildungsprozesses die Entscheidungen des Vertrauenssubjekts beispielsweise bezüglich des Kaufs von Aktien. Darauffolgend entstehen bestimmte Erfahrungen für das Vertrauenssubjekt. Diese wiederum beeinflussen beim wiederholten Kontakt mit dem gleichen Vertrauensobjekt die Vertrauensquellen des prozessbasiertem Vertrauens. Diese Rückkopplung ist bei einer erstmaligen Vertrauensvergabe natürlich noch nicht gegeben.

3.3.2.2 Die Einflussgrößen der zweiten Ebene

Der Prozess der Vertrauensentstehung hängt nicht nur von den einzelnen Vertrauensquellen ab, die sich direkt auf den Prozess beziehen, sondern auch von indirekten Faktoren. Der Prozess der Vertrauensentstehung findet nämlich nicht in einem leeren Raum statt, sondern immer im Kontext eines kulturellen Systems. Daher wird dieser Faktor als hintergrundbildende Komponente in das Modell aufgenommen. Den zweiten indirekten Einflussfaktor beim Prozess der Vertrauensentstehung bilden die personengebundenen Merkmale des Vertrauenssubjekts. Je nachdem wie das Vertrauenssubjekt konditioniert ist (z.B. hohe oder niedrige Risikobereitschaft) kann es mehr oder weniger geneigt sein, dem Vertrauensobjekt sein Vertrauen zu schenken. Im folgenden werden die beiden indirekten Einflussfaktoren näher betrachtet.

3.3.2.2.1 Die Mitgliedschaft in einem gemeinsamen kulturellen System

Wie bereits oben dargelegt bildet die *Mitgliedschaft in einem gemeinsamen kulturellen System* einen wichtigen indirekten Einflussfaktor auf den Prozess der Vertrauensentstehung. Das Verhalten von Individuen spielt sich nämlich ständig vor dem Hintergrund kultureller und subkultureller Besonderheiten ab. In der Diskussion um Kultur muss zunächst unterschieden werden zwischen den Ebenen der nationalen Kultur, der Branchenkultur, der Unternehmenskultur und der sog. "Privatkultur". Über die Besonderheiten der Branchenkultur wird im Zusammenhang mit institutionsbasiertem Vertrauen berichtet. Die Unternehmenskultur wird, da sie hier keine weitere Relevanz besitzt, nicht weiter betrachtet.[61] In den nachfolgenden Überlegungen wird überwiegend das kulturelle System eines Landes beschrieben. Unter der Privatkultur werden hier die kulturellen Standards eines Individuums verstanden, die sich in seinen Werten, Normen, Denk- und Verhaltensmustern ausdrücken (vgl. Steiner 1995, S. 30). Bei der Entwicklung der Gesamtpersönlichkeit spielt also die kulturelle Prägung eine wichtige Rolle. Die Gesamtpersönlichkeit wird in Folge der kulturellen Prägung stattfinden.[62] Dabei können sich Übereinstimmungen von individuellen Werten mit den Werten des kulturellen

---

61 Unternehmenskultur wird hier als die Gesamtheit aller Normen, Werthaltungen und Denkmuster gesehen , die das Verhalten der Mitarbeiter in einem Unternehmen prägen. Somit ist diese Art der Kultur für die vorliegende Arbeit, wo einzelne Individuen einerseits und die gesamte Branche andererseits im Mittelpunkt stehen, irrelevant.

62 Mit der Klärung dieses Prozesses beschäftigt sich die „Culture and Personality" Forschung. In Rahmen der vorliegenden Arbeit kann auf diese vielseitige und interessante Problematik nur hingewiesen werden.

Systems eines Landes ergeben. Diese können zufällig sein, sie können durch bewusste Selektion erzielt werden, oder sie sind das Ergebnis einer allmählichen Übernahme dieser Werte. Je tiefer diese Normen und Werte internalisiert sind, desto weniger braucht ein Verhalten weitere Motivationsanreize (vgl. Zucker 1991, S. 84).

Um die begriffliche Unklarheiten zu vermeiden, wird hier der mit verschiedenen Inhalten belegte Terminus "Kultur" festgelegt.[63] Kultur wird hier als ein System von kollektiven Werten und Normen verstanden, das durch die Mitglieder einer sozialen Gruppe erlernt und verinnerlicht wurde sowie von ihnen überwiegend geteilt wird (vgl. Stüdlein 1997, S. 33; ähnlich auch Meyer/Boli/Thomas 1994, S.17). Die zentralen Elemente der hier verwendeten Definition der Kultur bilden somit die Werte und die Normen. Unter Werten[64] oder auch Werthaltungen werden hier verhältnismäßig stabile, tief verwurzelte und früh herausgebildete Elemente der Persönlichkeitsstruktur verstanden. Sie sind zum Teil das Ergebnis sozialer Lernprozesse und persönlicher Bedürfnisse sowie Wunschhaltungen (vgl. Inglehart 1980, S. 409). Werte können aus der individuellen wie auch der kollektiven Perspektive betrachtet werden. Kollektive Werte werden nur auf Gruppen bezogen. Sie entstehen auf der Basis von Mittelwerten, die sich wiederum aus der Auswertung der Antworten einer großen Sammlung von Befragten herausbilden (vgl. Danne 1996, S. 12). Normen stellen dagegen verbindliche Forderungen eines bestimmten Verhaltens in spezifischen Situationen dar. Sie regulieren das Verhalten und das Handeln von Menschen und sozialen Gruppen, soweit sie durch die Mitglieder einer derartigen Gruppe als akzeptierte Verhaltensregeln betrachtet werden (vgl. Stüdlein 1997, S. 27 und dort zitierte Literatur.). Normen können z.B. die Form eines Gebotes, eines Verbotes oder einer Empfehlung haben und sich in Gesetzen, Sitten und Bräuchen ausdrücken. Normen sind somit ihrer Art nach soziale Konventionen, wogegen Werte eher den Charakter innerer Orientierungspunkte besitzen. Der Verfasserin ist es bewusst, dass das an dieser Stelle geschilderte Konzept nur eins von mehreren möglichen Varianten ist. Da Kultur aber nicht den Schwerpunkt der Arbeit bildet, wird auf die Darstellung der weiteren, hier nicht relevanten Varianten verzichtet.

Wie bereits am Anfang des Abschnitts erläutert, ist in dem hier relevanten Kontext vor allem die nationale Kultur von Bedeutung. Auf dieser Ebene wird die soziale Gruppe einer Nation bzw. den Einwohnern eines Landes gleichgestellt. Dass die Gleichstellung zwischen einer Nation und einer Kultur in verschiedenen Fällen höchst problematisch sein kann ist der Verfasserin bekannt. Die möglichen Schwierigkeiten können folgende Bereiche betreffen: zum einen kann eine Nation

---

[63] Einen Überblick über die möglichen Definitionen des Begriffs "Kultur" bietet u.a. Stüdlein 1997, S. 21 ff.; Danne 1996, S. 6ff.

[64] Einen Überblick über unterschiedliche Definitionen des Begriffs "Wert" bzw. "Werthaltungen" bietet u.a. Widmaier 1991, S. 5ff. und Danne 1996, S. 11ff.

mehrere Völker umfassen und auch andersherum kann ein Volk in verschiedenen Ländern anzutreffen sein. Zum anderen können auch innerhalb einer Nation große kulturelle Unterschiede existieren, die aufgrund differenter Religion, Sprache oder bewohnter Region zustande kommen. Soziale Gruppen, die sich innerhalb eines Landes befinden und unterschiedliche Werte, Normen und Verhaltensweisen im Vergleich zu der dominanten Landeskultur aufweisen, werden hier als Subkulturen bezeichnet (vgl. Stüdlein 1997, S. 35f.). Infolge dessen kann man sich fragen, ob es überhaupt noch sinnvoll ist, von einer Landeskultur bzw. einer nationalen Kultur zu sprechen. Dafür sprechen die folgenden Gründe: Erstens stellen zahlreiche Länder eine historisch entwickelte Einheit dar, obgleich dort auch weniger integrierte Minderheiten vorkommen. Zweitens wird innerhalb der einzelnen Staaten z.B. aufgrund verschiedener Sozialisationsinstanzen wie Gesetzgebung, Bildungssystem, Medien und dominanter Landessprache ein bestimmter Grad an Integration erzeugt. Aus diesem Grund enthalten die Subkulturen ständig einen gemeinsamen Angelpunkt von Werten und Normen der nationalen Kultur. Drittens werden die folgenden Ausführungen zur Landeskultur stets auf die in einem Land herrschende Kultur bezogen. Viertens, wenn notwendig, wird auch Bezug auf die Subkulturen genommen (vgl. Stüdlein 1997, S. 37 und dort zitierte Literatur).

Zucker bezeichnet Kultur als Institution die ein regelmäßiges Handlungsmuster darstellt. Dieses besteht unabhängig, von den Akteuren, die die Kultur tragen (vgl. Zucker 1987, S. 444). Kultur setzt sich aus selbstverständlichen Annahmen über die Realität zusammen. Diese ist den Akteuren zwar gemeinsam, jedoch nicht bewusst. Diese Annahmen formen das Verhalten der Akteure, weil sie deren Wahrnehmungen und Ziele beeinflussen. Wenn diese kognitiven Interpretationsschemata zumindest teilweise ähnlich sind, so sind ähnliche Handlungen und ähnliche Erwartungen an die Handlungen anderer die Schlussfolgerung. Von Kultur als Institution kann jedoch nur dort gesprochen werden, wo Verhaltensmuster soweit zur Gewohnheit geworden sind, dass kulturkonformes Verhalten zwangsläufig abläuft und nichtkonformes Verhalten eine aktive Entscheidung verlangt. Institutionelle Formen von Kultur entsprechen demzufolge automatisierten Regeln (vgl. Vogt 1997, 125 und die dort angegebene Literatur).

3.3.2.2.2 Personengebundene Merkmale des Vertrauenssubjekts

Das Vertrauenssubjekt, das gegenüber einem Vertrauensobjekt Vertrauen entwickeln soll, charakterisiert sich selbst als Individuum durch bestimmte *personengebundene Merkmale* (wie z.B. Leichtgläubigkeit, Risikobereitschaft), die auf den Prozess der Vertrauensentstehung Einfluss nehmen. Die personengebundenen Merkmale des Vertrauenssubjekts korrespondieren stark mit den Vertrauensquellen des eigenschaftsbasierten Vertrauens. Der Unterschied liegt lediglich darin, dass es sich beim eigenschaftsbasierten Vertrauen zum einen um die tatsächlich gegebenen Eigenschaften des Vertrauensobjekts und zum anderen um die wahrgenommenen Eigenschaften des Vertrauensobjekts durch das Vertrauenssubjekt handelt. Bei den personengebundenen Merkmalen handelt es sich dagegen um die tatsächlich gegebenen Eigenschaften des Vertrauensobjekts, die ebenfalls den Prozess der Vertrauensentstehung beeinflussen können. Wie die Einflussgrößen der zweiten Ebene faktisch den Prozess beeinflussen, wird im empirischen Teil der vorliegenden Arbeit überprüft.

3.4. Anpassung des Basismodells an die Problematik der Entstehung von Vertrauen in den Berufsstand der Wirtschaftsprüfer und seiner Mitglieder in Polen

Die bisherigen Ausführungen sollen nun auf den Prozess der Vertrauensentstehung zum Berufsstand der Wirtschaftsprüfer und seiner Mitglieder in Polen[65] übertragen werden[66]. Zunächst wende ich mich den hier relevanten Akteuren zu. Die Rolle des Vertrauenssubjekts übernehmen entweder die einzelnen Adressaten oder die Interessenten der Arbeit der Wirtschaftsprüfer in Polen. Anzumerken ist an dieser Stelle, dass es sich stets um die Betrachtungsperspektive eines einzelnen Individuums handelt. Als Vertrauensobjekt kann sowohl der einzelne Wirtschaftsprüfer als auch der Berufsstand der Wirtschaftsprüfer[67] in Polen fungieren. Die *Abbildung 12* verdeutlicht den beschriebenen Zusammenhang.

In den folgenden Ausführungen werden beide in der *Abbildung 12* dargestellten Fälle betrachtet. Im ersten Fall handelt es sich um Vertrauen zwischen einem Adressaten bzw. Interessenten und einem konkreten Wirtschaftsprüfer. Der zweite Fall bezieht sich auf Vertrauen zwischen einem Adressaten bzw. einem Interessenten und dem Berufsstand der Wirtschaftsprüfer. Die Vertrauensbeziehungen können sich aus der Perspektive des Adressaten bzw. des Interessenten in beiden hier betrachteten Fällen unterschiedlich entwickeln. Es kann der Fall eintreten, dass zu einem bestimmten Wirtschaftsprüfer kein Vertrauen vorhanden ist, zu dem Berufstand allgemein jedoch schon, ein umgekehrter Fall ist ebenfalls denkbar. Eine strikte Trennung zwischen den beiden Fällen muss nicht immer sinnvoll sein. Es ist ebenfalls möglich, dass beide betrachtete Konstellationen zum Teil gemeinsame Einflussgrößen haben und sich gegenseitig beeinflussen. Ob die beschriebenen Diskrepanzen die Regel oder eher eine Ausnahme darstellen, wird im empirischen Teil der Arbeit untersucht.

---

65 Aus Vereinfachungsgründen wird in weiteren Ausführungen die Bezeichnung: „Berufsstand der Wirtschaftsprüfer und seine Mitglieder" durch den Ausdruck „Wirtschaftsprüfer" ersetzt.

66 Im folgenden Abschnitt findet nur eine grobe Anpassung statt, die Ausarbeitung und Überprüfung der Einzelheiten findet in dem empirischen Teil der vorliegenden Arbeit statt.

67 Berufstand der Wirtschaftsprüfer verstanden als die Gesamtheit der Wirtschaftsprüfer.

Abbildung 12: **Konkretisierung der Vertrauensobjekte und Vertrauenssubjekte**

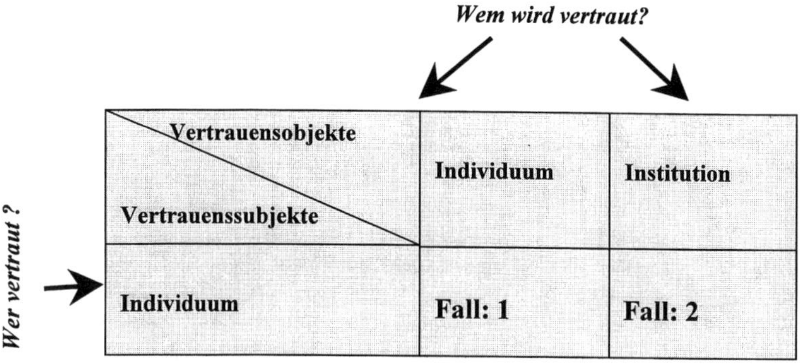

Quelle: **Eigene Darstellung**

In dem ersten hier betrachteten Fall handelt es sich um die Entstehung von Vertrauen auf der interpersonellen Ebene zwischen einem bestimmten Adressaten bzw. einem Interessenten und einem bestimmten Wirtschaftsprüfer. Wird an dieser Stelle das allgemeine Modell angewendet, so kommt zum einen das *eigenschaftsbasierte Vertrauen* und zum anderen das prozessbasierte Vertrauen in Frage. Bei dem eigenschaftsbasierten Vertrauen steht die wahrgenommene Ähnlichkeit der Austauschpartner und die darauf aufgebaute Annahme, dass der Austauschpartner sich ähnlich verhält, im Vordergrund. Ein Adressat soll nun die Ähnlichkeit mit einem bestimmten Wirtschaftsprüfer feststellen und aufgrund dessen Vertrauen aufbauen. Wie kann nun eine derartige Ähnlichkeit festgestellt werden? Der Adressat kann prüfen, ob er die gleichen personengebundenen Merkmale wie der Wirtschaftsprüfer hat, ob er die gleichen Alltagseinstellungen hat und ob er das gleiche Verhalten zeigt. Die Feststellung erfolgt hauptsächlich durch die subjektive Wahrnehmung der persönlichen Eigenschaften des Wirtschaftsprüfers durch den Adressaten. Spätestens an dieser Stelle wird die Unterteilung von Vertrauensquellen auf die "real gegebenen Vertrauensquellen[68] des Vertrauensobjekts" und die

---

[68] Real gegebene Vertrauensquellen heißt, dass mehrere Individuen unabhängig voneinander diese gleich beschreiben.

"subjektiv wahrgenommenen Vertrauensquellen[69] des Vertrauenssubjekts" relevant. Die real gegebenen Vertrauensquellen des Vertrauensobjekts (hier also des Wirtschaftsprüfers) sind seine tatsächlich vorhandenen persönlichen Eigenschaften, die das Vertrauenssubjekt (hier der Adressat) subjektiv wahrnimmt.

Die vertrauenschaffenden Mechanismen des eigenschaftsbasierten Vertrauens werden in interpersonellen Beziehungen vor allem beim erstmaligen Zusammentreffen angewendet. Fand bereits ein Austausch statt, so wurden Erfahrungen gesammelt und der Adressat bzw. der Interessent stützt sich überwiegend darauf. In diesem Fall kommen die vertrauenschaffenden Mechanismen des *prozessbasierten Vertrauens* in Frage. Zu diesen zählen zum einen die bereits beschriebenen direkten *Erfahrungen*, die der Adressat bzw. der Interessent mit dem gegebenen Wirtschaftsprüfer gesammelt hat. Die direkten Erfahrungen, die ein Adressat bzw. ein Interessent macht, besitzen einen subjektiven Charakter und können somit nicht unter „real gegebene Vertrauensquellen" untergeordnet werden. Zum anderen ist auch die Vertrauensquelle *Reputation* von Bedeutung, die hier als guter Ruf des Wirtschaftsprüfers verstanden wird, der aufgrund der Informationen über das Verhalten dieses Wirtschaftsprüfers in der Vergangenheit entsteht. Dabei handelt es sich um Informationen, die aus öffentlich zugänglichen Quellen stammen, also vor allem aus den Medien. Betreffen die Informationen einen bestimmten Wirtschaftsprüfer und sein Verhalten in einer spezifischen Situation, so handelt es sich hier um die spezifische Reputation. Die hier erforderlichen Informationen bezüglich des Wirtschaftsprüfers werden, wie bereits erwähnt, aus öffentlich zugänglichen Quellen bezogen. Die real vermittelten Informationen können im Prozess der Wahrnehmung durch den Adressaten bzw. den Interessenten einer Verzerrung unterliegen. Infolgedessen wird hier zwischen den real gegebenen Informationen und der daraus resultierenden spezifischen Reputation des Wirtschaftsprüfers unterschieden. Ebenso wird zwischen den subjektiv durch den Adressaten bzw. den Interessenten wahrgenommenen Informationen und den daraus resultierenden spezifischen Reputationen unterschieden.

In den häufigsten Fällen wird es eher zutreffen, dass der Adressat mit den Ergebnissen der Arbeit der Wirtschaftsprüfer (und zwar in der Rolle des Jahresabschlussprüfers) zu tun hat und keinen persönlichen Kontakt unterhält. Dann haben wir es mit dem zweiten Fall zu tun. Der bezieht sich auf Vertrauen zwischen einem Adressaten bzw. einem Interessenten und dem Berufsstand der Wirtschaftsprüfer. In diesen Situationen ist zum einen die sog. generelle Reputation eine Hilfe. Sie entsteht aufgrund öffentlich zugänglicher Informationen über die Vertrauenswürdigkeit des Berufsstandes der Wirtschaftsprüfer. Die Adressaten bzw.

---

[69] Real gegebene Vertrauensquellen werden an das Vertrauenssubjekt gesendet und weil das Vertrauenssubjekt diese subjektiv wahrnimmt und auswertet, erhielten sie die Bezeichnung subjektive Vertrauensquellen.

die Interessenten haben aufgrund dieses positiven Rufs die Erwartung, dass Wirtschaftsprüfer ihren Beruf ordnungsgemäß ausüben. Auch hier kann es zu einer Verzerrung zwischen den vermittelten und den wahrgenommenen Informationen kommen. Außerdem ist eine aufgrund der generellen Reputation entstandene Erwartung sehr allgemein und lässt das Verhalten eines bestimmten Wirtschaftsprüfers in einer speziellen Situation nur ungenau voraussagen. Der Adressat bzw. der Interessent wird nach anderen Informationen schauen, die in den Vertrauensquellen des institutionsbasierten Vertrauens zu finden sind. Zu diesen vertrauenschaffenden Mechanismen zählen die personenspezifischen und die organisationsspezifischen Handlungen, soziale Praktiken von Intermediären und institutionelle Regelungen.

Zu den *personenspezifischen Handlungen* gehören die Berufs- und Bildungsabschlüsse, Zertifizierungen sowie Mitgliedschaften in einer Subkultur. Bei der zuerst genannten Vertrauensquelle handelt es sich um den *Berufsabschluss* zum Wirtschaftsprüfer. Der Berufsabschluss dient hier als Signal für die Fähigkeiten, den Beruf des Wirtschaftsprüfers ordnungsgemäß ausüben zu können. Hier kann es zu einem Missverständnis zwischen dem tatsächlichen Inhalt des Berufes und den Wahrnehmungen des Adressaten bzw. des Interessenten kommen. Ob dies tatsächlich zutrifft, wird im Rahmen der Interviews und der Literatur im zweiten Teil der vorliegenden Arbeit ermittelt. Die *Zertifizierung* bezieht sich hier auf das Testat des Jahresabschlussprüfers, der ein Zertifikat, dass der Jahresabschluss den vorgegebenen Anforderungen entspricht, darstellt. Die Haftung für solche Zertifizierung, hier also für das Testat, ist zum Teil rechtlich festgelegt und erfolgt zum Teil durch den möglichen Verlust des guten Rufs des Abschlussprüfers. Auch hier kann zwischen den real gegebenem Inhalt des Testates und den Bestimmungen des Wirtschaftsprüferberufes einerseits und den Wahrnehmungen des Adressaten bzw. des Interessenten andererseits unterschieden werden. Den nächsten vertrauenschaffenden Mechanismus bilden die *Mitgliedschaften in einer Subkultur*, die eine verhaltensstabilisierende Wirkung haben. Durch die Integration der Wirtschaftsprüfer in ein soziales System können klar umrissene Vertrauensbeziehungen definiert werden. Hier hat eine bestimmte Art von Aufgaben (vor allem die Jahresabschlussprüfung) und die zur ihrer Erfüllung erforderliche Qualifikation (Berufsabschluss zum Wirtschaftsprüfer) zur Entwicklung einer Subkultur der Wirtschaftsprüfer geführt. Es kann an dieser Stelle von der Branchenkultur der Wirtschaftsprüfer gesprochen werden. Sie kann weiterhin als Subkultur der polnischen Landeskultur betrachtet werden. Die Branchenkultur der Wirtschaftsprüfer bestimmt zum einen die ethischen Werte in Form des ethischen Kodex und zum anderen die Normen der Berufsausübung. Wie die Subkultur der Wirtschaftsprüfer real ist und wie sie durch die Adressaten bzw. die Interessenten wahrgenommen wird, muss nicht unbedingt deckungsgleich sein. Wie es in der Wirklichkeit der Fall ist, wird im Rahmen der empirischen Untersuchung ermittelt. Die letzte Vertrauensquelle der personenspezifischen Handlungen bilden die *Rollen*, die Tauschpartner erfüllen, hier also der Wirtschaftsprüfer in der Rolle des

Jahresabschlussprüfers und der Adressat in der Rolle des Investors bzw. des Gläubigers und der Interessent in der Rolle des potentiellen Investors.

Bei den *organisationsspezifischen Handlungen* geht es um die Vertrauensquellen in Form von *Mitgliedschaft in relevanten Vereinen und Verbänden*, was bei den Wirtschaftsprüfern in Polen die Mitgliedschaft in der Landeskammer der Wirtschaftsprüfer bedeutet. Mit dieser Mitgliedschaft ist die Akzeptanz der Erlasse der Landeskammer der Wirtschaftsprüfer verbunden. Ebenfalls ist an dieser Stelle die Differenzierung zwischen den real gegebenen Kompetenzen der Wirtschaftsprüferkammer und den Wahrnehmungen der Adressaten bzw. der Interessenten zu verzeichnen.

Der zweite vertrauensschaffende Mechanismus des institutionsbasierten Vertrauens, die *sozialen Praktiken von Intermediären*, findet hier keine Anwendung. Dies aus dem Grund, dass Wirtschaftsprüfer selbst Intermediäre sind und zwar zwischen dem geprüften Unternehmen und Adressaten bzw. Interessenten. In der vorliegenden Arbeit geht es jedoch um die Entwicklung von Vertrauen zu den Wirtschaftsprüfern. Sie können folglich nicht Vertrauensobjekt und Vermittler zwischen dem Vertrauensobjekt und Vertrauenssubjekt gleichzeitig sein.

Die letzte Quelle von institutionsbasierten Vertrauen bilden die *institutionellen Regelungen*. Sie schaffen das institutionsbasierte Vertrauen durch die Einführung von formalisierten Regeln. An dieser Stelle handelt es sich um die möglichen *Sanktionsmechanismen* gegenüber den Wirtschaftsprüfern. Diese stellen die Konsequenz der bestehenden Haftung der Wirtschaftsprüfer dar.

Ein paar Worte fehlen noch zu den Einflussgrößen der zweiten Ebene und deren Anpassung an die Problematik der Entstehung von Vertrauen zum Berufsstand der Wirtschaftsprüfer und seiner Mitglieder in Polen. Der erste Faktor ist die *Mitgliedschaft in einem gemeinsamen kulturellen System*. Konkreter gesprochen wird hier das kulturelle System Polens, das einerseits real gegeben ist, andererseits subjektiv durch den Adressaten wahrgenommen wird dargestellt. Zu dem zweiten Faktor gehören die *personengebundenen Merkmale* des Adressaten bzw. des Interessenten. Diese Faktoren können nur im Rahmen der empirischen Untersuchung festgestellt werden und werden dementsprechend im empirischen Teil der vorliegenden Arbeit behandelt.

Als Fazit lässt sich feststellen, dass nicht alle Formen von Vertrauen immer beim Prozess der Vertrauensentstehung beteiligt sind. Aber auch wenn alle oder mindestens zwei von den dargestellten Arten bei der Vertrauensentstehung eine Rolle spielen, so werden sie nicht mit gleichem Gewicht berücksichtigt. Es ist unmöglich, ein detailliertes Modell mit genauen Aussagen zur Gewichtung der einzelnen Arten von Vertrauen zu entwickeln. Der Grund liegt unter anderem darin begründet, dass z.B., um das Vertrauen zu einer Institution aufzubauen, verschiedene Informationen gebraucht werden. Dabei ist es in einigen Institutionen leicht, bei anderen eventuell nicht möglich, an bestimmte Informationen zu gelangen. Aus diesem Grund muss die Vorhersage für die Gewichtung immer erst erforscht werden.

Die Ergebnisse der Anpassung des Basismodells auf den Berufsstand der Wirtschaftsprüfer und seiner Mitglieder wurde in der folgenden Abbildung zusammengefasst (*Abbildung 13*).

Abbildung 13: **Angepasstes Modell der Vertrauensentstehung beim Berufsstand der Wirtschaftsprüfer**

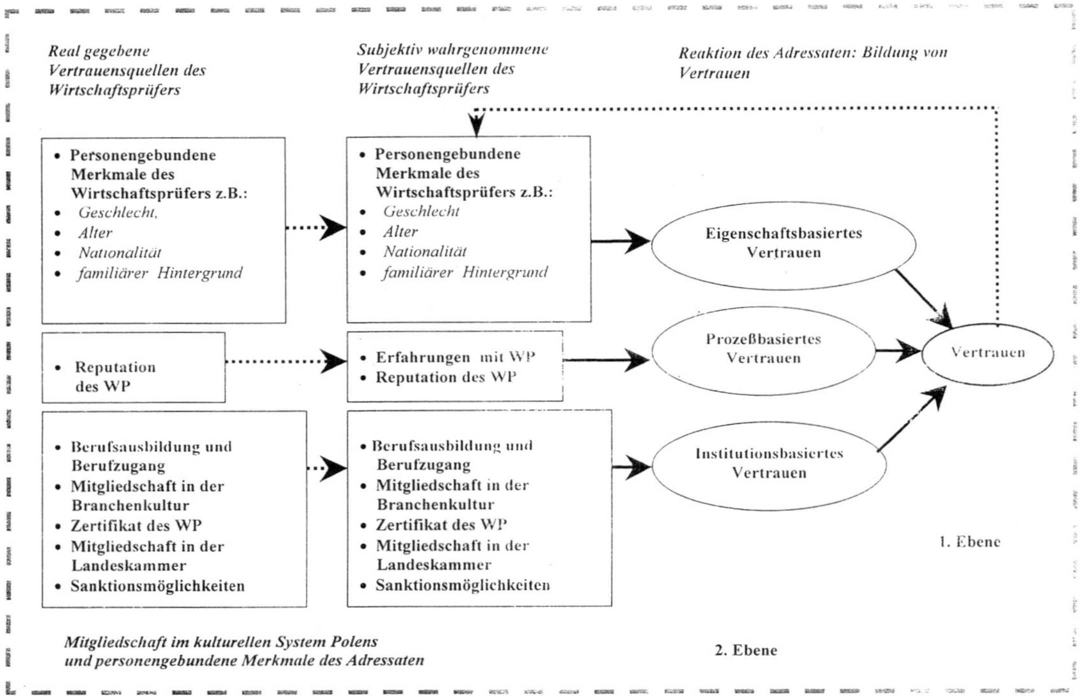

Quelle: **Eigene Darstellung**

4. Zur Forschungsmethode

In diesem Kapitel werden zunächst die Zielsetzung, die Auswahl der Untersuchungseinheiten, die Datenbasis sowie die Form der Aufarbeitung der Daten für die Untersuchung dargestellt. In den nachfolgenden Abschnitten schließt sich die Präsentation der Untersuchungsergebnisse und deren Auswertung und Interpretation an.

Mit der hier durchgeführten Untersuchung wurden mehrere Ziele verfolgt. Das primäre Ziel war die Feststellung, ob die Adressaten der Arbeit der Wirtschaftsprüfer Vertrauen zu deren Berufsstand haben. Dies erfolgte, indem sowohl die Wirtschaftsprüfer als auch die Adressaten befragt wurden. Damit sollte zum einen die Selbsteinschätzung der Wirtschaftsprüfer ermittelt werden und zum anderen die der Adressaten. Weitere Ziele waren die Überprüfung der Untersuchungshypothesen und, darauf aufgebaut, die Ermittlung der Ursachen für das Vorhandensein bzw. Nicht-Vorhandensein von Vertrauen. Je nachdem, ob Vertrauen besteht und in welchem Maße, werden nachfolgend Verbesserungsvorschläge erarbeiet. Basierend auf den Ergebnissen der Untersuchung werden anschließend Konsequenzen abgeleitet im Hinblick auf Möglichkeiten und Grenzen der Entstehung von Vertrauen.

Um die Möglichkeiten der Vertrauensentstehung in den Berufsstand der Wirtschaftsprüfer und dessen Mitglieder zu erforschen, wurden die notwendigen Informationen auf zwei Wegen gewonnen. Zum einen durch die Erhebung von Sekundärdaten und zum anderen durch die Erhebung von Primärdaten. Die Sekundärdaten-Analyse, also die indirekte empirische Informationsbeschaffung, erfolgte durch die Auswertung relevanter Literaturquellen. Die Informationen hierzu stammen aus Beiträgen in Zeitschriften und Büchern. Dabei kam den Gesetzestexten, insbesondere dem Berufsgesetz, ein besonderer Stellenwert zu. Ein spezifisches Problem stellte die Übersetzung landessprachlicher Quellen dar, Sekundärquellen mussten von der Verfasserin häufig ins Deutsche übertragen werden. Daten und Informationen, soweit überhaupt vorhanden, waren ungleich schwieriger zu erschließen als die entsprechenden Angaben in Deutschland. Dazu kam, dass die Berufsorganisation der Wirtschaftsprüfer in Polen personell und finanziell vergleichsweise mäßig ausgestattet ist. Trotz dieser Schwierigkeiten ist es gelungen, zahlreiche und vielfältige Kontakte zu knüpfen.

Die Sekundäranalyse über den Untersuchungsgegenstand stützt die Primäranalyse der Daten. Sie erfolgte mit Hilfe von qualitativen Interviews.

4.1. Empirische Forschung im Prüfungswesen und im Bereich des Konstruktes Vertrauen

4.1.1 Empirische Erforschung des Konstruktes Vertrauen

In der Vertrauensforschung wurden bisher drei Wege beschritten, Vertrauen zu erfassen: der Einsatz von Fragebögen, die Durchführung von experimentellen Spielen und der Einsatz von Interviews. Im Bereich der Fragebogenuntersuchungen zur Erfassung des Vertrauens hat vor allem Rotter seine große Verdienste. Er entwickelte 1967 die Interpersonal Trust Scale (ITS) zur Erfassung des generalisierten Vertrauens. Die ITS ist der bekannteste Fragebogen, der das generalisierte Vertrauen erfasst. Auf die Darstellung von Rotters Scala wird an dieser Stelle verzichtet und auf das zweite Kapitel, Abschnitt 2.1.2 verwiesen, wo sie genauer vorgestellt und die Untersuchungen von Rotter beschrieben werden.

Da die ITS generalisiertes Vertrauen abbildet, sind diese Ergebnisse oft weniger geeignet, Verhaltensprognosen zu geben, als es der Fall bei Skalen ist, die spezifisches Vertrauen erfassen. Aufgrund der generellen Vertrauensbereitschaft ist es kaum möglich, auf das Verhalten gegenüber einer spezifischen Person zu schließen. Folglich wurden Fragebögen entwickelt, die sich eindeutiger auf eine bestimmte Person, beziehungsweise Situation, beziehen und somit spezifische Vertrauensaspekte erfassen. Bekannt in diesem Bereich ist der Fragebogen (Specific Interpersonal Trust Scale = SITS), der von Johnson-George/Swap (vgl. Johnson-George/Swap 1982) entwickelt worden ist. Bei der Entwicklung der SITS wurden zunächst mit Hilfe eines Brainstorming-Verfahrens 50 Items generiert, die Vertrauen in bestimmten Situationen wiedergeben sollten. Diese wurden 15 Experten vorgelegt, die entscheiden sollten, welche Items zur Vertrauensmessung besonders gut geeignet sind (vgl. Johnson-George/Swap 1982, S. 1307f.).

Die Scala wurde überprüft, indem sie 180 männlichen und 255 weiblichen Studenten der unteren Semester der Psychologie vorgelegt wurde. Die Untersuchungspersonen sollten die Items beantworten, dabei sollten sie sich eine vertrauenswürdige Person des gleichen Geschlechts vorstellen. Die Antworten wurden dann mit Hilfe der Faktoranalyse ausgewertet. Es hat sich herausgestellt, dass bei Männern und Frauen unterschiedliche Faktoren hinsichtlich der Prioritäten- und der Zusammensetzung des Konstruktes Vertrauen bestehen. Die Komponenten von Vertrauen bei der männlichen Stichprobe waren dabei: generelles Vertrauen, emotionales Vertrauen, Zuverlässigkeit und Abhängigkeit. Bei generellem Vertrauen deckten die Items ein weites Feld an interpersonellen Situationen ab, bei emotionalem Vertrauen bezogen sie sich auf Situationen, in denen Vertrauen sich aus Gefühlen entwickelt. Bei der Zuverlässigkeit beschrieben die Items das Einhalten von Versprechen und bei der Abhängigkeit charakterisierten sie Situationen, in denen sich eine Person in Notsituationen auf die Hilfe einer anderen Person verlassen kann. Die Komponenten von Vertrauen bei der weiblichen Stichprobe betrafen nur drei Faktoren, und zwar:

Zuverlässigkeit, emotionales Vertrauen und physikalisches Vertrauen. Die Zuverlässigkeit entsprach einer Synthese aus Zuverlässigkeit und Abhängigkeit bei der männlichen Stichprobe. Das emotionale Vertrauen in der weiblichen Stichprobe ist mit dem der männlichen Stichprobe vergleichbar. Einen neuen Faktor dagegen bildet das physikalische Vertrauen, bei dem sich die Items auf die körperliche Unversehrtheit beziehen (vgl. Johnson-George/Swap 1982, S. 1308ff.). Die Tatsache, dass Frauen und Männer Vertrauen unterschiedlich kategorisierten, stellte eine Neuheit auf dem Gebiet der Erforschung von Vertrauen dar. Eine andere wichtige Erkenntnis betraf die Tatsache, dass es gelang, die Komponenten von Vertrauen zu identifizieren und deren Relevanz für das Vertrauen durch Experimente nachzuweisen. Dabei handelt es sich um zwei Kontrollexperimente, die durchgeführt worden sind. Eines betraf die Zuverlässigkeit, das andere das emotionale Vertrauen. Für die Auswahl der beiden Faktoren sprach die Tatsache, dass sie sowohl bei der männlichen als auch bei der weiblichen Stichprobe identisch waren. Die Kontrollexperimente bestätigten, dass die beiden untersuchten Faktoren ein Bestandteil des Konstruktes Verrauen sind. Somit ist es den beiden Forschern gelungen, Komponenten von Vertrauen zu identifizieren und deren Relevanz für das Vertrauen durch die Experimente nachzuweisen.

Auch andere Forscher untersuchten das Konstrukt Vertrauen mit Hilfe von Fragebögen. Beispielsweise war der Ausgangspunkt der Arbeit von Butler (vgl. Butler 1991) die Frage, ob es nicht wichtiger sei, die Bedingungen für Vertrauen zu messen, als ihre Beschaffenheit. Mit dieser Fragestellung war der Ansatz von Butler eine echte Neuerung in der Problemstellung für die Erforschung von Vertrauen. Der Messversuch von Butler lehnt sich allerdings stark an die Johnson-Swap/George Untersuchung an.

Neben den Erfahrungen, die mit der Rotter-Scala im englischsprachigen Raum gemacht worden sind, existieren auch einige deutsche Erfahrungen. Anfang der 80'er Jahre wurde beispielsweise die Rotter-Scala zur Erfassung einiger Aspekte von sozialem Vertrauen genutzt (vgl. Krampen/Viebig/Walter 1982). Ausgangspunkt der Untersuchung war die Fragebogenentwicklung. Dabei wurden die 25 inhaltlichen Items der IST sinngemäß ins deutsche übersetzt. Die Itemliste wurde um weitere 5 Items ergänzt, um den Bedürfnissen der Untersuchung näher zu kommen.[70] Diese betrafen die direkten Vorsichtshaltungen bzw. das Misstrauen gegenüber anderen Personen, verbunden mit Angstgefühlen. Die 30 Items wurden anschließend den untersuchten Personen zur Beurteilung vorgelegt. Dies erfolgte ähnlich wie bei Rotter auf fünfstufigen Likert-Skalen, die von starker Zustimmung bis zu starker Ablehnung reichte. 191 deutsche Erwachsene aus dem süddeutschen Raum hatten den Fragebogen beantwortet (vgl. Krampen/Viebig/Walter 1982, S. 242). In der

---

70 Die ursprünglichen Items bezogen sich hauptsächlich auf die Glaubwürdigkeit und die Ehrlichkeit anderer Menschen.

Auswertung wurden mit Hilfe der Faktoranalyse drei Dimensionen ermittelt. Erstens wurde durch 7 Items das soziale Misstrauen (verbunden mit sozialer Angst) gegenüber Fremden erfasst. Zweitens wurde durch 6 Items das Vertrauen in die Zuverlässigkeit anderer Personen ermittelt. Schließlich wurde drittens mit Hilfe von 5 Items mediales Misstrauen[71] erfasst. Die vorgelegten Ergebnisse sprachen für die Verwendbarkeit der Rotter-Scala zur Messung dreier Aspekte von sozialem Vertrauen bzw. Misstrauen (vgl. Krampen/Viebig/Walter 1982, S. 246).

Fast zeitgleich wurde in Deutschland eine andere Untersuchung durchgeführt, die ebenfalls die Rotter-Scala verwendete (vgl. Amelang/Gold/Külbel 1984). Ziel der Untersuchung war der Versuch, das zwischenmenschliche Vertrauen zu erfassen. Auch hier wurden zunächst die originalen englischen Items ins deutsche übersetzt. Anschließend wurden zusätzliche 17 Items aufgenommen. Dies, weil zu befürchten war, dass im Verlauf der beabsichtigten Aufgaben-Analyse einige der originalen Items eliminiert werden mussten. Die so zusammengefügten 42 Items wurden 135 Studenten vorgelegt. Die Beantwortungskategorien wurden fünffach abgestuft (vgl. Amelang/Gold/Külbel 1984, S. 200). Wie bereits vermutet, mussten aufgrund der durchgeführten Aufgabeanalysen einige der originalen Items ersetzt bzw. vollständig eliminiert werden. Die letztlich erhaltene Skala umfasste 27 Items. Es wurden dann Untersuchungen an insgesamt 400 Personen durchgeführt (vgl. Amelang/Gold/Külbel 1984, S. 198). Als Ergebnis hat sich herausgestellt, dass die Skala als ein brauchbares Instrument zur Erforschung von zwischenmenschlichem Vertrauen bezeichnet werden kann (vgl. Amelang/Gold/Külbel 1984, S. 213).

Neben der Anwendung von Fragebögen wurden häufig auch experimentelle Spiele zur Erfassung von Vertrauen eingesetzt. Einer der ersten, der die experimentellen Spiele zur Erforschung von Vertrauen verwendete, war Morton Deutsch. Auf die Beschreibung seiner Untersuchung wird an dieser Stelle jedoch verzichtet und auf den Abschnitt 2.1.1 des zweiten Kapitels hingewiesen. Dort wird der Vertrauensansatz von Deutsch und seine Überprüfung mit Hilfe von experimentellen Spielen dargestellt. Um Vertrauen mit Hilfe von experimentellen Spielen zu untersuchen, wurde vor allem das Prisoners Dilemma Game (PDG)[72] herangezogen.

---

[71] Mediales Misstrauen wird hier als Skepsis gegenüber Informationen aus den Medien, verstanden.

[72] Dem Prisoners Dilemma Game liegt die Geschichte zweier Gefangener zugrunde. Zwei Personen, die des gleichen Deliktes verdächtigt werden, befinden sich in Untersuchungshaft. Sie befinden sich jeweils in Einzelhaft und können nicht miteinander kommunizieren. Beiden wird vom Staatsanwalt folgendes mitgeteilt: Wenn einer das Verbrechen gesteht und der andere nicht, geht der Geständige frei aus, der andere erhält eine besonders schwere Strafe. Gestehen dagegen beide, so bekommen beide eine Strafe mittleren Ausmaßes. Falls beide leugnen, kann über beide nur eine geringe Strafe verhängt werden. (vgl. Rapoport/Chammah 1965) Jeder Spieler hat somit zwei Verhaltensalternativen, von denen eine deutlich besser ist als die andere. Die Wahl der schlechteren Alternative wird als kooperatives Verhalten bezeichnet (Nicht-Gestehen des Verbrechens). Für die Spieler besteht hiermit folgendes Dilemma: Falls ein Spieler die kooperative Alternative auswählt, setzt er sich der Gefahr aus, dass der andere eventuell unkooperativ spielt. In einer derartigen Situation steht der unkooperativ Spielende besser da. Wählen dagegen beide

Auch Morton Deutsch bediente sich dieses Spiels bei seiner Untersuchung. PDG wurde oft eingesetzt, um Vertrauen zu erfassen, weil es von seiner Struktur her viele potentielle Merkmale aufweist, die mit dem Konstrukt Vertrauen zusammenhängen. Die Spieler können die vorteilhafteste Lösung erreichen, falls sie darauf vertrauen, dass der andere Spieler kooperativ spielt. Gleichzeitig gehen sie das Risiko ein, dass sie enttäuscht werden. Weiterhin existiert keine Möglichkeit, die Kontrolle über die Strategiewahl des Mitspielers auszuüben. Ferner muss die vollzogene Handlung der Mitspieler sich auf die Zukunft ausrichten. Falls das Spiel mehrmals hintereinander gespielt wird, dann wird sich ein Mitspieler nur dann kooperativ verhalten, wenn er die Überzeugung besitzt, dass ein gegenseitiges Vertrauen vorliegt. Neben den schon vorhandenen Merkmalen, die mit Vertrauen zusammenhängen, können in das PGD andere Variable aufgenommen werden. Beispielsweise kann die Kommunikation zwischen den Spielern zugelassen werden (vgl. Graeff 1998, S. 27ff.).

Das Vertrauen in den klassischen experimentellen Spielen lässt sich im Verhalten der Spieler erkennen. Hierbei wird häufig angenommen, dass Kooperation eine vertrauensvolle Einstellung bedeutet. Außer Acht wird dabei gelassen, dass kooperatives Verhalten ein Teil der Taktik der Spieler sein kann. Die gebildeten Einstellungen, die für Kooperation und vertrauensvolles Verhalten von Bedeutung sind, beruhen überwiegend auf Erfahrungen in der Spielsituation. Ein anderer Nachteil dieser Art Forschung liegt darin, dass die Untersuchungen überwiegend unter Laborbedingungen durchgeführt werden und eine Generalisierung der Ergebnisse auf alltägliche Situationen nur bedingt möglich ist. Außerdem ist bei der überwiegenden Zahl der Studien kein direkter Kontakt zwischen den Spielern vorgesehen, was zusätzlich die Künstlichkeit der Untersuchung unterstreicht.

Eine dritte Alternative der empirischen Erforschung von Vertrauen stellen qualitative Interviews dar. Obwohl diese Methode mit vielen Vorteilen verbunden ist, wurde sie bis jetzt sehr spärlich zur Erforschung des Konstrukts Vertrauen eingesetzt. Einer der ersten Forscher, der eine qualitative Untersuchung durchgeführt hat, war Gabarro (vgl. Gabarro 1978). Seine Untersuchungen bildeten eine Ausgangsbasis für spätere Untersuchungen. Aus diesem Grund wird im folgenden seine Studie dargestellt. Gabarro untersuchte mit Hilfe von explorativen Interviews, welche Verhaltensweisen den Prozess Entwicklung von Vertrauen zu Managern fördern. Es wurden dabei Beziehungen von 4 Managern zu ihren direkten Untergebenen untersucht, wobei zwischen 7 und 11 Mitarbeiter auf einen Vorgesetzten kamen. Insgesamt wurden aus diesem Kreis 33 Personen interviewt. Den Interviewern wurde dabei lediglich ein roter Faden vorgegeben, an dem sie sich bei der Durchführung von Interviews orientieren sollten. Ansonsten waren sie bei der Formulierung der gestellten Fragen frei, so lange sie vom Hauptziel nicht abwichen. Hauptziel war, die Komponenten für

---

Spieler die unkooperative Alternative, so schneiden beide schlechter ab, als in dem Fall, in dem beide kooperativ gespielt hätten. Bei der Wahl der kooperativen Strategie verzichten zwar beide Gefangene auf den größtmöglichen Gewinn, aber zugleich ermöglicht es beiden ein gutes Ergebnis. Dieses kooperative Handeln setzt Vertrauen voraus, nämlich, dass der andere sich ebenfalls kooperativ verhält.

ein gutes Arbeitsverhältnis im Allgemeinen und die Bestandteile des Konstruktes Vertrauen im Speziellen zu ermitteln (vgl. Gabarro 1978, S. 290ff.). Als Beispiele folgen zwei Antworten der interviewten Personen. Bei dem ersten Beispiel handelt es sich um einen Mitarbeiter, bei dem zweiten Beispiel um einen Manager. Auf die Frage des Interviewers, warum der Befragte dem Manager vertraut, antwortete er:

> *„Why do I have so much trust in him? Well, he`s very clear on what he wants done and what he`ll do. When we agree on something, I know he`ll stay to his word. He's very predictable; he never surprises you ... you know what he expects and what he will do."* (Gabarro 1978, S. 294)

Auf die Frage des Interviewers, warum ein Mitarbeiter einen so großen Einfluss auf einen Manager während seiner ersten drei Monate in dem Unternehmen hatte, antwortete der Manager folgendes:

> *„Why does he influence me? Because I trust him implicitly – on every count. He doesn`t distort the facts. He`s a "pro" and he knows the business better than anyone else. I can rely on him to have thought through a recommendation pretty thoroughly before he makes it."* (Gabarro 1978, S. 294)

Aus den Antworten geht u.a. hervor, dass die Befragten bereits durch ihre Antworten eine eigene Definition von Vertrauen lieferten. Diese und die von anderen Befragten hat Gabarro in seiner Interpretation der Ergebnisse aufgegriffen. Die Ergebnisse der durchgeführten Studie bestätigten zunächst die Vermutung, dass Vertrauen sich aus verschiedenen, oft nur schwer definierbaren Komponenten zusammensetzt (vgl. Gabarro 1978, S. 295).[73]

---

[73] Nichtsdestotrotz identifizierte Gabarro 8 Vertrauensquellen, die er in drei Gruppen folgendermaßen zusammenfasste:

Charakterbasierte Vertrauensquelle:

- Integrität, also die Aufrichtigkeit und die Ehrlichkeit einer Person;
- Loyalität, also die Erkennbarkeit der Intentionen und der Motive der Anderen;
- Zuverlässigkeit, im Sinne von Verhaltenskonsistenz;
- Offenheit und Diskretion.

Kompetenzbasierte Vertrauensquelle:

- Spezifische Kompetenz, also die Fähigkeit oder das Wissen, eine bestimmte Aufgabe zu lösen
- Interpersonale Kompetenz, demnach die soziale Fertigkeit, mit anderen Personen umzugehen
- Geschäftssinn.

Weiterhin ergaben Gabarros Interviewergebnisse, dass die Quellen des Vertrauens für Vorgesetzte und Mitarbeiter unterschiedliche Wichtigkeit besitzen. Für die Führungskräfte sind vor allem die Integrität, die Kompetenz und die Konsistenz ihrer Mitarbeiter stärker gewichtet als die anderen Vertrauensquellen. Der Integrität kommt dabei eine Schlüsselposition zu, sie muss existieren, damit die übrigen Vertrauensquellen überhaupt in Betracht gezogen werden können. Laut Gabarro wäre niemand bereit, eine Vertrauenseinschätzung über die Offenheit oder die Loyalität vorzunehmen, wenn man nicht davon ausgehen kann, dass sich der Beurteilte ehrlich und aufrichtig verhält. Für die Mitarbeiter dagegen sollen die Loyalität und die Offenheit des Vorgesetzten von besonderer Bedeutung bei der Bildung von Vertrauen sein. Dies, weil die beiden Faktoren Aufschluss über die Motive des Vorgesetzten geben und bei der Lösung von Arbeitsproblemen des Mitarbeiters relevant sind (vgl. Graeff 1998, S. 57). Diese Erkenntnisse wurden später von anderen Vertrauensforschern aufgegriffen und als Maßstab für andere Studien verwendet. Anzumerken ist an dieser Stelle, dass sie oft andere Ergebnisse erzielten als Gabarro.[74]

4.1.2 Empirische Forschung im Prüfungswesen

Die Ziele der empirischen Forschung im Prüfungswesen sind zweierlei: Zum einen die Beschreibung der realen Welt der Prüfung, zum anderen die Erklärung und Prognose vom tatsächlichen Verhalten der am Prüfungsprozess beteiligten Personen (vgl. Haller 1992, Sp. 413). Die Forschungsarbeiten beziehen sich überwiegend auf die externe Jahresabschlussprüfung, worauf sich ebenfalls die vorliegende Arbeit beschränkt. Weiterhin lassen sich im Bereich der empirischen Forschung von Jahresabschlussprüfungen drei Gruppen (gemäß der sachlichen Forschungsgebiete) unterscheiden. Erstens die Untersuchungen, die sich auf die Funktion der Prüfung und der Prüfenden im ökonomischen Umfeld beziehen. Zweitens Untersuchungen über den Ablauf des Prüfungsprozesses und das Zustandekommen des Prüfungsergebnisses. Und drittens Untersuchungen bezüglich der angewandten Prüfungsverfahren und der Prüfungstechniken (vgl. Haller 1992, Sp. 414). Da die im Rahmen der hier vorliegenden Arbeit durchgeführte Untersuchung der erstgenannten Gruppe zugeordnet werden kann, wird diese im Folgenden ausführlicher erläutert.[75]

Urteilsvermögenbasierte Vertrauensquelle:

- Vertrauen in die Fähigkeit anderer Personen, gute Entscheidungen hinsichtlich ihrer Arbeit und ihres Verhaltens zu treffen.

[74] Siehe hierzu beispielsweise die Untersuchung von Butler und Cantrell (vgl. Butler/Cantrell 1984) sowie Schindler und Thomas (vgl. Schindler/Thomas 1993).

[75] Für die zwei anderen Gruppen siehe Haller 1992, Sp. 417ff.

Die empirische Forschung über die Funktion der Prüfung und der Prüfenden im ökonomischen Umfeld beruht im Großteil der Untersuchungen in ihrer theoretischen Ausrichtung auf den Aussagen des agency-theoretischen Ansatzes. Er dient der Aufdeckung der Motivationsdimension und der Steuerung des individuellen Verhaltens über Anreizsysteme. Agency-theoretische Überlegungen und Modelle motivieren beispielsweise die auf den Markt für Prüfungsleistungen bezogene Hypothesenbildung, insbesondere bei Prüferwahl und Prüferwechsel sowie zur Festlegung von Prüfungshonoraren (vgl. Ruhnke 1997b, S. 318). Fest verbunden mit diesem Ansatz ist die Informationsökonomie sowie der Signaling-Ansatz. Informationsökonomische Ansätze beschäftigen sich beispielsweise mit Reaktionen des Kapitalmarktes auf einen Prüferwechsel und auf Einschränkungen oder auf Versagungen des Bestätigungsvermerks. Dabei signalisieren die bereits durchgeführten empirischen Studien weiteren Handlungsbedarf (vgl. Ruhnke 1997b, S. 318). Neben den erwähnten Ansätzen wird noch der verhaltensorientierte Ansatz verwendet, der die logische Dimension des messtheoretischen Ansatzes um eine empirisch ausgerichtete verhaltenswissenschaftliche Perspektive erweitert (vgl. Ruhnke 1997b, S. 311. Siehe auch Egner 1992, Sp. 1566ff.). Der zuletzt genannte Ansatz beruht beispielsweise auf der Übertragbarkeit der reichhaltigen Ergebnisse der kognitiven Psychologie auf den Prozess der prüferischen Urteilsbildung (vgl. Ruhnke 1997b, S. 318).

Was die Forschungsbereiche der durchgeführten Untersuchungen im Rahmen der Funktion der Prüfung und der Prüfenden im ökonomischen Umfeld angeht, so lassen sie sich laut Haller (vgl. Haller 1992, Sp. 415ff.) in zwei Bereiche untergliedern. Der erste Bereich betrifft die ökonomischen Funktionen und die Wirkungen der Jahresabschlussprüfung und beinhaltet im Einzelnen die Untersuchungen bezüglich der an die Prüfung gestellten Erwartungen und daraus resultierend die sog. Erwartungslücke. Weiterhin werden in diesem Bereich ebenfalls die Untersuchungen bezüglich der Wirkung von Bestätigungsvermerken zugeordnet. Beispielsweise wird hier untersucht, inwieweit die Einschränkung bzw. die Erweiterung des Bestätigungsvermerks den Adressaten über die Rechnungslegungsdaten hinaus zusätzlich entscheidungsrelevante Informationen gewährt werden und ob deshalb ihr Verhalten beeinflusst wird. Der zweite Bereich setzt sich auseinander mit Beziehungen des Prüfers mit anderen Wirtschaftseinheiten. Hier handelt es sich zunächst um Untersuchungen bezüglich der Unabhängigkeit des Wirtschaftsprüfers, insbesondere aufgrund ihrer Bedeutung für die Vertrauenswürdigkeit des Prüfungsurteils. Zweitens werden in diesem Teil Untersuchungen bezüglich der Stellung und der Bedeutung von Wirtschaftsprüfungsgesellschaften im Markt durchgeführt und schließlich auch Untersuchungen der Determinanten der Prüfungsleistung. Dabei beschränken sich einige Forschungsarbeiten auf die deskriptive Erfassung der in einer Wirtschaftsprüfungsgesellschaft oder einem Land geltenden Prüfungsstandards.[76] Andere Arbeiten untersuchen, ob die Erteilung eines eingeschränkten Bestätigungsvermerks mit bestimmten Umfeldfaktoren bzw. Verhaltensweisen in Beziehung steht, z.B. einem Wechsel des Prüfers.

Eine etwas andere Systematik der zentralen Objektbereiche in der empirischen Prüfungsforschung bietet Ruhnke. Er unterscheidet vorerst den Prüfungsprozess als eine Untersuchungskategorie. Hierfür ist der Informationsverarbeitungsansatz der kognitiven Psychologie von wesentlicher Bedeutung. Bei diesem Ansatz wird, ähnlich wie bei der Idee der begrenzten Rationalität, davon ausgegangen, dass ein Individuum bei schlecht strukturierten Aufgaben dauernd nur eine beschränkte Menge von Informationen wahrnehmen, auswählen und für die Problemlösung benutzen kann. Da der Prüfer nicht über ausreichend viele objektiv notwendige Informationen zu seiner Aufgabenlösung verfügen kann, entwickelt er, ausgehend von seinen Vorinformationen, einen begrenzten, subjektiven Problemabbildungsraum; dann formuliert er eine Urteilshypothese, die die Erwartungen zu einigen Eigenschaften des Prüfungsgegenstandes bezeichnet und versucht schließlich, durch die im Abbildungsraum vorhandenen Operatoren, Informationen über den Aufgabenrahmen herzuleiten. Die eigentliche Problemlösung findet dann in Form einer Suche im subjektiven Problemabbildungsraum statt (vgl. Ruhnke 1997b, S. 323).

Die nächste von Ruhnke unterschiedene Untersuchungskategorie betrifft den Markt für Prüfungsleistungen sowie das Prüfungsfeld. In diesem Zusammenhang werden insbesondere die Prüfungsnormen, die Einflussfaktoren auf die Prüfungshonorare sowie die Prüferwahl und der Prüferwechsel betrachtet.

Die dritte Untersuchungskategorie beschäftigt sich mit den beteiligten Akteuren. Unterschieden werden hier drei Akteursgruppen. Erstens die Wirtschaftsprüfungsgesellschaft selbst mit der Organisationskultur, dem Entlohnungssystem, den Leistungsbeurteilungen und dem Führungsverhalten als Schwerpunkten. Zweitens das Aufsichtsratsystem, bei dem der Aufsichtsrat, Bilanz- oder Prüfungsausschuss sowie der Abschlussprüfer vom Bedeutung sind. Die dritte Untergruppe der beteiligten Akteure betrifft die Mitglieder der internen Revision und hier speziell die Zusammenarbeit zwischen dem Jahresabschlussprüfer und der interner Revision.

Die vierte durch Ruhnke charakterisierte Untersuchungskategorie betrifft die Messung der Prüfungsqualität. In der Praxis werden überwiegend Ersatzkriterien, wie z.B. die Größe der Prüfungsgesellschaft, für die Messung der Prüfungsqualität verwendet. Dies, weil der Prüfungsprozess für die Außenstehenden so gut wie nie

---

76 Prüfungsstandards sind Regeln, die eine ausreichende Qualität der Prüfungsleistung gewährleisten sollen.

direkt beobachtbar ist. Dementsprechend wird die tatsächliche Prüfungsqualität nur vage und vielmehr intuitiv erklärbar sein.

Die zwei nächsten Untersuchungskriterien beziehen sich zum einen auf den Prüfungsansatz und die in ihm enthaltene Struktur für die Prüfungsdurchführung. Zum anderen betreffen sie die Prüfungstechniken und Prüfungshandlungen.[77] Ziel der empirischen Forschung ist hier, den Einsatz und die Wirksamkeit von Prüfungstechniken und Prüfungshandlungen in der Praxis zu erfassen.

Die letzte von Ruhnke ausgearbeitete Untersuchungskategorie beschäftigt sich mit den Normenverstößen. Diese können im Prozess der Abschlussprüfung sowohl vom Mandanten als auch vom Prüfer begangen werden. Die Mandantenfehler können durch den Prüfer erfasst werden und zwar in Folge der Prüfungsbefragungen oder im Verlauf der durch die Prüfung ausgelösten Anpassungen. Die Prüferfehler dagegen lassen sich lediglich auf der Grundlage des Jahresabschlusses und des Bestätigungsvermerks erfassen, da nur diese beiden Instrumente der Außenstehende Adressat einsehen kann. Eine Alternative stellt die Durchsicht von Rechtsstreitigkeiten dar (vgl. Ruhnke 1997b, S. 333).

4.1.3 Fazit

Nachdem die empirische Forschung im Prüfungswesen und im Bereich des Konstruktes Vertrauen skizziert wurde, soll nun die Beschreibung des hier angewandten Forschungsdesigns stattfinden. In der hier durchgeführten Forschungsarbeit handelt es sich um eine Kombination der beiden Bereiche. Die Theoriebasis der Untersuchung bildet eine „Vertrauenstheorie". Sie bestimmt gleichzeitig den Rahmen der Untersuchung, der auf den Bereich des Prüfungswesens, oder genauer gesagt den Berufsstand der Wirtschaftsprüfer und seiner Mitglieder, angewendet wurde.

Betrachtet man die dargestellte Systematik der empirischen Forschung im Prüfungswesen, so muss zunächst festgestellt werden, dass es sich bei der hier gewählten Theorie nicht um eine gängige Theorie handelt, wie sie beim Prüfungswesen bis jetzt angewendet wurde. Werden die Forschungsgebiete im Bereich des externen Prüfungswesens betrachtet, so lässt sich die hier durchgeführte Untersuchung zwei Gruppen zuordnen: der Untersuchung bezüglich der Funktion der Prüfung und der der Prüfenden im ökonomischen Umfeld. Werden die einzelnen Forschungsbereiche jeder Gruppe betrachtet, so fällt es auf, dass hier keine eindeutige Zuordnung stattfinden kann, sondern es werden viele

[77] Prüfungstechniken umfassen die Gesamtheit der bei der Prüfungsplanung und Prüfungsdurchführung verwendeten Hilfsmittel.

Untersuchungsgruppen angesprochen.[78] Der Grund hierfür liegt darin begründet, dass der Rahmen der durchgeführten Untersuchung durch einen Vertrauensansatz gebildet wird, der seine Vertrauensquellen in verschiedenen Teilbereichen besitzt.

Nun zum zweiten hier relevanten Bereich, dem Konstrukt Vertrauen. Wie bereits dargestellt, wurde Vertrauen bis jetzt mit Hilfe von experimentellen Spielen, dem Einsatz von Fragebögen und mit qualitativen Interviews erforscht. In der vorliegenden Arbeit wurde die Form der qualitativen Forschung gewählt, genauer die der teilstandardisierten Interviews.

Bei den experimentellen Spielen im Labor ist es nicht möglich, den subjektiven Lebensraum der untersuchten Personen zu ermitteln. Werden nämlich die Experimentteilnehmer in eine Untersuchungssituation gebracht, die nur in Ansätzen einer Realsituation aus ihrem Alltag entspricht, so kann sich das überprüfte Vertrauen lediglich auf einen Zeitraum der Dauer des Experiments selbst beziehen. Ein längerer Zeitraum kommt nicht ohne Verzerrung der Ergebnisse in Frage. Da die Ziele der vorliegenden Untersuchung sich überwiegend auf die subjektiven Erfahrungen von Individuen beziehen, spielen die objektiven Konstellationen eine untergeordnete Rolle. Eine exakte Kontrolle der objektiven Faktoren, wie sie im Laborexperiment möglich ist, ist demzufolge in diesem Zusammenhang von untergeordnetem Interesse. Bedeutender ist, die Quellen von Vertrauen in einer Realsituation zu erfassen und den Erfahrungen aus dem Arbeitsalltag von Individuen gerecht zu werden. Im allgemeinen bieten sich dafür verschiedene Vorgehensweisen an. Eine Möglichkeit wäre der Einsatz von Fragebögen. Bei dieser Methode wird Vertrauen auf der Einstellungsebene erfasst, das auf einer längeren, gemeinsamen Vergangenheit mit dem Einstellungsobjekt beruht (vgl. Graef 1998, S. 33). Diese Voraussetzung war bei der hier erforschten Situation nicht gegeben. Die weiteren Gründe für die Wahl von teilstandardisierten Interviews in der hier durchgeführten Untersuchung sind im Abschnitt 4.2.1 dieses Kapitels aufgezeigt.

4.2. Untersuchungsbeschreibung

Das Ziel der Untersuchung war, wie früher bemerkt, vordergründig die Überprüfung der in der Einführung, im Abschnitt 1.4 aufgestellten Hypothesen, die bei der Erklärung des Modells anhand des hier verwendeten Beispiels sehr nützlich waren. Weiterhin sollten die möglichen Gründe für mangelndes Vertrauen in den Berufstand der Wirtschaftsprüfer und seiner Mitglieder, falls dieses festgestellt wird, herausgefunden werden. Schließlich sollten auch die Vorschläge der Befragten in Hinblick auf den Aufbau bzw. den Erhalt von Vertrauen ermittelt werden.

---

[78] Dies bezieht sich sowohl auf die Systematik von Haller als auch auf die von Ruhnke.

4.2.1 Typen der Befragungsform und Wahl der Erhebungsmethode

Die empirischen Forschungsmethoden werden hier als Methoden charakterisiert, die zur Gewinnung von Informationen über Teilaspekte der Realität genutzt werden. Hierzu zählen Datenerhebungsinstrumente wie die Inhaltsanalyse, die Beobachtung, die Befragung, das Experiment oder auch das Skalierungsverfahren (vgl. Stier 1996, S. 5). Das hier gewählte Datenerhebungsinstrument ist die Befragung. Für diese Wahl spricht vor allem der Gegenstand der Untersuchung, das Konstrukt Vertrauen. Der im folgenden betrachtete Untersuchungsgegenstand ist kaum erforscht. Aus diesem Grund wurde hier eine offene Form der Befragung gewählt. Sie erlaubt auch die Gewinnung von Informationen, die ursprünglich nicht erwartet wurden. Außerdem erlauben Befragungen einen sehr guten methodischen Zugang zu Informationen über Einstellungen, Erwartungen und Motive, was für das Konstrukt Vertrauen von primärer Bedeutung ist. Qualitativen Umfragen eignen sich insbesondere zur Erforschung von überwiegend psychologischen, sozialpsychologischen und soziologischen Merkmalen, die als schwer quantifizierbare Faktoren gelten (vgl. Thommen/Achleitner 1998, S. 171). Zu diesen zählt auch das hier untersuchte Konstrukt Vertrauen.

Ein Nachteil dieser Untersuchungsform stellt jedoch häufig ihre Validität dar. Dies, weil die interviewten Personen aus verschiedenen Gründen falsche oder irreführende Antworten geben. Es kann nämlich dem Interviewpartner beispielsweise peinlich sein, seine wahre Meinung darzulegen, oder er möchte vor allem „gut dastehen“ oder er erinnert sich nicht mehr genau an das, was er in der Vergangenheit getan hat (vgl. Zimbardo 1992, S. 24).

Im Rahmen der vorliegenden Arbeit handelt es sich um eine empirische Untersuchung, die mit Hilfe von qualitativen Methoden durchgeführt wurde. Näher betrachtet handelt es sich um eine persönliche Befragung, die in Form eines teilstandardisierten Interviews durchgeführt wurde.

Im folgenden wird die hier gewählte Form, die Befragung, dargestellt und weiter spezifiziert. Dies erfolgt, indem stets auch die Alternative beschrieben wird und die Vor- und Nachteile in Hinblick auf die hier relevante Fragestellung abgewogen werden. Ganz allgemein wird unter Befragung ein planmäßiges Vorgehen verstanden mit der Absicht, eine Person mit gezielten Fragen zur Angabe der gewünschten Auskünfte zu veranlassen (vgl. Thommen/Achleitner 1998, S. 171). Die nähere Charakterisierung einer Befragung erfolgt hier mit Hilfe der folgenden Abbildung (vgl. *Abbildung 14*).

Abbildung 14: **Typen der Befragung**

Art der Fragestellung	*offen*		*geschlossen*	
Kommunikationsform / Kommunikationsart	***nicht standardisiert*** *(wenig strukturiert)*	***teilstandardisiert*** *(teilstrukturiert)*	***standardisiert*** *(stark strukturiert)*	
mündlich	Typ 1 – informelles Gespräch – Experteninterview – Gruppendiskussion	Typ III – Leitfadengespräch – Intensivinterview – Gruppenbefragung – Expertenbefragung	Typ V – Einzelinterview – telef. Befragung – Gruppeninterview – Panelbefragung	Typ VII (mündlich u. schriftl. kombiniert) – telefonische Ankündigung des Versandes von Fragebogen – Versand oder Überbringung der schriftlichen Fragebogen – telefonische Kontrolle evtl. telefonische Ergänzungsbefragung
schriftlich	Typ II – informelle Anfrage bei Zielgruppen	Typ IV – Expertenbefragung	Typ VI – postalische Befragung – persönliche Verteilung und Abholung – gemeinsames Ausfüllen von Fragebogen – Panelbefragung	

Quelle: **Eigene Darstellung**

Bezüglich der Fragestellung wird hier zwischen offenen und geschlossenen Fragen unterschieden. Bei der Kommunikationsform handelt es sich um die Durchführung der Befragung in standardisierter, teilstandardisierter und nicht-standardisierter Form.[79] Bezüglich der Kommunikationsart kann eine Befragung entweder in einer schriftlichen Form oder in einer mündlichen Form durchgeführt werden.

Bei der Art der Fragestellung handelt es sich, wie bereits oben erwähnt, um die Unterscheidung der einzelnen Frage auf der Ebene von offenen und geschlossenen Fragen. Wie bereits aus der *Abbildung 14* ersichtlich ist, können beim teilstandardisierten Interview lediglich die offenen Fragen verwendet werden. Mit der Bezeichnung Offenheit und Geschlossenheit wird der Spielraum bestimmt, der der befragten Person zur Verfügung gestellt wird. Bei der offenen Frage formuliert der Befragte die Antwort in eigenen Worten. Bei der geschlossenen Frage dagegen werden dem Befragten bestimmte Antwortalternativen vorgelegt, aus denen die zutreffende Antwort ausgewählt wird (vgl. Atteslander 1984, S. 127f.; Stier 1996, S. 176; Schnell/Hill/Esser 1988, S. 302f.). Die beiden hier genannten Typen von Fragen haben bestimmte Vor- und Nachteile. Diese könnten gut anhand des folgenden Unterschiedes gezeigt werden. Die offenen Fragen verlangen von der befragten Person, sich an etwas zu erinnern, die geschlossenen Fragen dagegen, etwas wiederzuerkennen. Der Wiedererkennungseffekt ist normalerweise größer als der Erinnerungseffekt, daher wird der Interviewer in der Regel mehr Antworten auf die geschlossenen Fragen als auf die offenen Fragen bekommen. Zu den anderen Vorteilen der geschlossenen Fragen zählt die große Einheitlichkeit der Antworten und die dadurch ermöglichte gute Vergleichbarkeit. Andererseits sind die geschlossenen Fragen mit der Gefahr der Suggestivwirkung behaftet. Dies, indem der Befragte z.B. mit Antwortalternativen konfrontiert wird, die er zuvor noch nie in betracht gezogen hat. Außerdem können die Antwortvorgaben für die befragte Person nicht oder nur teilweise zutreffen oder auch zu undifferenziert sein. Die geschlossenen Fragen entsprechen nämlich eher der Vorstellung des Forschers, der sie formuliert hat, als der zu befragenden Person und der zu untersuchenden Welt (vgl. Atteslander 1984, S. 131; Lamnek 1995, S. 59; Stier 1996, S. 177; Schnell/Hill/Esser 1988, S. 304). Die Vorteile der offenen Fragen bestehen vor allem darin, dass der Befragte eine Antwort geben kann, die seiner Denkweise und Einstellung entspricht. Dadurch werden auch die Aussagen unterstützt, die "tatsächlich" dem Wissensbestand des Befragten entsprechen. Zusätzlich sind die offenen Fragen bei der Aufdeckung von Missverständnissen und Unwissenheit hilfreich. Da die offenen Fragen der normalen Gesprächssituation ähneln, können sie die Kommunikation und das Interesse am Interview unterstützen. Zu den großen Nachteilen bei dieser Form der Fragestellung gehören erstens die Tatsache, dass die verschiedenen Antworten der Befragten nicht auf Einstellungsunterschiede

[79] In den folgenden Ausführungen wird in diesem Zusammenhang auch von stark strukturierten, teilstrukturierten und wenig strukturierten Interviews gesprochen.

zurückzuführen sind, sondern aufgrund von unterschiedlichen Ausdrucksmöglichkeiten der Personen zustande kommen. Zweitens ist die Auswertung eines Interviews, das mit Hilfe von offenen Fragen geführt wurde, mit hohem Aufwand und mit einer größeren Unsicherheit verbunden. Für die Antworten müssen im Nachhinein die Auswertungskategorien festgelegt werden. Das bedeutet, dass man versuchen muss, zunächst die Antwortmuster herauszufinden, um diese dann gruppieren zu können (vgl. Atteslander 1984, S. 131; Lamnek 1995, S. 59; Stier 1996, S. 176f.; Schnell/Hill/Esser 1988, S. 304f.).

Das wahrscheinlich zentrale Unterscheidungskriterium bildet die Kommunikationsform des Befragungsprozesses. Hier geht es um die Durchführung der Befragung in standardisierter, teil-standardisierter und nicht-standardisierter Form. Diese Unterscheidung bezieht sich auf die Verwendungsweise von Antwortkategorien und von Fragestellungen (vgl. Atteslander 1984, S. 125; Stier 1996, S. 174). Standardisierte Befragung bedeutet, dass alle befragten Personen die gleichen Fragen in der gleichen Reihenfolge zu beantworten haben. Dies mit dem Ziel, die Antworten in die vorbestimmten Kategorien zu ordnen. Eine derartige Vorgehensweise ermöglicht eine leichte Vergleichbarkeit der Antworten und die Erstellung einer Häufigkeitsverteilung. Bei der Erstellung des Fragebogens ist ein sorgfältiges Arbeiten besonders wichtig, da erstens die Antwortmöglichkeiten beschränkt sind und sich zweitens eventuelle Fehler im Fragebogen während der Erhebung kaum korrigieren lassen. Beim nicht-standardisierten Interview wird kein Fragebogen verwendet, sondern dem Interviewer die Abfolge der zu stellenden Fragen und deren Formulierung überlassen. Bei dieser Art der Befragung verfügt der Interviewer einerseits über einen hohen Freiheitsspielraum, andererseits lastet auf ihm die gesamte Kontrolle. Der Interviewer kann, falls es ihm sinnvoll erscheint, die Gesprächsführung bei jedem Befragten anders gestalten. Aber auch der Befragte bestimmt den Ablauf des Gesprächs mit der Art und Weise, wie er die Fragen beantwortet. Schließlich sind bei teil-standardisierten Interviews die zu stellenden Fragen zwar vorformuliert, die Reihenfolge kann aber der Interviewer je nach Gesprächsverlauf variieren. In diesem Zusammenhang wird auch von einem Leitfadengespräch gesprochen (vgl. Atteslander 1984, S. 108ff.; Stier 1996, S. 186ff.; Schnell/Hill/Esser 1988, S. 294ff.). Abschließend kann festgestellt werden, dass die Durchführung von standardisierten Interviews erst dann möglich ist, wenn die nicht-standardisierten oder teilstandardisierten Befragungen stattgefunden haben (vgl. Atteslander 1984, S. 110f.). Aus diesem Grund war es bei der hier ausgewählten Fragestellung nicht sinnvoll, die rein standardisierte Form zu wählen, da es sich um eine erste Untersuchung handelt.

Bei der Kommunikationsart handelt es sich um die Form, in der ein Interview geführt wird. Grob unterteilt kommen hier folgende Zugänge in Frage: die schriftliche Befragung, die Telephonbefragung und die persönliche Befragung (Interviews). Bei der schriftlichen Befragung wird der Fragebogen den Auskunftspersonen zugeschickt oder persönlich ausgehändigt, nicht aber in Gegenwart von Kontrollpersonen ausgefüllt. Der Vorteil einer derartigen Befragung liegt vor allem in ihrer Einfachheit und in ihrer kostengünstigen Durchführung. Zu den Nachteilen zählt die hohe Ausfallquote, sowie die fehlende Kontrollmöglichkeit, ob die Zielperson den Fragebogen auch selbst ausgefüllt hat und schließlich mögliche Verständnisschwierigkeiten. Das führt dazu, dass mit diesen Fragebögen nur einfache Fragen oder wenig komplexe Themen untersucht werden können (vgl. Atteslander 1984, S. 115f.; Stier 1996, S. 201f.; Thommen/Achleitner 1998, S. 172).

Die telephonische Befragung ist eine Form der mündlichen Befragung und wird daher in der Abbildung 12 in die Kommunikationsart "Mündlich" eingeordnet. Die Befragung in Form eines Telephongesprächs entstand in den USA und wird heutzutage in wachsendem Maße überwiegend durch die Markt- und Meinungsforschungsinstitute eingesetzt. Der Grund dafür liegt u.a. darin, dass die Akzeptanz des persönlichen Interviews und der postalischen Befragung gesunken ist. Ein anderer Grund kann in den Vorteilen dieser Kommunikationsart liegen. Als Vorteile sind hier zum einen die relativ niedrigen Kosten zu nennen, zum anderen die Möglichkeiten, die Verständnisschwierigkeiten bei den Fragen zu klären. Die telephonische Befragung hat auch bestimmte Nachteile. Der Interviewer und der Befragte führen zwar ein Gespräch ähnlich dem persönlichen Interview, aber zwischen ihnen besteht eine räumliche Distanz. Das kann dazu führen, dass der Befragte das Gespräch jederzeit sehr einfach unterbrechen kann. Dies ist der Grund dafür, dass die gestellten Fragen einfach und in eher geringer Anzahl sein sollten. Außerdem besteht die Gefahr, dass ein Anruf gleichgesetzt wird mit dem Versuch, ein Verkaufsgespräch anzubahnen (vgl. Schnell/Hill/Esser 1988, S. 335; Stier 1996, S. 203; Thommen/Achleitner 1998, S. 172f.).

Bei der persönlichen Befragung, die in der vorliegenden Untersuchung eingesetzt wurde, kann der Interviewer das Gespräch immer direkt beeinflussen. Das kann zum einen zu Verzerrungen führen, zum anderen besteht aber die Möglichkeit, die Regel- und Kontrollfunktion durch den Interviewer zu übernehmen. An dieser Stelle soll darauf hingewiesen werden, dass nicht nur eine Form der persönlichen Befragung existiert, sondern eine Reihe[80], wie beispielsweise ein narratives Interview oder ein fokussiertes Interview. Da die hier verwendete Art ein Leitfadengespräch ist, soll dieser Typ hier näher betrachtet werden. Beim teilstandardisierten Interview liegt ein Fragebogen vor, die Abfolge der gestellten Fragen und die Formulierung werden jedoch dem Verlauf des Gesprächs angepasst. Somit wird in einem derartigen Interview der Fragebogen nur als ein Leitfaden gebraucht, weshalb diese Form des Interviews auch als Leitfadengespräch bezeichnet wird. Grundlage eines derartigen Gesprächs bildet ein Fragenkatalog, der sicherstellen soll, dass alle forschungsrelevanten Problembereiche angesprochen werden und somit zumindest eine rudimentäre Vergleichbarkeit der Interviewergebnisse gewährleistet werden

---

[80] Verschiedene Formen von qualitativen Interviews findet der Leser beispielsweise bei Lamnek 1995, S. 68ff.; Merton/Kendall 1993 S. 171ff. und Stier 1996, S. 186ff.

kann. Es können aber auch zusätzliche Fragen gestellt werden, die je nach Gesprächsverlauf von Bedeutung sein können (vgl. Stier 1996, S. 190f.).

Zusammenfassend kann festgehalten werden, dass bei der für die vorliegende Arbeit durchgeführten Untersuchung das qualitative, teilstandardisierte Interview als Erhebungsmethode eingesetzt wurde. Hierfür sprachen mehrere Tatsachen. Zum einen wird Vertrauen auf der Einstellungsebene erfasst, dass nicht auf einer längeren, gemeinsamen Vergangenheit mit dem Einstellungsobjekt beruht. Konkret gesprochen besteht zwischen einem Wirtschaftprüfer und einem Adressaten häufig keine gemeinsame Vergangenheit, es handelt sich häufig um eine erste Begegnung. Somit ist schon eine von den notwendigen Voraussetzungen für den Einsatz eines standardisierten Fragenbogen nicht erfüllt. Zum anderen handelt es sich hier um eine erstmalige Untersuchung, bei der die teilstandardisierten Interviews sich sehr gut eignen, die standardisierten Interviews dagegen würden sich als eine Folgeforschung anbieten.

4.2.2 Interviewleitfaden

Die hier verwendete Interviewtechnik, ein offenes, teil-strukturiertes Interview, beinhaltet die Existenz eines Interviewleitfadens, der die Struktur der Befragung grob vorgibt. Die Fragen wurden jedoch offen gestellt, die Antwortmöglichkeiten wurden nicht vorher festgelegt. Der verwendete Interviewleitfaden orientiert sich stark am Basismodell der Vertrauensentstehung von Zucker. Im ersten Teil des Leitfadens wurde die aktuelle Situation der interviewten Person erfragt. Im zweiten Teil wurden die Vertrauensquellen des Berufsstandes der Wirtschaftsprüfer und seiner Mitglieder ermittelt. Dieser Teil basiert stark auf den einzelnen Vertrauensquellen des Basismodells der Vertrauensentstehung.

In der durchgeführten Untersuchung wurden zwei unterschiedliche Gruppen befragt. Die erste Gruppe umfasst die Adressaten der Arbeit der Wirtschaftsprüfer und die zweite Gruppe besteht aus den Wirtschaftsprüfern selbst. Aus diesem Grund wurden auch zwei unterschiedliche Leitfäden benutzt. Die beiden Leitfäden haben aus Vergleichbarkeitsgründen auch gemeinsame oder ähnliche Teile. Im Detail sehen die hier verwendeten Interviewleitfäden folgendermaßen aus[81]:

---

[81] Der folgende Interviewleitfaden stellt eine deutsche Übersetzung des polnischen Originals dar.

Leitfaden für das Interview der Wirtschaftsprüfer: Deutsche Version

Aktuelle Situation der interviewten Person:

- Sagen Sie bitte, ob Sie den Beruf des Wirtschaftsprüfers zur Zeit ausüben?
  Bei Bestätigung: In welcher Form?
  Bei Negation: Aus welchem Grund?

- Übten Sie in der Zeit vor der Wende den Beruf des diplomierten Buchhalters aus?
  Bei Bestätigung: Wie ist es Ihnen bei der Umstellung vom Beruf des diplomierten Buchprüfers in den Beruf des Wirtschaftsprüfers gegangen? Was hat sich zum Vorteil verändert? Was hat sich zum Nachteil verändert?
  Bei Negation: Wie beurteilen Sie das Wirtschaftsprüfer-Examen?

Vertrauensquellen des Berufsstandes der Wirtschaftsprüfer und seiner Mitglieder

- Was verstehen Sie unter dem Begriff „Vertrauen"?

- Haben Sie den Eindruck, dass die Wirtschaftsprüfer in der (polnischen) Gesellschaft Vertrauen genießen?
  Bei Negation: Woran liegt das?

- Vertreten Sie die Ansicht, dass Wirtschaftsprüfer nicht nur das Vertrauen der Mandanten, sondern auch der Adressaten und Interessenten Ihrer Arbeit besitzen sollten?

- Haben Sie den Eindruck, dass die Institution der Wirtschaftsprüfer (im Sinne der Landeskammer der Wirtschaftsprüfer) in der Gesellschaft Vertrauen genießt?
  Bei Negation: Woran liegt das?

- Wie beurteilen Sie die bisherige Tätigkeit der Landeskammer der Wirtschaftsprüfer?

- Könnten Sie sagen, welche Reputation die Institution der Wirtschaftsprüfer bei den Wirtschaftsprüfern und in der Gesellschaft hat?

- Was halten Sie von dem jetzigen Ethikkodex?

- Finden Sie, dass es für die Mandanten und die Adressaten ausreichend Informationen über den Beruf des Wirtschaftsprüfers gibt und dass sie gut zugänglich sind?

- Was müsste sich Ihrer Meinung nach ändern, dass das Vertrauen zur Person des Wirtschaftsprüfers und zum Berufsstand der Wirtschaftsprüfer wächst bzw. entsteht?

LEITFADEN FÜR DAS INTERVIEW DER ADRESSATEN: DEUTSCHE VERSION

Aktuelle Situation der interviewten Person:

- Könnten Sie kurz die Rolle, die sie in der Firma/Bank spielen, beschreiben?

- Könnten Sie sagen, welchen Beruf üben Sie jetzt aus?

Vertrauensquellen des Berufsstandes der Wirtschaftsprüfer und seiner Mitglieder

- Was verstehen Sie unter dem Begriff „Vertrauen"?

- Hatten Sie Vertrauen zu dem Wirtschaftsprüfer, mit dem Sie beruflichen Kontakt hatten?
  Bei Negation: Woran lag das? Können Sie über Ihre Erfahrungen berichten?

- Haben Ihnen die Persönlichkeit und die Charaktereigenschaften des Wirtschaftsprüfers zugesagt?

- Haben Sie Vertrauen zum Berufsstand der Wirtschaftsprüfer (im Sinne der Landeskammer der Wirtschaftsprüfer)?
  Bei Negation: Woran liegt das?

- Könnten Sie sagen, welche Reputation der Berufsstand der Wirtschaftsprüfer in Ihren Augen hat? Auf welche Quellen baut Ihre Reputation auf?

- Wie beurteilen Sie die durch die Wirtschaftsprüfer gemachte Arbeit. Hat sie Ihren Erwartungen entsprochen?

- Finden Sie die Erfahrungen der meisten Wirtschaftsprüfer aus der Zeit vor der Wende störend?

- Berücksichtigen Sie die Testate der Wirtschaftsprüfer in ihrem Kaufverhalten von Aktien/ bei der Kreditvergabe? Welche Rolle spielt für Sie der durch den Wirtschaftsprüfer testierte Jahresabschluss?

- Finden Sie, dass es ausreichend viele Informationen über den Berufstand der Wirtschaftsprüfer gibt und dass sie gut zugänglich sind?

- Was müsste sich Ihrer Meinung nach ändern, dass Sie das Vertrauen zur Person des Wirtschaftsprüfers und dem Berufsstand der Wirtschaftsprüfer bekommen bzw. vergrößern?

4.2.3 Charakteristika der Befragten

Befragt wurden polnische Wirtschaftprüfer und Adressaten. Die Auswahl der Untersuchungsgruppe wurde nach dem Prinzip einer möglichst hohen Repräsentativität getroffen. Dabei ging es nicht um eine statistische Repräsentativität, sondern um das Typische, um die Grundlagen einer Typenbildung für die Auswertung zu schaffen. Insgesamt wurden 12 Personen befragt. Dabei wurden 3 Frauen und 9 Männer befragt. Dabei wurden 5 Angehörige des Wirtschaftsprüferberufes befragt, 3 Wirtschaftsprüfer gehörten davon zum alten und 2 zum neuen Kader. Zwei der befragten Wirtschaftsprüfer des alten Kaders sind gleichzeitig Vertreter der Berufsorganisation des Wirtschaftsprüferberufes. Sie wurden auch intensiver zu ihren doppelten Rollen als Wirtschaftsprüfer und als Repräsentant der Wirtschaftsprüfungskammer interviewt. Schließlich wurden 7 Adressaten der Arbeit der Wirtschaftsprüfer befragt. Davon stammen 4 Personen aus dem Bankbereich, 2 waren Investoren und 1 Person war Gesellschafter.

Vor Beginn des Interviews wurden die Befragten über den Verwendungszweck der Interviews informiert. Die Anonymität wurde zugesichert und eine Einwilligung zur Tonbandaufzeichnung des Gesprächs erbeten.[82]

Die mündlichen Befragungen wurden in polnischer Sprache durchgeführt. Sie dauerten zwischen einer und zwei Stunden und wurden überwiegend an der Arbeitsstelle der Befragten durchgeführt.

Die empirische Untersuchung wurde im Jahr 1999 durchgeführt. Die Interviews wurden im wesentlichen bis Herbst 1999 vorgenommen. Die Restriktionen beim Zugang zu den Daten und den Informationen machten erhebliche Anstrengungen erforderlich, um die gestellte Aufgabe erfüllen zu können.

Die Ergebnisse der Befragung werden im nächsten Kapitel dargelegt. Die überprüften Hypothesen dagegen werden gesondert in der Schlussbetrachtung dargestellt.

---

[82] Bei zwei befragten Personen war es nicht möglich, Tonbandaufzeichnungen zu machen. Statt dessen wurden hierzu schriftliche Aufzeichnungen gemacht.

5. Entstehung von Vertrauen in den Berufsstand der Wirtschaftsprüfer und seiner Mitglieder in Polen

Nachdem das Basismodell auf die Problematik des Berufsstandes der Wirtschaftsprüfer in Polen bereits im dritten Kapitel (Abschnitt 3.4) übertragen wurde, wird im Folgenden dessen genauere Ausarbeitung stattfinden. Zuvor muss zunächst noch die Definition des Phänomens Vertrauen angepasst werden, und zwar auf die Problematik der Entstehung von Vertrauen in den Berufstand der Wirtschaftsprüfer und seiner Mitglieder. Dementsprechend wird hier **Vertrauen** verstanden als Erwartung des Adressaten, dass der betreffende Wirtschaftsprüfer oder der gesamte Berufsstand der Wirtschaftsprüfer[83] sich in der vom Adressaten erwarteten Weise verhält.

5.1. Vertrauenssubjekte und Vertrauensobjekte

Im folgenden Abschnitt werden für das Modell der Vertrauensentstehung bei dem Berufsstand der Wirtschaftsprüfer in Polen relevante Vertrauenssubjekte und Vertrauensobjekte dargestellt. In diesem Zusammenhang werden folgende Akteure betrachtet: der Adressat bzw. der Interessent, der einzelne Wirtschaftsprüfer und der Berufsstand der Wirtschaftsprüfer. Als Vertrauenssubjekt fungiert hier der Adressat[84] bzw. der Interessent, als mögliche Vertrauensobjekte: die einzelnen Wirtschaftsprüfer und der Berufsstand der Wirtschaftsprüfer.

5.1.1 Vertrauenssubjekte: Adressaten versus Interessenten

Eine Unterscheidung zwischen den „Adressaten von Jahresabschlüssen" und „Interessenten von Jahresabschlüssen" kann einigen Personen als überflüssig erscheinen. Ist damit nicht "das Gleiche" gemeint? Nun, von Adressaten wird gesprochen, wenn es um die vom Gesetzgeber berücksichtigten Informationsinteressen einer Personengruppe an einem Jahresabschluss geht, von den Interessenten wird gesprochen, wenn die Informationsinteressen nicht berücksichtigt wurden, aber deren Interesse durch den Jahresabschluss befriedigt werden könnte (vgl. Zernack 1997, S. 5f.). Aufgrund der vorgenommenen Unterscheidung kann die Frage nach den einzelnen Adressaten und den Interessenten am Jahresabschluss

---

83 Je nachdem, ob die Ebene des personellen oder des institutionellen Vertrauens betrachtet wird.

84 Die Bezeichnung „Adressat" als Vertrauenssubjekt steht hier in kürzerer Form für den „Adressaten der Arbeit der Wirtschaftsprüfer". Auch in weiteren Ausführungen wird aus Vereinfachungsgründen die Kurzform benutzt.

folgendermaßen beantwortet werden: Die Grundlage für die Benennung der einzelnen Personengruppen, die Interesse an einer Gesellschaft haben, bildet der Stakeholder-Ansatz. Auf dessen Grundlage können die internen und externen Stakeholder (Anspruchsgruppen) an einer Gesellschaft identifiziert werden. Zu den internen Stakeholdern zählen Eigentümer, Management und Mitarbeiter, den externen Stakeholdern können folgende Anspruchsgruppen zugeordnet werden (vgl. Staehle 1999, S. 427f.): Fremdkapitalgeber, Lieferanten, Kunden, Konkurrenz, und Staat (vgl. Thommen/Achleitner 1998, S. 46ff.). Für die vorliegende Arbeit sind nur einige der Stakeholdergruppen von Interesse, und zwar die, für die die veröffentlichten und geprüften Jahresabschlüsse eine gravierende Rolle bei der Entscheidung über ein finanzielles Engagement in einer Gesellschaft spielen und die im Rahmen der hierfür durchgeführten empirischen Untersuchung erfasst worden sind. Zu denen zählen Eigentümer, Bankenvertreter und Investitionsberater. Die einzelnen Eigentümer (z.B. Aktionäre) und die Bankenvertreter zählen zu den Adressaten, da zwischen ihnen und der betreffenden Gesellschaft eine vertragliche Beziehung besteht. Die Investitionsberater dagegen zählen nicht zu den Adressaten, sondern zu den Interessenten, da zwischen ihnen und der betreffenden Gesellschaft keine vertragliche Bindung besteht. Beide Personengruppen haben am Jahresabschluss bestimmte Interessen. Sowohl die Adressaten als auch die Interessenten sind vor allem an der Zuverlässigkeit der veröffentlichen Zahlen und an der wirtschaftlichen Lage des betreffenden Unternehmens interessiert[85]. Dies, um sich ein möglichst zutreffendes Bild von der Leistungsfähigkeit des Unternehmens zu machen, um sich dadurch eine Vorstellung von der Gefahr eines Unternehmenszusammenbruchs oder von der Stellung im Wettbewerb zu machen. Möglicherweise wird der Jahresabschlussinteressent bzw. –adressat aufgrund seiner Feststellungen seine Bindung an das betreffende Unternehmen überdenken, indem er z.B. die Geschäftsbeziehungen zum Unternehmen aufrechterhält, ausbaut oder beschränkt (vgl. Wolz 1996, S. 18). Die Rolle des Abschlussprüfers ist es somit, zu gewährleisten, dass der veröffentlichte Jahresabschluss eine Darstellung der tatsächlichen Vermögens-, Finanz- und Ertragslage in Bezug auf das Unternehmen bietet.

[85] Die hier genannten Interessen der beiden Personengruppen stellen nur einen Teil der bestehenden Interessen dar. Für die vorliegenden Ausführungen sind allerdings „nur“ die hier genannten Interessen relevant. Eine detaillierte Darstellung bietet z.B. Egner 1974.

5.1.2 Vertrauensobjekte: Berufsstand der Wirtschaftsprüfer und seine Mitglieder

Beim Berufsstand der Wirtschaftsprüfer in Polen handelt es sich um eine sehr junge Institution[86], deren Wurzeln in polnischen und teilweise in internationalem Einflussbereich liegen. Die vorliegende Arbeit hat u.a. das Ziel, den Entstehungsprozess des Berufsstandes der Wirtschaftsprüfer in Polen darzustellen. Daher erscheint es der Verfasserin unerlässlich, sich auch mit den Wurzeln dieser Institution, deren Einfluss auf die heutige Gestaltung nicht zu verleugnen ist, zu beschäftigen. Zusätzlich spricht dafür die Tatsache, dass der heutige Berufsstand der Wirtschaftsprüfer in Polen überwiegend aus Mitgliedern des Vorgängerberufes, dem des sachverständigen Buchhalters, besteht. Anschließend wird die Einführung und der Wandel des Berufsstandes der Wirtschaftsprüfer dargestellt.

5.1.2.1 Von der Entstehung des Berufsstandes der Wirtschaftsprüfer bis 1991

Die Entwicklung eines Berufes ist eng gekoppelt mit den wirtschaftlichen und den gesellschaftlichen Ereignissen in dem betreffenden Land zur jeweiligen Zeit. Der wirtschaftsprüfende Beruf entwickelte sich in Europa als Reaktion auf die Bedürfnisse und die Aktivitäten von Kapitalgesellschaften. Die zunehmende Verbreitung und das Wachstum von Aktiengesellschaften[87] im 19. Jahrhundert führte zu einer juristischen Trennung von Eigentum und Verfügung. Dies führte zu einem steigenden Interesse an wirtschaftsprüfenden Berufen, die nicht nur bei der Erstellung von Bilanzen und von Erfolgsrechnungen agierten, sondern sich auch mit der Prüfung und der Bestätigung beschäftigten. Die Bestätigung gewann zunehmend öffentliches Vertrauen (vgl. Möhle 1954, S. 530). Ein zusätzlicher Grund und ein steigendes Interesse für wirtschaftsprüfende Berufe wurde durch die zahlreichen Unternehmenszusammenbrüche, die im 19. Jahrhundert verstärkt stattfanden, geweckt. Um die Entwicklung des Berufsstandes der Wirtschaftsprüfer in Polen einschätzen zu können, ist eine gute Vergleichsbasis notwendig. Im Folgenden werden zwei Länder zum Vergleich herangezogen, zum einem Großbritannien, weil sich dort dieser Beruf am frühesten herausgebildet hat und zum anderen Deutschland als direktes Nachbarland.

---

86 Der Berufsstand der Wirtschaftsprüfer in Polen wurde im Jahre 1991 eingeführt.

87 Wann die erste Aktiengesellschaft entstand, ist nicht feststellbar. Die ersten Aktiengesellschaften, die den heutigen ähneln, entstanden aus den im frühen 17. Jahrhundert entwickelten kolonialen Handelskompanien in den Niederlanden, Frankreich und England. Einen guten Überblick über die historische Entwicklung der Aktiengesellschaft bietet Juhnke 1995, S. 19ff. Siehe auch Meisel 1992, S. 59ff.

Die ersten „Accountants“ in Großbritannien arbeiteten nicht hauptberuflich. Es handelte sich eher um besonders erfahrene Kaufleute, die Ansehen und Vertrauen genossen. Sie wurden von Schuldnern, von Gläubigern und der Öffentlichkeit bei Unternehmenskrisen zu Treuhand- und Beratungsaufgaben hinzugezogen. Im Laufe der Zeit ergaben sich für diese Accountants Interessenkonflikte. Dies führte bereits in der ersten Hälfte des 19. Jahrhunderts zur Einführung des Unabhängigkeitsgrundsatzes für die Accountants. Der Grundsatz der Unabhängigkeit besagte, dass eine eigene kaufmännische Betätigung für die Accountants verboten war. Die Voraussetzung für die Durchsetzung dieses Grundsatzes in der Praxis war die Einführung einer Berufsordnung und einer Berufsvereinigung. Sie sollten dafür sorgen, dass die Berufsangehörigen sich an die Grundsätze der Unabhängigkeit, der Eigenverantwortlichkeit und der Verschwiegenheit hielten (vgl. Möhle 1954, S. 530). Die erste Berufsvereinigung wurde 1853 in Edinburgh gegründet. Ein Jahr später erhielt diese Vereinigung als erste in Großbritannien die königliche Verleihungsurkunde die „Royal Charter“ (vgl. Markus 1996, S. 14). Im Jahre 1880 wurden die Berufsorganisationen, die die Royal Charter erhalten hatten, im „Institute of Chartered Accountants in England and Wales“ inkorporiert. Auf diese Weise wurde zum erstenmal in der Welt der Accountantberuf in seiner gegenwärtigen Form als freier Beruf eingeführt (vgl. Möhle 1954, S. 530).

Anders verhielt sich die Situation in Deutschland. Obwohl die Notwendigkeit der aktienrechtlichen Pflichtprüfungen bereits in der zweiten Hälfte des 19. Jahrhunderts absehbar war und ebenso die damit zusammenhängende Schaffung eines eigenständigen Berufes, der die Befugnisse zur Durchführung einer derartigen Prüfung erhalten sollte, wurde der Wirtschaftsprüferberuf als gesetzlich geregelter Beruf erst im Jahre 1931 eingeführt. Der Grund für die so späte Einführung lag darin begründet, dass zwischenzeitlich in Deutschland unterschiedliche Organisationen auf dem Gebiet des Prüfungs- und Rechnungswesens ins Leben gerufen wurden, die keine Einigung bezüglich der Form des neuen Berufes erreichen konnten (vgl. Markus 1992, S. 2). Der Zustand änderte sich erst nach dem Ersten Weltkrieg. In dieser Zeit kam es zum größten Börsenkrach in der Geschichte, als in New York am Freitag, dem 29. Oktober 1929 (dem sog. „Schwarzen Freitag“) ein Tagesverlust von rechnerisch rund 25 Milliarden Dollar eintrat. Diese Tatsache führte in letzter Konsequenz zur Auslösung der Weltwirtschaftskrise (vgl. Meisel 1992, S. 168). Die Situation in Deutschland war während der Weltwirtschaftskrise durch allgemeine Unsicherheit und durch hohe Vertrauensverluste gekennzeichnet. Der Grund dafür lag in den spektakulären Unternehmenszusammenbrüchen einiger großer Industrieunternehmen und Banken[88]. In diesem Zusammenhang wurden nachträgliche Sonderrevisionen durchgeführt, die zu dem Urteil gelangten, dass die

---

[88] Zu nennen wären hier: Norddeutsche Wollkämmerei und Kammgarnspinnerei, Schultheiß, Frankfurter Allgemeine Versicherungsgesellschaft, Darmstädter und Nationalbank (vgl. Juhnke 1995, S. 32; Meisel 1992, S. 169f.).

Bilanzen zum Teil gefälscht worden waren. Starke Manipulationen, wirtschaftliche Fehlplanungen, Rechtsverstöße und Verschleierungen wurden aufgedeckt und der Öffentlichkeit bekannt gemacht. Der Reichspräsident war gezwungen, derartigen Unregelmäßigkeiten entgegenzuwirken und hat mit der Neuverordnung vom 19. September 1931 die Pflichtprüfung des Jahresabschlusses der Aktiengesellschaften und KGaA durch sachverständige, unabhängige Prüfer eingeführt (vgl. Juhnke 1995, S. 31f.; Meisel 1992, S. 170f.). Im Laufe der Jahre haben sich viele Vorschriften, die den Beruf regeln, verändert. Nichtsdestoweniger sind die wesentlichen Grundsätze und die Zulassungsvoraussetzungen des Wirtschaftsprüferberufes bis heute erhalten geblieben.

Nach der kurzen Darstellung der Anfänge des Wirtschaftsprüferberufes in den beiden Vergleichsländern stellt sich die Frage nach der Entwicklung, die in Polen stattgefunden hat[89].Erst in der zweiten Hälfte des 19. Jahrhundert fand eine industrielle Entwicklung statt, vor allem auf dem Territorium der russischen Annektionsmacht. In den Gebieten unter preußischer Herrschaft war der deutsche Einfluss sehr stark. Eine der Konsequenzen war, dass die polnischen Bürger sehr selten auf wichtigen Posten, wie z.B. denen des Buchhalters, in den Betrieben beschäftigt wurden. Die österreichische Regierung, die über Galizien Macht ausübte, übte vorsetzlich eine Art Politik aus, die zu wirtschaftlichem Rückstand führte (vgl. Bień 1967, S. 43f.).

Die Entwicklung des Buchhalterberufes konnte sich unter den gegebenen wirtschaftlich-politischen Umständen nur sehr langsam vollziehen. Noch die günstigsten Voraussetzungen befanden sich auf dem russischen Teilgebiet, dem Gebiet Kongresspolens. Dort befanden sich auch die meisten polnischen Buchhalter. Im Jahre 1904 stimmte die russische Regierung der Gründung einer Organisation des Buchhalterberufes zu. Die einzige erlaubte Form der Organisation hieß „artel". Ein „artel" war eine Organisation mit Erwerbscharakter, die u.a. gemeinsame Treffen und die Kontaktpflege ermöglicht hat. Erst die Revolution im Jahr 1905 zwang die russische Regierung dazu, einige Bürgerrechte wieder zuzugestehen. Somit war es möglich, eine Organisation ohne Erwerbscharakter zu gründen. Die polnischen Buchhalter haben von diesem Recht sogleich Gebrauch gemacht und anstelle des „artel" am 09.06.1907 den „Buchhalterverband in Warschau" gegründet.[90] Die

---

[89] Wie bereits oben beschrieben, hängt eine Berufseinführung und Weiterentwicklung mit der wirtschaftlichen und der gesellschaftlichen Situation des betreffenden Landes zusammen. Im 18. Jahrhundert erlebte Polen seine schwierigste Epoche in der Geschichte. Im Jahre 1772 fand die erste Teilung Polens zwischen seinen damaligen Nachbarn (Russland, Preußen und Österreich-Ungarn) statt. Der ersten Teilung folgten dann die zweite im Jahre 1791 und schließlich die dritte im Jahre 1795, als Polen vollständig aufgeteilt wurde. Dieser Zustand dauerte bis zum Ende des ersten Weltkrieges an. Im November 1918 erlangte Polen nach 146 Jahren seine Unabhängigkeit wieder.

[90] Originalversion: „Związek Buchhalterów w Warszawie"

Tätigkeit des Verbandes wurde auf das gesamte Kongresspolen ausgedehnt (vgl. Kapustka 1972, S. 13; Bień 1998, S. 10). Bereits im Dezember 1908 wurde während der Versammlung des Verbandes ein Vortrag über "Vereidigte Sachverständige", die unabhängig die Glaubwürdigkeit der Handelsbücher prüfen sollten, gehalten. Diese Prüfung sollte dann auch durch die Steuerbehörde berücksichtigt werden. Diese Idee konnte in der damaligen politisch-wirtschaftlichen Situation, in der sich Polen befand, jedoch nicht realisiert werden. Der Grund bestand darin, dass zaristische Beamte, die aus Russland geschickt wurden, führende Positionen bei der Steuerbehörde bekleideten. Diese Beamten verfolgten vor allem das Ziel möglichst schnell reich zu werden. Daher haben zu jener Zeit vor allem die Bestechungsgelder und nicht die Handelsbücher die Höhe der Steuer festgesetzt (vgl. Bień 1997, S. 379). Durch den ersten Weltkrieg wurde die Tätigkeit des Verbandes unterbrochen.

Nach dem ersten Weltkrieg hat Polen im November 1918 seine Unabhängigkeit erlangt. Die materielle Situation der Bevölkerung war katastrophal. Das Lohnniveau ging sehr stark zurück. Es herrschte eine Hyperinflation, die einen sehr starken negativen Einfluss auf die Buchführung hatte. Durch sie hat sich nämlich die Höhe des Vermögens und der Schulden in Betrieben ständig geändert, die Informationen waren somit schnell veraltet oder schlicht falsch. Aufgrund der großen existentiellen Probleme schien es für den Gesetzgeber nicht erstrangig, sich um die Modernisierung und die Vereinheitlichung der Rechnungslegungsprinzipien zu kümmern (vgl. Bień 1967, S. 52 ff.). In den ersten Jahren der Existenz des unabhängigen Polens gab es somit keine einheitlichen Prinzipien des Rechnungswesens und der Rechnungslegung. Es wurde vereinbart, dass, solange keine einheitlichen Vorschriften verabschiedet wurden, weiterhin die Regelungen der ehemaligen Annektionsmächte gelten sollten. Die vollständige Vereinheitlichung des Rechnungswesens wurde erst im Jahre 1934 mit der Verabschiedung des Handelsgesetzbuches erreicht. Dennoch hat der Buchhalterverband die Idee des "Vereidigten Sachverständigen" nicht aufgegeben und im Jahre 1919 dem Ministerium für Handel und Industrie eine Denkschrift mit der Forderung der Einführung der "Kammer der Vereidigten Buchprüfer in Warschau"[91], vorgestellt. Bedingt durch den häufigen Wechsel der Regierung und durch den Widerstand von Wirtschaftskreisen ergab sich eine Verschleppung der Antwort. Erst im Jahre 1924 ist im Finanzministerium ein Projekt zur Einführung der Institution des "Sachverständigen Buchprüfers"[92] entstanden. Diese Institution sollte sich auf die Aufdeckung der Steuerhinterziehung konzentrieren. Der Buchhalterverband war mit dieser Funktion der Sachverständigen nicht einverstanden. Er vertrat die Meinung, dass ein sachverständiger Buchprüfer bei der Prüfung der Handelsbücher vor allem unabhängig und unbefangen sein sollte. Dadurch sollte er das Vertrauen von der

---

91 Originalversion: "Izba Przysięgłych Księgowych w Warszawie"

92 Originalversion: "Biegły Buchalter"

Regierung, von Wirtschaftskreisen und von der Gesellschaft erlangen (vgl. Bień 1997, S. 379).

Die damalige schwierige wirtschaftliche Situation Polens hatte auch Konsequenzen für die Weiterentwicklung des Buchhalterverbandes gehabt. Erst 1926 wurde die Satzung verabschiedet, die u.a. den Namen des Buchhalterverbandes änderte (vgl. Bień 1998, S. 11). Das aus dem deutschen stammende Wort „Buchalter“[93] wurde durch den polnischen Namen „Księgowy“ ersetzt. Der neue Name lautete „Buchhalterverband in Polen“.[94]

Ab dem Jahr 1927 entstanden in Polen mehrere miteinander konkurrierende Buchhalterorganisationen (vgl. Kapustka 1972, S. 14) wie z.B. „Polnischer Buchhalter- und Buchhaltergehilfenverband in Warschau“.[95] Nichtsdestotrotz behielt der „Buchhalterverband in Polen“ seine dominierende Rolle. Dieser hat sich auch verstärkt für die Vereinheitlichung des Handelsrechts und für die rechtliche Regulierung des Buchhalterberufes eingesetzt. Hauptsächlich die Einführung der Pflichtprüfung der Bilanzen von Aktiengesellschaften durch sachverständige Buchprüfer, lag ihm am Herzen, die einem rechtlich geschützten Beruf angehören sollten. Es wurde nämlich immer deutlicher, dass betrügerische Tätigkeiten einiger Betriebe, wie z.B. Unterschlagung, Veruntreuung oder Steuerhinterziehung, nicht mehr allein durch die Finanzbehörden aufgedeckt werden konnten (vgl. Bień 1967, S. 65).

Auf der zweiten Landesversammlung der Buchhalter im Jahre 1929 wurde eine Repräsentanz des Buchhalterberufes in Form eines „Hauptrates der Zusammenschlüsse der Buchhalter und der sachverständigen Buchhalter in Polen“[96] gegründet. Die Haupttätigkeit dieser Organisation sollte die Vorbereitung der rechtlichen Regelungen für den Beruf des Buchhalters sein, insbesondere in seiner Funktion als sachverständiger Buchprüfer.[97] Um den Titel eines Sachverständigen Buchprüfers erlangen zu können, sollte der Kandidat u.a. eine spezielle Prüfung ablegen und eine fünfjährige praktische Berufserfahrung als Buchhalter haben. Der sachverständige Buchprüfer könnte dann nicht nur die Bücher führen und die

93 Das deutsche Wort „Buchhalter“ wird bis heute als „Buchalter“ in Polen übersetzt und genutzt. Dem deutschen Leser stört gewiss das fehlende „h“, trotzdem wollte die Verfasserin die polnische Originalversion des ursprünglich deutschen Wortes verwenden.

94 Originalversion: „Związek Księgowych w Polsce“. Bei der deutschen Übersetzung ändert sich der Wortlaut nicht.

95 Originalversion: „Polski Związek Buchalterów i ich Pomocników w Warszawie“

96 Originalversion: „Rada Glówna Zrzeszeń Księgowych i Rzeczoznawców Księgowości w Polsce“

97 Originalversion: „Biegły księgowy“. Die wörtliche Übersetzung des Fachausdrucks „księgowy“ als „Buchhalter“ wäre nicht richtig. Seinen Befugnissen nach entspricht der Beruf vielmehr dem deutschen „Buchprüfer“.

Bilanzen erstellen, sondern diese auch prüfen und korrigieren. Die sachverständigen Buchprüfer sollten ferner auch eine Art Kammer haben (vgl. Czerwiński 1937, S. 133).

Diese Forderungen wurden auch im polnischen Handelsgesetzbuch im Artikel 376, der die Prüfungspflicht der Buchführung und des Jahresabschlusses (Bilanz und Gewinn- und Verlustrechnung) von Aktiengesellschaften durch die sachverständigen Buchprüfer vorsah, berücksichtigt. Die Festlegung der benötigten Qualifikationen der sachverständigen Buchprüfer, deren Rechte und Pflichten und damit die tatsächliche Praxisanwendungspflicht dieses Artikels, wurde dem Minister für Handel und Industrie überlassen. Bis zum Jahr 1939 hat er jedoch keinen Gebrauch davon gemacht. Der Grund hierfür bestand in der Tatsache, dass die Aktiengesellschaften daran interessiert waren, derartige Kontrollen möglichst herauszuzögern und deshalb diesbezüglich auf den Minister einen starken Einfluss ausgeübt hatten. Als Hauptgrund für die Nichtbeachtung der Forderung nach den Prüfungen wurde der Öffentlichkeit der angebliche Mangel an geeigneten, qualifizierten Personen genannt, die derartige Prüfungen durchführen konnten (vgl. Bień 1967, S. 65).

Der Zweite Weltkrieg, in dem Polen im Jahre 1939 durch Deutschland besiegt und okkupiert wurde, hat die Existenz und die Tätigkeit des Buchhalterverbandes erheblich eingeschränkt. Offiziell war nämlich eine Verbandstätigkeit grundsätzlich verboten. Der Buchalterverband hat trotzdem weiter illegal agiert, hauptsächlich jedoch nur in Warschau (vgl. Kapustka 1972, S. 15).

Die Befreiung Polens aus deutscher Besetzung in den Jahren 1944/45 durch die russischen Truppen hatte zwei Gesichter. Einerseits hatte Polen die Freiheit wiedererlangt, andererseits war diese Freiheit nicht ohne Preis, da mit der neuen Freiheit Polen nun ein sozialistisches System aufgezwungen wurde. Dadurch wurden sämtliche politischen, wirtschaftlichen und gesellschaftlichen Lebensbereiche neu gestaltet. In politischer Hinsicht wurde eine kommunistische Partei gegründet, die die Regierung nicht nur kontrollierte, sondern ihre Befugnisse in großem Maße übernahm. Die Wirtschaft wurde neu strukturiert. Die gesamte Industrie, Handel, Verkehr, Banken und die großen Bauernhöfe wurden verstaatlicht und unterlagen seitdem einer staatlichen Kontrolle. Die Befugnisse der Betriebsleitung wurden durch die Behörden festgelegt (vgl. Juchler 1986, S. 176ff.). Die mit dem sozialistischen System eingeführte Planwirtschaft benötigte auch neue Verfahren der Rechnungslegung. Sie sollten die Einhaltung und Überprüfung der aufgestellten planwirtschaftlichen Ziele sicherstellen. Für die Durchsetzung des einheitlichen Systems der Rechnungsführung und die Statistik in den Betrieben war der Hauptbuchhalter verantwortlich. Ihm wurde auch die gesamte Kontrolle im Bereich des Finanz- und Kreditwesens unterstellt. Zu seinen Aufgaben zählten auch die Aufstellung der Bilanz, der Gewinn- und Verlustrechnung (vgl. Kwintkiewicz/Pawlicki/Tylewski 1986, S. 64ff.).

Im März des Jahres 1945 wurde in Warschau eine Abteilung des „Buchhalterverbandes in Polen“ gegründet. Die neuen Abteilungen des Verbandes wurden gewerkschaftlich organisiert und verloren somit ihren öffentlichen Charakter. Dieser neue Zustand erwies sich schnell als Fehler, da die Form einer Gewerkschaft weder organisatorisch noch inhaltlich den Zielen und Aufgaben der Buchhalter entsprach. Alle Beschäftigten eines Betriebes sollten Mitglieder nur einer Gewerkschaft sein. Eine spezielle Gewerkschaft für die Buchhalter war nicht vorgesehen. Es fehlte auch an einem Koordinationsorgan für die Buchhalter auf der Landesebene (vgl. Bień 1998, S. 14). Diese Gründe führten zur Liquidation der Buchhaltergewerkschaften im Jahre 1946. Gleichzeitig wurden die Vorbereitungen für die Gründung einer neuen Organisation mit öffentlichem Charakter getroffen. Die neue Organisation wurde am 30.7.1946 registriert und erhielt den neuen Namen : „Buchhalterverband in Polen“.[98] Aus der Sicht des sozialistischen Systems wurde die Zweckmäßigkeit des „Buchhalterverbandes“ in Frage gestellt und schließlich im Oktober des Jahres 1949 wieder aufgelöst (vgl. Bień 1967, S. 74).

Bereits Mitte der 50er Jahre wurden die Schwächen der Planwirtschaft sichtbar. Als Reaktion darauf wurden auch die ersten Reformversuche unternommen. Im November des Jahres 1956 trafen sich in Warschau sechs Personen (Muszyński, Wroński, Koc, Sidor, Dzięgielewski und Kaliński), die die Reaktivierung des Buchhalterverbandes in die Wege leiten wollten. In kurzer Zeit wurde ein Organisationskomitee[99] gegründet, das vor allem an der Satzung arbeiten sollte (vgl. Kaliński 1985, S. 267f.). Dieses Komitee hat am 04.03.1957 den Buchhalterverband als öffentliche Organisation registriert. Die Tätigkeit des Komitees erlosch am 18.5.1958 auf der ersten Landesversammlung der Buchhaltervertreter. Auf der Landesversammlung wurde das Präsidium[100] und andere in der Satzung vorgesehene Führungsorgane gewählt (vgl. Kapustka 1972, S. 15f.).

Für den Beruf des Buchhalters wurde im Jahre 1959 durch den Beschluss des Ministerrates die neue Kategorie der Experten für das Rechnungswesen eingeführt, nämlich der Beruf des „diplomierten, sachverständigen Buchprüfers“.[101] Der Initiator dieses Vorhabens war der Buchhalterverband, der auch die organisatorischen

---

[98] Originalversion: „Stowarzyszenie Księgowych w Polsce“. In der deutschen Übersetzung ist der Unterschied nicht erkennbar. Dies liegt darin, dass der neue Ausdruck „Stowarzyszenie“ ebenso wie der bisher benutzte Ausdruck „Związek“ dem deutschen Wort „Verband“ entspricht. Eine künstliche Unterscheidung, in dem statt „Verband“ das Wort „Verein“ verwendet würde, halte ich nicht für sinnvoll. Aus diesem Grund werde ich weiterhin den Begriff „Buchhalterverband“ verwenden.

[99] Originalversion: „Komitet Organizacyjny“

[100] Originalversion: „Zarząd Glówny“

[101] Orginalversion: „Dyplomowany biegły księgowy"

Aufgaben, die Schulung der Kandidaten und die Aufsicht und Kontrolle der neuen Berufsgruppe übernahm (vgl. Paryziński 1995, S. 250).

Das Berufsrecht des Buchprüfers[102] war im Beschluss Nr. 187 des Ministerrates vom 12.05.1959 geregelt. Aufgrund dieses Beschlusses sollten die Jahresabschlüsse, die Eröffnungsabschlüsse und die Liquidationsabschlüsse durch Buchprüfer geprüft werden. Ein ähnlicher rechtlicher Zustand galt bis zur Einführung des Gesetzes vom 19.10.1991 über die Prüfung und die Offenlegung von Jahresabschlüssen sowie über die Wirtschaftsprüfer und ihre Selbstverwaltung.[103] „Ähnlicher", weil der Beschluss vom 12.05.1959 durch einen anderen Beschluss über die Buchprüfer und deren Tätigkeit (Nr. 210 vom 24.08.1973) leicht modifiziert wurde. Die Prüfungsproblematik war überwiegend im Gesetz vom 26.02.1982 über die Finanzwirtschaft der staatlichen Betriebe[104] geregelt sowie durch Verordnungen des Ministerrates über die Jahresabschlussprüfung der Betriebe und der anderen staatlichen Organisationseinheiten. Dazu kamen noch die Vorschriften der ausführlichen Verordnung des Finanzministers über die Jahresabschlussprüfung durch die Buchprüfer. Aufgrund der Beschlüsse der Zentralverwaltung des Genossenschaftsverbandes wurden auch die Jahresabschlüsse im Genossenschafssektor geprüft (vgl. Kwasiborski 1994, S. 53; Doraczyński 1980, S. 221).

Die ausführlichen rechtlichen Bestimmungen bezüglich des Berufsrechts und der Tätigkeit der Buchprüfer wurden durch den Finanzminister festgelegt. Dem bereits bestehenden Buchhalterverband wurden durch den Finanzminister bestimmte Aufgabengebiete, die sich auf die Tätigkeit des neuen Berufes bezogen, anvertraut. Zu diesen Aufgaben zählte (vgl. Skrzywan 1967, S. 27):

- Registrierung und Erfassung der Buchprüfer und der durch sie durchgeführten Aufträge bezüglich der Jahresabschlussprüfungen,
- Beurteilung von vorgebrachten Einwänden gegen Buchprüfer,
- Aus- und Weiterbildung,
- Büroarbeiten für die Staatliche Prüfungskommission,

---

102 Im folgenden wird der Ausdruck „diplomierter sachverständiger Buchprüfers" verkürzt als „Buchprüfer" verwendet.

103 Originalversion: "Ustawa z dnia 19.10.1991 o badaniu i ogłaszaniu sprawozdań finansowych oraz biegłych rewidentach i ich samorządzie".

104 Originalversion: "Ustawa z dnia 28.2.1982 o gospodarce finansowej przedsiębiorstw państwowych".

- Qualitätskontrolle (Richtigkeit der Prüfungsberichte, Überprüfung des Zeitaufwandes, der für die Prüfung benötigt wurde, Überprüfung der Kosten, die mit der Prüfung verbunden waren, etc...).

Der Tätigkeitsbereich des diplomierten sachverständigen Buchprüfers erstreckte sich erstens auf die Prüfung von Jahresabschlüssen. Zweitens konnten die diplomierten sachverständigen Buchprüfer Gutachten aus dem Bereich des Rechnungswesens erstellen und als Sachverständige in diesem Bereich vor Gerichten auftreten. Drittens wurde ausschließlich für die Buchprüfer die Stellung des Hauptbuchhalters in Betrieben mit großer Wichtigkeit für die Volkswirtschaft vorgesehen (vgl. Doraczyński 1983, S. 24; Skrzywan 1967, S. 27; Kwintkiewicz/Pawlicki/Tylewski 1986, S. 64).

In der folgenden Darstellung möchte ich mich nur auf einen Tätigkeitsbereich des Buchprüfers beschränken, auf die Jahresabschlussprüfung. Beginnen möchte ich mit einer kurzen Erläuterung zur Prüfung[105] selbst. Die Prüfungspflicht galt laut Gesetz[106] für alle staatlich organisierten Betriebe. Auf Antrag eines Leiters konnten auch genossenschaftlich organisierte Betriebe oder Organisationen mit sozialem/gesellschaftlichem Charakter geprüft werden. In derartigen Fällen wurde der Bereich und der Verlauf dieser Prüfung durch den Auftraggeber bestimmt (vgl. Doraczyński 1983, S. 3). Die Prüfung war nur ein Teil eines Verfahrens, der Verifikation, das zur amtlichen Feststellung der Jahresabschlüsse führte.

Die Verifikation wurde in drei Phasen durchgeführt. Die *erste Phase* umfasste einerseits die Prüfung der Richtigkeit der Organisation, die Art des Führens und des Inhalts der Buchführungsbücher, die die Basis für den Jahresabschluss bildeten. Sie umfasste andererseits die Prüfung der Richtigkeit und der Redlichkeit/Gründlichkeit von Angaben im Jahresabschluss. Falls der Buchprüfer während der Prüfung Fehler entdeckte, wurden in der zweiten Phase erstens die Beschlussempfehlungen, die zur Beseitigung von derartigen Fehlern führen, vorgestellt. Zweitens wurde ein Verfahren durchgeführt, das die Realisation der Beschlussempfehlungen sicherte. Drittens wurden die Bücher der Buchprüfung und der Jahresabschluss korrigiert. Anschließend wurde in der dritten Phase der geprüfte Jahresabschluss amtlich festgestellt (vgl. Doraczyński 1983, S. 5; Tendera 1987, S. 79).

Der geprüfte und amtlich festgestellte Jahresabschluss diente als Basis für :

- richtige Verteilung des Finanzergebnisses und der Abrechnung mit dem Haushalt;

---

[105] Wenn hier von „Prüfung" gesprochen wird, wird damit die Jahresabschlussprüfung gemeint.

[106] Eingeführt wurde die Prüfungspflicht durch den Beschluss Nr. 332 des Ministers vom 16.8.1957, geändert durch das Gesetz vom 26.2.1982 über Finanzwirtschaft der staatlicher Betriebe.

- Beurteilung der Effektivität des Leitens und des Wirtschaftens in den Betrieben,

- Beurteilung der Erfüllung von Wirtschaftsaufgaben (vgl. Tendera 1987, S. 79f.).

Der Inhalt der Prüfung, also die erste Phase, konnte allgemein unterteilt werden in folgende Teilgebiete:

- Übereinstimmung der Bilanz mit der Buchführung,

- Richtigkeit/Ordnungsmäßigkeit der Buchführung,

- Abrechnung des Budgets bezüglich steuerlicher und nicht steuerlicher Ansprüche,

- organisatorisch-ökonomische Problemsphäre (vgl. Birgfellner 1989, S. 273).

Der Zweck einer derartigen Prüfung war es, die Richtigkeit und die Redlichkeit von Informationen festzustellen und zu bestätigen, die in der Bilanz, in der Erfolgsrechnung und in anderen ausführlichen Berichten enthalten waren (vgl. Doraczyński 1983, S. 1; Tendera 1987, S. 79).

Derartige Prüfungen wurden jährlich in den einzelnen Betrieben durchgeführt. Dabei gab es zwei Arten der Prüfungsdurchführung, die Vollprüfung und die vereinfachte Prüfung. Welche Art in Anspruch genommen wurde, hatten die Steuerkammern[107] zu entscheiden. Die Vollprüfung war als Vorbehaltsaufgabe für die Buchprüfer vorgesehen, die vereinfachte Prüfung konnten dagegen auch entsprechend vorbereitete Beschäftigte der Finanzkammern durchführen (vgl. Doraczyński 1983, S. 11ff.; Tendera 1987, S. 83ff.). Unabhängig von der Form der Prüfung war sie innerhalb von drei Monaten ab dem festgelegten Termin der Erstellung des Jahresabschlusses abzuschließen (vgl. Doraczyński 1983, S. 13). Die Vollprüfung wurde durch die Buchprüfer aufgrund eines schriftlichen Vertrages zwischen ihnen und einer Finanzkammer durchgeführt. Ein derartiger Vertrag konnte nur unter bestimmten Voraussetzungen geschlossen werden. Die Buchprüfer mussten eine entsprechende Spezialisierung[108] nachweisen und sie mussten unparteiisch[109] sein. In

---

[107] Originalversion: „Izba Skarbowa“. Die wörtliche Übersetzung des Fachausdrucks „Izba Skarbowa“ als „Schatzkammer“ wäre nicht sinnentsprechend. "Izba Skarbowa" ist eine Finanzbehörde mit örtlicher Zuständigkeit (insgesamt gibt es heutzutage 17). Sie steht über den einzelnen Finanzämtern und ist selbst dem Finanzministerium unterordnet. Der inhaltsentsprechendere Ausdruck lautet somit "Steuerkammer". Dieser wird in den weiteren Ausführungen benutzt.

[108] Vergleiche hierzu den Abschnitt 5.2.2.2 dieses Kapitels.

[109] Vergleiche hierzu den Abschnitt 5.2.2.3.1 dieses Kapitels.

dem Vertrag wurden der Prüfungsbereich, die Frist, in der die Prüfung durchgeführt werden sollte und die Höhe des Honorars festgelegt (vgl. Doraczyński 1983, S. 14ff.). Die Zeit, die dem Buchprüfer bei der Prüfung zur Verfügung stand, war ebenfalls in dem Vertrag festgelegt. Falls sich während der Prüfung ergeben sollte, dass diese Zeit nicht ausreichte, musste der Buchprüfer dies außerhalb der vorgesehenen Zeit und unentgeltlich erledigen. Um derartige Situationen zu vermeiden, war es wichtig, einen Zeitplan für die Prüfung durch den Buchprüfer zu erstellen. Zusätzlich hatte der Zeitplan dafür zu sorgen, dass alle wichtigen Aspekte der Prüfung berücksichtigt wurden (vgl. Tendera 1987, S. 109). Für die Zeit der Prüfung stand dem Buchprüfer ein bezahlter Urlaub[110] zu. Der Urlaub beschränkte sich auf 24 Arbeitstage im Jahr (vgl. Doraczyński 1983, S. 24; Tendera 1987, S. 92). Es wurde empfohlen, während der Prüfung die Unterlagen, die aus anderen Prüfungen und Kontrollen stammten, zu nutzen, z.B. die vom Finanzamt. Diese Arbeitserleichterung und Zeitersparnis sollten für die intensivere Prüfung der Felder genutzt werden, die in vergangenen Prüfungen fehlerhaft waren. Außerdem konnte dadurch auch überprüft werden, ob die Empfehlungen aus der letzten Prüfung realisiert wurden (vgl. Tendera 1987, S. 87 f.). Eine Prüfung in einem bestimmten Betrieb konnten höchstens 2-3 Buchprüferteams durchführen. Eine Ausnahme von dieser Regel war nur bei den großen gemischten Unternehmen möglich (vgl. Nurowski 1976, S. 54; Tendera 1987, S. 87).

Nach der durchgeführten Prüfung waren die Buchprüfer zur Erstellung von Gutachten und Prüfungsverlaufsinformationen verpflichtet (vgl. Doraczyński 1983, S. 34f.; Tendera 1987, S. 87). In dem Gutachten wurde die Hauptbeurteilung des geprüften Betriebes dargestellt. Das Gutachten setzte sich aus fünf Teilen und einer Einführung zusammen. In der Einführung wurden die Personalien des Buchprüfers und allgemeine Angaben zu dem geprüften Betrieb gemacht. Im ersten Teil wurde eine allgemeine Beurteilung des geprüften Jahresabschlusses erstellt. Der zweite Teil betraf das Finanzergebnis und dessen Abrechnung mit dem Budget. Es wurde das richtige, bereits korrigierte Ergebnis angegeben. Der dritte Teil des Gutachtens enthielt besondere Informationen, die sich aus dem Vertragstext ergaben. Dieser Teil wurde nur dann erstellt, wenn der Auftraggeber den Buchprüfer zur Angabe dieser speziellen Informationen im Vertrag verpflichtet hatte. Es konnte sich z.B. um Informationen über die Richtigkeit der Neubewertung der Vorräte handeln. Im vierten Teil wurden festgestellte Unregelmäßigkeiten und Abweichungen im Rahmen der internen Kontrolle, der Finanzwirtschaft und der Organisation des Rechnungswesens aufgelistet. Es wurde auch eine Empfehlung hinsichtlich der Behebung der Fehler gegeben. Der fünfte Teil enthielt Informationen, die nicht direkt

[110] Der Buchprüfer hat in der Regel in einem Betrieb als Hauptbuchhalter oder auf einem anderem Posten gearbeitet. Seine Tätigkeit als Buchprüfer von Jahresabschlüssen hat er quasi nebenberuflich erfüllt. Diese Prüfungen hat er jedoch nicht in dem Betrieb, in dem er angestellt war durchgeführt, sondern in einem fremden Betrieb. Für die Zeit, in der er diese Prüfungen durchführte, wurde er beurlaubt.

aus dem Bereich der Jahresabschlussprüfung stammten. Es konnte sich z.B. um Angaben über zufällig aufgedeckte Missbräuche handeln. In diesem Teil wurden auch alle Daten, die wichtig für den geprüften Betrieb waren und die nicht in anderen Teilen des Gutachtens ausgewiesen wurden, dargestellt (vgl. Tendera 1987, S. 249ff.).

Die Prüfungsverlaufsinformation bildete den Anhang des Gutachtens. Sie bestand aus vier Teilen: laufender, grundlegender, zusammenfassender und abschließender Teil. In dem laufenden Teil wurde geprüft, ob bestimmte Formalien[111], die mit der Prüfung zusammenhängen, durch den Betrieb erfüllt wurden. Im grundlegenden Teil wurden Informationen, die sich aus der Prüfung der einzelnen Positionen des Jahresabschlusses ergaben, dargestellt. Der zusammenfassende Teil beschäftigte sich mit der Rekapitulation der Prüfungsergebnisse, die das Finanzergebnis beeinflussten. Der schließende Teil enthielt Informationen über die Anzahl der Beilagen und deren Titel (vgl. Doraczyński 1983, S. 35; Tendera 1987, S. 227ff.).

Zusammenfassend lässt sich feststellen, dass die Berichterstattung über die Jahresabschlussprüfung aus zwei Teilen bestand. Die Prüfungsverlaufsinformation war möglichst detailliert zu erstellen. Ihr Ziel war zum einen die Angabe der Methode, mit der die Feststellung der Richtigkeit der einzelnen Aktiva und Passiva sowie des Finanzergebnisses erfolgte. Zum anderen die Angabe der fälligen Steuerbeträge und nicht-steuerlichen Beträge, die im Budget vorgesehen waren. Außerdem wurden dort die vom Budget bestrittenen Zuwendungen und die obligatorischen Abschreibungen auf die Fonds ausgewiesen. Diese Informationen wurden in Form einer Beschreibung mit kommentierten Zahlenangaben dargelegt. Das Gutachten dagegen beinhaltete eine komprimierte Zusammenstellung der Beurteilungen und Schlussfolgerungen der geprüften Tatbestände. Ferner wurden dort Empfehlungen hinsichtlich der Einführung von für den Betrieb unerlässlichen Änderungen gegeben, z.B. in der Dokumentation, im Jahresabschluss, in der Festlegung der Gewinnhöhe und dessen Verteilung. Zwischen den beiden Bestandteilen der Dokumentation musste eine vollkommene Übereinstimmung der Zahlen, Schlussfolgerungen und Beurteilungen gegeben sein (vgl. Doraczyński 1983, S. 35; Tendera 1987, S. 227ff.).

Die äußere Form des Gutachtens und der Prüfungsverlaufsinformation konnten entweder durch die Finanzkammer festgelegt oder dem Buchprüfer überlassen sein. Maßgeblich war, dass der Inhalt und die innere Struktur das Ziel realisieren ließen (vgl. Doraczyński 1983, S. 35; Tendera 1987, S. 256). Die unmittelbare Nützlichkeit und die grundlegende Bedeutung galt dem Gutachten. Seine Adressaten waren: der

---

[111] Der Buchprüfer stellte hier fest, ob die Dokumentation vollständig ist, der vergangene Jahresabschluss geprüft wurde und ob der zu prüfende Jahresabschluss formal und rechnerisch in Ordnung war.

Auftraggeber, der Direktor des Betriebes und die Selbstverwaltung des Betriebes. Die Prüfungsverlaufsinformation hatte den Charakter eines schriftlichen Beweises über das Thema der Prüfung, den Gegenstand der Prüfung und die verwendeten Prüfungsmethoden. Sie hatte immer den wirklichen Zustand des geprüften Jahresabschlusses vor dem Hintergrund der geltenden Vorschriften darzulegen. Sie hatte vor allem eine hohe belehrende Bedeutung und war somit für die Beschäftigten in der Buchhaltung bestimmt (vgl. Tendera 1987, S. 254f.).

An dieser Stelle endeten die Aufgaben des Buchprüfers bezüglich der Prüfung der Jahresabschlüsse. Der Prozess der Verifikation des Jahresabschlusses war aber noch nicht beendet. Aus Vollständigkeitsgründen werden im Folgenden die nächsten Schritte nur kurz beschrieben. Die Berichterstattung über die Jahresabschlussprüfung wurde durch den Buchprüfer bei dem Auftraggeber, der entsprechenden Finanzkammer, eingereicht. Diese überprüfte dann die Richtigkeit der Berichterstattung des Buchprüfers. Als nächster Schritt folgte dann die Festsetzung der Schlussempfehlungen aus der Jahresabschlussprüfung und die Gewährleistung deren Realisierung. Auf der Grundlage der Berichterstattung des Buchprüfers verpflichtete die Finanzkammer den Betrieb zu bestimmten Korrekturen. Hiermit erfolgte die *zweite Phase* der Verifikation. Der Prozess der Verifikation endete mit der Vergabe der amtlichen Feststellung der Ordnungsmäßigkeit des Jahresabschlusses in Form einer festen Klausel, die auf die Bilanz des geprüften Betriebes aufgedruckt und durch den Direktor der Finanzkammer unterschrieben wurde. Der auf diese Art festgestellte Jahresabschluss bildete die Grundlage für die Eröffnung der Bücher des nächsten Jahres und die endgültige Abrechnung des Finanzergebnisses, somit wurde auch die *dritte Phase* der Verifikation beendet (vgl. Doraczyński 1983, S. 46f.; Tendera 1987, S. 256ff.).

Als kurzes Zwischenfazit lässt sich feststellen, dass in der über 30 Jahre dauernden Existenz des diplomierten sachverständigen Buchprüferberufes ca. 12.000 hochqualifizierte Spezialisten ausgebildet wurden (vgl. Paryziński 1995, S. 250). Die eingeführte Marktwirtschaft hat dann die grundsätzliche Umstellung des Berufes erfordert.

Der Systemwandel, welcher sich in Polen ab 1989 vollzogen hat, hat auch wesentlich die Rolle und die Aufgaben der Buchprüfer beeinflusst. Der Übergang von der zentral gelenkten Planwirtschaft zur Marktwirtschaft hat die Bedeutung von Rechnungswesen und Rechnungslegung komplett verändert. Die Frage, die sich in diesem Zusammenhang stellte, betraf die Art und Weise, in der sich der Transformationsprozess vollziehen sollte. Eine Möglichkeit war die vollkommene Aufhebung des existierenden Systems und Einführung eines bereits in westeuropäischen Ländern gut funktionierenden Modells, quasi von „Null“. Diese Option haben auch die britischen, französischen und deutschen Berater forciert. Ein auf diese Art geschaffenes System wäre einfach mit dem westlichen vergleichbar und wäre vor allem für die ausländischen Investoren komfortabel gewesen. Die Alternative dazu war die kritische Beurteilung des bereits bestehenden Systems, also keine vollkommene Verleugnung, sondern die Überprüfung der positiven Aspekte, die durchaus vorhanden waren, auf deren Vereinbarkeit mit der Marktwirtschaft. Die Schaffung eines neuen Systems dadurch, dass das alte System den neuen Bedingungen angepasst würde und durch neue, bisher nicht vorhandene Elemente ergänzt würde, wäre natürlich viel mühsamer, schwieriger und arbeitsintensiver. Trotzdem musste diese Alternative gewählt werden, da sie den gesamten wirtschaftlichen und gesellschaftlichen Kontext berücksichtigte im Gegensatz zu der zuerst erwähnten Alternative (vgl. Paryziński 1998, S. 66).

Der Prozess der Umwandlung des Berufes des Buchprüfers in den Beruf des Wirtschaftsprüfers hatte sich auf vielen Ebenen abgespielt. Der Buchhalterverband erkannte bereits Ende der 80er Jahre die Notwendigkeit der Veränderungen im Buchprüferberuf. So hatte er sich verstärkt um die Mitgliedschaft der Buchprüfer in der International Federation of Accountants[112] bemüht. Zu diesem Zweck wurden die Buchprüfer, die bis zu diesem Zeitpunkt keine eigene Berufsorganisation hatten, im Landesrat der diplomierten sachverständigen Buchprüfer[113] zusammengeschlossen. Diese Organisation wurde schließlich nach fast ein Jahr andauernden Gesprächen am 12.5.1989 in die IFAC aufgenommen. Mit dieser Aufnahme wurde die neue Berufsorganisation gleichzeitig auch Mitglied des International Accounting Standards Committee.[114] Es gab nun zwei Ziele, denen sich das neue Mitglied widmen sollte. Zum einem die Reform des Rechnungswesens und der

---

[112] Die International Federation of Accountants (IFAC) ist die weltweite Organisation, die im Jahre 1977 mit dem Ziel gegründet wurde, den Berufsstand der "accountants" (mit diesem Begriff werden neben den Wirtschaftsprüfern sämtliche mit dem Rechnungswesen befasste Berufsgruppen eingeschlossen) zu entwickeln und zu verbessern. In diesem Zusammenhang beschäftigt sich die IFAC mit fachlichen, berufsethischen und auf die Ausbildung des Berufsstandes bezogenen Fragen. Die Facharbeit findet vorzugsweise in Ausschüssen ("committes") statt. Weiterhin wird in der Organisation die Ansicht vertreten, dass von qualitativ hochwertigen Dienstleistungen nur dann gesprochen werden kann, wenn die Prüfungsnormen international gültig sind. In diesem Sinne versteht sich IFAC für die Verlautbarungen seiner wichtigsten Committes als International Standard Setter. IFAC ist eine weltweite, unabhängige Organisation des Berufes, der zur Zeit 125 Organisationen aus 88 Ländern angehören (vgl. IFAC 1998, S. 1; Fliess 1997, S. 126; Ruhnke 1997a, S. 78f.).

[113] Originalversion: "Krajowa Rada Dyplomowanych Biegłych Księgowych"

[114] International Accounting Standards Commitee (IASC) versteht sich als weltweite Organisation zur Fortentwicklung international gültiger Grundsätze ordnungsmäßiger Rechenschaftslegung. Das IASC ist ein freiwilliger, privater Zusammenschluss von Berufsorganisationen der Wirtschaftsprüfer aus zahlreichen Ländern, der 1973 gegründet wurde. Seit 1982 sind alle Mitgliedsorganisationen der IFAC aufgrund des beschlossenen Statement of Mutual Commitments auch Mitglied des IASC. Folglich führt ein Eintritt in die IFAC gleichzeitig zu der Aufnahme in das IASC. Die Ziele der IASC bestehen zum einen darin, die Rechnungslegungsgrundsätze und –regeln, die bei der Aufstellung von Jahresabschlüssen beachtet werden sollen, zu erarbeiten, zu veröffentlichen und ihre weltweite Anerkennung und Beachtung zu fördern. Zum anderen will der IASC allgemein einen Beitrag zur Verbesserung und Harmonisierung von Normen, Rechnungslegungsgrundsätzen und Methoden, die mit der Aufstellung von Jahresabschlüssen zusammenhängen, leisten (vgl. Haller 1993, S. 1297).

Rechnungslegung. Zum anderen weitere Reformen im Bereich des Berufsbildes der Buchprüfer (vgl. Sablik 1992, S.100; Baliński 1990, S. 107; Paryziński 1995, S. 251.)

Zunächst eine kurze Skizze über die Veränderungen im Rahmen des Rechnungswesens und der Rechnungslegung. Das nach dem zweiten Weltkrieg eingeführte sozialistische System brachte auch Änderungen bezüglich des Rechnungswesens, das eng mit dem jeweiligen Wirtschaftssystem verbunden ist, mit sich. So diente das sozialistische Rechnungswesen vor allem steuerlichen Zwecken. Das System war so konstruiert, dass ein möglichst hoher Gewinn ausgewiesen wurde, der zu versteuern war. Es bestand keine einheitliche Rechtsgrundlage hierfür, sondern es gab je nach betroffenem Anwender, bestimmte Gesetze oder Verordnungen. Den Unternehmen wurden je nach der Branche bestimmte Kontenarten und die Art und Weise, wie sie geführt wurden, genauestens vorgeschrieben. Das Rechnungswesen beinhaltete die Buchführung, die Kostenrechnung und die Berichterstattung über die Finanzen. Die Informationsfunktion besaß nur einen Randcharakter, da die Betriebe fast keine Entscheidungsbefugnisse hatten (vgl. Gottlieb 1994, S. 74). Mit der Einführung der Marktwirtschaft wurde auch für das Rechnungswesen eine Reform erforderlich. Die erste Lösung wurde bereits durch die Verordnung des Finanzministers über die Grundsätze der Führung des Rechnungswesens[115] vom 15.1.1991[116] eingeführt. Außer dieser Verordnung befanden sich die Rechnungswesenprinzipien vor allem im Handelsgesetzbuch aus dem Jahre 1934.[117] Mit der Einführung dieser Verordnung wurden radikale Änderungen im polnischen Rechnungswesen vollzogen. Die Änderungen bezogen sich zum einem auf die Bereiche des Rechnungswesens, d.h. dass die unterschiedliche Behandlung von Anwendern je nach Eigentumsform (z.B. Privatunternehmen, Staatsunternehmen) aufgehoben wurde. Statt dessen wurde ein anderes Unterscheidungskriterium eingeführt, die Größe des Unternehmens. Für kleine Unternehmen wurden größenbedingte Erleichterungen eingeführt. Zum anderem betrafen die Änderungen die Inhalte des Rechnungswesens. Und so wurde ein großer Teil der Prinzipien der 4. EG-Richtlinie[118] übernommen und an die

---

[115] Originalversion: "Rozporządzenie Ministra Finansów w sprawie zasad prowadzenia rachunkowości"

[116] Dziennik Ustaw Nr. 10/91, Pos.35:" Dziennik Ustaw" kann als "Gesetzblatt" übersetzt werden und wird in der folgenden Arbeit in den Fußnoten in seiner Abkürzung: Dz.U. zitiert.

[117] Für die Versicherungen und Banken gab es auch einzelne Verordnungen, die hier aber keine zentrale Rolle spielen und somit außer acht gelassen werden.

[118] Die 4. EG-Richtlinie (sog. Bilanzrichtlinie) wurde am 25. Juli 1978 (ABL. Nr. L 222 vom 14. August 1978) verabschiedet und betrifft den Einzelabschluss von Kapitalgesellschaften. Sie behandelt Vorschriften über die Gliederung und den Inhalt des Jahresabschlusses und des Lageberichts sowie die Bewertungsmethoden, die Prüfung und Offenlegung der Rechnungslegung. Die 4. EG-Richtlinie sollte die Vergleichbarkeit und Gleichwertigkeit der von

Landesbedingungen angepasst (vgl. Bailey/Krzywda/Schroeder 1995, S. 7f., Lisiecka-Zając 1990, S. 251). Die eingeführte Verordnung beinhaltete jedoch nicht nur die Inhalte der 4. EG-Richtlinie, sondern zusätzlich Normen, die die Richtigkeit der Führung der Handelsbücher, die Inventur und die Aufbewahrungspflichten der Handelsbücher, der Dokumentation und der Jahresabschlüsse, betrafen (vgl. Lisiecka-Zając 1990, S. 253).

Im September 1994 wurde erstmalig in Polens Geschichte ein Gesetz über das Rechnungswesen[119] erlassen. Das Gesetz hat die Verordnung aus dem Jahr 1991 um die Beschreibung der Prinzipien des Rechnungswesens, die Aufstellung der Konzernabschlüsse und die Prüfung und Offenlegung von Abschlüssen erweitert (Misińska 1995, S. 225). In dem Gesetz wurden die Bestimmungen der 4. EG-Richtlinie und der 7. EG-Richtlinie[120] und einige Lösungsvorschläge der International Accounting Standards (IAS)[121] berücksichtigt. In seinem Aufbau folgt das Gesetz der 4. EG-Richtlinie. Das Gesetz enthält im einzelnen detaillierte Bestimmungen über die Führung der Handelsbücher, die Inventur, die Bewertung von Aktiva und Passiva, die Ermittlung des finanziellen Ergebnisses, die Rechnungslegung und über die Prüfung von Abschlüssen durch die Wirtschaftsprüfer. Außerdem sind dort auch Bestimmungen über die Datensicherheit, die strafrechtliche Verantwortung sowie über die Sondervorschriften und die Übergangsregelungen zu finden. Im Gesetz wurde auch das Ziel des Rechnungswesens formuliert, nämlich die Gewährleistung der ordnungsgemäßen Anwendung der Grundsätze der Rechnungslegung, die wahrheitsentsprechende und klare Darstellung der Vermögens- und Finanzlage, des Finanzergebnisses und der Rentabilität des Unternehmens durch die Adressaten dieses Gesetzes (vgl. Art. 4, Nr.1 RLG).

Die in das Gesetz über das Rechnungswesen aufgenommenen Änderungen, die auf die Anpassung des polnischen Rechnungswesens an internationale Standards und die Marktwirtschaft zielten, betrafen vor allem:

Kapitalgesellschaften offengelegten Jahresabschlüsse gewährleisten. Die 4. EG Richtlinie wurde bereits in allen Mitgliedstaaten implementiert (vgl. van Hulle 1994, S.10; Kloos 1993, S. 40ff.).

[119] Originalversion: "Ustawa z dnia 29.9.1994 o rachunkowości" (Dz.U. Nr. 121, Pos. 591)

[120] Die 7. EG-Richtlinie (sog. Konzernbilanzrichtlinie) wurde am 13. Juni 1983 (ABL. Nr. L 193 vom 18. Juli 1983) verabschiedet und betrifft den Konzernabschluss. Die Richtlinie soll die Vergleichbarkeit der Konzernabschlüsse innerhalb der EU ermöglichen, um die Gleichwertigkeit der Mindestinformationen sicher zu stellen. Interessant ist, dass die "Konzernrichtlinie" den Begriff "Konzern" nicht definiert, sondern ein Konzern wird implizit durch die Umschreibung des Konsolidierungskreises definiert. Die 7. EG Richtlinie wurde bereits in allen Mitgliedstaaten implementiert (vgl. van Hulle 1994, S. 12f.; Rost 1991, S. 127f.).

[121] International Accounting Standards (IAS) sind vom IASC erarbeitete allgemeine Rechnungslegungsgrundsätze, die bei der Aufstellung der Jahresabschlüsse beachtet werden sollen (vgl. Rost 1991, S. 115).

- die Anlagegüter, deren Begriff und der Bilanzansatz (z.B. die Wertuntergrenze wurde abgeschafft) sowie deren Wert, also: Bewertung, Abschreibung, Möglichkeiten der Verbindung der Wertveränderungen in Anlagegütern mit dem Eigenkapital und eine breitere Begriffsfassung des immateriellen und gesetzlichen Wertes.

- Neue Strukturierung/Bestimmung des Jahresabschlusses:. Der neue Jahresabschluss setzt sich zusammen aus folgenden Teilen: Bilanz, Gewinn- und Verlustrechnung sowie Anhang. Die Kapitalgesellschaften, deren Anteile an der Börse gehandelt werden, müssen zusätzlich eine Kapitalflussrechnung erstellen.

- Die Jahresabschlüsse müssen durch die Wirtschaftsprüfer geprüft und anschließend publiziert werden. Das Gesetzt schreibt vor, welche Gesellschaften ihre Jahresabschlüsse einer Prüfung durch die Wirtschaftsprüfer unterziehen müssen (vgl. Messner 1995, S. 284).

Summa summarum ist die freiwillige Umsetzung der 4. EG-Richtlinie in polnisches Recht ganz gut gelungen. Bei vielen Positionen ist die deutsche Betrachtungsweise erkennbar. So spielt auch das Vorsichtprinzip im polnischen Recht eine zentrale Rolle. Der polnische Gesetzgeber hat sich jedoch nicht an alle Anweisungen der 4. EG-Richtlinie gehalten. Dies betrifft z.B. das Wertaufholungsgebot und die Generalnorm.[122]

Wie bereits oben dargelegt, waren auch im Bereich des Berufsbildes der Buchprüfer große Änderung erforderlich. So wurde bereits im Jahre 1991 das Gesetz über die Prüfung und Offenlegung von Jahresabschlüssen sowie über die Wirtschaftsprüfer[123] und ihre Selbstverwaltung[124] verabschiedet und ist am 2.1.1992 in Kraft getreten. Gleichzeitig wurde die Berechtigung des Finanzministers für die Durchführung von Prüfungen und die Verleihung des Titels des diplomierten sachverständigen Buchprüfers bis zum 31.12.1992 verlängert. Mit diesem Datum endete auch die Tätigkeit der Staatlichen Prüfungskommission (vgl. Sablik 1992, S. 100). Den Buchprüfern wurde dabei die Möglichkeit gegeben, quasi automatisch Wirtschaftsprüfer zu werden. Dies wurde auch auf der ersten Landesversammlung der Wirtschaftsprüfer im Juni 1992 bestätigt. Als Konsequenz wurde jeder

---

122 Eine genaue Darstellung des Gesetzes über das Rechnungswesen, dessen Kommentar und einen Vergleich zu deutschen Vorschriften, findet der Leser in: Das polnische Recht der Rechnungslegung und Prüfung, 1997

123 Originalversion: „Biegły Rewident“, eine wörtliche Übersetzung des polnischen Fachausdrucks als „Revisions-Experte“ wäre hier nicht korrekt. Seinen Befugnissen nach entspricht der Beruf dem deutschen Beruf der Wirtschaftsprüfer. Daher wird hier auch dieser Ausdruck als Bezeichnung für den polnischen "Biegły Rewident" verwendet.

124 Originalversion: "Ustawa z dnia 19.10.1991 o badaniu i ogłaszaniu sprawozdań finansowych oraz biegłych rewidentach i ich samorządzie" (Dz.U. Nr. 111 Pos. 480)

Buchprüfer, der bis zum Ende des Jahres 1994 einen entsprechenden Antrag gestellt hat, als Wirtschaftsprüfer registriert. Diese Möglichkeit haben fast alle Buchprüfer in Anspruch genommen (vgl. Messner 1996, S. 16ff.).

5.1.2.2 Der Prozess der Entwicklung des Berufsstandes der Wirtschaftsprüfer nach 1991

In dem Gesetz über die Prüfung und die Offenlegung von Jahresabschlüssen sowie über die Wirtschaftsprüfer von 1991 haben sich im Laufe der Zeit einige Unklarheiten ergeben, daher wurde es durch das Gesetz vom 13.10.1994 über die Wirtschaftsprüfer und ihre Selbstverwaltung[125] ersetzt. Das neue Gesetz ist am 1.1.1995 in Kraft getreten. Da die Modifikationen im Vergleich zu dem Gesetz vom 19.10.1991 nicht gravierend waren, kann nicht von einer Neufassung gesprochen werden, sondern eher von einer Reform der alten Fassung (vgl. Paryziński 1995, S. 251f.). In den folgenden Ausführungen wird die aktuellere Version der Regelungen bezüglich des Berufsstandes der Wirtschaftsprüfer dargestellt. Auf gravierende Unterschiede wird am Ende des folgenden Abschnitts hingewiesen.

Das Gesetz vom 13.10.1994 bestimmt die Grundsätze der Ausübung des Wirtschaftsprüferberufes und regelt ihre Selbstverwaltung. Den Beruf des Wirtschaftsprüfers dürfen nur Personen ausüben, die den hohen gesetzlich bestimmten Anforderungen entsprechen, im Register der Wirtschaftsprüfer eingetragen sind und das Gelöbnis abgelegt haben. Die Wirtschaftsprüfer sind hauptsächlich zur Prüfung von Jahresabschlüssen berechtigt. Außerdem dürfen sie als Dienstleistung die Handels- und Steuerbücher führen, Wirtschafts- und Finanzgutachten erstellen, eine Beratung im Bereich der Steuern, Organisation und EDV im Rechnungswesen anbieten. Weiterhin dürfen die Wirtschaftsprüfer die Liquidations- und Konkursverwaltung durchführen und schließlich der Herausgeber- und Lehrtätigkeit im Bereich der Rechnungslegung nachgehen[126].

Alle Wirtschaftsprüfer[127] bilden die Selbstverwaltung der Wirtschaftsprüfer – die Landeskammer der Wirtschaftsprüfer[128]. Sie ist eine juristische Person mit Sitz in Warschau (vgl. Art. 19, Abs. 1 Gesetz über Wirtschaftsprüfer). Die Mitgliedschaft in

---

125 Originalversion: "Ustawa z dnia 13.10.1994 o biegłych rewidentach i ich samorządzie" (Dz.U. Nr. 121 Pos. 592)

126 Ein Überblick über den Berufsstand der Wirtschaftsprüfer in Polen in deutschen Sprache bieten Goppelt und Dudek (vgl. Goppelt/Dudek 1995).

127 Siehe Artikel 18, Abs. 1 des Gesetzes vom 13.10.1994 über Wirtschaftsprüfer und deren Selbstverwaltung. In den folgenden Ausführungen wird das Gesetz in der verkürzter Form als: Gesetz über Wirtschaftsprüfer bezeichnet.

128 Originalversion: "Krajowa Izba Biegłych Rewidentów"

der Landeskammer[129] ist obligatorisch und entsteht nach der Eintragung in das Register oder in die Liste der Wirtschaftsprüfer. Die Landeskammer besitzt folgende Organe: Landestagung, Landesrevisionskommission, Landesdisziplinargericht, Landesdisziplinarsprecher und Landesaufsichtskommission (vgl. Art. 21, Abs. 1 Gesetz über Wirtschaftsprüfer). Der Finanzminister übt die Aufsicht über die Landeskammer aus. Er kann die Beschlüsse der Landeskammer beim Woiwodschaftsgericht in Warschau anfechten.

Die Wirtschaftsprüfer haften disziplinarisch für Verstöße gegen die von der Landeskammer beschlossenen Normen der Berufsausübung und Grundsätze der Berufsethik.

Die zulässigen Formen der Berufsausübung sind im Gesetz über Wirtschaftsprüfer und deren Selbstverwaltung geregelt (vgl. Art. 10 Gesetz über Wirtschaftsprüfer). Demnach kann ein Wirtschaftsprüfer die Jahresabschlussprüfung durchführen, wenn er

- entweder die wirtschaftliche Tätigkeit in eigenem Namen und auf eigene Rechnung führt,

- oder als Partner einer BGB-Gesellschaft, einer Offenen Handelsgesellschaft oder einer Kommanditgesellschaft eingetragen ist,

- oder als Teilhaber bzw. als Angestellter in Gesellschaften mit juristischer Person:

    - in der die Mehrheit der Mitglieder des Vorstandes Wirtschaftsprüfer sind. Falls der Vorstand nur aus zwei Personen besteht, muss eine davon ein Wirtschaftsprüfer sein,
    - in der die Stimmrechtsmehrheit in den Aufsichtsorganen von den Wirtschaftsprüfern gehalten werden. Im Falle einer Abwesenheit von Aufsichtsorganen müssen diejenigen Teilhaber eine Stimmrechtmehrheit besitzen, die Wirtschaftsprüfer sind.

Eine im Auftrag der Landeskammer durchgeführte Untersuchung hat ergeben, dass die Jahresabschlussprüfung meistens aufgrund eines zivilrechtlichen Vertrags zwischen einem Wirtschaftsprüfer und einer Wirtschaftsprüfungsgesellschaft (57,9%)[130] erfolgt. Im Rahmen der eigenen wirtschaftlichen Tätigkeit prüften 16,9% der Wirtschaftsprüfer den Jahresabschluss. 10,6% der Wirtschaftsprüfer führten die Jahresabschlussprüfung aufgrund des zivilrechtlichen Vertrages mit verschiedenen Wirtschaftsprüfungsgesellschaften durch. Im Rahmen der festen Anstellung in einer

---

[129] In den folgenden Ausführungen wird die "Landeskammer der Wirtschaftsprüfer" in der verkürzten Form als "Landeskammer" zitiert.

[130] 57,9% der untersuchten Personen entspricht hier den 1.489 Personen.

Wirtschaftsprüfungsgesellschaften prüft 10,4% der Befragten. 6,6% der untersuchten Personen haben diese Frage nicht beantwortet.

Es fällt auf, dass die Mehrheit der Wirtschaftsprüfer, die Jahresabschlussprüfungen durchführen, nicht Angestellte einer Wirtschaftsprüfungsgesellschaft sind bzw. selbst eine entsprechende Wirtschaftsprüfungsgesellschaft als Inhaber oder Teilhaber besitzen. Dies liegt vor allem daran, dass viele Wirtschaftsprüfer bereits pensioniert sind und die Jahresabschlussprüfung lediglich als ein Zusatzeinkommen betrachten. Die Honorare dieses Personenkreises für durchgeführte Prüfungsleistungen sind niedrig. Das ist sowohl für die Wirtschaftsprüfungsgesellschaften vorteilhaft, die mit den eben genannten Wirtschaftsprüfern zivilrechtliche Verträge über die Jahresabschlussprüfung schließen, aber auch für die zu prüfenden Unternehmen, mit denen die pensionierten Wirtschaftsprüfer direkt Prüfungsaufträge abschließen. Für die Wirtschaftsprüfungsgesellschaften ist das insofern vorteilhaft, weil durch das Abschließen von zivilrechtlichen Verträgen für den Zeitraum einer oder mehrer Jahresabschlussprüfungen zum einen die Sozialangaben für diese Personen entfallen, zum anderen sind diese Personen nur für den Zeitraum angestellt, in denen Jahresabschlussprüfungen stattfinden. Für die Zeiten, in denen wenig Arbeit anfällt und die mit fest angestelltem Personal erledigt werden können, müssen die nicht fest angestellten Prüfer ebenfalls nicht bezahlt werden. Mit anderen Worten ist dieser Zustand ein erheblicher Einsparungsfaktor für die Wirtschaftsprüfungsgesellschaften. Jedoch leiden darunter vor allem die neuen jungen Wirtschaftsprüfer, die sich überwiegend selbständig machen müssen, oder ähnliche Verträge wie die pensionierten Wirtschaftsprüfer mit den Wirtschaftsprüfungsgesellschaften schließen müssen. Die zuletzt genannte Möglichkeit ist deshalb ungünstig, weil die Prüfungsaufträge saisonabhängig sind und nur in bestimmten Zeiten anfallen. Die daraus erzielten Honorare reichen oft für die Lebensunterhaltskosten nicht aus. Auf zusätzliches Einkommen aus anderen wirtschaftlichen Tätigkeiten müssen die jungen Wirtschaftsprüfer verzichten, da die sog. „Zweiberuflichkeit" ab 01.01.1999 aufgehoben worden ist. Diese Situation führt dazu, dass die jungen Wirtschaftsprüfer nicht in dem Beruf arbeiten, sondern sich Arbeitsstellen in Unternehmen als beispielsweise Hauptbuchhalter suchen.

Die folgende Abbildung (*Abbildung 15*) unterstreicht noch mal die eben dargestellten Ergebnisse. Sie stellt einige große Wirtschaftsprüfungsgesellschaften in Polen dar, deren Einnahmen für das Jahr 1997, die Gesamtzahl der Mandanten und die Anzahl der festeingestellten Wirtschaftsprüfer.

Abbildung 15: **Überblick über Einnahmen, Mandantenanzahl und Anzahl der fest angestellten Wirtschaftsprüfer in einigen großen Wirtschaftsprüfungsgesellschaften in Polen**

Firmenname	Einnahmen 1997 in TZL[131]	Gesamtanzahl der Mandanten	Anzahl der fest angestellten Wirtschaftsprüfer
PricewaterhouseCoopers Sp. z o.o.[132]	84.000	370	16
Arthur Andersen Sp. z o.o.	57.797	787	16
DBO Polska Sp. z o.o.	12.000	250	14
W. Frąckowiak i Partnerzy Sp. z o.o.	4.132	350	5
Misters Audytor Sp. z o.o.	3.652	79	9
DORADCA Sp. z o.o.	2.756	295	7
Centrum Biegłych Rewidentów Sp.z o.o.	2.268	237	10
BILANS Sp.z o.o	1.094	156	2

Quelle: **Krajewski 1999, S. 26f.**

Wie aus der Tabelle hervorgeht, beschäftigt die größte Wirtschaftsprüfungsgesellschaft in Polen – PricewaterhouseCoopers, bei 84.000 TZŁ Einnahmen aus Wirtschaftsprüfungsleistungen lediglich 16 Wirtschaftsprüfer. Ähnlich sieht es auch bei den anderen Wirtschaftsprüfungsgesellschaften aus. Es fällt auf, dass die Mehrheit der Wirtschaftsprüfer, die Jahresabschlussprüfungen durchführen, keine feste Anstellung besitzen bzw. selbst eine entsprechende

131 TZŁ bedeutet Tausende Złoty. Das Verhältnis ZŁ zu DM beträgt ca. 2:1

132 Sp. z o.o. ist die Abkürzung für „Spółka z ograniczoną odpowiedzialnością", und entspricht der deutschen GmbH.

Wirtschaftsprüfungsgesellschaft als Inhaber oder Teilhaber haben. Die Begründung hierfür wurde bereits oben dargestellt.

Eine interviewte Person hat diese Situation folgendermaßen kommentiert:

> *„Mein Traum Wirtschaftprüfer zu werden hat sich nur auf dem Papier erfüllt" (3).*

5.2. Möglichkeiten der Vertrauensentstehung in den Berufsstand der Wirtschaftsprüfer und seiner Mitglieder in Polen

In den folgenden Ausführungen sollen in Anlehnung an das überarbeitete Modell der Vertrauensentstehung von Zucker die Möglichkeiten der Vertrauensentstehung in den Berufsstand der Wirtschaftsprüfer und seiner Mitglieder gezeigt werden. Das Modell wird nicht gänzlich übernommen, sondern es wird der Problematik der Untersuchung angepasst. Zucker hat ein Modell entwickelt, dass eine möglichst breite Anwendung bezüglich des Konstrukts Vertrauen ermöglicht. Nicht alle Faktoren spielen bei der hier betrachteten Problematik eine Rolle. Auch konnten nicht alle Faktoren im Rahmen der Arbeit empirisch überprüft werden. Aus diesem Grund werden einige Aspekte deutlicher dargestellt, andere werden dagegen nur kurz geschildert. Weiterhin wird die Systematisierung von Zucker in drei Arten von Vertrauen aufgegeben. Dies aufgrund der Tatsache, dass das hier gewählte Vertrauenssubjekt ein Individuum ist und der Vertrauensentstehungsprozess zu zwei Arten von Vertrauensobjekten aus seiner Perspektive betrachtet wird. Je nachdem, ob das Vertrauensobjekt ein bestimmter Wirtschaftsprüfer oder der Berufsstand der Wirtschaftsprüfer ist, wird zwischen dem interpersonellen und dem institutionellen Vertrauen unterschieden. Die vorgenommene Unterteilung der Vertrauensquellen auf die real gegebene und die subjektiv wahrgenommene wird selbstverständlich verfolgt. Die Darstellung wird allerdings nicht in extra ausgewiesenen Abschnitten erfolgen, sondern es folgt eine gemeinsame Darstellung in den einzelnen Abschnitten mit den direkten Hinweisen, ob es sich um eine real gegebene oder subjektiv wahrgenommene Vertrauensquelle handelt. Im Abschnitt 5.2.1 wird Entstehung von Vertrauen auf der interpersonellen Ebene – zwischen einem Adressaten und einem Wirtschaftsprüfer - diskutiert, während sich der Abschnitt 5.2.2 der Entstehung von institutionellem Vertrauen widmet. Genauer gesagt beschäftigt sich dieser Abschnitt mit der Problematik der Entstehung von Vertrauen zwischen einem Adressaten und dem Berufsstand der Wirtschaftsprüfer.

5.2.1 Entstehung von interpersonellem Vertrauen: Ein Adressat vertraut einem Wirtschaftsprüfer

Wie bereits mehrfach dargelegt, handelt es sich bei der Situation, in der ein Adressat einem bestimmten Wirtschaftsprüfer Vertrauen schenken sollte, um ein interpersonelles Vertrauen. Die erste zu betrachtende Möglichkeit ist die, in der die Begegnung zwischen einem Adressaten und einem bestimmten Wirtschaftsprüfer zum ersten Mal stattfindet. Es kommen deshalb vor allem die Vertrauensschaffungsmechanismen des eigenschaftsbasierten Vertrauens in Frage. Die zweite Möglichkeit ist, dass bereits eine oder mehrere Begegnungen zwischen einem Wirtschaftsprüfer und einem Adressaten stattgefunden haben. Hier sind dann vor allem die Vertrauensquellen des prozessbasierten Vertrauens relevant.

5.2.1.1 Personengebundene Merkmale des Wirtschaftsprüfers

Wie bereits im dritten Kapitel (Abschnitt 3.3.2.1.2) dargestellt, sind bei dem Erwartungshintergrund die wahrgenommenen Ähnlichkeiten hinsichtlich der Alltagseinstellungen und dem Verhalten von Austauschpartnern maßgeblich, die wiederum durch persönliche Eigenschaften geprägt werden.

Da interpersonelles Vertrauen einerseits im privaten Bereich, andererseits im beruflichen Bereich entstehen kann, haben einige Autoren (vgl. Gabarro 1978, Butler/Cantrell 1984, Butler 1991, Schindler/Thomas 1993, Neubauer 1997) empirisch untersucht, ob die beiden Bereiche in Zusammenhang stehen. Es hat sich herausgestellt, dass im beruflichen Bereich vor allem die Kompetenz und die Zuverlässigkeit des Vertrauensobjekts eine gravierende Rolle spielt. Zu ähnlichen Schlussfolgerungen bin ich aufgrund der durchgeführten Interviews gekommen. Insbesondere die Kompetenz wurde durch die befragten Adressaten oft als wichtigste Eigenschaft überhaupt genannt.

Die spezifischen, personengebundenen Merkmale von bestimmten Wirtschaftsprüfern, denen die Adressaten vertrauen bzw. nicht vertrauen, konnten nur bedingt im Rahmen der durchgeführten Untersuchung ermittelt werden. Die real gegebenen Eigenschaften der durch die Interviewpartner benannten Wirtschaftsprüfer konnten nicht ermittelt werden, da diese aus Datensicherheitsgründen nicht namentlich genannt wurden. Die subjektiv wahrgenommenen Eigenschaften der Wirtschaftsprüfer, mit denen die befragten Adressaten Kontakt hatten, konnten dagegen im Rahmen der durchgeführten Interviews ermittelt werden. Die befragten Adressaten klagten vor allem über mangelnde Kompetenzen seitens der älteren Wirtschaftsprüfer, die bereits pensioniert sind und die Jahresabschlussprüfungen als eine Zusatzverdienstmöglichkeit betrachten. Interessanterweise haben auch jüngere Wirtschaftsprüfer über nicht ausreichendes Fachwissen etwas älterer Kollegen gesprochen, die dem sich schnell ändernden Wirtschaftsleben, etwa durch das Entstehen von neuen Institutionen (z.B. der Börse), nicht mehr gerecht werden. Bei den durch die Adressaten beschriebenen Wirtschaftsprüfern handelte es sich ausschließlich um polnische Staatsbürger, mehrheitlich Männer. Neben dem Merkmal Kompetenz wurde noch eine weitere personengebundene Eigenschaft oft genannt, das Alter der Wirtschaftsprüfer. Hier waren die Aussagen der Befragten ziemlich ähnlich: Je höher das Alter der Wirtschaftsprüfer, desto weniger Kompetenz und Zuverlässigkeit werden ihnen zugeschrieben.

5.2.1.2 Direkte Erfahrungen mit einem Wirtschaftsprüfer

Die Entstehung von interpersonellem Vertrauen ist nicht nur bedingt durch die personengebundenen Merkmale des Vertrauensobjekts, hier also des bestimmten Wirtschaftsprüfers. Fanden nämlich bereits Zusammenkünfte statt, so sind Erfahrungen entstanden, die ebenfalls die Entstehung dieser Art von Vertrauen beeinflussen. Es handelt sich an dieser Stelle um ein interpersonelles Vertrauen, deshalb kommen lediglich die direkten Erfahrungen, die ein Adressat mit einem gegebenen Wirtschaftsprüfer gemacht hat, in Frage. Da die direkten Erfahrungen einen subjektiven Charakter besitzen, können sie nur aus der Perspektive der subjektiv wahrgenommenen Vertrauensquellen betrachtet werden.

Aufgrund der durchgeführten Interviews kann festgestellt werden, dass die generellen Erfahrungen der befragten Adressaten mit der grundsätzlichen Vertrauenswürdigkeit des Wirtschaftsprüfers, mit dem Kontakt bestand, positiv waren (lediglich eine befragte Person hat auch im Bereich grundsätzlicher Vertrauenswürdigkeit negative Erfahrungen gemacht). Die spezifischen Erfahrungen, die in bestimmten Situationen gemacht worden sind, waren unterschiedlich. Zu bemängeln waren hier vor allem Teile der Arbeit der Wirtschaftsprüfer, im Einzelnen die Oberflächlichkeit einiger Prüfungsberichte und Bestätigungsvermerke und mangelhafte Analysen der geprüften Unternehmen. Dieses Ergebnis muss aber nicht verwundern. Es ist durchaus möglich, dass ein allgemeines Vertrauen zu einer bestimmten Person vorhanden ist, jedoch gleichzeitig negative Erfahrungen existieren, die spezielle Situationen betreffen. Offensichtlich ist das der Fall bei der durch die Verfasserin befragten Gruppe der Adressaten.

Insgesamt lässt sich feststellen, dass die Adressaten grundsätzlich zu den Wirtschaftsprüfern, zu denen ein persönlicher Kontakt bestand, ein gewisses Vertrauen hatten. „Gewisses", weil die Antwort zwar meistens positiv ausfiel, was die Frage nach dem Vertrauen zu den bekannten Wirtschaftsprüfern angeht. Jedoch wurde sie aber gleichzeitig im nächsten Satz relativiert, indem bestimmte Vorbehalte bezüglich der Kompetenz und des Alters gemacht wurden.

5.2.2 Entstehung von institutionellem Vertrauen: Ein Adressat vertraut dem Berufsstand der Wirtschaftsprüfer

Die Entstehung von institutionellem Vertrauen wird in den folgenden Ausführungen, wie bereits im dritten Kapitel (Abschnitt 3.3.1), aus der Perspektive eines Individuums dargestellt, das zu einer Institution Vertrauen aufbaut. Bei dem Individuum handelt es sich um einen Adressaten, bei der Institution geht es um den Berufsstand der Wirtschaftsprüfer. Bei der Entstehung von institutionellem Vertrauen sind vor allem die Vertrauensquellen des institutionsbasierten Vertrauens relevant. Neben diesen ist die Reputation als Vertrauensquelle des prozessbasierten Vertrauens von Bedeutung. Da prozessbasiertes Vertrauen sowohl Elemente des interpersonellen als auch institutionellen Vertrauens ausweist, und somit ein Bindeglied zwischen den beiden Arten von Vertrauen darstellt, werden zunächst die relevanten Vertrauensquellen des prozessbasierten Vertrauens erläutert. Anschließend werden die einzelnen Vertrauensquellen des institutionsbasierten Vertrauens dargestellt. Die meisten Vertrauensquellen des institutionsbasierten Vertrauens lassen sich gut durch eine weitere Differenzierung charakterisieren. Die personenspezifischen Aktionen werden hier durch Berufsbildung und Berufszugang zum Wirtschaftsprüferberuf, durch Mitgliedschaft in der Subkultur der Wirtschaftsprüfer sowie durch die Zertifizierung charakterisiert. Die organisationenspezifischen Aktionen werden durch die Mitgliedschaft in der Landeskammer der Wirtschaftsprüfer vertreten. Schließlich wird die Vertrauensquelle „institutionelle Regulierungen" durch die Sanktionsmechanismen repräsentiert.

5.2.2.1 Reputation des Berufsstandes der Wirtschaftsprüfer

Reputation wird hier verstanden als guter Ruf des Wirtschaftsprüfers, der aufgrund der Informationen über das Verhalten des Wirtschaftsprüfers in der Vergangenheit entsteht. Dabei handelt es sich um Informationen, die aus öffentlich zugänglichen Quellen stammen. An dieser Stelle muss angemerkt werden, dass die Verfasserin während der Recherchen zur vorliegenden Arbeit festgestellt hat, dass sehr wenig allgemein zugängliche Informationen über den Berufsstand der Wirtschaftsprüfer existieren. Dieses wurde auch durch die befragten Personen bestätigt. Schon aus diesem Grund hatten fast alle interviewten Adressaten keine dezidierte Meinung bzgl. der Reputation der Wirtschaftsprüfer. Daraus lässt sich schließen, dass so gut wie keine subjektive Wahrnehmung vorhanden ist. Um feststellen zu können, wie diese Problematik unter den Wirtschaftsprüfern gesehen wird, wurde auch dieser Gruppe die Frage nach der Reputation des Berufsstandes gestellt. Alle befragten Wirtschaftsprüfer teilten die Meinung, dass der Berufsstand und dessen Mitglieder eine gute Reputation besitzen. Überraschend ist dieses Ergebnis, wenn man einige Informationen hinzuzieht, die sich aus der Presse über die Reputation der Wirtschaftsprüfer entnehmen lassen. Aufgrund dieser Informationen muss nämlich festgestellt werden, dass der Berufsstand der Wirtschaftsprüfer einen negativen Ruf in der Öffentlichkeit besitzt. Diese Tatsache sollte vom Berufsstand der Wirtschaftsprüfer ernst genommen werden, da der Berufsstand zu den vorwiegend „imagesensiblen"[133] Branchen und Berufen zählt. Hiermit ist gemeint, dass eine

[133] Der hier verwendete Begriff „Reputation" kann auch als „aggregiertes Image" bezeichnet werden, womit der Ausdruck „Reputation" die Form eines Überbegriffs übernimmt. Dennoch ist es zulässig, wie in der vorliegenden Arbeit geschehen, die beiden Begriffe synonym zu verwenden. Dies, weil die Reputation einer Organisation durch deren Image bestimmt wird. Siehe hierzu Ewert 1990, S. 255ff. sowie Marten/Schmöller 1999, S. 172f.

dauerhaft schlechte Reputation zu Einkommensverlusten und Gefährdung der freiberuflichen Existenzgrundlage der Wirtschaftsprüfer führen kann (vgl. Hunger 1981, S. 29). Wie die Diskrepanz entsteht zwischen der Wahrnehmung der Wirtschaftsprüfer und den Presseinformationen, die die Wahrnehmung der Öffentlichkeit repräsentiert, ist nur zum Teil erklärbar. Dabei muss ich an dieser Stelle anmerken, dass die kritischen Artikel allen von mir befragten Wirtschaftsprüfern bekannt waren. Die Erklärung für die bestehende Diskrepanz kann beispielsweise darin liegen, dass die interviewten Wirtschaftsprüfer die Kritik nicht ernst nehmen, da sie mit ihren eigenen Erfahrungen nicht übereinstimmt.

Abschließend lässt sich feststellen, dass die Reputation des Berufsstandes bei den interviewten Adressaten die Vertrauensentstehung kaum beeinflussen kann. Dies, weil die Reputation des Berufsstandes bei den befragten Personen, zumindest bewusst, nicht wahrgenommen wird. In der breiten Öffentlichkeit dagegen erfreut sich der Berufsstand eher einer negativen Reputation, was ein Signal für die Wirtschaftsprüfer sein sollte, das Image des Berufes in den Medien positiv zu verändern, beispielsweise durch mehr allgemein zugängliche Informationen in der Presse.

5.2.2.2 Berufsausbildung und Berufszugang

Der Berufsabschluss dient hier als Hinweis auf die Fähigkeiten der Wirtschaftsprüfer, ihren Beruf ordnungsgemäß auszuüben. Bei dem Wirtschaftsprüferberuf handelt es sich um einen „freien Beruf[134]“. Eine rechtliche Definition der freien Berufe in Polen existiert nicht[135]. Auch auf der Ebene der Europäischen Union gibt es beträchtliche Differenzen bezüglich der Zuordnung bestimmter Tätigkeiten zum Begriff des freien Berufes. Dazu kommt noch die Tatsache, dass dieser Begriff eine bestimmte Dynamik besitzt. Einige Tätigkeiten könnten allmählich den Status des „freien Berufs“ verlieren, gleichzeitig könnten andere Tätigkeiten diesen Status erwerben. Trotz erheblicher Divergenzen lassen sich einige Merkmale charakterisieren, die für das Verständnis dieser Berufsgruppe in der Europäischen Union gemeinsam sind. Zu diesen Eigenschaften zählt der Charakter der Dienstleistungen, der überwiegend intellektuell, technisch oder fachlich ist. Ferner der persönliche und direkte Bezug zur Dienstleistungserbringung. Darüber

---

[134] Der Begriff des „freien Berufes“ hat in Europa den gleichen Ursprung. Im Römischen Recht bildeten nämlich die „artes liberales“ eine wesentliche Kategorie für die berufliche Gliederung der Gesellschaft. Dieser Gruppe wurden frei geborene Römer mit Bürgerrecht zugeordnet, die höhere geistige, wissenschaftliche oder künstlerische Tätigkeit ausübten (vgl. Oberlander 1995, S.20).

[135] Die freien Berufe sind lediglich in einzelnen Berufsgesetzen geregelt. Im Handelsgesetzbuch von 1934 war der Begriff des freien Berufs im Art. 3 noch gesondert behandelt worden. Mit der Einführung des neuen Zivilkodex im Jahre 1964 wurde diese Regelung aufgehoben und somit der freie Beruf abgeschafft (vgl. Freiberufliche Dienstleistungen... 1996, S. 83).

hinaus die fundierte Ausbildung der Dienstleistungserbringer. Ergänzend werden die jeweiligen Aktivitäten überwiegend auf selbständiger Basis ausgeübt, der Zugang zu diesen Tätigkeiten meistens kontrolliert und begrenzt und in besonderer Weise gesetzlich geregelt (vgl. Ehlermann 1995, S. 160f.). Im folgenden wird der Begriff des freien Berufes aufgrund dieser Reihe von Merkmalen charakterisiert. Dafür spricht die Tatsache, dass eines der höchsten Staatsziele Polens der mittelfristige Beitritt zur Europäischen Union ist. Diese Perspektive wurde bereits in der Gesetzgebung berücksichtigt.

Die Basis für die Ausübung der freien Berufe in Polen bildet das Gesetz über die Wirtschaftstätigkeit. Mit diesem Gesetz wurde die verfassungsmäßige Gewerbefreiheit rechtlich konkretisiert. Der Begriff der Wirtschaftstätigkeit lehnt sich zwar an den deutschen Gewerbebegriff an, wird aber im Vergleich hierzu weiter gefasst. Unter Wirtschaftstätigkeit werden nämlich zusätzlich noch Handels- und Dienstleistungstätigkeiten verstanden (vgl. Art 2 I WiTG). Somit zählt beispielsweise die Tätigkeit des Arztes, des Rechtsanwalts oder Wirtschaftsprüfers auch dazu.

Zunächst wird die Vertrauensquelle „Berufsausbildung und Berufszugang" als real gegeben betrachtet. Dazu werden Ausführungen gemacht, die gemäß der vorhandenen Gesetze und Verordnungen den Zugang zum Beruf des Wirtschaftsprüfers heutzutage regeln. Jedoch kann nicht unberücksichtigt bleiben, dass die meisten der Wirtschaftsprüfer aus dem Kreis der ehemaligen diplomierten Buchprüfer hervorgegangen sind. Dies hat die Konsequenz, dass die meisten Wirtschaftsprüfer mit den Kenntnissen, die sie in der Zeit vor der Wende erworben haben, arbeiten. Folglich erscheint es sinnvoll, sich einen Überblick über die Prüfungsanforderungen für das Examen des diplomierten Buchprüfers zu verschaffen. Dafür spricht auch die Tatsache, dass die Wirtschaftsprüfungskammer in Polen die Meinung vertritt, dass diese Kenntnisse, ergänzt durch kurze Weiterbildungsmaßnahmen, durchaus den heutigen Anforderungen gerecht werden. Ganz anders sahen das meine Interviewpartner und zwar nicht nur aus der Adressaten-Gruppe sondern auch die „neuen Wirtschaftsprüfer". Die Meinung der breiten Öffentlichkeit, die lediglich der Presse entnommen werden konnte (es liegen keine quantitativen Untersuchungen darüber vor), schließt sich der Meinung ebenfalls an. Um dem Leser eine Möglichkeit zu bieten, sich eine eigene Meinung zu bilden, wird auch der Weg zur Erlangung des Titels des diplomierten Buchprüfers kurz skizziert. Anschließend wird die hier betrachtete Vertrauensquelle aus der subjektiven Perspektive der Adressaten dargestellt, ergänzt durch die Perspektive der Wirtschaftsprüfer. Dies, um feststellen zu können, ob und gegebenenfalls inwieweit die Wahrnehmungen der beiden Gruppen auseinander liegen.

Um heute Mitglied des Berufsstandes der Wirtschaftsprüfer in Polen zu werden, müssen laut Gesetz vom 13.10.1994 persönliche und fachliche Bedingungen erfüllt werden (vgl. Art. 5 Gesetz über Wirtschaftsprüfer). Zu den persönlichen Voraussetzungen zählt der Vollbesitz der staatsbürgerlichen Rechte sowie die Geschäftsfähigkeit. Zum anderen können zum Beruf des Wirtschaftsprüfers nur

Personen zugelassen werden, die einen makellosen Charakter haben und mit ihrem bisherigen Vorleben die Garantie einer ordnungsmäßigen Ausübung des Wirtschaftsprüferberufes bieten (vgl. Art. 5 Nr. 1 und Nr. 2 Gesetz über Wirtschaftsprüfer). Um den fachlichen Voraussetzungen gerecht zu werden, muss der Kandidat einen Hochschulabschluss besitzen. Ferner muss er eine dreijährige Berufspraxis absolviert haben. Davon sollen mindestens zwei Jahre des Berufspraktikums unter Leitung eines Wirtschaftsprüfers absolviert werden. Ferner muss der Kandidat das Wirtschaftsprüfer-Examen mit positiven Ergebnissen vor dem Prüfungsausschuss abgelegt und schließlich damit das Diplom eines Wirtschaftsprüfers erworben haben (vgl. Art. 5 Nr. 3-7 Gesetz über Wirtschaftsprüfer).

Das Wirtschaftsprüfer-Examen hat zunächst der Staatliche Prüfungsausschuss, der durch den Finanzminister einberufen worden ist, vorbereitet und teilweise durchgeführt, und zwar entsprechend den Verlautbarungen des Gesetzes über Jahresabschlussprüfung, Wirtschaftsprüfer und ihre Selbstverwaltung vom 19.10.1991. Seit der Einführung des Gesetzes über Wirtschaftsprüfer und deren Selbstverwaltung vom 13.10.1994 organisiert der Prüfungsausschuss das Examen. Der Prüfungsausschuss wurde durch den Landesrat der Wirtschaftsprüfer[136] in Abstimmung mit dem Finanzminister einberufen (vgl. Art. 25 Abs. 2 Nr. 4 Gesetz über Wirtschaftsprüfer). Die Grundlage für das Wirtschaftsprüferexamen bilden die „Qualifikationsanforderungen für die Kandidaten zum Wirtschaftsprüferberuf“[137]. Die Qualifikationsanforderungen beinhalten folgende Fachgebiete: Finanzbuchhaltung; Ökonomie und Management; Zivilrecht, Arbeitsrecht und Wirtschaftsrecht; Steuerrecht; Finanzen; Internes Rechnungswesen; Jahresabschlüsse und deren Analyse; Jahresabschlussprüfungen und andere Dienstleistungen des Wirtschaftsprüfers.[138] Die einzelnen Teilgebiete erfordern zum einen theoretische Kenntnisse und zum anderen Ziele und Anwendungen aus jedem Problembereich zu kennen. *Finanzbuchhaltung (Teil I)*[139] besteht erstens aus den erforderlichen theoretischen Kenntnissen folgender Problembereiche: Prinzipien und Bereiche des Rechnungswesens, Wesen des Inventars und der Bilanz, Erfassung und Dokumentation der Geschäftsvorfälle, Führung der Handelsbücher, Inventur und Gestaltung des Rechnungswesens. Zweitens muss der Kandidat die Notwendigkeit

[136] Die einzelnen Organe der Wirtschaftsprüfungskammer und deren Aufgaben werden im Abschnitt 5.2.2.6 dieses Kapitels näher erläutert.

[137] Siehe in diesem Zusammenhang den Beschluss Nr. 268/83/97 des Landesrates der Wirtschaftsprüfer vom 25.3.1997 über die Qualifikationsanforderungen für die Kandidaten zum Wirtschaftsprüferberuf. Dieser Beschluss wurde mit Zustimmung des Prüfungsausschusses gefasst.

[138] Die folgenden Ausführungen basieren auf dem Beschluss Nr. 268/83/97 des Landesrates der Wirtschaftsprüfer vom 25.3.1997 über die Qualifikationsanforderungen für die Kandidaten zum Wirtschaftsprüferberuf.

[139] Die Unterteilung hat vor allem Bedeutung für die Organisation und Durchführung der Prüfung.

und das Ziel des Jahresabschlusses begründen können, ebenfalls das Ziel und die Notwendigkeit der Grundsätze ordnungsmäßiger Buchführung[140] sowie Folgen der Anwendung bzw. der Nichtanwendung dieser Grundsätze bestimmen können. Daneben wird eine Reihe von Fähigkeiten geprüft, die u.a. die Aufstellung der Eröffnungsbilanz und des Inventars betreffen, sowie die Buchführung, die Aufstellung der Umsätze und Salden auf der Grundlage des Hauptbuches. In dieser Art und Weise sind auch die restlichen Fachgebiete des Wirtschaftsprüferexamens definiert. In den folgenden Ausführungen werden die Gebiete genauer präzisiert. Auf eine Aufstellung der geforderten „praktischen" Fähigkeiten wird allerdings verzichtet, da sie aus den dargestellten Fachgebieten abgeleitet werden können. Das nächste Fachgebiet, neben der Finanzbuchhaltung (Teil I), betrifft *Ökonomie und Management*. Hier werden die Grundkenntnisse der Volkswirtschaft und der Betriebswirtschaft, unter besonderer Berücksichtigung der Führung und Kontrolle des Unternehmens, geprüft. Das dritte Fachgebiet umfasst *Zivilrecht, Arbeitsrecht und Wirtschaftsrecht*. Im Bereich des Zivilrechts werden geprüft: Allgemeiner Teil (Personen, Sachen, Rechtsgeschäfte, Fristen, Ausübung der Rechte), Sachenrecht (Besitz und Eigentum) und Recht der Schuldverhältnisse. Das Arbeitsrecht beinhaltet die Gestaltung des Arbeitsvertrages, Arbeitszeitregelungen, Urlaubsregelung und Ordnungswidrigkeiten. Der Begriff des Wirtschaftsrechts ist in seiner Abgrenzung uneinheitlich. Das hier verwendete Wirtschaftsrecht umfasst die Gesamtheit der Vorschriften über die selbständige Erwerbstätigkeit, Grundbegriffe des Handelsrechts, Gesellschaftsrecht, Konkurs und Insolvenzrecht sowie Devisenrecht. Das nächste Gebiet beschäftigt sich mit dem *Steuerrecht (Teil I)*. Im einzelnen handelt es sich hier um Quellen des Steuerrechts und seine Auslegung, Verfahrensteuerrecht, materielles Steuerrecht (Umsatzsteuer, Verbrauchssteuer, Steuergebühr, Spielsteuer[141]) und Zollrecht. Der Bereich *Finanzen* umfasst folgende Teilgebiete: Finanzmarkt, Finanzierung innerhalb von Unternehmen, Unternehmensbewertung, Finanzen von Banken und Finanzierungsinstituten, Finanzen von Versicherungen und von Haushalten. Im *zweiten Teil der Finanzbuchhaltung* werden Kenntnisse aus folgenden Problembereichen geprüft: Bewertung der Aktiva und Passiva sowie Ermittlung des Ergebnisses mit Berücksichtigung der Sondervorschriften für Banken und Versicherungsunternehmen, Rechnungswesen von Unternehmen, die sich in besonderen Situationen befinden (Gründung, Umwandlung, Fusion, Übernahme, Sanierungsverfahren, Liquidation, Konkurs). Im *zweiten Teil des Steuerrechts* werden Kenntnisse im Bereich des materiellen Steuerrechts (Körperschaftssteuer, Einkommensteuer, Grundsteuer und Kraftfahrzeugsteuer, Internationales Steuerrecht) und im Bereich der Steuerberatung verlangt. Das Fachgebiet *Internes*

140 Die wörtliche Übersetzung lautet: „Übergeordnete Prinzipien". Sie entsprechen inhaltlich den deutschen Grundsätzen der ordnungsmäßigen Buchführung. Aus Verständnisgründen wird hier die deutsche Bezeichnung übernommen.

141 Spielsteuer ist in Polen eine eigene Art von Steuer, die legale Glücksspiele betrifft.

Rechnungswesen beinhaltet Kostenrechnung und Rechnungswesen als Führungsinstrument. Der nächste Problembereich bezieht sich auf *Jahresabschlüsse und deren Analyse.* Genauer betrachtet handelt es sich hier um allgemeine Prinzipien der Jahresabschlusserstellung, um Jahresabschlüsse von Banken und Versicherungsunternehmen, um Konzernabschlüsse, um Pflichten bezüglich der Berichterstattung von Publikumsaktiengesellschaften und schließlich um die finanzielle Analyse der Jahresabschlüsse. Das letzte genannte Prüfungsgebiet betrifft *Jahresabschlussprüfungen und andere Dienstleistungen des Wirtschaftsprüfers,* der folgende Problembereiche behandelt: Notwendigkeit der Jahresabschlussprüfungen, Ziele, Gegenstand und Verlauf der Prüfung, ferner allgemeine Prinzipien der Ausübung des Wirtschaftsprüferberufes, Methoden, Prozedere, Technik und Verlauf der Jahresabschlussprüfung. Schließlich werden auch andere Dienstleistungen, die der Wirtschaftsprüfer anbieten kann (z.B. Gründungsprüfung, Börsenprospektprüfung, Zwischenprüfung), als Gegenstand der Prüfung betrachtet.

Über die Zulassung zur Prüfung entscheidet ein Zulassungsausschuss, der sich aus den Mitgliedern des Prüfungsausschusses zusammensetzt[142]. Wird der Kandidat zugelassen, so sollte er die schriftliche Prüfung aus den oben dargestellten Fachbereichen innerhalb von vier festgesetzten Prüfungsterminen in folgender Reihenfolge absolvieren: Bei dem ersten Prüfungstermin soll der Bewerber die Prüfung über Finanzbuchhaltung (Teil I) sowie Ökonomie und Management ablegen, bei dem zweiten Termin: Zivilrecht, Arbeitsrecht und Wirtschaftsrecht sowie Steuerrecht (Teil I) und Finanzen, bei dem dritten Termin: Steuerrecht (Teil II); Finanzbuchhaltung (Teil II) und Internes Rechnungswesen, im vierten Teil: Jahresabschlüsse und deren Analyse sowie Jahresabschlussprüfungen und andere Dienstleistungen des Wirtschaftsprüfers. Die einzelnen Prüfungstermine können nur dann wahrgenommen werden, wenn der Kandidat alle Prüfungen des vorherigen Prüfungstermins bestanden hat. Unabhängig von bestandenen Prüfungen muss der Bewerber, wie bereits oben angemerkt, auch eine dreijährige Berufspraxis abgeschlossen haben, um zum Diplomexamen zugelassen zu werden. Das Ziel der Berufspraxis ist einerseits der Erwerb und die Beherrschung der Kenntnisse, die vom selbständigen Buchhalter verlangt werden. Insbesondere handelt es sich hier um Kenntnisse im Bereich von Organisation und Technik der Führung von Handelsbüchern, Buchführung sowie Aufstellung von Jahresabschlüssen, Steuererklärungen, Anwendung der Rechtsvorschriften, die für eben genannte Gebiete relevant sind und schließlich das Kennenlernen der Prinzipien und Analysemethoden der Vermögens-, Finanz- und Ertragslage (vgl. § 2 Programm und Prinzipien der Durchführung von Berufspraktikum durch die Kandidaten für Wirtschaftsprüfer). Andererseits ist das Ziel des Berufspraktikums für die Praktikanten vor allem die Aneignung von Fähigkeiten, die einen Wirtschaftsprüfer

---

142 Die folgenden Ausführungen basieren auf der Bekanntmachung des Landesrates der Wirtschaftsprüfer vom 29.7.1998 bezüglich des Wirtschaftsprüferexamens.

auszeichnen sollen. Insbesondere handelt es sich hier erstens um die Auswahl und Durchführung der zutreffenden Methoden und Techniken im Einklang mit den Jahresabschlussprüfungs-Richtlinien. Zweitens die Führung der Arbeitspapiere, des Prüfungsberichts und des Bestätigungsvermerks. Drittens um die Zusammenarbeit mit den Vertretern des zu prüfenden Unternehmens während der Erfüllung der Dienstleistung durch den Wirtschaftsprüfer (vgl. § 3 Programm und Prinzipien der Durchführung des Berufspraktikums durch die Kandidaten für Wirtschaftsprüfer). Hat der Bewerber die beiden erforderlichen Praktika abgeschlossen, so kann er das Diplomexamen ablegen. Dieses Examen wird mündlich vor dem Prüfungsausschuss abgelegt und betrifft zum einen alle Problembereiche der Jahresabschlussprüfung und der Ausübung des Wirtschaftsprüferberufes. Zum anderen erfordert er von den Kandidaten auf den neuesten Stand gebrachte Kenntnisse aus anderen Prüfungsgebieten. Endet diese Prüfung mit positivem Ergebnis, so erwirbt der Kandidat den Titel und die Rechte eines Wirtschaftsprüfers. Somit kann er in das Berufsregister eingetragen werden. Das Berufsregister ist das Verzeichnis derjenigen Personen, die das Recht zur Ausübung des Wirtschaftsprüferberufes haben. Darüber hinaus wird noch eine Liste von Personen geführt, die tatsächlich diesen Beruf ausüben. Hier wird weiter unterteilt in die Liste, die Personen aufnimmt, die das Wirtschaftsprüfer-Examen bestanden und die Berechtigung bekommen haben, den Beruf auszuüben, und zwar ohne Rücksicht darauf, ob diese Personen als Wirtschaftsprüfer tätig sind oder anderen Tätigkeiten in der Wirtschaft, Verwaltung oder in der Wissenschaft nachgehen. In der zweiten Liste sind Personen aufgenommen, die den Beruf des Wirtschaftsprüfers tatsächlich ausüben. Mit den Ergänzungen des Gesetzes über Wirtschaftsprüfer im Jahre 2000 wurde eine zusätzliche Möglichkeit für die Kandidaten für das Wirtschaftprüferexamen. Der Artikel 25 Abs. 4b ermöglichst nämlich eine Freistellung von der Teilnahme in einigen Prüfungen, wenn diese gleichwertig mit den Prüfungen sind, die der Kandidat während seines Hochschulstudiums bereits absolviert hat. Voraussetzung hierfür ist jedoch, dass das Ende des Studiums nicht länger als drei Jahre zurückliegt. Darüber hinaus können den Beruf des Wirtschaftsprüfers in Polen auch Ausländer ausüben. Zum einen solche Ausländer, die in Polen das Wirtschaftsprüfer-Examen bestanden haben. Zum anderen die, die in einem anderen Land einen Titel als Wirtschaftsprüfer erworben haben, der durch die EU-Mitgliedsstaaten anerkannt wird und die in polnischer Sprache eine Prüfung im Bereich des Wirtschaftsrechts bestanden haben. Die in Polen anerkannten ausländischen Wirtschaftsprüfer werden dann in dem Register für Ausländer eingetragen.

Abschließend lässt sich feststellen, dass die Mindestvoraussetzungen der 8. EG Richtlinie für die Ausübung des Berufes als Abschlussprüfer durch die polnische Regelung erfüllt worden sind. Die Voraussetzungen, die erfüllt werden müssen, damit die Ausübung des Berufes möglich ist, beinhalten: Ein Hochschulstudium, eine mindestens dreijährige praktische Ausbildungszeit im Prüfungswesen und eine staatliche oder staatlich anerkannte Prüfung (vgl. Art. 4, 8. EG Richtlinie).

Die oben beschriebenen Voraussetzungen zur Erlangung des Titels des Wirtschaftsprüfers galten selbstverständlich nicht für die ehemaligen diplomierten sachverständigen Buchprüfer. Die Tatsache ist insoweit relevant, als dass diese Personen die große Mehrheit des Berufsstandes ausmachen. Der Berufsstand behauptet, dass die Qualifikation der ehemaligen diplomierten Buchprüfer für die Bedürfnisse der heutigen Wirtschaft ausreichend sind. Um dem Leser die Möglichkeit zu geben sich selbst ein Urteil zu bilden, wird im folgenden die Prozedur zur Erlangung des Titels des *„diplomierten sachverständigen Buchprüfers"* dargestellt. Sie setzte vor allem den Nachweis der persönlichen und fachlichen Eignung in einem Zulassungs- und Prüfungsverfahren voraus. In Bezug auf die Zulassungsvoraussetzungen der Kandidaten konnte zwischen Vorbildung und Praxiserfahrung unterschieden werden. Bezüglich der Vorbildungsvoraussetzungen musste der Kandidat grundsätzlich ein abgeschlossenes Hochschulstudium mit wirtschaftlicher oder juristischer Ausrichtung nachweisen. Dazu kam die mindestens fünfjährige Praxiserfahrung auf dem Gebiet des Rechnungswesens, davon wenigstens zwei Jahre auf dem Posten des Hauptbuchhalters, einem anderen Führungsposten, auf dem Posten des Revisors oder aber eine andere, selbständige Stellung in finanzbuchhalterischem Dienst. Praktiker ohne abgeschlossenes Hochschulstudium konnten zugelassen werden, wenn sie die mittlere Schulbildung hatten und mindestens acht Jahre Praxiserfahrung auf dem Gebiet des Rechnungswesens vorweisen konnten, davon wenigstens drei Jahre auf dem Posten des Hauptbuchhalters, einem anderen Führungsposten oder aber fünf Jahre Praxis auf dem Posten des Revisors oder einer anderen selbständigen Stellung in finanzbuchhalterischem Dienst. Alternativ dazu waren auch selbständige Wissenschaftler im Bereich des Rechnungswesens zur Prüfung zugelassen.

Außer der fachlichen war auch die persönliche Eignung der Kandidaten von Bedeutung. Der Bewerber sollte nämlich einen tadellosen moralischen und beruflichen Ruf genießen.

Die Anforderungen, die im Examen gestellt wurden, waren relativ hoch. Das Prüfungsverfahren erstreckte sich über zehn Fächer, die in zwei Teilen angeordnet waren. Der erste Teil der Prüfung umfasste fünf Fächer, hatte allgemeinen Charakter und war für alle Kandidaten vorgesehen. Darunter u.a. Makro- und Mikroökonomie, Jura, Rechnungswesen und Bilanzanalyse sowie Revision und Kontrolle.

Der zweite Teil der Prüfung umfasste fünf verschiedene Fachgebiete: Industrie, Bauwesen, Handel, Landwirtschaft und Haushaltsposten. Der Kandidat musste mindestens eine von diesen Spezialisierungen erlangen (§ 50 Beschluss 187).

Nach bestandener Prüfung wurde dem Kandidaten auf Antrag der Staatlichen Prüfungskommission durch den Finanzminister der Titel des „diplomierten sachverständigen Buchprüfers" erteilt. Zuvor hatte der Kandidat den Berufseid zu leisten. Anschließend wurde er in die staatliche Liste der Buchprüfer aufgenommen. Die Streichung aus dieser Liste konnte aufgrund von Entscheidungen des

Finanzministers erfolgen. Bevor der Finanzminister die Entscheidung über ein Streichen trifft, hört er sich die Ansicht des Buchhalterverbandes an.

Bisher wurden die objektiv gegebenen Tatsachen über den Zugang zum Berufsstand des Wirtschaftsprüfers dargestellt. Nun erfolgt die Schilderung der subjektiven Wahrnehmung dieser Tatsachen durch die von mir befragten Personen.

Die subjektive Wahrnehmung der Adressaten bezüglich des Zugangs zum Beruf des Wirtschaftsprüfers war geteilt. Einige Adressaten empfanden die Prüfungsregelungen als zu schwierig, andere empfanden sie als angemessen. Was von allen als unfair empfunden wurde, ist die Tatsache, dass viel zu wenige Kandidaten erfolgreich über alle Hürden kamen. Diese Tatsache wird als Blockierung des Zugangs zum Beruf durch die Landeskammer der Wirtschaftsprüfer empfunden. Ein interviewter Adressat hat sich folgendermaßen dazu geäußert:

> *„Ein Examen, das die Fähigkeiten des Kandidaten überprüft, ist durchaus sinnvoll. Dagegen ist mir bewusst, dass bei dieser Art von Prüfungen immer ein Zweifel darüber besteht, ob bestimmte Personen dafür sorgen, dass der Zugang zum Beruf begrenzt bleibt. Ich denke, sehr wichtig wäre es, dass die Kriterien und Bedingungen, welche erfüllt werden müssen, um Wirtschaftsprüfer zu werden, sehr deutlich genannt werden und objektiven Charakter besitzen. Der Markt der Sachkenntnisse soll als Wettbewerb für Wirtschaftsprüferleistungen dienen und nicht eine administrative Begrenzung sein, die die Gruppe beschützt die zur Zeit den Beruf ausübt." (7)*

Auch die breite Öffentlichkeit vertritt die Meinung, dass der Zugang zum Wirtschaftsprüferberuf durch die Wirtschaftsprüfungskammer blockiert wird. Die Argumentation verläuft folgendermaßen. Das Gesetz über die Prüfung und die Offenlegung von Jahresabschlüssen sowie über die Wirtschaftsprüfer vom Jahr 1991 ist am 1.1.1992 in Kraft getreten. In den folgenden sieben Jahren hat kein polnischer Staatsbürger den Titel des Wirtschaftsprüfers erlangt. Die Ausnahme bildeten neunzehn ausländische Wirtschaftsprüfer, die aufgrund spezieller Regelungen für diese Gruppe die Berechtigung, den Beruf auszuüben erlangt hatten, nachdem sie ein Examen in polnischem Wirtschaftsrecht abgelegt hatten. Dafür, dass innerhalb von sieben Jahren kein polnischer Staatsbürger den Zugang zum Beruf erreicht hat, ist im wesentlichen die Landeskammer verantwortlich. Betrachtet man das Gesetz von 1991, so wird deutlich, dass nicht nur die ehemaligen diplomierten Buchprüfer die Möglichkeit hatten, den Beruf zu erlangen. Auch andere Personen, die einen Hochschulabschluss hatten und über ein zweijähriges Praktikum in der Buchhaltung verfügten, konnten theoretisch zum Wirtschaftsprüfer-Examen zugelassen werden. Sie konnten auch theoretisch nach dem Bestehen der zehn anspruchsvollen Prüfungen während einer zweijährigen Applikation in einer Wirtschaftsprüfungsgesellschaft absolvieren. Theoretisch hätten somit die ersten Wirtschaftsprüfer des neuen Rechts bereits im Jahr 1994 auf dem Markt sein können (unter der Voraussetzung, dass sie zwei erforderliche Jahre in der Buchhaltung bereits absolviert hatten). In der Praxis waren die ersten „neuen“ Wirtschaftsprüfer erst im Jahre 1999 einsatzfähig. Der damalige Vorstandsvorsitzende der Landeskammer vertritt die Meinung, dass das Finanzministerium diesen Tatbestand verschuldet hat, da es erst im Jahre 1993 die Prüfungskommission ernannt hatte. Diese hat bis Ende 1994 gerade ein Examen abgenommen. Anders erklärt das die Direktorin des Departements für das Rechnungswesen im Finanzministerium. Die Staatliche Prüfungskommission wurde kraft einer Verordnung vom 26. November 1992 einberufen. Die Kommission konnte jedoch während mehrerer Monate keine Prüfungen abnehmen, da der Landesrat der Wirtschaftsprüfer erst im Dezember 1993 die Bereiche der Prüfung festgelegt hatte (vgl. Krajewski/Pałyska 1999, S. 19).

Zum Wirtschaftsprüfer-Examen in den Jahren 1994-1996 haben sich insgesamt 2.527 Personen angemeldet. Davon haben nur 47 Kandidaten alle Prüfungen bestanden (vgl. Messner 1997, S. 667). Die Ergebnisse sind nicht überzeugend und es stellt sich die Frage, nach den Ursachen. Der Vorsitzende des Prüfungsausschusses hat die Vermutung geäußert, dass die schlechten Ergebnisse auf drei Faktoren zurückzuführen sind. Erstens die unzureichende Beherrschung des erforderlichen Fachwissens der Kandidaten. Zweitens eine fehlende „psychische“ Vorbereitung der Bewerber und drittens eine risikofreudige Einstellung zu den Prüfungen, indem die Kandidaten, ungeachtet der Abzugspunkte, bei den Multiplechoice Aufgaben einfach beliebige Antworten ankreuzten (vgl. Messner 1996, S. 18). Mittlerweile hat eine Vielzahl von Kandidaten die Prüfung bestanden. Somit ist die Argumentation des Prüfungsausschussvorsitzenden hinfällig. Es ist unwahrscheinlich, dass so viele Kandidaten plötzlich fachlich besser sind als ihre Kollegen vor einigen Jahren. Es ist auch nicht möglich, dass so viele Personen gleichzeitig eine bessere psychische Vorbereitung haben. Der Grund hierfür liegt viel mehr darin begründet, dass die Öffentlichkeit in den Medien die Ergebnisse so stark kritisiert hat, dass der Berufsstand sich gezwungen gefühlt hat den Zugang zum Beruf zu erleichtern. Fraglich ist, ob alle Fehler des Berufsstandes erst dann korrigiert werden, wenn die öffentliche Kritik überhand nimmt. Ist der Berufsstand nicht im Stande die erforderliche Selbstkritik zu üben?

Die Gruppe der befragten Wirtschaftsprüfer, genauer die der ehemaligen diplomierten Buchprüfer, vertritt dagegen die Meinung, dass das Examen und die Zulassungsbedingungen zum Wirtschaftsprüferberuf den Anforderungen genügen sind. Auch die Tatsache, dass so wenige Kandidaten den Zugang zum Beruf schaffen, verwundert sie nicht, noch stört es sie. Einerseits ist dieser Sachverhalt durchaus in ihrem Interesse, da dadurch keine neue Konkurrenz auf dem Markt für Wirtschaftsprüferleistungen tritt. Andererseits, und das ist ihre Argumentation, war das Examen für diplomierte Buchprüfer ebenso schwer, wenn nicht sogar schwieriger. Ein ehemaliger diplomierter Buchprüfer und heute aktiver Wirtschaftsprüfer hat sich folgendermaßen dazu geäußert:

„Ich weiß nicht, warum sich das Urteil eingebürgt hat, dass das Bestehen des Examens für den Titel des diplomierten Buchprüfers einfach war. Das ist nicht wahr. Ich weiß nicht warum das nicht richtig gestellt wird. Früher hatten 10-15% der Kandidaten das Examen bestanden. Also nur sehr wenig. Es waren schwere Prüfungen." (4)

Diese Sichtweise vertreten alle von mir interviewten früheren diplomierten Buchprüfer. Es scheint, als ob auch die Landeskammer dieser Meinung ist, wenn man die Anzahl der Kandidaten, die den Zugang zum Beruf geschafft haben, betrachtet. Am Rande sei bemerkt, dass alle Mitglieder des Prüfungsausschusses, die für die jetzigen Prüfungen zuständig sind, Personen der alten Kader sind.

Nach der erheblichen Kritik seitens der Öffentlichkeit wurden mittlerweile eine erhöhte Anzahl von Personen zum Berufsstand der Wirtschaftsprüfer zugelassen. Es sind immer noch nicht viele, aber die Hoffnung, dass der Beruf auch von jungen Personen mit hoher fachlicher Kompetenz ausgeübt wird, wächst. Jedoch stehen die neu zugelassenen Wirtschaftsprüfer vor einem anderen Problem. Sie finden nämlich keine feste Anstellung als Wirtschaftsprüfer. Wie bereits an einer anderen Stelle dieser Arbeit dargestellt (vgl. Abschnitt 5.1.2.2 dieses Kapitels), sind sie aus Kostengründen für die Wirtschaftsprüfungsgesellschaften uninteressant.

Die Landeskammer der Wirtschaftsprüfer bemüht sich um höhere Qualität bei den Dienstleistungen der Wirtschaftsprüfer. Aus diesem Grund sind auch die Prüfungen für die zukünftigen Wirtschaftsprüfer relativ anspruchsvoll. Wäre es dann auch nicht die Aufgabe der Landeskammer, den Berufseinstieg für die neuen hoch qualifizierten Wirtschaftsprüfer zu vereinfachen? Eine mögliche Lösung bestünde darin, die pensionierten Wirtschaftsprüfer, die nicht mehr voll in ihrem Berufsleben stehen und kein hohes Kompetenzniveau aufweisen, in ihren Tätigkeiten als Jahresabschlussprüfer einzuschränken.

5.2.2.3 Mitgliedschaft in der Branchenkultur der Wirtschaftsprüfer

Die einzelnen Branchenkulturen werden häufig als Subkulturen der einzelnen Landeskulturen angesehen. Die Subkulturen wiederum bilden eine wichtige Vertrauensquelle. In dem hier betrachteten Kontext ist die Branchenkultur der Wirtschaftsprüfer in Polen von besonderem Interesse. Die Entstehung einer Branchenkultur hängt, ähnlich wie die einer Landeskultur, mit Werten und Normen der Mitglieder einer solchen Kultur zusammen. Der Unterschied zur Landeskultur besteht darin, dass die Werte und Normen einer Branchenkultur durch die bestimmte Profession, die die Mitglieder ausüben, hier also die Wirtschaftsprüfer, eine spezifische Prägung erhalten. Zunächst werden die ethischen Werte der Branchenkultur der Wirtschaftsprüfer in Polen betrachtet. Diese spiegelt (sollte jedenfalls spiegeln) den Ethikkodex des Berufsstandes der Wirtschaftsprüfer wider. Dessen Regelungen werden durch die Landesversammlung der Wirtschaftsprüfer beschlossen (vgl. Art. 24, Nr. 5 Gesetz über Wirtschaftsprüfer). Anschließend werden Normen, die neben den Werten beim Prozess der Formung einer Branchenkultur eine entscheidende Rolle spielen, erläutert. Bezogen auf den Berufsstand der Wirtschaftsprüfer handelt es sich um die Berufsnormen, die durch den Landesrat der Wirtschaftsprüfer im Einverständnis mit dem Finanzminister ausgearbeitet wurden (vgl. Art. 25, Abs. 2 Nr. 7 Gesetz über Wirtschaftsprüfer).

5.2.2.3.1 Der Ethikkodex des Berufsstandes der Wirtschaftsprüfer als Spiegel der Werte der Branchenkultur

Ethik wird oft von der einen Seite als System von moralischen Prinzipien verstanden, die die Beurteilung und die Klassifikation von menschlichem Verhalten als gut oder böse, richtig oder falsch einordnen. Von der anderen Seite wird Ethik als eine Sammlung von anerkannten Verhaltensregeln in Beziehung zu verschiedenen Kategorien von menschlichen Handeln verstanden. Die Mitteilung von ethischen Regeln und Prinzipien tritt verbal oder durch Handlungen ein. Die formalisierten und verbalisierten Regeln und Prinzipien stellen der Ethikkodex dar (vgl. Nowak 2000, S. 84). Die Notwendigkeit der Einführung des Ethikkodex ergab sich in Polen Ende des Jahres 1991, nachdem der Berufsstand der Wirtschaftsprüfer gegründet wurde (vgl. Baj 1996, S. 47f.; Klimczak 1998, S. 442f.). Die erste Landesversammlung der Wirtschaftsprüfer im Juni 1992 hat die „Vorläufigen Normen der Berufsethik für die Wirtschaftsprüfer" erlassen. Dabei wurde berücksichtigt, dass in der Anfangsphase der Existenz des Wirtschaftsprüferberufes nur einige Prinzipien von denjenigen benötigt wurden, die in mehr mit dem Beruf erfahrenen Ländern gelten. Jedoch hat die schnelle Entwicklung der Marktwirtschaft und die bis zu dem Zeitpunkt erlassenen Gesetze[143] dazu geführt, dass die „Vorläufigen Normen der Berufsethik für die Wirtschaftsprüfer" nicht mehr den neu entstandenen ethischen Anforderungen gerecht wurden. Als Beispiele können folgende Situationen dienen. Für einige Unternehmen, deren Jahresabschlüsse geprüft werden mussten, war ein Wirtschaftsprüfer unbequem, der das Unternehmen gut kannte und nur einen, den Tatsachen entsprechenden, eingeschränkten Bestätigungsvermerk erteilt hatte. Eventuell hatte er gar verweigert, ein Testat zu erteilen. In diesen Situationen wechselten betroffene Unternehmen unproblematisch den Jahresabschlussprüfer in der Hoffnung, dass der neue Wirtschaftsprüfer die Mängel nicht bemerken würde. Ein Wechsel des Jahresabschlussprüfers war außerdem oft mit niedrigeren Preisen des Konkurrenten verbunden. Was dem zu prüfenden Unternehmen dabei nicht bekannt war, war die Tatsache, dass der vermeintlich günstigere Wirtschaftsprüfer nicht auf einen Teil seines Gewinns verzichtete oder seine Prüfungskosten im allgemeinen gesunken waren, sondern dass der günstigere Preis mit Einschränkung des Prüfungsumfangs einherging. Falls diese Tatsache dem Mandanten bewusst

[143] Gesetz vom 13. Oktober 1994 über die Wirtschaftsprüfer und deren Selbstverwaltung und Gesetz vom 29. September 1994 über die Rechnungslegung.

wurde und das geprüfte Unternehmen eine Beschwerde gegenüber einen derartigen Wirtschaftsprüfer vorbrachte konnte er sich aufgrund fehlender Arbeitspapiere, Kalkulation seiner Honorare und des Prüfungsplans nicht verteidigen. Es fehlten Hinweise bezüglich des Verhaltens von Wirtschaftsprüfern in solchen Situationen. Es bestanden keine eindeutige Regelungen bzgl. der Werbung, was zu teilweise unlauterem Wettbewerb geführt hat (vgl. Kaliński 1995, S. 502).

Der „Kodex der Berufsethik der Wirtschaftsprüfer“[144] wurde im August 1996 auf der Sonderversammlung der Wirtschaftsprüfer beschlossen. Es wurde zwar ein Entwurf des Ethikkodex für Angehörige des Berufsstandes der Wirtschaftsprüfer auf der dritten Landesversammlung der Wirtschaftsprüfer im Juni 1995 vorgeschlagen, aber aufgrund fehlender Kenntnisse der internationalen Praxis der Teilnehmer und aufgrund einiger Kontroversen wurde er nicht beschlossen. Dafür wurde ein Ausschuss für Ethikangelegenheiten einberufen, der die Aufgabe übernommen hatte, den Entwurf zu verbessern und auf der Sonderversammlung der Wirtschaftsprüfer, die extra dafür einberufen wurde, zu präsentieren (vgl. Fałkowski 1996, S. 563).

Oft wird bei der erstmaligen Einführung von Gesetzen und Regeln, so wie es der Fall bei dem Ethikkodex der Wirtschaftsprüfer ist, nach Vorbildern gesucht. Eine Möglichkeit stellte der von der IFAC beschlossene „Code of Ethics for Professional Accountants“[145] dar. Eine andere Möglichkeit bestand darin, sich die entsprechenden Ethikkodexe der Wirtschaftsprüfer anderer, erfahrenerer Länder anzuschauen. Der Ausschuss für Ethikangelegenheiten der Wirtschaftsprüfer in Polen hat beide Möglichkeiten berücksichtigt. Der Ausschuss hat nämlich den „Code of Ethics[146]“ der IFAC und den „Entwurf einer Satzung über die Rechte und Pflichten bei der Ausübung der Berufe des Wirtschaftsprüfers und des vereinigten Buchprüfers“ in den „Berichten der Landeskammer der Wirtschaftsprüfer“[147] publiziert und zur Diskussion gestellt (vgl. Biuletyn Nr. 21 und Nr. 23). Code of Ethics könnte dabei lediglich als Leitlinie dienen (vgl. Introduction Nr. 3, Code of Ethics). Die Mitgliedschaftskörperschaften sind dabei verpflichtet, die Einzelfälle, die aufgrund unterschiedlicher kultureller Prägung und verschiedener Rechtssysteme von Land zu Land verschieden sind, selbst zu bestimmen (vgl. Introduction, Nr. 1 Code of Ethics).

---

[144] In den folgenden Ausführungen wird der „Kodex der Berufsethik der Wirtschaftsprüfer“ kurz als "Ethikkodex“ bezeichnet.

[145] In den folgenden Ausführungen wird der „Code of Ethics for Professional Accountants“ kurz als „Code of Ethics“ bezeichnet

[146] Der Code of Ethics for Professional Accountants der IFAC existiert seit 1992. Er ersetzte die ebenfalls durch die IFAC im Jahre 1990 herausgebrachten „Guidelines on Ethic for Professional Accountants“.

[147] Die „Berichte der Landeskammer der Wirtschaftsprüfer“ sind ein Informationsblatt des Berufsstandes, den alle Wirtschaftsprüfer zugeschickt bekommen. Sie heißen im Orginal: „Biuletyn“.

Der 1996 beschlossene Ethikkodex soll den Angehörigen des Wirtschaftsprüferberufes helfen, ihre Aufgaben professionell unter Beachtung des Öffentlichkeitsinteresses und des Rechtssystems Polens zu erfüllen. Das Verhalten jedes einzelnen Wirtschaftsprüfers soll dazu beitragen, die Angehörigen des Berufsstandes der Wirtschaftsprüfer als öffentliche Vertrauenspersonen zu betrachten (vgl. Einleitung, Ethikkodex). Das ethische Verhalten des Wirtschaftsprüfers bezieht sich sowohl auf sein Berufsleben als auch auf sein Privatleben.

Wie bereits in dem Abschnitt 5.1.2.2 dieses Kapitels dargestellt, rekrutiert sich die überwiegende Mehrheit der jetzigen Mitglieder des Berufsstandes der Wirtschaftsprüfer aus den alten Kadern. Die Wirtschaftsprüfer sind zwar verpflichtet, sich mit dem aktuellen Ethikkodex auseinander zu setzen. Trotzdem haben die vielen Jahre, in denen die alten Verhaltensrichtlinien galten, das Verhalten der damaligen diplomierten Buchprüfer, die nun zu Wirtschaftsprüfern umgewandelt worden sind, geprägt. Bei der Annahme, dass die ehemaligen diplomierten Buchprüfer das Gebot der Weiterbildung nicht allzu ernst nehmen, erscheint der Verfasserin die Erläuterung der Berufsgrundsätze sinnvoll, die vor der Wende galten. Die Normen der Berufsethik der diplomierten Buchprüfer wurden nie in einem Gesetz erlassen. Sie waren durch unterschiedliche Rechtsvorschriften, Rundschreiben und sogar durch die Prüfungsaufträge eingeführt worden. Auf die Gestaltung der Normen der Berufsethik der Buchprüfer hat vor allem die Verordnung des Finanzministers bezüglich der diplomierten sachverständigen Buchprüfer vom 5.1.1960 großen Einfluss genommen. Eine andere beachtliche Einflussquelle bildete die Verordnung des Finanzministers Nr. 78 vom 23.10.1982, die ausführlich die Normen der Durchführung von Jahresabschlussprüfungen durch die Buchprüfer behandelte (vgl. Doraczyński 1980, S. 221; Kwasiborski 1994, S. 53ff.).

Ein Vergleich zwischen dem heute geltenden Ethikkodex, den Vorläufigen Normen der Berufsethik und den Berufsnormen der diplomierten Buchprüfer bietet *Abbildung 16* (vgl. Sawicki 1997, S. 49ff.).

Abbildung 16: **Vergleich zwischen dem aktuellen Ethikkodex der Wirtschaftsprüfer, den vorläufigen Normen der Berufsethik und den Berufsnormen der diplomierten Buchprüfer**

Berufsnormen der diplomierten Buchprüfer	**Vorläufigen Normen der Berufsethik für die Wirtschaftsprüfer**	**Kodex der Berufsethik der Wirtschaftsprüfer**
Unparteilichkeit Eigenverantwortlichkeit Vertraulichkeit Fachkenntnis persönliche Haltung	Definitionen I. Grundprinzipien II. Verhaltensregeln 1. Berufliche Unabhängigkeit 2. Berufliche Qualifikationen 3. Kundmachung und Werbung 4. Umgang mit fremden Vermögenswerten 5. Auslandstätigkeiten Anhang: Erklärungen zum II. Kapitel - Verhaltensregeln	I. Definitionen und allgemeine Prinzipien 1.1 Definitionen 1.2 Allgemeine Prinzipien II. Grundprinzipien der Berufsethik 2.1 Objektivität 2.2 Berufsqualifikation 2.3 Berufsgeheimnis 2.4 Berufliche Unabhängigkeit 2.5 Verhalten im Falle von Konflikten zwischen den Parteien 2.6 Besondere Situationen III. Verhaltensnormen bei der Durchführung von Dienstleistungen, die nicht den Jahresabschluss betreffen IV. Honorarregelungen V. Beziehungen zwischen den Mitgliedern der Kammer VI. Informationstätigkeiten VII. Erbringen von Leistungen außerhalb der Republik Polen VIII. Übergangsbestimmungen

Quelle: **Eigene Darstellung**

Bei dem Beschluss des Ethikkodex für die Angehörigen des Wirtschaftsprüferberufes war es notwendig, einige Grundbegriffe, die dort eine zentrale Rolle spielen, eindeutiger zu definieren. Dies, weil einige davon bisher unterschiedlich benutzt worden sind. Vor allem musste der Terminus „Wirtschaftsprüfer“ definiert werden. Der Begriff des Wirtschaftsprüfers wird dabei je nach Gesetz unterschiedlich verstanden. Im Gesetz über die Wirtschaftsprüfer wird der Begriff „Wirtschaftsprüfer“ zwar nicht direkt definiert, aber aus den einzelnen Bestimmungen dieses Gesetzes geht hervor, dass unter dem Wirtschaftsprüfer eine natürliche Person zu verstehen ist (beispielsweise Art. 5 Nr. 1: „die Staatsbürgerschaft Polens besitzt...“), die bestimmte Voraussetzungen erfüllt und das „Diplom des Wirtschaftsprüfers“ besitzt. Nach Eintragung einer solchen Person in das Register der Wirtschaftsprüfer und der Ablegung des Gelöbnisses, erwirbt der Wirtschaftsprüfer das Recht zur Ausübung des Berufes (vgl. Art. 4 Nr. 1 Gesetz über Wirtschaftsprüfer). Dieses Recht soll als eine Art Patent verstanden werden und nicht als Erlaubnis zur Berufsausübung. Dafür sind zusätzlich noch andere Voraussetzungen zu erfüllen, wie die Eintragung in die Liste der den Beruf des Wirtschaftsprüfers ausübenden Wirtschaftsprüfer (vgl. Art. 15 Gesetz über Wirtschaftsprüfer). Ganz anders wurde der Begriff „Wirtschaftsprüfer“ im Gesetz über Rechnungslegung definiert. Im Artikel 3 Punkt 6 wird festgestellt, dass sofern in diesem Gesetz von Wirtschaftsprüfern gesprochen wird, darunter natürliche Personen, offene Handelsgesellschaften, Kommanditgesellschaften, Gesellschaften bürgerlichen Rechts und juristische Personen zu verstehen sind, die aufgrund gesonderter Vorschriften zur Prüfung von Abschlüssen nach in diesem Gesetz vorgesehenen Verfahren berechtigt sind. Gemäß dem Gesetz über Wirtschaftsprüfer ist dies somit nicht die Definition des Wirtschaftsprüfers, sondern des Subjekts, das zur Prüfung von Abschlüssen berechtigt ist (vgl. Art. 10 Gesetz über Wirtschaftsprüfer). Nun stellte sich die Frage, wen der Ethikkodex betreffen soll. Soll er gelten für: Erstens natürliche Personen, die berechtigt sind und die Erlaubnis besitzen, Jahresabschlüsse zu prüfen? Zweitens natürliche Personen, die zwar das Diplom des Wirtschaftsprüfers besitzen, aber in einem anderem Beruf wie z.B. in der Verwaltung oder in der Industrie arbeiten oder aber pensioniert sind? Drittens juristische Personen, die eine wirtschaftliche Tätigkeit ausüben, die Prüfung von Abschlüssen? Im Ethikkodex war es somit notwendig, die Adressaten näher zu bestimmen. Demnach ist als Wirtschaftsprüfer eine natürliche Person zu bezeichnen, die in das Register der Wirtschaftsprüfer eingetragen ist. Eine natürliche oder juristische Person, die befugt ist, die Jahresabschlüsse zu prüfen, wird mit dem Terminus „Subjekt“ bezeichnet.

Im ersten Teil des Ethikkodex, in dem neben den Definitionen auch die allgemeinen Prinzipien formuliert werden, ist ebenfalls das übergeordnete Prinzip des Ethikkodex verfasst, der besagt, dass der Wirtschaftsprüfer immer vernünftig handeln sollte und zwar so, dass die Objektivität und die berufliche Unabhängigkeit nicht gefährdet werden. Objektivität und berufliche Unabhängigkeit zählen somit zu den wichtigsten

Grundprinzipien. *Objektivität*[148] bedeutet, dass der Wirtschaftsprüfer unparteiisch, sachlich, frei von Vorurteilen und Konflikten seiner Tätigkeit nachgehen soll. Da der Wirtschaftsprüfer nicht nur seinem Auftraggeber, sondern auch anderen Personengruppen verpflichtet ist und diese zum Teil divergierende Interessen haben, soll er zu seiner Tätigkeit, sei es als Abschlussprüfer oder in einer anderen Funktion, ein sachliches Verhältnis, frei von Vorurteilen, persönlichen Wünschen und Wünschen Dritter haben. Ausgangspunkt für ein objektives Urteil bilden demnach sowohl verifizierbare als auch nichtverifizierbare Tatbestände. Zu den verifizierbaren zählen die möglichen Interessenkonflikte, die sich gesetzlich genauer differenzieren lassen. Somit hat die Kodifizierung zum einen der beruflichen Unabhängigkeit (vgl. Kapitel 2, Abschnitt 2.4 Ethikkodex) des Wirtschaftsprüfers Rechnung zu tragen. Mit anderen Worten, es soll eine Aufstellung der einzelnen Verhältnisse geben, die Anzeichen für eine Beeinträchtigung sein können (vgl. Kuhner 1999 S. 10 f.). Zum anderen soll sie einer Bestimmung des Verhaltens des Wirtschaftsprüfers im Falle von Interessenkonflikten dienen (vgl. Kapitel 2, Abschnitt 2.5 Ethikkodex). Die Begriffe „unparteiisch, sachlich, frei von Vorurteilen" sind dagegen nicht verifizierbar und können lediglich als Aufforderung an das ethische Bewusstsein des Einzelnen dienen.[149]

Die Leistungen des Wirtschaftsprüfers sollen stets hohe Qualität besitzen. Dementsprechend soll er nur Aufträge annehmen, die er auch mit seinen *Berufsqualifikationen*[150] erfüllen kann. Falls der Wirtschaftsprüfer einen Teil des Auftrags aufgrund fehlenden speziellen Fachwissens nicht erfüllen kann, sollte er die Beratung bzw. Hilfe eines entsprechenden Fachmanns einbeziehen (vgl. Kapitel 2, Abschnitt 2.2, Nr. 2.2.1 Ethikkodex). Es ist nicht ausreichend, die Berufsqualifikationen einmalig zu erwerben und nur durch den Erwerb des Diploms des Wirtschaftsprüfers, die Eintragung ins Berufsregister und in die Liste der Wirtschaftsprüfer zu bestätigen. Vielmehr bedarf die Erhaltung von Berufsqualifikationen einer ständigen Ergänzung und Aktualisierung des Wissens, das für die Berufsausübung unerlässlich ist (vgl. Kapitel 2, Abschnitt 2.2 Nr. 2.2.2

---

[148] Das im Ethikkodex formulierte Prinzip der Objektivität ähnelt weitgehend den IFAC Bestimmungen.

[149] Zum Vergleich: Der Grundsatz der Objektivität existierte in den Berufsnormen der diplomierten Buchprüfer nicht. In den Vorläufigen Normen der Berufsethik für die Wirtschaftsprüfer dagegen war das Prinzip der Objektivität zwar nicht mit der Bezeichnung und nicht so ausführlich wie beim Ethikkodex, aber dennoch mit ähnlichem Inhalt vorhanden. In den Vorläufigen Normen der Berufsethik stand lediglich, dass der Wirtschaftsprüfer unparteiisch sein sollte und nicht zulassen darf, dass Vorurteile oder der Einfluss Dritter seine Objektivität beeinflusst (vgl. Kapitel 1, Nr. 3 Vorläufige Normen der Berufsethik für die Wirtschaftsprüfer).

[150] Die im Ethikkodex enthaltenen Bestimmungen zur Berufsqualifikation ist vergleichbar mit den IFAC Vorschriften. Im polnischen Ethikkodex ist zusätzlich die Verpflichtung des Wirtschaftsprüfers zur Weiterbildung geregelt.

Ethikkodex).[151] Diese Bestimmung[152] betrifft insbesondere Kenntnisse über die Änderung im Bereich des Wirtschafts-, Steuer- und Zivilrechts. Weiterhin ist das laufende Studium der Fachliteratur von besonderer Bedeutung (vgl. Sawicki 1996, S. 22).

Der Ethikkodex verlangt eine selbstkritische Einschätzung der beruflichen Qualifikationen von den Wirtschaftsprüfern. Damit soll vermieden werden, dass Aufträge angenommen werden, die nicht fachgemäß erfüllt werden können. Trotzdem konnte in der Praxis oft beobachtet werden, dass die Wirtschaftsprüfer ihre Qualifikationen überschätzen. Ein erheblicher Anteil unter diesen betrachtet die eigenen Kenntnisse als algemeingültig und generell anwendbar. Die mangelnden Kenntnisse liegen nicht nur im Bereich der Spezifika der Prüfung von Banken und Versicherungen oder der EDV, sondern auch in der Prüfung von Personengesellschaften und Kapitalgesellschaften (vgl. Fałowski 1998 S. 310). Dies sind nämlich die Rechtsformen, die erst nach der Wende eingeführt worden sind. Die Rolle der Berufsqualifikation und deren ständiger Aktualisierung sowie Erhöhung ist nicht nur im Ethikkodex enthalten, sondern wird auch im Gesetz über Wirtschaftsprüfer und deren Selbstverwaltung betont (vgl. Art. 12, Abs. 1, Nr. 2 Gesetz über Wirtschaftsprüfer). Die Frage ist, wie gehen denn die Wirtschaftsprüfer mit der Pflicht zu obligatorischer Weiterbildung um?

Meine Interviewpartner aus der Gruppe der jüngeren Wirtschaftsprüfer haben geklagt, dass vor allem die pensionierten Wirtschaftsprüfer die notwendigen Kenntnisse für eine Jahresabschlussprüfung oftmals nicht besitzen und trotzdem Aufträge annehmen. Dieses Phänomen ist beachtlich, da gerade die älteren Wirtschaftsprüfer, die vor der Wende als diplomierte Buchprüfer tätig waren, nur in einem Bereich prüfen konnten, dessen Spezialisierung sie auch erhalten hatten.

---

[151] Die Wichtigkeit der Erhaltung von Berufsqualifikationen von Wirtschaftsprüfern wird ebenfalls im Gesetz über die Wirtschaftsprüfer unterstrichen. Artikel 12, Absatz 1 Nr. 2 erlegt den Wirtschaftsprüfern die Pflicht auf, die Berufsqualifikationen entsprechend den durch den Landesrat der Wirtschaftsprüfer festgelegten Grundsätze ständig zu erhöhen.

[152] Zum Vergleich: Es gab keine entsprechende Bestimmung über Berufsqualifikationen in den Berufsnormen der diplomierten Buchprüfer. Es bestand zwar eine Richtlinie über die erforderlichen Fachkenntnisse, die aber mit den heutigen Bestimmungen nicht vergleichbar ist. Wie bereits im Abschnitt über „Voraussetzungen zur Berufsausübung" dargestellt wurde, hatten die diplomierten Buchprüfer bestimmte Spezialisierungen, im Rahmen derer sie die Prüfungen durchführen konnten. Demnach konnte z.B. ein Buchprüfer, der die Spezialisierung „Industrie" hatte, auch nur industrielle Betriebe prüfen. In wirtschaftlichen Einheiten, die in keine Kategorie der gegebenen Spezialisierungen passten (Industrie, Bauwesen, Handel, Landwirtschaft und Budgeteinheiten), konnten solche Prüfungen Buchprüfer übernehmen, die eine ähnliche Spezialisierung hatten oder aber über eine langjährige Erfahrung in diesem Bereich verfügten (vgl. Kwasiborski 1994, S. 55, Tendera 1987, S. 86f.). In den Vorläufigen Normen der Berufsethik für die Wirtschaftsprüfer dagegen war das Prinzip der Berufsqualifikation vorhanden. Die Formulierung entspricht weitgehend der heutigen Fassung dieses Grundsatzes (vgl. Kapitel 2, Nr. 2 Vorläufige Normen der Berufsethik für die Wirtschaftsprüfer).

Wieso sie sich zum jetzigen Zeitpunkt so gravierend überschätzen, kann eigentlich nur zwei Gründe haben. Entweder haben sie nie ein negatives Feedback erhalten oder sie sind sich durchaus bewusst, dass sie nicht immer die notwendigen Kenntnisse haben, aber aufgrund mangelnder Kontrolle seitens des Berufsstandes gehen sie das Risiko wegen des zusätzlichen Verdienstes (die Pensionen in Polen sind relativ niedrig) ein. Auch wenn der Kunde nicht zufrieden ist und sie nicht mehr wieder beschäftigt, sind sie darauf nicht so existentiell angewiesen wie die Wirtschaftsprüfer, die voll im Berufsleben stehen.

Hierzu Meinungen von zwei befragten Wirtschaftsprüfern, die voll im Berufsleben stehen, über die Arbeitsweise der pensionierten Wirtschaftsprüfer:

> *„Als ich noch Hauptbuchhalterin war, hatte ich die Möglichkeit, selbst einschätzen zu können, wie die pensionierten Wirtschaftsprüfer eine Jahresabschlussprüfung durchführen. Eins weiß ich, ich würde nicht wollen, noch einmal von einem solchen Wirtschaftsprüfer als Mandant geprüft zu werden. Er hatte keine Ahnung von EDV, somit mussten wir ihm alles per Hand neu aufstellen. Aber auch bestimmte Prüfungsbereiche, wie z.B. die Wertpapiere, waren ihm total fremd. Außerdem waren die Methoden seiner Prüfung total veraltet und haben doppelt so lange gedauert, wie die modernen." (2)*

Eine ähnliche Einschätzung war von dem anderen Wirtschaftprüfer zu hören:

> *„Die pensionierten Wirtschaftsprüfer haben Probleme mit der richtigen Einschätzung der heutigen Finanz- und Vermögenslage der zu prüfenden Unternehmen." (4)*

Ferner ist der Wirtschaftsprüfer zur Wahrung des *Berufsgeheimnis*[153] verpflichtet. Er darf keine Informationen weitergeben, die den Mandanten und den Arbeitgeber betreffen, falls der Jahresabschlussprüfer ein Angestellter einer Wirtschaftsprüfungsgesellschaft ist. Die Geheimhaltung gilt sowohl während der Auftragserfüllung als auch nach Beendigung eines Auftragsverhältnisses. Ausnahmen stellen zum einen Situationen dar, in denen eine rechtliche Verpflichtung den Wirtschaftsprüfer vom Berufsgeheimnis befreit. Außerdem zählen Situationen dazu, in denen sowohl der Mandant als auch der Arbeitgeber eine Erlaubnis zur Preisgabe solcher Geheimnisse gegeben hat. Zu beachten ist dabei die Frage, ob eine solche erlaubte Weitergabe von vertrauenswürdigen Informationen eventuell die Interessen einer Partei verletzt. Wichtig ist auch, dass der Wirtschaftsprüfer dafür sorgt, dass die Verschwiegenheitspflicht bezüglich der Berufsgeheimnisse auch von dem in die Prüfung involvierten Personal eingehalten wird. Schließlich darf der

[153] Das im Ethikkodex formulierte Prinzip des Berufsgeheimnisses ähnelt weitgehend den IFAC Bestimmungen.

Wirtschaftsprüfer die ihm anvertrauten oder bekannt gewordenen Informationen nicht zum Vorteil Dritter nutzen (vgl. Kapitel 2, Abschnitt 2.3 Ethikkodex). Eine weitere Ausnahme regelt das Gesetz über die Rechnungslegung. Es verpflichtet im Falle des Wechsels des Jahresabschlussprüfers, dem neuen Abschlussprüfer die erforderlichen Auskünfte zu erteilen (vgl. Art. 67 Abs. 4 RLG). Unklar bleibt, um welche Informationen es sich im einzelnen handelt und wie sie dem neuen Abschlussprüfer zur Verfügung gestellt werden sollten.[154]

Der Berufsgrundsatz der *Unabhängigkeit*[155] nimmt in dem Ethikkodex eine zentrale Position ein. Die Unabhängigkeit stellt die Voraussetzung für die objektive Urteilsbildung des Wirtschaftsprüfers und somit für die Glaubwürdigkeit seiner Tätigkeiten dar (vgl. Kaliński 1996, S. 125f.; Kicińska 1994, S. 68ff.). Es existieren viele Faktoren, die die Unabhängigkeit des Wirtschaftsprüfers beeinflussen und sie mehr oder weniger bestimmen können. Die erste Gruppe der Faktoren betreffen die persönlichen Eigenschaften des Wirtschaftsprüfers, seine Berufsqualifikationen und Berufserfahrungen. Von diesen Komponenten hängt die Fähigkeit des Wirtschaftsprüfers ab, dem etwa ausgeübten Druck zu widerstehen. In diesem Zusammenhang wird oft von „Independence of Mind" gesprochen. Die zweite Gruppe von Faktoren, die die Unabhängigkeit des Wirtschaftsprüfers beeinflussen können, bezieht sich auf Umstände, die aus der Sicht der Adressaten bzw. Interessenten als die Objektivität des Wirtschaftsprüfers in Frage stellend wahrgenommen werden. Zu diesen zählen z.B. die finanziellen und geschäftlichen Verbindungen des Wirtschaftsprüfers mit geprüften Unternehmen. An dieser Stelle spricht man von „Independence in appearance" (vgl. Dubbeld 1996, S. 548f.; Windmöller 1996, S. 1092f.). Die Regelungen des Ethikkodex und des Art. 66 des Gesetzes über die Rechnungslegung beziehen sich auf die „Independence in appearance". Dies, weil in den Regelungen zur Unabhängigkeit die Relevanz der „Independence of Mind" nicht explizit dargestellt wird. Weiterhin besteht weder ein Kommentar zum Gesetz über die Rechnungslegung noch zum Ethikkodex. Somit kann die Verfasserin lediglich annehmen, dass der Wirtschaftsprüfer sowohl

---

154 Zum Vergleich: Es existierte in den Berufsnormen der diplomierten Buchprüfer der Grundsatz der Vertraulichkeit, der durchaus mit den heutigen Bestimmungen vergleichbar ist. Der Grundsatz der Vertraulichkeit besagte, dass der diplomierte Buchprüfer verpflichtet war, alle Informationen geheim zu halten, die ihm im Rahmen seiner beruflichen Tätigkeit anvertraut oder bekannt wurden und durch den Betrieb als vertraulich oder geheim gekennzeichnet wurden. Die Geheimhaltung war zeitlich unbegrenzt, was bedeutete, dass sie sich auch auf die Zeit erstreckte, in der der Buchprüfer aus der Liste gestrichen wurde und den Beruf nicht weiter ausübte (vgl. Kwasiborski 1994, S. 55, Nurowski 1976, S. 56). In den Vorläufigen Normen der Berufsethik für die Wirtschaftsprüfer war die Geheimhaltung zwar vorhanden, aber nicht als besonderes Prinzip, sondern sie wurde bei der Auflistung der Grundprinzipien erwähnt Die Formulierung war weniger detailliert. Es fehlte vor allem die Verschwiegenheitspflicht bezüglich der Berufsgeheimnisse für das in die Prüfung involvierte Personal.

155 Die im Ethikkodex enthaltene Bestimmung zur Unabhängigkeit ist vergleichbar mit den IFAC Vorschriften.

tatsächlich unabhängig sein sollte als auch aus dem Blickwinkel der Öffentlichkeit so erscheinen sollte. Die Annahme stützt sich auf den allgemein formulierten ersten Satz des Grundsatzes über die Unabhängigkeit im Ethikkodex (vgl. Kapitel 2, Abschnitt 2.4, Nr. 2.4.1 Ethikkodex), dass der Wirtschaftsprüfer beruflich unabhängig sein soll und diese Unabhängigkeit durch sein Verhalten bestätigt werden soll.

Eine rechtliche Regelung zur Sicherung der Unabhängigkeit des Wirtschaftsprüfers in seiner Rolle als Abschlussprüfer enthält Art. 66 Abs. 2 RLG. Diese Regelung findet ihre Konkretisierung im zweiten Kapitel (vgl. Kapitel 2, Abschnitt 2.4 Ethikkodex) des Ethikkodexes. Der hier erhaltene Grundsatz entspricht weitgehend den IFAC Regelungen im „Code of Ethics“.

Zu den besonderen Umständen (vgl. Stasiewski 1996, S. 16; Idzikowska 2000, S. 13), die die Unbefangenheit des Abschlussprüfers in Frage stellen, gehören die finanziellen und geschäftlichen Beziehungen zu dem zu prüfenden Unternehmen. Die existierenden finanziellen oder geschäftlichen Beziehungen zwischen dem Abschlussprüfer und dem zu prüfenden Unternehmen[156] können zu der Annahme führen, dass der Abschlussprüfer während der Prüfung auch eigene wirtschaftliche Interessen verfolgen wird. Demzufolge war es notwendig, entsprechende Regelungen einzuführen, die dieses Risiko mindern und damit die Unabhängigkeit des Abschlussprüfers erhöhen. Das grundsätzliche Verbot jeder finanzieller Beteiligung, unabhängig von ihrer Höhe, ist sowohl in dem Art. 66 RLG[157] als auch in dem zweiten Kapitel des Ethikkodex (vgl. Kapitel 2, Abschnitt 2.4, Nr. 2.4.3 Ziffer 1 Ethikkodex) enthalten. Die Ausnahmen bilden nach dem Ethikkodex die Beteiligung an einer Wohnungsgenossenschaft und die Beteiligung in dem Programm der Massenprivatisierung. In dem Art. 66 des hier verwendeten Gesetzes wird nur die zuerst genannte Ausnahme erwähnt. Unzulässig ist weiterhin die Annahme von Gütern und Dienstleistungen, die von dem zu prüfenden Unternehmen stammen und mit einem Vorteil verbunden sind (vgl. Kapitel 2, Abschnitt 2.4, Nr. 2.4.7. Ethikkodex). Mit dem Zugeständnis solcher Vorteile kann nämlich die Erwartung an den Wirtschaftsprüfer gestellt werden, dass er sich hierdurch in seinem Urteil beeinflussen lässt. Bei dieser Art der Zuwendung kann prinzipiell nicht ausgeschlossen werden, dass sie eine Beeinflussung des Abschlussprüfers beabsichtiget ist und sie genau so durch die Adressaten und Interessenten verstanden

---

[156] Immer wenn bei der Regelung von dem Berufsgrundsatz „Unabhängigkeit von zu prüfenden Unternehmen“ gesprochen wird, sind damit auch die mit dem Unternehmen assoziierten, dominierenden oder abhängigen Unternehmen gemeint.

[157] Der Art.66 Abs. 2 Nr. 1 RLG untersagt die finanzielle Beteiligungen mit folgendem Wortlaut: „Unparteilichkeit und Unbefangenheit sind dann nicht gewahrt, wenn der Wirtschaftsprüfer: Anteile, Aktien oder andere Eigentumstitel an einem Unternehmen oder einem mit diesem assoziierten, einem dominierenden oder abhängigen Unternehmen besitzt, mit Ausnahme einer Beteiligung an einer Wohnungsgenossenschaft“

wird. Somit ist dieses Verbot durchaus angemessen. Wenn der Wirtschaftsprüfer durch externe Ereignisse wie Erbschaft, Eheschließung oder durch gesellschaftsrechtliche Verträge Aktien oder Beteiligungen in dem zu prüfenden Unternehmen übernommen hat, soll er diese zum frühestmöglichen Zeitpunkt veräußern oder sein Mandat niederlegen (vgl. Kapitel 2, Abschnitt 2.4, Nr. 2.4.6 Ethikkodex). Neben den finanziellen können auch geschäftliche Beziehungen die Unabhängigkeit des Wirtschaftsprüfers gefährden. Dementsprechend darf der Abschlussprüfer nicht gesetzlicher Vertreter oder Mitglied des Überwachungsorgans des zu prüfenden Unternehmens oder dessen Angestellter sein. Er darf eine solche Stellung auch in den letzten drei Jahren vor Annahme des Auftrages nicht innegehabt haben (vgl. Art. 66, Abs. 2, Nr. 2 RLG). Dies um die Gefahr des Eigeninteresses oder Überprüfung eigener Entscheidungen auszuschließen. Ferner darf der Wirtschaftsprüfer in den letzten drei Jahren nicht an der Führung der Handelsbücher und bei der Erstellung der Jahresabschlüsse, die Gegenstand der Prüfung sind, beteiligt gewesen sein (vgl. Art. 66, Abs. 2, Nr. 3 RLG; Kapitel 2, Abschnitt 2.4, Nr. 2.4.3, Ziffer 2 Ethikkodex)

Weitere Ausschlussgründe für eine Jahresabschlussprüfung beziehen sich auf die verwandtschaftlichen Beziehungen mit dem Mandanten. Insbesondere betrifft das die Ehepartner und Verwandte, mit denen der Wirtschaftsprüfer in direkter Linie bis zum zweiten Grad verwandt oder verschwägert ist. Eine Gefährdung für die Unabhängigkeit stellen auch Verbindungen zu geschäftsführenden Personen oder einem Mitglied der Aufsichtsorgane des zu prüfenden Unternehmens dar, und zwar durch Vormundschafts-, Adoptions- oder Pflegeverhältnisse. Darüber hinaus darf der Wirtschaftsprüfer keine Personen bei der Prüfung einsetzen, die nach den genannten Regeln selbst als Prüfer ausgeschlossen wären (vgl. Art. 66, Abs. 2, Nr. 5 RLG; Kapitel 2, Abschnitt 2.4, Nr. 2.4.4 Ethikkodex).

Die Objektivität des Wirtschaftsprüfers kann auch durch eine zu große Abhängigkeit von einem einzigen Mandanten in Frage gestellt werden. Daher darf der Wirtschaftsprüfer einen Prüfungsauftrag nicht annehmen, wenn dieser einen unzulässig hohen Anteil an den Gesamteinkünften der Berufstätigkeit ausmacht. Zur Sicherung gegen solche Auftragsabhängigkeit wird empfohlen, eine Begrenzung der Einkünfte von einem Mandanten bzw. einer Mandantengruppe auf fünf bis fünfzehn Prozent der durchschnittlichen Gesamteinkünfte der letzten fünf Jahre einzuhalten (vgl. Windmöller 1996, S.1113). Das polnische Recht sieht dagegen eine Grenze von fünfzig Prozent vor (vgl. Art. 66, Abs. 2, Nr. 4 RLG; Kapitel 2, Abschnitt 2.4, Nr. 2.4.3, Ziffer 3 Ethikkodex).[158] Unverständlich ist, warum die Grenze bei der letzten

158 Demnach sind die Unbefangenheit und Unabhängigkeit dann nicht gewahrt, wenn der Wirtschaftsprüfer: „in auch nur einem der letzten fünf Jahre mehr als 50 Prozent seiner Jahreseinnahmen aus den Leistungen für ein Unternehmen oder für Unternehmen bezogen hat, an denen erst genanntes mit mehr als 20 Prozent beteiligt ist; dies gilt nicht für das erste Jahr der Tätigkeit als Wirtschaftsprüfer."

Bearbeitung des Ethikkodex im Sommer 1999 nicht verschärft wurde. Auf dieses Problem wurde bereits im August 1996 auf der Sonderversammlung der Wirtschaftsprüfer, die für die Erlassung des Ethikkodex einberufen wurde, hingewiesen.

Die letzte hier darzulegende Bestimmung, die die berufliche Unabhängigkeit regelt, bezieht sich auf die Bestellungsdauer des Jahresabschlussprüfers. In dem polnischen Ethikkodex wird in diesem Zusammenhang festgestellt, dass die Wahl des Abschlussprüfers für eine längere Wahlperiode nicht nur möglich ist, sondern auch für beide Vertragsparteien nützlich (vgl. Kapitel 2, Abschnitt 2.4, Nr. 2.4.10 Ethikkodex). Es wird lediglich darauf aufmerksam gemacht, dass ein mehrjähriger Prüfungsauftrag, der durch denselben bzw. dieselben Wirtschaftsprüfer durchgeführt wird, eine Bedrohung für die Unabhängigkeit darstellen kann.[159]. Für derartige Situationen wird dem Jahresabschlussprüfer nahe gelegt, die Zusammensetzung des Prüfungsteams zu verändern. Falls diese interne Rotation im Rahmen der Organisation des Abschlussprüferteams nicht möglich ist, sollen andere Kontrollmechanismen angewendet werden, die das gleiche Ziel erreichen. Der gesamte positive Effekt einer internen Rotation wurde in dem Ethikkodex deutlich geschwächt, und zwar durch die Tatsache, dass erstens keine genauen Zeiträume angegeben werden, in denen diese Rotation sinnvoll wäre, und zweitens keine konkreten Kontrollmaßnahmen genannt wurden, die diese interne Rotation miterfassen konnten. Die gewählte allgemeine Formulierung entspricht den IFAC Bestimmungen (vgl. Kapitel 8, Abschnitt 8.14 Code of Ethics). Offensichtlich hat der Gesetzgeber an dieser Stelle den Sinn des Code of Ethics nicht richtig verstanden.

---

[159] Mit einer derartigen Formulierung wird das Kriterium der externen turnusmäßigen Rotation des Abschlussprüfers klar abgelehnt. Diese Vorgehensweise entspricht durchaus dem Diskussionsstand in Deutschland. Es wird argumentiert, dass externe Rotation erhebliche Nachteile sowohl für die zu prüfenden Unternehmen als auch für die Abschlussprüfer mit sich bringt. Und zwar bedeutet der externe turnusmäßige Wechsel des Abschlussprüfers, dass bei jeder Erstprüfung die notwendige Informationssammlung bezüglich der wirtschaftlichen Abläufe und Systeme einen beträchtlichen Aufwand nach sich zieht. Das geprüfte Untenehmen hätte somit wesentlich höhere Prüfungskosten. Dem könnte entgegnet werden, dass die gegebene Marktsituation für die *Dienstleistung* Jahresabschlussprüfung die Wirtschaftsprüfer dazu veranlassen könnte, bei einer Erstprüfung sein Honorar an das seines Vorgängers zu koppeln. Dies ist insoweit illusorisch, dass so entstandener Mehraufwand nur dann eine Investition für den Wirtschaftsprüfer darstellt, wenn er von einer langjährigen Bindung ausgehen kann. Falls er davon ausgehen musste, dass er beispielsweise nach vier Jahren nicht wiedergewählt werden kann, so würde für ihn kein Grund mehr bestehen, die angefallenen Mehrkosten nicht abzurechnen (vgl. Schmidt 1996, S. 57f.). Als weiterer Grund für die Rotation wird aufgeführt, dass mit der Einführung eines obligatorischen turnusmäßigen Wechsels des Abschlussprüfers die kleinen und mittelgroßen Wirtschaftsprüfungsunternehmen als deutliche Verlierer gegenüber den großen dastehen werden. Dies, weil solche Rotation zwar dazu führen würde, dass sie auf der einen Seite die Mandanten zwangsläufig verlieren werden, auf der anderen Seite aber die frei gewordenen Prüfungsmandate sehr schwer zu gewinnen sein werden, z.B. aufgrund der fehlenden Regionalvertretungen (vgl. Schmidt 1996, S. 58f.). Die gleiche Argumentationsweise kann auf den polnischen Berufsstand der Wirtschaftsprüfer angewendet werden.

Dessen Aufgabe besteht nämlich nicht in der genauen Ausformulierung der Grundsätze, sondern darin, dass durch die IFAC Bestimmungen eine Art Richtschnur geboten wird, die dann entsprechend den Bedingungen des Berufsstandes in einem Land konkretisiert werden sollte.[160]

In einigen Situationen, insbesondere beim Vorliegen eines Interessenkonflikts zwischen dem Wirtschaftsprüfer und dem geprüften Unternehmen, kann es zu einem ethischen Konflikt kommen. Mit dieser Problematik beschäftigt sich die Bestimmung über das *Verhalten im Falle von Konflikten zwischen den Parteien*[161]. Der ethische Konflikt entsteht demnach dann, wenn eine oder mehrere Personen den Wirtschaftsprüfer zu einem Verhalten anstiften, das den Grundsätzen der Objektivität, der Berufsqualifikation, des Berufsgeheimnisses und der beruflichen Unabhängigkeit widerspricht. Interessenkonflikte können in verschiedenen Situationen entstehen, mit relativ einfachen Fällen angefangen und mit Betrug und anderen ungesetzlichen Tätigkeiten enden. Es können ebenfalls Situationen eintreten, in denen die Verantwortung des Wirtschaftsprüfers im Widerspruch zu Wünschen z.B. des Vorgesetzten, der Familie oder des Mandanten stehen. In diesen Fällen ist der Wirtschaftsprüfer verpflichtet, sich entsprechend dem Ethikkodex zu verhalten, d.h. seine Objektivität zu wahren und den Wünschen und Forderungen nicht

---

160 Der Grundsatz der Unabhängigkeit ist den ehemaligen diplomierten Buchprüfern nicht fremd gewesen. Der Inhalt unterscheidet sich zwar in einigen Punkten, ist aber durchaus als Vorläufer zu betrachten. Die wichtigsten Aussagen werden folglich kurz geschildert. Der Hauptsatz lautete, dass der diplomierte Buchprüfer die Prüfung nur dann durchführen sollte, wenn die Bedingungen es ihm erlauben, seine Unparteilichkeit zu wahren. Es handelte sich hier um den Ausschluss von Fällen, in denen der Buchprüfer bewusst oder unbewusst aus familiären, beruflichen oder freundschaftlichen Gründen die Prüfung nachsichtig durchführen konnte. Selten kam es zu einer umgekehrten Situation, in der der Buchprüfer eine negative oder sogar feindliche Einstellung zur Leitung des Betriebes hatte und dadurch seine Prüfung „zu scharf" durchführte. Damit ist gemeint, dass er die während der Prüfung entdeckten Fehler schärfer als es in den Vorschriften vorgesehen war behandelte. Auch eine solche Situation hat die Objektivität der Prüfung verletzt. (vgl. Doraczyński 1983, S. 15) Die geltenden Vorschriften umfassten eine Liste der wichtigsten Fälle, in denen die Unparteilichkeit nicht gewährleistet war. Faktisch bedeutete das, dass der Buchprüfer in keinem Betrieb eine Prüfung durchführen sollte, in dem er Verwandte des ersten oder zweiten Grades in der Führung (Direktor, seine Stellvertreter oder Hauptbuchhalter) hatte. Auch nicht in jenen, in denen er seine feste Anstellung hatte. Auch nicht, wenn der Hauptbuchhalter oder ein anderer Beschäftigter, der den Titel des Buchprüfers innehatte, Prüfungen in dem Betrieb, wo er seine jetzige Festanstellung besaß, durchgeführt hatte. Oder wo er in dem gegebenen Jahr beauftragt war, sie durchzuführen, wenn die Prüfung als Prüfstein seiner zuvor durchgeführten Arbeit dienen sollte und diese Arbeit bisher nicht durch einen anderen Buchprüfer gemacht wurde, in dem die Prüfung aus anderen hier nicht erwähnten Gründen die Unparteilichkeit seines Gutachtens beeinflussen konnte. (vgl. § 3.1 der Verordnung Nr. 78 des Finanzministers vom 23.10.1982; Kwasiborski 1994, S. 53; Doraczyński 1983, S. 16) In den Vorläufigen Normen der Berufsethik für die Wirtschaftsprüfer war die berufliche Unabhängigkeit viel zu allgemein geregelt, was zu unbeantworteten Fragen und teilweise ethisch fragwürdigem Verhalten geführt hat.

161 Die im Ethikkodex enthaltene Bestimmung zum Verhalten im Falle von Konflikten zwischen den Parteien ist vereinbar mit entsprechender Regelung des Code of Ethics von IFAC.

nachzugeben.[162] Diese Regelung kann als eine Art Ergänzung des Grundsatzes der beruflichen Unabhängigkeit betrachtet werden.

Das zweite Kapitel des Ethikkodexes schließt Verhaltensregeln des Wirtschaftsprüfers in b*esonderen Situationen*[163] ein. Gemeint sind damit Situationen, in denen Disziplinarverfahren bzw. Strafverfahren gegen einen Wirtschaftsprüfer eingeleitet sind. In diesem Fall ist der Wirtschaftsprüfer verpflichtet, innerhalb von vierzehn Tagen seine Arbeitgeber schriftlich davon in Kenntnis zu setzen. Daraufhin ist der Arbeitgeber dazu verpflichtet, die Arbeiten des betroffenen Wirtschaftsprüfers besonders zu überwachen (vgl. Kapitel 2.6, Abschnitt 2.6.1, Satz 1 und 2 Ethikkodex). Grundsätzlich ist der obige Grundsatz sinnvoll. Fraglich ist jedoch, ob jeder Grund, der zur Einleitung des Disziplinarverfahrens gegenüber einem Wirtschaftsprüfer führt, solcher Vorsicht bedarf. Noch komplexer wird die Sachlage, wenn der betroffene Wirtschaftsprüfer gleichzeitig ein Subjekt ist, das berechtigt ist, die Jahresabschlussprüfung durchzuführen. Der Ethikkodex schreibt dann vor, dass der Wirtschaftsprüfer verpflichtet, ist eine Vereinbarung über die Überwachung seiner Arbeiten durch ein anderes Subjekt zu schließen (vgl. Kapitel 2.6, Abschnitt 2.6.1, Satz 3 Ethikkodex). Problematisch ist zum einem, dass andere Subjekte nicht interessiert sind, diese Dienstleistung zu übernehmen, zum anderen das Honorar für eine derartige Dienstleistung nicht genügend Anreize bietet (vgl. Fałowski 1998, S. 311). Noch komplexer erscheint der Fall, wenn der Abschlussprüfer aus der Liste der zur Prüfung von Abschlüssen berechtigten Subjekte gestrichen wird, da dies eine sofortige Unterbrechung von einer unter Umständen nicht beendeten Abschlussprüfung bedeutet (vgl. Kapitel 2.6, Abschnitt 2.6.2 Ethikkodex). Zu besonderen Situationen könnte auch die Regelung des Ethikkodex führen, die *Verhaltensempfehlungen für Wirtschaftsprüfer geben, die ihre Tätigkeit im Ausland ausüben.*[164] In diesem Fall sollen sie sich an die Regelung des Ethikkodexes[165] halten, der strengere Bestimmungen beinhaltet (vgl. Kapitel 7 Ethikkodex).

Auf die Besprechung des dritten Kapitels des Ethikkodexes wird hier verzichtet, da diese Bestimmungen sich auf Tätigkeiten beziehen, die mit der Prüfung von Abschlüssen nichts zu tun haben.

---

[162] Weder in den Berufsnormen der diplomierten Buchprüfer noch in den Vorläufigen Normen der Berufsethik für die Wirtschaftsprüfer war eine entsprechende Regelung vorhanden.

[163] Eine entsprechende Regelung ist weder im Code of Ethics der IFAC noch in früheren Regelungen des polnischen Rechts belegbar.

[164] Die im Ethikkodex formulierten Bestimmungen bezüglich der Verhaltensempfehlungen für Wirtschaftsprüfer, die ihre Tätigkeit im Ausland ausüben, sind mit den IFAC Bestimmungen verträglich. Sie entsprechen auch den Bestimmungen in den Vorläufigen Normen der Berufsethik für die Wirtschaftsprüfer. In der Zeit vor der Wende wurden solche Regelungen nicht gebraucht und somit in den Berufsnormen der diplomierten Buchprüfer nicht erlassen.

[165] Damit ist entweder der polnische Ethikkodex oder der Ethikkodex des Landes, in dem der polnische Wirtschaftsprüfer die Leistung erbringt, gemeint.

Das vierte Kapitel des Ethikkodexes regelt *Honorarbestimmungen für Wirtschaftsprüfer*[166]. Ähnlich wie in Deutschland existiert in Polen hierzu keine Gebührenordnung. Die Bemessung der Gebühr hängt von der Arbeitsintensität und der Qualität der durch die Wirtschaftsprüfer erbrachten Leistung ab. Insbesondere sollen dabei Faktoren wie benötigtes Fachwissen und Kenntnisse, Erfahrungen, Zeitintensität und Verantwortung, die mit dem vergebenen Auftrag zusammenhängt, eine Rolle spielen. Empfohlen wird dabei das leistungsbezogene Honorar. Auch das Pauschalhonorar ist zulässig. Ausnahmen stellen Situationen dar, in denen der Wirtschaftsprüfer ein wesentlich niedrigeres Pauschalhonorar veranschlagt, auch wenn ihm bewusst ist, dass es tatsächlich mehr wird, er den Auftraggeber aber nicht davon in Kenntnis setzt. Weiterhin kann der Wirtschaftsprüfer bei dem gleichen Mandanten ein niedrigeres Honorar für eine ähnliche Dienstleistung verlangen, wenn das der Kalkulation entspricht. Zu bemerken ist noch, dass der Wirtschaftsprüfer sein Honorar nicht von Faktoren, die seine Unparteilichkeit oder Professionalität negativ beeinflussen, abhängig machen kann. Schließlich ist eine Entgegennahme oder Vergabe einer Provisionszahlung seitens der Wirtschaftsprüfer für die Vermittlung eines Mandanten verboten (vgl. Kapitel 4, Abschnitt 4.1 – 4.8 Ethikkodex).

Eine derartige Honorarregelung hat bereits zu einem Preiswettbewerb geführt, den im Bereich von kleinen und mittelgroßen Prüfungen die pensionierten Prüfer gewonnen haben. Daran wäre nichts auszusetzen, würden die durch die pensionierten Prüfer durchgeführten Prüfungen den Prinzipien des Ethikkodex entsprechen. Dies ist leider oft nicht der Fall. Sowohl in der Literatur, als auch in den durchgeführten Interviews wurde oft auf die Mängel solcher Prüfungen hingewiesen.[167]

Im Interesse der Öffentlichkeit und für die Wahrung des guten Rufs sollte der einzelne Wirtschaftsprüfer sich darum bemühen, gute Verhältnisse mit anderen Wirtschaftsprüfern zu pflegen. Das fünfte Kapitel des Ethikkodexes regelt die *Beziehungen zwischen den Mitgliedern der Wirtschaftsprüfungskammer*[168].

[166] Die im Ethikkodex formulierten Bestimmungen bezüglich der Honorare für Wirtschaftsprüfer sind weitgehend mit den IFAC Bestimmungen vereinbar.

[167] Zum Vergleich, wie die Honorarregelung bei einem Buchprüfer aussah: Der Buchprüfer erhielt die Vergütung für die durchgeführte Prüfung sowie Reisespesen (Fahrtkosten, Übernachtung und Tagesgelder) vom Auftraggeber, also der entsprechenden Finanzkammer. Die Höhe der Vergütung wurde in dem Prüfungsdurchführungsvertrag in Form eines Pauschalhonorars festgelegt. Das Pauschalhonorar wurde folgendermaßen berechnet: es wurde eine Anzahl von Stunden für die Prüfung festgelegt (oft auf Vorschlag der Finanzkammer) und diese mit einem in den Vorschriften festgelegten Betrag multipliziert. Die Höhe des Betrages änderte sich im Laufe der Jahre und wurde durch den Finanzminister festgelegt. Hatte der Buchprüfer der Vereinbarung zugestimmt und doch im Laufe der Prüfung mehr Zeit gebraucht, wurde er für die zusätzliche Arbeitszeit nicht bezahlt (vgl. Doraczyński 1983, S. 26f., Tendera 1987, S. 109) In den Vorläufigen Normen der Berufsethik für die Wirtschaftsprüfer war die Honorarregelung nicht enthalten.

[168] Die im Ethikkodex formulierten Bestimmungen bezüglich der Beziehungen zwischen den Mitgliedern der Wirtschaftsprüfungskammer sind weitgehend mit den entsprechenden IFAC Bestimmungen (Kapitel 13 des Code of Ethics) vereinbar.

Besonderes wichtig sind Regelungen, die die Annahme von neuen Aufträgen und den Wechsel des Wirtschaftsprüfers, der zur Prüfung von Abschlüssen berechtigt ist, betreffen. Weitgehend unbestritten sind die Regelungen, die sich auf die Annahme von neuen Aufträgen beziehen. Im einzelnen handelt es sich hier um die Möglichkeit der Übernahme der einzelnen Jahresabschlussprüfungen in einem Konzern oder aber Teilen von einer Prüfung durch einen anderen Wirtschaftsprüfer. Ferner ist ein Wirtschaftsprüfer, der andere Dienstleistungen als die Jahresabschlussprüfung des Unternehmens übernimmt, verpflichtet, darüber den bisherigen Wirtschaftsprüfer, der die Jahresabschlussprüfung durchgeführt hat, zu informieren. Problematisch ist dagegen die Bestimmung bezüglich des Wechsels von Wirtschaftsprüfern, die zur Prüfung von Abschlüssen berechtigt sind. Einige Wirtschaftsprüfer haben Vorbehalte bezüglich der Notwendigkeit des Einbezugs eines potentiellen Mandanten in ein Wechselprozedere. Der neue Abschlussprüfer ist nämlich verpflichtet, noch bevor der Auftrag unterschrieben wird, eine Erklärung abzugeben, dass ihn der Ethikkodex dazu verpflichtet, mit dem vorherigen Abschlussprüfer einen Kontakt herzustellen. Dies, um feststellen zu können, ob eventuell berufliche Gründe existieren, die ihm die Übernahme der Prüfung verbieten. Gleichzeitig sollte der neue Abschlussprüfer den potentiellen Mandanten um eine schriftliche Erlaubnis bitten, sich diese Informationen von dem bisherigen Abschlussprüfer besorgen zu können. Schließlich sollte der neue Abschlussprüfer den Kunden über die Tatsache in Kenntnis setzen, dass, falls die angeforderten Informationen negativ ausfallen, er den Prüfungsauftrag nicht übernehmen wird (vgl. Kapitel 5 Ethikkodex). Die Vorbehalte werden vor allem dadurch begründet, dass die Angebote der Wirtschaftsprüfer, die sich an diese Regelungen halten, schlechter ausfallen werden als die von den Wirtschaftsprüfern, die sie ignorieren (vgl. Fałowski 1998, S. 312). Dieser Vorbehalt ist insoweit gerechtfertigt, als keine Kontrollmöglichkeiten hierzu bestehen und die Disziplinarverfahren, wenn es überhaupt zu diesen kommt, ohne Ergebnis verlaufen. Unstrittig ist dieses Wechselprozedere, wenn zwischen dem zu prüfenden Unternehmen und dem Abschlussprüfer ein Prüfungsauftrag (vor allem mehrjähriger) besteht, der nun aufgelöst werden soll. Wenn es sich dagegen um einmalige, jährliche Prüfungsaufträge handelt, die nach der erbrachten Leistung automatisch beendet werden, dann gibt es einen heftigen Widerspruch von einem Teil der Wirtschaftsprüfer (vgl. Fałowski 1998, S. 312). Dabei wird außer acht gelassen, dass die Regelungen des Ethikkodexes das Ziel verfolgen, den zu prüfenden Unternehmen, die etwas zu verbergen haben, den Wechsel des „unbequemen" Abschlussprüfers, der nicht das erwartete Urteil abgibt, zu verhindern oder zumindest zu erschweren. Viele Wirtschaftsprüfer berücksichtigen nicht, dass eine derartige Zielsetzung im Interesse des Wirtschaftsprüferberufes liegt.[169]

---

[169] Weder in den Berufsnormen der diplomierten Buchprüfer noch in den Vorläufigen Normen der Berufsethik für die Wirtschaftsprüfer existierte eine entsprechende Regelung.

Die Berufsnorm *Informationstätigkeiten*[170] beschäftigt sich mit der Form und dem Inhalt von Werbeaktivitäten. Ein Wirtschaftsprüfer oder eine Wirtschaftsprüfungsgesellschaft kann potentielle Mandanten über die eigenen beruflichen Tätigkeiten informieren. Die Darstellung des Dienstleistungsangebotes soll objektiv, fundiert, ehrlich und wahrheitsgemäß erfolgen. Unzulässig ist dabei vor allem: Suggerieren der möglichen Einflussnahme auf die Entscheidungen von Behörden, Vergleichswerbung mit anderen Wirtschafsprüfern, z.B. im Bereich der Preispolitik, falsche Beanspruchung des Rangs eines Experten in einem bestimmten Tätigkeitsfeld, Anpreisung der eigenen Dienstleistung mittels nicht verifizierbarer Behauptungen, Veröffentlichung in Anzeigen, die Anwerbung von Angestellten beinhalten, oder Andeutungen, dass angebotene Dienstleistungen ein höheres Niveau haben als vergleichbare Dienstleistungen anderer Wirtschaftsprüfer. Und schließlich ist es verboten, während Vorlesungen, Interviews oder anderen öffentlichen Auftritten sich selbst oder die eigene Gesellschaft zu bewerben. Der Wirtschaftsprüfer darf immer eine Fachgebietsbezeichnung führen und den Namen der Gesellschaft, in der er beschäftigt ist, und Organisationen, in denen er Mitglied ist, angeben. Weiterhin ist es im Interesse der Öffentlichkeit, dass sie über jede öffentliche Funktion oder andere Tätigkeit des Wirtschaftsprüfer in Staatsangelegenheiten in Kenntnis gesetzt wird. Ebenfalls sollen alle erhaltenen Preise und Auszeichnungen des Wirtschaftsprüfers allgemein bekannt sein und seine Mitgliedschaft in der Berufsorganisation unterstrichen werden (vgl. Kapitel 6 Ethikkodex). Ein in der Weise formulierter Berufsgrundsatz entspricht weitgehend den IFAC Bestimmungen (vgl. Kapitel 14 Code of Ethics). Diskutiert wird in diesem Zusammenhang die Tatsache, ob die Angabe einer vollständigen Liste der Mandanten als Information über das Dienstleistungsangebot dienen kann. Besonders kritisch werden formelle und informelle sog. „Präferenzlisten" betrachtet, auf denen sich bestimmte Wirtschaftsprüfer bzw. Wirtschaftsprüfungsgesellschaften befinden. Diese Listen vergrößern die Chancen auf die Akquisition bedeutsamer Mandate. Noch mehr Kritik ernten die Bemühungen bestimmter Wirtschaftsprüfer, auf diese Listen aufgenommen zu werden (vgl. Fałowski 1998, S. 312f.). Ein anderer Kritikpunkt betrifft die etwas großzügige Betrachtung der Bestimmung des Ethikkodex über die Angabe von Fachgebietsbezeichnung der Wirtschaftsprüfer, des Namens der Gesellschaft, in der er beschäftigt ist und von Organisationen, in denen er Mitglied ist. Häufig werden diese Angaben deutlich überschritten, z.B. mit Informationen über die Zugehörigkeit zu Organen dieser Organisationen einschließlich der Landeskammer der Wirtschaftsprüfer, oder über andere Auskünfte. Mit diesen Maßnahmen soll Werbung für die Herausgeber dieser Angaben gemacht werden. Eine derartige Vorgehensweise wird als unfairer Wettbewerb empfunden.

[170] Die im Ethikkodex enthaltenen Regelungen zu Werbeaktivitäten der Wirtschaftsprüfer sind weitgehend mit den entsprechenden IFAC Bestimmungen (Kapitel 14 des Code of Ethics) verträglich.

Ratsam wäre hier eine konsequente Bestrafung oder eine Änderung des Ethikkodexes bezüglich dieses Punktes.[171]

Als unethische Tätigkeiten bezeichnet der Ethikkodex Handlungen, die dem geprüften Unternehmen Schwierigkeiten bereiten, und zwar im Fall von als ungültig bezeichneten Jahresabschlussprüfung. Derartige Situationen können entstehen, wenn erstens der Wirtschaftsprüfer die Abschlussprüfung durchgeführt hat, obwohl er nicht durch das Feststellungsorgan des zu prüfenden Unternehmens gewählt worden ist (vgl. Art. 66 Abs. 3 RLG). Zweitens, wenn der Wirtschaftsprüfer die Abschlussprüfung durchgeführt hat, trotz einer Nicht-Einhaltung der Kriterien für seine Unabhängigkeit (vgl. Art. 66 Abs. 1 und 2 RLG). Drittens, wenn die Abschlussprüfung nach der Feststellung des Jahresabschlusses stattgefunden hat.

Zu Unrichtigkeiten aufgrund noch zugelassener Doppelberuflichkeit kann es dann kommen, wenn die hiervon betroffenen Wirtschaftsprüfer Jahresabschlüsse von Unternehmen prüfen, die im Wettbewerb zu denjenigen Unternehmen[172] stehen, bei denen sie eine feste Anstellung haben. Weiter gegenüber von Unternehmen, in denen andere Wirtschaftsprüfer beschäftigt sind. Schließlich von Unternehmen, die durch den Wirtschaftsprüfer in den letzten drei Jahren im Namen von anderen Kontroll- oder Aufsichtsorganen kontrolliert wurden (vgl. Kapitel 8, Absatz 8.1 Ethikkodex).

Verzichtet wurde in dem Ethikkodex auf die isolierte Darstellung der Grundsätze der Eigenverantwortlichkeit[173] und des berufswürdigen Verhaltens[174] der Wirtschaftsprüfer, die bei dem Buchprüferberuf eine bedeutende Funktion zukam. Damit wurde aber auf die Inhalte nicht grundsätzlich verzichtet, sondern sie wurden in anderen hier bereits dargestellten Bestimmungen geregelt.

---

[171] Eine Berufsnorm, die sich mit der Kundmachung und der Werbung auseinander setzen musste, war in der Zeit vor der Wende nicht notwendig, zumal es einen Überschuss der Nachfrage im Vergleich zur Anzahl der Buchprüfer gab (vgl. Doraczyński 1980, S. 226f.). In den Vorläufigen Normen der Berufsethik für die Wirtschaftsprüfer existierte zwar eine entsprechende Bestimmung, die aber nur zum Teil die relevanten Bereiche abdeckte.

[172] Damit sind nicht die Wirtschaftsprüfungsgesellschaften gemeint, sondern andere z.B. industrielle Betriebe, in denen Wirtschaftsprüfer als Hauptbuchhalter arbeiten.

[173] Der Buchprüfer war verpflichtet, die Prüfung persönlich durchzuführen. Er konnte jedoch auch die Ergebnisse Dritter verwenden. Falls er Ergebnisse Dritter in seinem Gutachten verwendet hatte, musste er das angemerkt haben. Trotzdem befreite ihn das nicht von der persönlicher Verantwortung für den Inhalt seines Gutachtens (vgl. Kwasiborski 1994, S. 54, Tendera 1987, S. 94f.)

[174] Es handelte sich hier vor allem um die Reputation des Buchprüfers. Er sollte einen tadellosen Ruf genießen, und zwar sowohl innerhalb seiner Arbeitswelt als auch in seinem Privatleben. Dieses Prinzip konnte aus den Zulassungsvoraussetzungen abgeleitet werden, nämlich der persönlichen Eignung, die ein Kandidat erfüllen musste. Hatte ein Buchprüfer seinen guten Ruf verloren, wurde er aus der Liste der Buchprüfer gestrichen. (vgl. Doraczyński 1980, S. 222)

Zunächst muss festgestellt werden, dass die Interviewspartaner aus der Gruppe der Adressaten den Ethikkodex nicht kannten. Diese Tatsache verwundert nicht, da der Ethikkodex nicht in den allgemein zugänglichen Medien veröffentlicht wurde, sondern nur in Biuletyn[175] Nr. 41. Biuletyn ist eine Publikation der Landeskammer, die für deren Mitglieder vorgesehen ist und nur denen auch zugeschickt wird. Die Öffentlichkeit konnte lediglich aus einigen wenigen Artikeln den Inhalt kennenlernen. Erstaunlich war jedoch, dass auch die meisten befragten Wirtschaftsprüfer über geringe inhaltliche Kenntnisse des Ethikkodexes verfügten. So entsteht zwangsläufig die Frage, wie die Wirtschaftsprüfer die Grundsätze des Kodexes befolgen sollen, wenn sie ihnen unbekannt sind? Dabei handelt es sich um gravierende Prinzipien, die die Ausübung des Berufes klären. Ein Grund hierfür besteht darin, dass die Nicht-Befolgung der Grundsätze des Ethikkodexes keine Konsequenzen in der Praxis zur Folge hat. Dass es zu derartigen Handlungen kommt, ist nicht nur eine Vermutung, sondern bildet eine Tatsache. Einer von den befragten Wirtschaftsprüfern sagte in diesem Zusammenhang:

> *„Wenn die Gefahr besteht, dass die Unabhängigkeit des Wirtschaftsprüfers nicht gewährleistet werden kann, so ist der Betroffene verpflichtet, die Prüfung abzulehnen. Ich kann nur sagen, dass ich einige Erfahrungen in diesem Zusammenhang gemacht habe, über die ich lieber nicht sprechen möchte. Leider sind wir (die Wirtschaftsprüfer) uns nicht bewusst, welche Gefahren das Nicht-Einhalten der Unabhängigkeit mit sich bringt." (4)*

Die Aussage meines Interviewspartaners findet ebenfalls die Bestätigung in der relevanten Literatur. Dem Wirtschaftsprüfer ist oft nicht bewusst welche Rolle der Ethikkodex spielt. Sie lassen sich beispielsweise häufiger auf eine Art Handels ein. Dies findet insbesondere dann statt, wenn der Auftragsgeber mit dem Inhalt des Prüfungsberichts bzw. Bestätigungsvermerks nicht einverstanden ist. In derartigen Situationen stellt der Auftragsgeber dem Wirtschaftsprüfer ein Ultimatum. Entweder ändert der Wirtschaftsprüfer seine negativen Aussagen oder verliert er das Mandat. Um ein zusätzliches Druckmittel zu haben sammelt der Auftragsgeber verschiedene Angebote von anderen Wirtschaftsprüfern, die vielleicht noch kostengünstiger sind als der bisherige Prüfer. Im Konsequenz lassen sich die Prüfer auf derartigen Handeln leider zu oft ein (vgl. Sawicki 2000, S. 192).

Es stellt sich die Frage nach dem Sinn eines derartigen Kodexes fragen, wenn seine Nicht-Befolgung keine rechtlichen Konsequenz zur Folge hat. Es wäre die Aufgabe der Landeskammer, nicht nur einen derartigen Kodex zu erlassen, sondern auch für dessen Befolgung zu sorgen und dies durch die praktische Anwendung der theoretisch vorgesehenen Sanktionen durchzusetzen.

---

[175] „Biuletyn" entspricht dem deutschen „Bulletin"

5.2.2.3.2 Die Berufsnormen des Berufsstandes der Wirtschaftsprüfer als Spiegel der Normen der Branchenkultur

Die Berufsnormen des Berufsstandes der Wirtschaftsprüfer geben die Normen der Branchenkultur wieder. Die folgende Abbildung (vgl. Abbildung 17) bietet einen groben Überblick über die beruflichen Normen der Wirtschaftsprüfer in Polen.

Abbildung 17: **Überblick über die Normen der Berufsausübung der Wirtschaftsprüfer**

Nr.	Nr. und Datum des Erlasses, Beschluss durch die Landeskammer	Normen für die Berufsausübung der Wirtschaftsprüfer
1.	144/66/96 vom 16.01.1996	Allgemeine Grundsätze der Jahresabschlussprüfung
2.	144/66/96 vom 16.01.1996	Bestätigungsvermerk und Prüfungsbericht des Jahresabschlusses (gilt nicht für Banken und Versicherungen)
3.	144/66/96 vom 16.01.1996	Bestätigungsvermerk und Prüfungsbericht des Jahresabschlusses von Versicherungen
4.	144/66/96 vom 16.01.1996	Bestätigungsvermerk und Prüfungsbericht des Jahresabschlusses von Banken
5.	159/68/96 vom 19.03.1996	Prüfung von Konzernabschlüssen
6.	223/77/96 vom 25.10.1996	Allgemeine Grundsätze der Durchsicht von Zwischenabschlüssen
7.	333/88/97 vom 14.10.1997	Prüfung von Jahresabschlüssen von Einheiten, die von der Pflicht der jährlichen Prüfung nicht betroffen sind

Quelle: **Eigene Darstellung**

Alle Normen beziehen sich auf die Prüfung von Jahresabschlüssen, die aufgrund des Gesetzes über Rechnungslegung erstellt worden sind. Die Normen bestimmen die

Aufgaben, die während der Jahresabschlussprüfung erfüllt werden sollen. Sie setzen die Inhalte von Prüfungsbericht und Bestätigungsvermerk fest und zeigen die Mittel zur Realisierung dieser Aufgaben, ohne jedoch die Einzelheiten festzusetzen. Für die vorliegende Arbeit sind lediglich die Normen Nr. 1 und Nr. 2 relevant. Die anderen Normen beziehen sich entweder auf spezielle Formen von Unternehmen (Banken, Versicherungen, Konzernunternehmen, kleine Unternehmen) oder auf die Durchsicht der Zwischenabschlüsse. Für die Begrenzung der Besprechung der Normen spricht auch die Tatsache, dass die erste und zweite Norm die Grundnormen für alle anderen darstellen.

In den folgenden Ausführungen wird die erste Norm näher betrachtet. Die zweite Norm, die sich mit der Berichterstattung beschäftigt, wird im Zusammenhang mit der Zertifizierung des Wirtschaftsprüfers im Abschnitt: 5.2.2.4 dieses Kapitels behandelt.

Die *erste Norm* legt die allgemeinen Grundsätze der Prüfung von Jahresabschlüssen fest. Nun ist zu klären, bei welchen Unternehmen eine Pflicht zu einer derartigen Prüfung besteht. Gemäß geltender Rechtsvorschriften (vgl. Art. 64 Abs.1 RLG) sind Banken, Versicherungsunternehmen, Unternehmen, die auf der Grundlage der Rechtsvorschriften über den öffentlichen Handel mit Wertpapieren und über Treuhandfonds tätig sind sowie Aktiengesellschaften verpflichtet, sich einer jährlichen Prüfung zu unterziehen. Darüber hinaus auch sämtliche Unternehmen, die im Vorjahr des Geschäftsjahres, für die ein Jahresabschluss aufgestellt wird, zwei der folgenden Kriterien erreicht oder überschritten haben:

1) Jahresdurchschnittliche Zahl der Beschäftigten bis 50 Personen,

2) Summe der Aktiva zum Ende des Geschäftsjahres – Gegenwert in polnischer Währung von 1.000.000 ECU,

3) Nettoerlöse des Geschäftsjahres aus dem Verkauf von Waren und Erzeugnissen sowie aus Finanzgeschäften – Gegenwert in polnischer Währung von 3.000.000 ECU.

Auch die Unternehmen, die diese Voraussetzungen nicht erfüllen, unterliegen der Pflicht zur Jahresabschlussprüfung. Das aber nur einmal innerhalb von drei Jahren. Ferner besteht für Aktiengesellschaften die Pflicht zur Prüfung der Abschlüsse, die auf den Tag der Verschmelzung mit einem anderen oder der Übernahme eines anderen Unternehmens aufgestellt werden (vgl. Art. 64 Abs.3 RLG).

Bemerkenswert ist es, dass die polnischen Vorschriften sehr weitgehend sind. Dies, weil die Prüfungspflicht auch für Einzelkaufleute, Personengesellschaften und Zweigniederlassungen „ohne Rechtspersönlichkeit“ entweder jährlich (wenn die Kriterien erfüllt sind) oder einmal in drei Jahren besteht. Weiterhin ist die Unterscheidung zwischen AGs und GmbHs bezüglich der Prüfungspflicht interessant, die bei den AGs unabhängig von der Größe der Kapitalgesellschaft erforderlich ist.

Die Jahresabschlussprüfung kann ausschließlich von Wirtschaftsprüfern, die eine wirtschaftliche Tätigkeit in eigenem Namen und auf eigene Rechnung ausüben oder von Wirtschaftsprüfern, die für eine Wirtschaftsprüfungsgesellschaft tätig sind, durchgeführt werden. Der Abschlussprüfer wird jedesmal von Organen gewählt, die den Jahresabschluss in dem zu prüfenden Unternehmen feststellen, es sei denn, dass die Satzung, der Gesellschaftsvertrag oder andere für das Unternehmen verbindliche rechtliche Vorschriften etwas anderes bestimmen (vgl. Art. 66 Abs.3 RLG). In diesem Fall kann es beispielsweise der Aufsichtsrat sein. Die Feststellungsorgane sind beispielsweise die Hauptversammlung oder Gesellschafterversammlung bei einer Kapitalgesellschaft sowie der Betriebsrat in einem staatlichen Unternehmen. Anzumerken ist an dieser Stelle, dass in Polen, obwohl es durchaus zulässig wäre, eine Bindung an eine Wirtschaftsprüfungsgesellschaft für länger als ein Jahr nicht existiert.

Zwischen der Wirtschaftsprüfungsgesellschaft bzw. einem Wirtschaftsprüfer, der in eigenem Namen und auf eigene Rechnung arbeitet und dem zu prüfenden Unternehmen wird ein *Vertrag über die Prüfung* geschlossen (vgl. Pkt. 9-11 Norm Nr. 1). Im Prüfungsauftrag wird u.a. der Termin, zu dem die Prüfung anfängt und endet, sowie die Höhe und Art der Bezahlung für die erbrachte Leistung festgelegt. Ferner wird in dem Vertrag Gegenstand, Pflichten und Bestimmungen bezüglich des Verhältnisses der Vertragspartner festgelegt. Es wird u.a. empfohlen, in dem Vertrag bestimmte Beschlüsse zu vereinbaren, die die Prüfungsdurchführung vereinfachen und die mögliche Entstehung von Konflikten beschränken .

Zu bedenken bleibt weiterhin folgende Situation: Wenn der Vertragspartner eine Wirtschaftsprüfungsgesellschaft ist, der Prüfungsauftrag zwischen dem geprüften Unternehmen und der Gesellschaft geschlossen wird, wobei die Wirtschaftsprüfer, die die Prüfung tatsächlich durchführen, keinen Einfluss auf deren Inhalt haben. Somit gehen die Wirtschaftsprüfer in die Prüfung ohne ausreichende Informationen über die tatsächliche Größe des Unternehmens zu haben, dessen Organisation, Tätigkeitsreichweite (Gebiet) und andere für die Prüfungsplanung an sich unentbehrlichen Informationen. Auch wenn es sich um eine Wiederholungsprüfung handelt sind diese Erkundungen wichtig, da in der Zeit zwischen den Prüfungen in dem Unternehmen möglicherweise erhebliche Veränderungen stattfinden konnten. Es wäre wünschenswert, dass in der hier besprochenen Norm die Teilnahme des Abschlussprüfers in den Verhandlungen festgeschrieben würde. Zumindest sollte jedoch der Wirtschaftsprüfer, der die Prüfung durchführen soll, noch vor Abschluss des Prüfungsvertrages möglichst detaillierte Informationen über das zu prüfende Unternehmen bekommen (vgl. Bobula 1998, S. 585).

Ziel der Jahresabschlussprüfung ist der Erwerb von Beweisen, die dem Wirtschaftsprüfer die schriftliche Feststellung erlauben, dass der Jahresabschluss ordnungsgemäß, gründlich und klar die Vermögens- und Finanzlage sowie das Finanzergebnis und die Rentabilität des geprüften Unternehmens abbildet (vgl. Pkt.

12 Norm Nr. 1). Als Kriterien der Prüfung gelten somit die Ordnungsmäßigkeit, die Gründlichkeit und die Klarheit.

Mit der „Ordnungsmäßigkeit" wird die Übereinstimmung mit dem Recht verstanden, hier mit dem Gesetz über den Rechnungslegung und auf dessen Grundlage herausgebrachten Einzelvorschriften. In diesem Kriterium geht es ebenfalls um die Übereinstimmung mit den Grundsätzen des Rechnungswesens, was im Einzelnen die Ordnungsmäßigkeit, Fehlerfreiheit und Nachprüfbarkeit der Handelsbücher bedeutet. Jedoch werden bis jetzt nicht alle Probleme der Buchführung eindeutig rechtlich geregelt. So ist beispielsweise die Art der Bewertung und die Gewinnrealisierung bei langfristiger Fertigung nicht eindeutig. Problematisch ist ebenfalls die Kostenerfassung der zukünftigen Verwendung und die Verwertung von bereits abgebauten Bodenschätzen. Darüber hinaus ist die Berücksichtigung des Kaufkraftverlustes aufgrund von Inflation ebenfalls nicht geregelt. Falls keine rechtlichen Regelungen bestehen, sind als Bewertungskriterien die Internationalen Accounting Standards, gefestigte Gewohnheiten aus der Praxis bzw. Wissenschaftserkenntnisse anzuwenden (vgl. Fedak 1996b, S. 25f.). In Bezug auf Problembereiche, die nicht im Rechnungslegungsgesetz geregelt sind, sollen andere Regelwerke, wie z.B. das Steuerrecht, das Wirtschaftsrecht oder auch der Gesellschaftsvertrag bzw. die Satzung eines Unternehmens berücksichtigt werden. Ein Kriterium der Ordnungsmäßigkeit können auch Berufsnormen und deren Auslegung bilden. Das Kriterium der „Gründlichkeit" bedeutet eine treue, wahrheitsgemäße Abbildung des tatsächlichen Zustandes (vgl. Fedak 1996a, S. 58). Beim Merkmal „Klarheit" handelt es sich um die eindeutige Darstellung der Tatsachen. Realisiert wird dieses Kriterium beispielsweise durch die Pflichtangabe im Bestätigungsvermerk in Form einer Einschränkung oder einer zusätzlichen Bemerkung über die Gefährdung des going concern Prinzips in dem Unternehmen, obwohl der Jahresabschluss ordnungsgemäß ist (vgl. Fedak 1996a, S. 58).

Die Kriterien, die die Richtigkeit des Jahresabschlusses bedingen, bestimmen gleichzeitig den *Gegenstand der Prüfung*. Das Gesetz über Rechnungslegung bestimmt zunächst lediglich den Jahresabschluss als Gegenstand der Prüfung (vgl. Art. 65 Abs. 1 RLG). Der Jahresabschluss beinhaltet im Einzelnen: die Bilanz, die Gewinn- und Verlustrechnung, den Anhang (vgl. Art. 45 Abs. 2 RLG). Die prüfungs- und offenlegungspflichtigen Unternehmen sind verpflichtet, den Jahresabschluss um die Kapitalflussrechnung zu ergänzen (vgl. Art. 45 Abs. 3 RLG). Zusätzlich besteht die Pflicht, für bestimmte Unternehmen, den Lagebericht zu erstellen und dem Geschäftsjahr beizufügen (vgl. Art. 45 Abs. 4 RLG).[176] Die Frage, ob auch der Lagebericht geprüft werden sollte, wird im zweiten Absatz des Art. 65 RLG geklärt:

---

[176] Gemäß dem eben zitierten Artikeln in Verbindung mit Art. 49 Abs. 1 RLG sind GmbHs, Versicherungsvereine auf Gegenseitigkeit, AGs und Genossenschaften verpflichtet, unabhängig von der Größe des Unternehmens, dem Jahresabschluss einen Lagebericht beizufügen.

„... ob die im Lagebericht des Unternehmens enthaltenen Angaben mit den im Jahresabschluss enthaltenen Informationen übereinstimmen." Da die Daten des Jahresabschlusses überwiegend aus den Handelsbüchern stammen, sind auch diese in die Prüfung einzubeziehen. In die Prüfung ist ebenfalls das hiermit gekoppelte Interne Kontrollsystem aufzunehmen (vgl. Nr. 13 Norm 1).

Eine Eigenart stellt die Pflicht der Überprüfung durch den Abschlussprüfer dar, ob „alle für die Einschätzung des Unternehmens wesentlichen Informationen" (vgl. Art. 65 Abs. 2 Nr. 4 RLG) im Jahresabschluss enthalten sind. Häufig werden nämlich die Jahresabschlüsse um zusätzliche Informationen, die zum Teil einen finanziellen Charakter haben, ergänzt. Sei es wegen der Rechtsanforderungen oder sei es ein Brauch. Hier kann es sich beispielsweise um eine finanzielle Zusammenfassung, um eine Prognose oder um Informationen über Investitionsvorhaben handeln. Diese zusätzlichen Informationen werden teilweise freiwillig gemacht, um Werbung für das Unternehmen zu machen. Teilweise werden sie in Gesetzen verlangt, z.B. die Kapitalgesellschaften und Genossenschaften sind verpflichtet, einen jährlichen Bericht über die Tätigkeit des Vorstandes zu erstellen. Der Wirtschaftsprüfer ist zwar nicht zur Prüfung von solchen Informationen verpflichtet, da sie meistens andere Bereiche als Rechnungslegung und Finanzen betreffen. Nichtsdestotrotz muss der Wirtschaftsprüfer, wenn er die Jahresabschlussprüfung durchführt, sich mit diesen Informationen auseinander zusetzen. Dies, weil die Glaubwürdigkeit des begutachteten Jahresabschlusses, in Zweifel gezogen werden könnte, falls eine Diskrepanz zwischen dem Jahresabschluss und dem Inhalt von anderen Informationen bestehen würde. Für derartige Diskrepanzen sind zwei folgende Fälle denkbar:

Zum einen besteht eine gravierende Unstimmigkeit zwischen anderen Informationen und dem Jahresabschluss, und zwar wenn die Aussagen des Jahresabschlusses durch andere Informationen verneint werden. In einem derartigen Fall stellt der Wirtschaftsprüfer fest, ob der Jahresabschluss oder die anderen Informationen korrigiert werden müssen. Soll der Jahresabschluss korrigiert werden und das geprüfte Unternehmen weigert sich, die Korrektur durchzuführen, so gibt der Abschlussprüfer eine entsprechende Stellungnahme in seiner Berichterstattung ab. Falls die anderen Informationen berichtigt werden sollen und das geprüfte Unternehmen das ablehnt, kann der Wirtschaftsprüfer in seinen Bericht einen zusätzlichen Punkt aufnehmen, in dem er darlegt, wo die Gründe für die Divergenz liegen.

Zum anderen kann es zu einer gravierenden Verzerrung von Fakten kommen, wenn es zu einer falschen Darstellung von wichtigen Informationen kommt, die allerdings nicht den Gegenstand des Jahresabschlusses betreffen. In einem derartigen Fall soll der Abschlussprüfer die eingetretene Verzerrung mit der Leitung des geprüften Unternehmens besprechen. Überzeugen ihn die Erklärungen nicht, so soll er ein entsprechendes Schreiben an die Leitung richten (vgl. Fedak 1996b S. 28). Infolge der hier dargestellten Fälle hat der Gesetzgeber die Prüfungshandlungen wesentlich über die Feststellung der Ordnungsmäßigkeit der Rechnungslegung ausgedehnt.

Ein anderer Grund für die Erweiterung des Prüfungsgegenstandes ist der Zeitrahmen zwischen der Eröffnungsbilanz und der Schlussbilanz (vgl. Nr. 13 Norm 1). Einerseits muss der Abschlussprüfer den Gegenstand der Prüfung um Teile des Jahresabschlusses und um Handelsbücher aus dem vorherigen Jahr ergänzen. Dies um erstens feststellen zu können, ob das Prinzip der Stetigkeit eingehalten worden ist, also ob die Gruppierung, der Ausweis der Positionen in der Bilanz und die Bewertung dem vorherigen Jahr entspricht. Zweitens soll der Abschlussprüfer überprüfen, ob die Schlussbilanz und die Ergebnisverwendung des vorherigen Jahres richtig in die Handelsbücher des zu prüfenden Jahres übernommen wurden. Eine Komplikation entsteht dann, wenn der Jahresabschluss des vorherigen Jahres nicht geprüft worden ist und somit Unsicherheit über dessen Richtigkeit[177] besteht. Sofern dieser Fall eintritt, ist der Abschlussprüfer verpflichtet, die Prüfung um die Daten der vorherigen Bilanz zu erweitern (vgl. Norm 1 Nr. 13, Pkt. 3; vgl. Fedak 1996b S. 30).

Andererseits soll der Abschlussprüfer bei der Durchführung der Jahresabschlussprüfung feststellen, ob alle Geschäftsvorfälle, die sich auf das geprüfte Jahr beziehen, auch in den Handelsbüchern dieses Jahres berücksichtigt worden sind, was die Durchsicht der Handelsbücher des folgenden Jahres erfordert. Ferner soll er überprüfen, ob nach der Schließung der Bilanz Vorgänge eingetreten sind, die einen wesentlichen Einfluss auf den Inhalt des noch nicht festgestellten Abschlusses haben (vgl. Art. 54 RLG). Falls der Jahresabschluss aufgrund der aufgedeckten Vorgänge eine Korrektur bedarf, so sollte die Leitung des Unternehmens sie durchführen. Der Abschlussprüfer sollte anschließend eine zusätzliche Prüfung durchführen und eine entsprechende Bemerkungen in den Bestätigungsvermerk einfügen. Falls die Leitung des geprüften Unternehmens die notwendige Änderung ablehnt, so hat der Abschlussprüfer, falls der Bericht bereits unterschrieben, aber noch nicht abgegeben ist, den Bestätigungsvermerk entsprechend zu ändern. Ist der Bericht bereits an das Unternehmen weitergeleitet, so informiert der Abschlussprüfer die Leitung des Unternehmens, dass er bestimmte Schritte unternimmt, um die Ausnutzung seines Testates verhindern, z.B. durch eine einschlägige Verlautbarung in der Presse (vgl. Fedak 1996b S. 32).

Nachdem der Gegenstand der Prüfung besprochen worden ist, wird nun der Prozeß der Prüfung diskutiert. Der erste Schritt dabei sollte die Erstellung des *Prüfungsplanes* sein. Dies wird auch in der Norm ausdrücklich verlangt (vgl. Nr. 15 Norm 1). Die Prüfungsplanung soll, unter Berücksichtigung der Kenntnisse des Wirtschaftsprüfers über das zu prüfende Unternehmen, die allgemeine Richtung und die Zielbereiche der Prüfung von einzelnen Gebieten (z.B. Anlagevermögen und ihre

---

177 „Richtig" bedeutet hier entsprechend den Regeln und Vorgaben des Gesetzes.

Abschreibung, Warenbestände und Warenbeschaffung, Verkäufe und Forderungen) definieren. Ferner soll der Prüfungsplan die hiermit verbundene Risikobeurteilung bestimmen, und darüber hinaus die entsprechenden Methoden (wie), den Bereich (was und wieviel) sowie die Termine (wann) der erforderlichen Prüfungen festlegen. Der Prüfungsplan sollte außerdem die Anzahl der zugelassenen Fehler, die den Jahresabschluss nicht wesentlich verzerren, festsetzen. Und schließlich ist die Prüfungsplanung während der Prüfung laufend den gewonnenen Erkenntnissen anzupassen (vgl. Nr. 16 Norm 1).

Im nächsten Schritt führt der Abschlussprüfer die geplante Prüfung durch. Auf eine detaillierte Darstellung der Prüfungsdurchführung wird hier verzichtet[178], da die Adressaten und die Interessenten der Jahresabschlussprüfung, wie sich während der Interviews herausgestellt hatte, weder wussten, wie eine Prüfung im einzelnen durchgeführt wird, noch Interesse daran hatten das zu erfahren. Demzufolge kann das auch nicht als Einflussgröße der Vertrauensentstehung dienen. Das einzig maßgeblich für sie war das Resultat der Prüfung, im Sinne von Bestätigungsvermerken und Prüfungsberichten, soweit diese zugänglich gemacht worden sind. Die Berichterstattung und in folge dessen das erteilte Testat wird im folgenden Abschnitt (vgl. Abschnitt: 5.2.2.4) ausführlich dargelegt.

5.2.2.4 Prüfungsbericht und Bestätigungsvermerk als Zertifikat des Wirtschaftsprüfers

Im Folgenden werden die zwei Instrumente der Berichterstattung des Wirtschaftsprüfers über die durchgeführte Jahresabschlussprüfung dargestellt. Es handelt sich um den Bestätigungsvermerk und den Prüfungsbericht. Die beiden Instrumente besitzen unterschiedliche Adressaten. Der Bestätigungsvermerk ist für einen großen Kreis unternehmensexterner Adressaten des Jahresabschlusses vorgesehen. Der Prüfungsbericht ist dagegen interessant für die unternehmensinternen Adressaten, die gesetzlichen Vertreter und den Aufsichtsrat bzw. die Gesellschafter. Da in der folgenden Arbeit das Augenmerk auf der Entstehung von Vertrauen bei externen Adressaten liegt, wird der Bestätigungsbericht auch ausführlich dargelegt. Der Prüfungsbericht wird lediglich kurz skizziert.

---

[178] Die Prozedur und die Methoden der Prüfungsdurchführung ähneln sehr der deutschen Vorgehensweise. Deshalb wird durch den Verzicht auf eine Darstellung aller Details beim deutschen Leser keine große Wissenslücke erzeugt.

5.2.2.4.1 Bestätigungsvermerk

Das durch den Wirtschaftsprüfer erteilte Testat,[179] das hier als ein Zertifikat fungiert, hat um so größere Bedeutung, je mehr der Adressat bzw. der Interessent das Zertifikat für die Qualität verantwortlich macht und je größer das Vertrauen der Interessenten in die Zertifizierung als Bescheinigung des Qualitätspotentials ist.

Der Bestätigungsvermerk bildet einen Teil des Informationssystems gegenüber den externen Adressaten. Das geprüfte Unternehmen ist zur Veröffentlichung des Testates verpflichtet.

Um die an den Bestätigungsvermerk gestellten Aufgaben erfüllen zu können, muss dieser nach Grundsätzen erstellt werden, die eine entscheidungsrelevante Informationsübermittlung gewährleisten. Es handelt sich dabei um die von der Landeskammer der Wirtschaftsprüfer formulierten Grundsätze der Unparteilichkeit, der Vollständigkeit, der Wahrheit[180] und der Klarheit. Der Grundsatz der Unparteilichkeit erfordert eine sachgerechte Wertung der Sachverhalte, die unter Berücksichtigung aller verfügbaren Informationen vorzunehmen ist. Eine mögliche Meinungsverschiedenheit zwischen der Leitung des Unternehmens und dem Wirtschaftsprüfer sollte genau dargestellt werden. Der Grundsatz der Vollständigkeit der Berichterstattung ist erfüllt, wenn der Abschlussprüfer alle für das Berichtsobjekt erforderlichen Feststellungen trifft. Der Grundsatz der Wahrheit besagt, dass die Ausführungen des Abschlussprüfers nach dessen Überzeugung den tatsächlichen Gegebenheiten entsprechen. Der Grundsatz der Klarheit bezieht sich auf die Eindeutigkeit und Verständlichkeit der in der Berichterstattung aufgenommenen Ausführungen (vgl. Pkt. I Nr. 7 Norm 2).

Beim Bestätigungsvermerk[181] im Sinne des Art. 65, Abs. 1 und 2 RLG handelt es sich um das zusammenfassende Urteil des Abschlussprüfers über das Ergebnis einer durchgeführten Jahresabschlussprüfung. Dieses Urteil ergibt sich nicht als Summe der Urteile zu den Teilgebieten des Prüfungsgegenstandes, sondern ist vielmehr die geforderte Gewichtung der Einzelfeststellungen des Abschlussprüfers. Dies unter der Berücksichtigung des Einflusses der festgestellten Fakten auf die Ordnungsmäßigkeit und Gründlichkeit des Jahresabschlusses in Ganzheit (vgl. Pkt. 10 Norm 2). Der

---

179 Bestätigungsvermerk wird hier auch als Testat bezeichnet.

180 Die genaue Übersetzung des Grundsatzes der Wahrheit lautet: „Gründlichkeit". Der Inhalt des Grundsatzes wird aber besser mit dem Wort „Wahrheit" beschrieben. Deshalb wird hier vom Grundsatz der Wahrheit und nicht von Gründlichkeit gesprochen.

181 Die wörtliche Übersetzung lautet „Beurteilung", ähnlich dem englischen „opinion". Um dem deutschsprachigen Leser den Vergleich und das Verständnis möglichst zugänglich zu machen, wird hier nicht die wörtliche, sondern die singgemäße Übersetzung verwendet.

Bestätigungsvermerk ist zusammen mit dem Jahresabschluss des geprüften Unternehmens zu veröffentlichen. Die Offenlegung erfolgt im „Monitor Polski B".[182]

Inhalt des Bestätigungsvermerks

Über den Inhalt des Bestätigungsvermerks entscheidet Art. 65, Abs. 2 des RLG. Dort wird präzisiert, auf welche Fragen der Bestätigungsvermerk eine Antwort geben soll. Demnach sollte diese Beurteilung erstens feststellen, ob der geprüfte Jahresabschluss auf der Grundlage ordnungsmäßig geführter Handelsbücher aufgestellt wurde (vgl. Art. 65, Abs. 2, Nr. 1 RLG). Die Ordnungsmäßigkeit bedeutet in diesem Zusammenhang die Übereinstimmung mit den Gesetzen. Dabei bezieht sich die Ordnungsmäßigkeit nicht nur auf die Befolgung von anerkannten Regeln der Buchführung. Vor allem bezieht sie sich auf die Anwendung angemessener Bewertungsmethoden von Aktiva und Passiva in der Bilanz; außerdem auf die richtige Aufstellung von Jahresabschlüssen auf der Grundlage der Handelsbücher. Beispielsweise sind die Unternehmen in der Wahl von Bewertungsvereinfachungsverfahren für die materiellen Vermögensgegenstände des Umlaufvermögens, vorwiegend also der Vorräte (vgl. Art. 34, Abs. 4 RLG),[183] frei. Jedoch kann ein unbegründeter Wechsel einer Methode innerhalb eines Geschäftsjahres als nicht ordnungsgemäße Führung von Handelsbüchern angesehen werden. Insbesondere dann, wenn es schwierig ist, den Einfluss eines derartigen Wechsels auf das Finanzergebnis zu bestimmen. Andererseits kann die Einführung eines neuen Computersystems inmitten eines Geschäftsjahres eine Änderung der Bewertungsmethode erforderlich machen. Das Gesetz erlaubt jedoch eine deratige Änderung nur zu Beginn des ersten Tages des nächsten Geschäftsjahres (vgl. Art. 8, Abs. 2 RLG). Aus organisatorischen und finanziellen Gründen kann sich aber das Warten eines Unternehmens auf den Wechsel des Systems bis zum nächsten Geschäftsjahr als unvernünftig erweisen. Es liegt an dem Wirtschaftsprüfer, zu entscheiden, ob die Einführung des neuen Computersystems mitten im Geschäftsjahr und ein dadurch erfolgter Wechsel der Bewertungsmethode ein ausreichender Grund für einen eingeschränkten Bestätigungsvermerk sind. Es kann aber sinnvoller sein, lediglich eine Bemerkung darüber im Bestätigungsvermerk zu machen oder sich sogar auf die Darstellung dieser Tatsache im Prüfungsbericht zu beschränken. Eine derartige Vorgehensweise durch den Wirtschaftsprüfer ist dann angebracht, wenn die Folgen der Änderung der Bewertungsmethode abschätzbar und aus der Sicht des gesamten Jahresabschlusses unbedeutend sind (vgl. Szymański 1998 S. 6f.).

---

[182] „Monitor Polski B" ist ein Amtsblatt. Es handelt sich um einen Eigennamen, der im weiteren nicht übersetzt, sondern in Originalfassung benutzt wird. Ähnlich wurde in der deutschen Übersetzung des Rechnungslegungsgesetzes verfahren. (vgl. Das polnische Recht.... 1997, S. 107)

[183] Zulässig ist demnach die Bewertung zu gewogenen Durschnittswerten, das Lifo-Verfahren, das Fifo-Verfahren und die Bewertung mit den tatsächlichen Anschaffungskosten.

Zweitens hat der Wirtschaftsprüfer im Bestätigungsvermerk festzustellen, ob der geprüfte Jahresabschluss in Übereinstimmung mit den durch das Rechnungslegungsgesetz festgelegten und kontinuierlich angewandten Grundsätzen der Rechnungslegung aufgestellt wurde (vgl. Art. 65, Abs. 2, Pkt. 2 RLG). Die angesprochenen Grundsätze der Rechnungslegung betreffen: Richtigkeit (vgl. Art. 4 Abs. 1 RLG), Einzelbewertung (vgl. Art. 7 Abs. 3 RLG),[184] Stetigkeit (vgl. Art. 5 Abs. 1 RLG),[185] Wesentlichkeit (vgl. Art. 8 Abs. 1 RLG),[186] Unternehmensfortführung (vgl. Art. 5 Abs. 2 RLG) und periodengerechte Gewinnermittlung (vgl. Art. 6 RLG). Die Hervorhebung der permanenten Anwendung dieser Grundsätze bezieht sich sowohl auf den formalen als auch den materiellen Aspekt. Das bedeutet die Anwendung von unveränderten Regeln und Methoden der Erfassung von Geschäftsvorfällen sowie unveränderte Darstellung von Ergebnissen im Jahresabschluss. Die kontinuierliche Verwendung von Rechnungslegungsgrundsätzen ermöglicht die Vergleichbarkeit der Jahresabschlüsse über mehrere Jahre und ist für die Adressaten von besonderer Bedeutung.

Drittens soll der Bestätigungsvermerk die Frage beantworten, ob der Jahresabschluss in Form und Inhalt mit den für das Unternehmen geltenden rechtlichen Vorschriften, Bestimmungen der Satzung oder des Gesellschaftsvertrages übereinstimmt (vgl. Art. 65, Abs. 2, Pkt. 3 RLG). Dabei soll sowohl die Form als auch der Inhalt geprüft werden. Auf den ersten Blick könnte die Frage nach der Notwendigkeit dieser Regelung aufkommen, da der Wirtschaftsprüfer, wie bereits oben erwähnt, zur Prüfung der Ordnungsmäßigkeit der Handelsbücher verpflichtet ist, die die Grundlage für den Jahresabschluss bilden. Nun muss die Ordnungsmäßigkeit der Handelsbüchern nicht notwendigerweise die Ordnungsmäßigkeit des Jahresabschlusses bedeuten. Dementsprechend ist eine Regelung, die eine derartige Überprüfung verlangt, durchaus sinnvoll.

Schließlich wird viertens von dem Wirtschaftsprüfer verlangt, im Bestätigungsvermerk Auskunft darüber zu erteilen, ob der geprüfte Jahresabschluss gründlich und klar alle für die Einschätzung des Unternehmens wesentlichen Informationen darstellt und ob die im Lagebericht des Unternehmens enthaltenen Angaben mit den im Jahresabschluss enthaltenen Informationen übereinstimmt (vgl. Art. 65, Abs. 2, Pkt. 4 RLG). Diese Regelung verlang von dem Wirtschaftsprüfer die

---

184 Der Einzelbewertungsgrundsatz bezieht sich hier auf einzelne Gegenstände der Aktiva und Passiva, auf Erträge und mit ihnen verbundene Aufwendungen, sowie auf die außerordentlichen Gewinne und Verluste.

185 Der Stetigkeitsgrundsatz bezieht sich auf Ausweis- und Bewertungsstetigkeit. Aus dem Gesetz geht allerdings nicht eindeutig hervor, ob sich der Stetigkeitsgrundsatz auch auf den Bilanzansatz bezieht.

186 Der Wesentlichkeitsgrundsatz regelt die Beachtung dieses Grundsatzes im Zusammenhang mit der Auswahl zwischen unterschiedlichen Bilanzierungs- und Bewertungswahlrechten.

Anwendung von zwei Kriterien, die der Gründlichkeit und der Klarheit, die während der Jahresabschlussprüfung erhebliche Schwierigkeiten für den Prüfer hervorrufen (vgl. Woliński 1996, S. 28). Der Begriff der Gründlichkeit wurde im RLG von 1994 nicht definiert. Dennoch wird angenommen, dass Gründlichkeit die Übereinstimmung zwischen den Informationen im Jahresabschluss und dem tatsächlichen Verlauf von wirtschaftlichen Geschehnissen, sowie der sie begleitenden Umstände bedeutet.[187] Das Problem der Anwendung dieses Grundsatzes während der Prüfung besteht in der erforderlichen Feststellung von Übereinstimmung zwischen den Informationen im Jahresabschluss und dem tatsächlichen Verlauf der wirtschaftlichen Geschehnisse in dem geprüften Unternehmen. Dies aufgrund der Tatsache, das der Wirtschaftsprüfer lediglich anhand der vorhandenen Dokumentation die Übereinstimmung feststellen kann. Diese muss nicht immer den tatsächlichen Verlauf abbilden. Noch schwieriger kann die Überprüfung der begleitenden Umstände sein, falls sie nicht in der Dokumentation dargelegt wurden. Insofern kann die identifizierte Konformität immer kontrovers sein. Verstärkt wird diese Kontroverse zusätzlich durch die Stichprobenmethode, die am häufigsten während der Prüfung angewendet wird. Das Risiko der Nicht-Aufdeckung von Unregelmäßigkeiten hängt in diesem Fall überwiegend von den Erfahrungen des Wirtschaftsprüfers ab. Eine andere Quelle der geschilderten Probleme für den Wirtschaftsprüfer bildet der Grundsatz der Klarheit[188], der im § 7 Abs. § des RLG definiert wurde. Klarheit bedeutet, dass das Rechnungswesen ein klares Bild von der materiellen und der finanziellen Situation des Unternehmens geben sollte. Verboten ist die Saldierung, die zwar in sich keine falschen Daten enthält, in der Gesamtheit aber die Aussagen des Jahresabschlusses stark verzerren kann, beispielsweise bezüglich der Zahlungsfähigkeit des geprüften Unternehmens.

Nachdem die gesetzliche Mindestinhalte des Bestätigungsvermerks dargelegt wurden, komme ich zu dem zweiten zentralen Punkt, nämlich zu dessen möglichen Formen.

Arten des Bestätigungsvermerks

Als Ergebnis der Prüfung kommt der uneingeschränkte Bestätigungsvermerk, der eingeschränkte Bestätigungsvermerk, die Versagung des Bestätigungsvermerks und die Verweigerung des Bestätigungsvermerks in Betracht. Ein formelhafter Bestätigungsvermerk wurde vom Gesetzgeber nicht vorgegeben, so dass der Abschlussprüfer sein Urteil in Form eines Bestätigungsberichts unter Berücksichtigung berufsständischer Regeln formulieren muss. Der

---

[187] Diese Definition der Gründlichkeit gebot das Gesetz vom 19. Oktober 1991. Siehe auch Woliński 1996, S. 28

[188] Der Grundsatz der Klarheit entspricht im wesentlichen dem in § 252 Abs. 1 Nr. 3 HGB definierten Einzelbewertungsgrundsatz.

Bestätigungsvermerk kann ferner auch zusätzliche Informationen enthalten, ohne dass die allgemeine positive Beurteilung beeinträchtigt wird. Die zusätzlichen Informationen können jedoch nicht die Vorbehalte verbergen (vgl. Sawicki 1998a S. 5). Es stellt sich die Frage, unter welchen Umständen der Wirtschaftsprüfer die einzelnen Arten von Bestätigungsvermerken erteilt.

Der *uneingeschränkte Bestätigungsvermerk* wird dann erteilt, wenn der Wirtschaftsprüfer zu dem Gesamturteil gekommen ist, dass die Handelsbücher und der Jahresabschluss den gesetzlichen Vorschriften entsprechen und die Einwendungen gegen die Rechnungslegung des geprüften Unternehmens nicht wesentlich sind (vgl. Abschnitt II Pkt. 13 Norm 2). In der Praxis kommt es jedoch oft vor, dass der Wirtschaftsprüfer bei der Erteilung des uneingeschränkten Bestätigungsvermerks sogenannte „Unsicherheit“ hervorhebt (vgl. Sawicki 1998c, S. 90f.; Woliński 1996, S. 28). Dies wird dann in Form einer Klausel gemacht, in der die zukünftigen unsicheren Ereignisse, die Einfluss auf die Änderung der Beurteilung des geprüften Unternehmens haben können, erwähnt werden. Weder hebt eine derartige Klausel die positive Beurteilung des Jahresabschlusses auf, noch schränkt sie sie ein. Häufig bezieht sie sich auf Situationen, in denen die Unsicherheit weder in den Handelsbüchern noch im Jahresabschluss für das geprüfte Geschäftsjahr formuliert werden kann. Gleichzeitig muss die Voraussetzung erfüllt werden, dass eine derartige Unsicherheit keinen grundsätzlichen Charakter für die Beurteilung des Jahresabschlusses als Ganzheit hat.

Folgende Fälle sind denkbar, die es erlauben, ein noch uneingeschränktes Testat zu erteilen mit gleichzeitiger zusätzlicher Erläuterung in einer Klausel, die immer im Schlußteil des Bestätigungsvermerks gesetzt werden soll (vgl. Wskazówki... 1998, S. 28; Woliński 1996, S. 28).

Der erste mögliche Fall kommt dann in Frage, wenn der Wirtschaftsprüfer einen Konzernabschluss prüft, selber aber nicht alle Einzelabschlüsse in dem Konzern geprüft hat. In diesem Fall kann der Konzernabschlussprüfer die Arbeitsergebnisse eines anderen Abschlussprüfer, der die vorgegebene Einzelbilanz geprüft hat, dann übernehmen, wenn er überzeugt ist, dass der andere Wirtschaftsprüfer seine Prüfung ordnungsgemäß durchgeführt hat. Zu dieser Überzeugung gelangt der Konzernabschlussprüfer indem er Kontakt mit dem anderen Wirtschaftsprüfer aufnimmt mit dem Ziel, sich die Prüfungsplanung anzuschauen und bestimmte andere Angelegenheiten zu besprechen. Zu denen zählt die Besprechung der verwendeten Verfahren, um bestimmen zu können, welche Verfahren der Konzernabschlussprüfer selbst anwenden soll. Ferner die Besprechung der Prüfungsergebnisse und eventuell die Durchsicht der Prüfungsdokumentation. Falls der Konzernabschlussprüfer die Arbeitsergebnisse Dritter verwendet, kann die Tatsache im Bestätigungsvermerk erwähnt werden, dies ist jedoch nicht zwingend (vgl. Wskazówki... 1998, S. 28f; Sawicki 1998a, S. 10f.).

Die zweite Situation, in der der Wirtschaftsprüfer eine Klausel zum uneingeschränkten Testat formuliert ist, indem Fall denkbar wo zwar eine wesentliche Abweichung von geltenden Grundsätzen ordnungsmäßiger Rechnungslegung eingetreten ist, diese aber nach Meinung des Abschlussprüfers notwendig war, weil sonst der Jahresabschluss die Adressaten irreführen könnte. Falls diese Situation zustande kommt (was zugegebener Weise eher selten vorkommen mag), sollte der Wirtschaftsprüfer eine entsprechende Erklärung in seinem Bestätigungsvermerk machen. In dieser Erklärung beschreibt er worin die Abweichung besteht, welche Ursachen zu seiner Entscheidung, die Abweichung als notwendig anzusehen , geführt haben und schließlich, mit welchen Auswirkungen zu rechnen ist (vgl. Wskazówki... 1998, S. 30f.; Sawicki 1998a, S. 13).

Drittens ist vorstellbar, dass beim Wirtschaftsprüfer eine wesentliche Unsicherheit entstanden ist, die ihm nicht erlaubt, einige Informationen in dem Jahresabschluss zu beurteilen. Die Unsicherheit kommt dann vor, wenn es für den Abschlussprüfer nicht möglich ist zu bestimmen, ob der Jahresabschluss korrigiert werden sollte und wenn ja, um welche Beträge. Mit Hilfe einiger Beispiele wird im Folgenden versucht, die Problematik der „Unsicherheit" zu präzisieren (vgl. Wskazówki... 1998, S. 31f.; Sawicki 1998a, S. 14f.). Als „wesentliche Unsicherheit" wird beispielsweise eine Situation angesehen, in der gegen das geprüfte Unternehmen ein Gerichtsverfahren wegen nicht gebuchter Forderungen läuft, und nicht absehbar ist wie das Verfahren ausgeht. Ein anderes Beispiel betrifft die Möglichkeit der Wiedergewinnung eines Teils des Vermögens. Diese Möglichkeit hängt von zukünftigen Geschäften oder von der Marktsituation ab. Weiterhin werden als „wesentliche Unsicherheit" keine Ereignisse betrachtet, deren Folgen sich logisch ableiten lassen. Beispielsweise sind das Rückstellungen für Garantieverpflichtungen, Dalkrederückstellungen und Rückstellungen für (jährliche) Ertragssteuer (vgl. Wskazówki... 1998, S. 31; Sawicki 1998a, S. 14).

Ein vierter Fall, erlaubt es dem Wirtschaftsprüfer immer noch, trotz vorhandener Mängel, den uneingeschränkten Bestätigungsvermerk zu erteilen. Er betrifft die Verletzung des Stetigkeitsprinzips, was dazu führt, dass einige Informationen aus dem Jahresabschluss des geprüften Geschäftsjahres nicht mit Informationen aus den vergangenen Jahresabschlüssen vergleichbar sind. Das Gesetz erlaubt in bestimmten Ausnahmefällen vom Stetigkeitsprinzip abzusehen (vgl. Art. 8 Abs. 2 RLG).[189] Ob der uneingeschränkte Bestätigungsvermerk um eine entsprechende Erläuterung über Verletzung der Stetigkeit ergänzt werden soll oder nicht, hängt davon ab, ob die vorgenommenen Ausnahmefällen eine gravierende Unvergleichbarkeit

[189]Demnach ist ein Wechsel von bisher angewandten Bilanzierungs- und Bewertungsmethoden zu Beginn eines Geschäftsjahres zulässig, wenn dadurch die Vermögens-, Finanz und Ertragslage des Unternehmens besser dargestellt wird. In diesem Fall sind entsprechende Angaben im Anhang notwendig.

hervorgebracht haben oder nicht. Zu den Änderungen, die zwar die Stetigkeit verletzen, aber als nicht wesentlich betrachtet werden und daher nicht zusätzlich im Bestätigungsvermerk erwähnt werden müssen, zählen folgende Veränderungen (vgl. Wskazówki... 1998, S. 33; Sawicki 1998a, S. 16):

Erstens die Änderung der Abschreibungsdauer bei Sachanlagen und immateriellen Anlage- oder Vermögenswerten, für die Abschreibungspflicht besteht. Zweitens die Behebung von Fehlern, die nicht mit der Rechnungslegung zusammenhängen, wie z.B. Zahlenfehler bei der Inventur. Drittens die Modifikation der Zuordnung von Geschäftsvorfällen, wenn sie sowohl vor der Änderung als auch danach in der Gewinn- und Verlustrechnung ausgewiesen werden. Schließlich Veränderungen, die zwar keine besondere Bedeutung in dem geprüften Geschäftsjahr haben, aber sehr wahrscheinlich in den nächsten Jahren haben werden (vgl. Wskazówki... 1998, S. 33; Sawicki 1998a, S. 16).

Der letzte hier betrachtete Fall, der Erläuterungen in einem uneingeschränkten Testat erfordert, bezieht sich auf alle drei folgenden Situationen. In einigen Fällen entscheidet sich der Abschlussprüfer, einige Fakten aus dem Jahresabschluss hervorzuheben. Sei es, weil sich nach der Prüfung wichtige Ereignisse ergeben haben. Sei es, weil er auf bestimmte Informationen im Anhang verweisen möchte. Eine andere Situation betrifft den Fall, in dem der Wirtschaftsprüfer Zweifel bezüglich der Kontinuität der Tätigkeit des geprüften Unternehmens hat. Falls der Abschlussprüfer aufgrund der gesammelten Unterlagen, aufgrund des Lageberichts oder des Gesprächs mit der Leitung des geprüften Unternehmens Zweifel bekommt, ob das Unternehmen seine Tätigkeit fortführen kann, so muss er je nach Grad der Überzeugung sich für einen uneingeschränkten Bestätigungsvermerk mit einer entsprechenden Erläuterung, für einen eingeschränkten Bestätigungsvermerk oder für dessen Versagung entscheiden (vgl. Wskazówki... 1998, S. 42; Sawicki 1998a, S. 24). Die letzte hier relevante Situation, die einer Aufklärung bedarf, liegt vor, wenn es keinen geprüften Jahresabschluss im Vorjahr des geprüften Jahres gab, oder wenn der Bestätigungsvermerk versagt bzw. verweigert wurde. In einem derartigen Fall soll in der Erläuterung auf diese Tatsachen aufmerksam gemacht und verdeutlicht werden, dass die erfolgte Prüfung sich lediglich auf ein Geschäftsjahr bezieht (vgl. Wskazówki... 1998, S. 34f.; Sawicki 1998a, S. 17f.).

Die Erteilung des *eingeschränkten Bestätigungsvermerks* bedeutet, dass wesentliche Einwendungen vorhanden sind und gleichzeitig in den häufigsten Teilen der Rechnungslegung ein Positivbefund durchaus möglich ist. Die Einschränkungen muss der Wirtschaftsprüfer vor der endgültigen Erteilung des Bestätigungsvermerks melden. Die Einwendung soll möglichst eindeutig den Fehlerbereich, die Unregelmäßigkeiten oder Unsicherheiten aufzeigen. Wenn es möglich ist sie zu quantifizieren, dann sollen sie mit Zahlenangaben belegt sein (vgl. Abschnitt II Pkt.

17 Norm 2). Die angesprochenen Einwendungen können in den vier folgenden Fällen zustande kommen.[190]

1) Erstens, wenn unabhängig von dem Wirtschaftsprüfer die Einschränkung des Prüfungsbereichs bzw. der Prüfungsmethoden aufgetreten ist. Aufgrund dessen ist es dem Prüfer nicht möglich, sich maßgeblich über die Ordnungsmäßigkeit und Gründlichkeit von bestimmten Bilanzpositionen oder Handelsbüchern zu äußern und im Ergebnis auf die möglicherweise notwendigen Korrekturen einzugehen (vgl. Abschnitt II Pkt. 14 Nr. 1 Norm 2). Als Beispiele für Einschränkungen können hier genannt werden: Die ungenügende Pflichterfüllung des geprüften Unternehmens, notwendige Informationen und Unterlagen weiterzuleiten. Weiterhin die nicht ereichte Saldenbestätigung seitens des Unternehmens. Ferner die Abwesenheit eines Abschlussprüfers bei Durchführung der Inventur von Vorräten des Umlaufvermögens, wenn die Vorräte einen wesentlichen Teil der Gesamtsumme der Aktiva bilden (vgl. Szymański 1998, S. 11).

2) Es kann zweitens zur Einschränkung des Testates kommen, wenn die Leitung des geprüften Unternehmens und der Wirtschaftsprüfer unterschiedliche Meinungen bezüglich der Bewertung der einzelnen Bilanzpositionen vertreten und die Divergenzen sich nicht beseitigen lassen. Derartige Differenzen sollen ausführlich im Prüfungsbericht erläutert werden (vgl. Abschnitt II Pkt. 14 Nr. 2 Norm 2). Besonders anfällige Problembereiche betreffen u.a.: Die Höhe der Dalkrederückstellungen, Korrekturen der Bewertung von Vermögensgegenständen, bei denen Wertminderung eingetreten ist sowie die Festsetzung des Verhältnisses zwischen Kosten und Erträgen bei Leasingverträgen (vgl. Szymański 1998, S. 11).

3) Drittens wird der eingeschränkte Bestätigungsvermerk notwendig, wenn Unregelmäßigkeiten bzw. die Angaben im Jahresabschluss vorhanden sind, die nicht mit der Wirklichkeit einstimmen. Sie verzerren jedoch nicht das Gesamtbild der Vermögens-, Finanz- und Ertragslage sowie die Rentabilität (vgl. Abschnitt II Pkt. 14 Nr.3 Norm 2). Als Beispiel kann hier unzulässige Aktivierung von Kreditzinsen sowie Kursdifferenzen für den Zeitraum der Investitionsrealisierung dienen (vgl. Szymański 1998, S. 11).

4) Viertens und letztens kann es vorkommen, dass das geprüfte Unternehmen einen lückenhaften Jahresabschluss und/oder einen lückenhaften Lagebericht zur Prüfung vorgelegt hat. Diese Tatsache bildet ebenfalls einen Grund für die Einschränkung des Testates (vgl. Abschnitt II Pkt. 14 Norm 2). In der Praxis kommt es jedoch häufig vor, dass die Unternehmen Schwierigkeiten mit der Erstellung einiger Teile des Jahresabschlusses haben und zwar mit denen, die mit dem Fluss der Geldmittel zu

---

[190] Die hier genannten vier Fälle werden in der Norm 2 festgelegt (vgl. Abschnitt II Pkt. 14 Norm 2). Hierzu siehe auch Sawicki 1998c, S. 94f.

tun haben. Das führt dazu, dass der Jahresabschluss in diesen Bereichen nicht kohärent ist, falls er nicht insgesamt verzerrt wird und ist somit ein Grund für die Einschränkung des Bestätigungsvermerks. Ferner kommt es vor, dass kleinere Unternehmen keinen Lagebericht erstellen, obwohl sie dazu gesetzlich verpflichtet[191] sind. Sie geben dafür die Begründung an, dass diese Arbeit nur lediglich zu einer unnötigen Bürokratisierung führt (vgl. Szymański 1998, S. 11).

Die *Versagung des Bestätigungsvermerks* erfolgt dann, wenn der Wirtschaftsprüfer während der Jahresabschlussprüfung wesentliche Fehler, Unregelmäßigkeiten oder Diskrepanzen festgestellt hat und das geprüfte Unternehmen diese entweder nicht korrigieren wollte oder konnte. Im Resultat wird das Bild der Vermögens-, Finanz- und Ertragslage sowie die Rentabilität des Unternehmens dermaßen verzerrt, dass der Leser des Jahresabschlusses einen falschen Eindruck bekommt (vgl. Abschnitt II Pkt. 15 Norm 2). Die Mängel können analog zu dem oben besprochenen eingeschränkten Bestätigungsvermerk entweder durch die Einschränkung des Prüfungsbereichs oder durch die Abweichung von geltenden Rechnungslegungsgrundsätzen zustande kommen. Ferner müssen die Vorbehalte in einem zusätzlichen Absatz vor dem Hauptteil mit dem nicht erteilten Bestätigungsvermerk angebracht werden. Da im Gesetz nicht festlegt ist, welche Art Fehler so gravierend sind, dass ein Testat nicht nur eingeschränkt sondern versagt werden muss, könnten dem Abschlussprüfer bezüglich der Richtigkeit seines Testates Zweifel kommen. In der Praxis wird so verfahren, dass die großen und mittelständischen Wirtschaftsprüfungsgesellschaften, bevor sie ein Testat versagen, die Prüfungsdokumentation an einen nicht mit der Prüfung beteiligten Wirtschaftsprüfer weitergeben und sich damit eine zweite Meinung einholen (vgl. Szymański 1998, S. 13). Die Wirtschaftsprüfer, die auf eigene Rechnung als Einmann-Gesellschaften arbeiten, haben diese Möglichkeit nicht und können lediglich in diesen Situationen auf eigene Erfahrungen zurückgreifen.

Schließlich kann es noch zur *Verweigerung des Bestätigungsvermerks* seitens des Abschlussprüfers kommen. Dies ist insbesondere dann der Fall, wenn die Einschränkung des Prüfungsbereichs, die Abweichung von geltenden Rechnungslegungsgrundsätzen oder andere Ursachen zu einer beträchtlichen Unsicherheit bezüglich des im Jahresabschluss dargestellten tatsächlichen Zustandes führen (vgl. Abschnitt II Pkt. 16 Norm 2). Eine derartige Situation entsteht dann, wenn der Wirtschaftsprüfer überzeugt ist, dass aufgrund der ihm zur Prüfung vorgelegten Unterlagen, die Beurteilung des Jahresabschlusses nicht verwirklicht werden kann. Das ist dann der Fall, wenn die Fehler im Jahresabschluss gravierend sind und ein begründeter Zweifel entsteht, ob die vom Unternehmen zur Prüfung vorgelegten Unterlagen die gesetzlichen Anforderungen als Jahresabschluss erfüllen.

---

191 gem. Art. 49, Abs. 1 RLG sind, im Gegensatz zur deutschen Regelung, auch kleine Kapitalgesellschaften zur Erstellung von einem Lagebericht verpflichtet.

Ähnlich sieht es aus, wenn der Prüfer eine hohe Unsicherheit über den Realitätsbezugs des Jahresabschlusses besitzt (vgl. Woliński 1996, S. 29). Die Rolle des Wirtschaftsprüfers beschränkt sich in diesen Situationen auf die Verweigerung des Bestätigungsvermerks und auf die Beschreibung der vorhandenen Situation im Prüfungsbericht (vgl. Abschnitt II Pkt. 19 Norm 2; Siehe auch Woliński 1996, S. 29).

Zusammenfassung

Die hier dargestellten Fälle, die die Erteilung der verschiedenen Arten von Bestätigungsvermerken bzw. deren Versagung bedingen, können in zwei Hauptgruppen zusammengefasst werden. Die erste Gruppe erfasst Fälle, in denen die Einschränkung des Prüfungsbereichs zustande kommt. Die zweite Gruppe stellt dagegen Fälle zusammen, in denen die Abweichung von geltenden Rechnungslegungsgrundsätzen zutrifft. Folgende Tabelle fasst die Ergebnisse zusammen.

Abbildung 18: **Arten des Bestätigungsvermerks und deren Bedingungen**

Bedingung	**Art des Bestätigungsvermerks**			
	uneingeschränkt	*eingeschränkt*	*Versagung*	*Verweigerung*
Unsicherheit durch die Einschränkung des Prüfungsbereichs hervorgerufen	Es gab keine Einschränkung bzw. sie ist nicht wesentlich	Die Einschränkung ist wesentlich	-	Die Beschränkung ist hochgradig. Im Resultat kann der Bestätigungsvermerk nicht erteilt werden
Abweichung von geltenden Rechnungslegungs-Grundsätzen	Keine bzw. keine wesentliche Abweichung	Die Abweichung ist wesentlich, verzerrt aber den Jahresabschluss in seiner Ganzheit nicht	Die Abweichung ist gravierend und verzerrt den Jahresabschluss	-

Quelle: **Angelehnt an: Wskazówki... 1998, S. 36**

Die Einschränkung des Prüfungsberichts findet statt, wenn der Einsatz bestimmter Prüfungsmethoden, die als notwendig vom Wirtschaftsprüfer angesehen werden, praktisch nicht möglich sind. Eine derartige Einschränkung kann objektive Gründe besitzen, wie es z.B. der Fall ist, wenn ausländische Vertragspartner die Auszüge aus den Verrechnungskonten nicht bestätigen. Ein anderes Beispiel liegt vor, wenn der Abschlussprüfer den Prüfungsvertrag in einem Zeitraum geschlossen hat, der ihm die Anwesenheit während der Inventur von wesentlichen Vermögensgegenständen unmöglich machte und die Überprüfung der Inventur mit anderen Methoden undurchführbar war. Die Einschränkungen können aber auch durch das geprüfte Unternehmen verschuldet sein. Z.B. wenn das Unternehmen die Saldenbestätigung der Forderungen oder Einsicht in gerichtliche Verfahren ablehnt. Zur Einschränkung des Prüfungsverfahrens kommt es dagegen nicht, wenn der Wirtschaftsprüfer mit Hilfe von Alternativverfahren ausreichende Beweise erlangt. Beispielsweise ersetzt die Durchsicht der amtlichen Kennzeichnen und Versicherungen des Fuhrparks dessen Inventur (vgl. Wskazówki... 1998, S. 37; Sawicki 1998a, S. 20f.). Die Unsicherheit des Wirtschaftsprüfers, die durch die Einschränkung des Prüfungsbereichs hervorgerufen wird, verpflichtet den Abschlussprüfer zur Erteilung des eingeschränkten Bestätigungsvermerks bzw. zu dessen Verweigerung und zwar abhängig von der Reichweite der Folgen der Einschränkung. Sind sie weitgehend, so soll er die Verweigerung des Testates wählen, er soll allerdings auf keinen Fall die Versagung des Bestätigungsvermerks erteilen. Dies, weil dem Wirtschaftsprüfer Beweise fehlen, um mit voller Überzeugung feststellen zu können, dass der Jahresabschluss und/oder die Handelsbücher nicht gründlich oder nicht ordnungsgemäß vorgelegt worden sind (vgl. Wskazówki... 1998, S. 37; Sawicki 1998a, S. 20).

Die zweite Gruppe von Einwendungen, die über die Art des zu erteilenden Bestätigungsvermerks entscheidet, betrifft die Abweichung von geltenden Rechnungslegungsgrundsätzen. Falls die Abweichung gravierend den Jahresabschluss verzerrt und das geprüfte Unternehmen nicht bereit ist, die durch den Abschlussprüfer vorgeschlagenen Änderungen zu vollziehen, ist der Wirtschaftsprüfer je nach Grad der Abweichung verpflichtet den eingeschränkten Bestätigungsvermerk zu erteilen oder den Bestätigungsvermerk zu versagen. Die Verweigerung des Testates wäre in der beschriebenen Situation nicht angebracht, da der Wirtschaftsprüfer über die nötige Sicherheit verfügt, dass der Jahresabschluss nicht ordnungsgemäß ist. Der Abschlussprüfer kann in diesem Fall nicht die Tatsache, dass die Rechnungslegungsgrundsätze verletzt worden sind, durch die Verweigerung der Erteilung des Bestätigungsvermerks verschweigen.

Verwendungsmöglichkeiten des Bestätigungsvermerks: Theorie und Praxis

Wird der Bestätigungsvermerk einzeln für sich betrachtet, so besitzt er einen geringen Informationswert. Dennoch kann man aus der bloßen Mitteilung, dass das Unternehmen einen uneingeschränkten Bestätigungsvermerk bekommen hat, einige Schlussfolgerungen ziehen. Wenn auch nicht mit völliger Gewissheit, so kann doch aufgrund des isolierten Testates feststellt werden, dass das Unternehmen eine geordnete Buchführung und eine ordnungsgemäße Rechnungslegung besitzt. Der Bestätigungsvermerk weist jedoch keine Aussagen darüber auf, ob das Unternehmen überhaupt Gewinn erzielt hat, oder ob das Unternehmen sogar Konkursgefährdet ist. Für wirtschaftliche Entscheidungen, wie z.B. der Erwerb einer Beteiligung, ist der Testat ohne Kenntnis des Jahresabschlusses ungeeignet. Anders gesagt, bekommt der Bestätigungsvermerk seine Bedeutung also erst im Zusammenhang mit dem Jahresabschluss (vgl. Erle 1990, S. 40f.).

Für die externen Adressaten hat der Bestätigungsvermerk die größte Bedeutung.[192] Alle prüfungspflichtigen Unternehmen sind zur Offenlegung des Bestätigungsvermerks zusammen mit dem Jahresabschluss verpflichtet, anders als das bei einem Prüfungsbericht der Fall ist . Nicht zu vernachlässigen ist dabei, dass es sich beim Bestätigungsvermerk um ein subjektives Urteil handelt. Somit kann das Testat wie jedes andere Urteil falsch sein und seine Aussagen können widerlegt werden. Folglich spielt für den externen Adressaten und Interessenten der Faktor Vertrauen im Zusammenhang mit der Person, die den Bestätigungsvermerk erteilt, also dem Wirtschaftsprüfer, eine große Rolle. Wie sieht das in der Realität in Polen aus?

Die Interviewspartner aus der Gruppe der externen Adressaten und Interessenten haben sich darüber beschwert, dass auch bei einer sehr ungünstigen wirtschaftlichen Lage des Unternehmens, vorausgesetzt sie wurde korrekt im Jahresabschluss abgebildet, dem Unternehmen ein uneingeschränktes Testat erteilt wurde. Solche Vorgehensweise entspricht den bereits oben geschilderten gesetzlichen Regelungen bezüglich der Jahresabschlussprüfung. Wenn der Wirtschaftsprüfer eine sich abzeichnende wirtschaftliche Krise in einem Unternehmen feststellt, so wäre es im Interesse der Öffentlichkeit, diese nicht nur im Prüfungsbericht, sondern auch im Bestätigungsvermerk anzumerken. Zu berücksichtigen bleibt allerdings, dass der Wirtschaftsprüfer lediglich auf eine beginnende oder bereits deutlich erkennbare Unternehmenskrise im Rahmen der Jahresabschlussprüfung[193] hinweisen kann. Wünschenswert aus Sicht der externen Adressaten und der Interessenten wäre nicht nur, dass der Bestätigungsvermerk ähnlich wie der Prüfungsbericht Informationen über die sich anbahnende bzw. die bereits bestehende Krise enthält, sondern auch, dass der Wirtschaftsprüfer die sich abzeichnende bedrohliche Entwicklung nicht ausschließlich auf das pflichtgemäße Ermessen begrenzen würde. Da hierfür weder vom Gesetzgeber noch vom Berufsstand der Wirtschaftsprüfer entsprechende Richtlinien über die umfassende Feststellung krisenhafter Sachverhalte existieren,

---

[192] Die internen Adressaten, also die gesetzlichen Vertreter, die sonstigen Organe des Unternehmens und deren Mitglieder besitzen ein weit informativeres Mittel als den Bestätigungsvermerk, nämlich den Prüfungsbericht.

[193] Ähnlich wie im deutschen, existiert auch im polnischen Recht für den Jahresabschlussprüfer die sog. Redepflicht. Dementsprechend hat er in seinem Prüfungsbericht u.a. nachteilige Veränderungen der Lage des Unternehmens sowie bestandsgefährdende Tatsachen und Verstöße der gesetzlichen Vertreter oder des Unternehmens selbst gegen Gesetz oder Satzung darzustellen (vgl. Art. 65 Abs. 4 Nr. 7 RLG)

bleibt nur zu hoffen, dass diese Problematik in den zur Zeit anstehenden Änderungen des Rechnungslegungsgesetzes eine ausreichende Berücksichtigung finden.

Ein anderer wichtiger Punkt, der mit dem Vertrauen in den erteilten Bestätigungsvermerk und somit in die Person des Wirtschaftsprüfers zu tun hat, ist seine Unabhängigkeit, die außer jedem Zweifel bestehen muss. Auf eine Ausführung über die Problematik der Unabhängigkeit wird an dieser Stelle jedoch verzichtet, da sie ausführlich im Abschnitt 5.2.2.3.1 dieses Kapitels dargelegt wurde.

5.2.2.4.2 Prüfungsbericht

Neben dem Bestätigungsvermerk ist der Prüfungsbericht das Zertifikat des Wirtschaftsprüfers über die durchgeführte Jahresabschlussprüfung. Bei dem Prüfungsbericht handelt es sich um eine vertrauliche Berichterstattung über Verlauf und Ergebnis der Prüfung. Der Prüfungsbericht wird grundsätzlich nur einem begrenzten Kreis von Adressaten zugänglich gemacht. Dabei handelt es sich um das Kontrollorgan von Aufsichtsrat und/oder Gesellschaftern sowie um die Unternehmensführung als gesetzlicher Vertreter in Form von Vorstand und Geschäftsführer. Inhalt und Umfang des Prüfungsberichts sind auf die Informationsbedürfnisse der beiden Adressaten ausgerichtet. Ziel des Prüfungsberichts ist es, die Mitteilung des Prüfungsergebnisses und dessen Begründung zu erläutern. Der Prüfungsbericht soll die Ergebnisse aus dem Bestätigungsvermerk nachweisen und ergänzen (vgl. Pkt. 21 Norme 2; Wskazówki... 1999, S. 27)

Um die dem Prüfungsbericht gestellten Aufgaben erfüllen zu können, muss dieser nach Grundsätzen erstellt werden, die eine entscheidungsrelevante Informationsübermittlung gewährleisten. Es handelt sich dabei um die von Landeskammer der Wirtschaftsprüfer formulierten Grundsätze der Unparteilichkeit, der Vollständigkeit, der Wahrheit und der Klarheit.[194]

Die Mindestinhalte des Prüfungsberichts sind im Art. 65 Abs. 4 des Gesetzes über Rechnungswesen festgelegt. Demnach kann der Prüfungsbericht in drei Teile untergliedert werden: allgemeiner, analytischer und ausführlicher Teil (vgl. Tendera 1996, S. 129ff.).

Der allgemeine Teil stellt die Zusammenstellung der formellen Rahmenbedingungen der Abschlussprüfung im Prüfungsbericht dar. Hier werden kurze Informationen über das geprüfte Unternehmung dargestellt, die notwendig sind, um das Unternehmen

[194] Auf die detaillierte Darstellung dieser Grundsätze wird hier verzichtet, weil sie den gleichen Inhalt besitzen wie die entsprechenden Grundsätze für die Erstellung des Bestätigungsvermerks. Diese wurden bereits oben dargestellt.

identifizieren zu können. Außerdem soll der Wirtschaftsprüfer feststellen, ob er von den gesetzlichen Vertretern des geprüften Unternehmens die verlangten Aufklärungen und Nachweise erhalten hat. Weiterhin soll der Wirtschaftsprüfer in dem Prüfungsbericht feststellen, ob die Durchführung seiner Prüfung (Methoden und Bereiche der Prüfung) im gewünschten Umfang möglich war oder ob die gesetzlichen Vertreter des geprüften Unternehmens diesbezüglich Schwierigkeiten gemacht haben (vgl. Art. 65 Abs. 4 Nr. 1-2 RLG; Pkt. 23 Norme 2).

Der analytische Teil betrifft zwei Tatbestände. Zum einen sollen dort die Kennziffern zusammengestellt werden, die die Vermögens- und Finanzlage, das Betriebsergebnis, die Zahlungsfähigkeit und Rentabilität des geprüften Unternehmens charakterisieren. Über die Auswahl der Kennziffer entscheidet der Wirtschaftsprüfer. Sie sollen jedoch in sinnvollem Umfang vorhanden sein und mit einem Kommentar versehen sein. Zum anderen soll in dem analytischen Teil auf eine mögliche Gefährdung der Kontinuität (falls diese besteht) der bisherigen Tätigkeit für das nächste Geschäftsjahr hingewiesen werden (vgl. Pkt. 24 Norm 2; Fedak 1996a, S. 62).

Der ausführliche Teil soll im Wesentlichen die Resultate der Ordnungsmäßigkeitsprüfung darstellen. Der Abschlussprüfer hat außer der Charakteristik des ökonomischen Inhalts der einzelnen Bilanzposten und der Positionen der GuV festzustellen, ob folgende Tatbestände erfüllt sind. Erstens, ob die Buchführung ordnungsgemäß durchgeführt worden ist. Zweitens, ob ein innerbetriebliches Kontrollsystem vorhanden ist und wie erfolgreich es funktioniert. Drittens sollen die Informationen, die im Anhang vorhanden sind, auf deren Vollständigkeit und Ordnungsmäßigkeit geprüft werden. Viertens hat die Prüfung der Ordnungsmäßigkeit der erstellten Kapitalflussrechnung zu erfolgen. Fünftens ist festzustellen, ob der Lagebericht den gesetzlichen Vorschriften entspricht. Sechstens stellt der Wirtschaftsprüfer wesentliche Verstöße gegen rechtliche Vorschriften, die die wirtschaftliche Tätigkeit des geprüften Unternehmens regeln, fest (vgl. Pkt. 25f. Norm 2; Fedak 1996a, S. 62).

Da der Prüfungsbericht für unternehmensinterne Adressaten bestimmt ist, konnte sich die Mehrzahl meiner Interviewpartner darüber nicht äußern. Lediglich die befragten Personen, die in einer Bank arbeiten und über die Kreditvergabe entscheiden, hatten Prüfungsberichte gesehen und ausgewertet. Dies aufgrund der Tatsache, dass Unternehmen, die Kredite beantragt hatten, freiwillig die Prüfungsberichte dem Kreditinstitut zur Verfügung gestellt hatten. Inhalt und Qualität der Prüfungsberichte wurde dabei unterschiedlich bewertet. Es gab zufriedenstellende und mangelhafte Prüfungsberichte in der Praxis der Befragten.

5.2.2.5 Rollen, die Wirtschaftsprüfer erfüllen

Die letzte Vertrauensquelle der personenspezifischen Handlungen betrifft den Bereich der Rollen. Dabei handelt es sich einerseits um den Wirtschaftsprüfer in der Rolle des Jahresabschlussprüfers und um den Adressaten in der Rolle des Investors bzw. potentiellen Investors. Dabei kommt es bei der Rolle des Wirtschaftsprüfers als Jahresabschlussprüfer zu erheblichen Diskrepanzen zwischen den Erwartungen der Adressaten und deren Erfüllung durch den Wirtschaftsprüfer. In der Fachsprache wird hier von der sog. Erwartungslücke gesprochen. Diese Erwartungslücke entsteht aufgrund der Unterschiede zwischen den real gegebenen und subjektiv wahrgenommenen Vertrauensquellen, konkret der Rolle des Jahresabschlussprüfers. Die gravierende Bedeutung dieser Problematik zeigt sich in vielen fachlichen Diskussionen und in der Tatsache, dass die Erwartungslücke zum einen Signal geworden ist, das die Notwendigkeit einiger Änderungen beim Berufsstand der Wirtschaftsprüfer erfordert. Auch bei den im Rahmen der vorliegenden Arbeit durchgeführten Interviews wurden ähnliche Ergebnisse wie bei deutschen Untersuchungen, festgestellt. Daher wird die Problematik der Erwartungslücke hier etwas näher untersucht. Unter der Erwartungslücke werden häufig beträchtlich voneinander abweichende Erwartungen der am Rechnungslegungs- und Prüfungsprozess beteiligten Personen bezüglich der Rolle des Prüfers und den Aufgaben einer Jahresabschlussprüfung verstanden (vgl. Ruhnke 1997b, S. 328). Dabei wird deutlich, dass an die Jahresabschlussprüfung hinsichtlich ihres Inhalts eine größere Erwartung gestellt wird, als diese wirklich erfüllen kann. Beispielhaft ist hier die Erwartung der Öffentlichkeit, dass das Aufdecken von Unterschlagungen und anderen Betrugsdelikten die Hauptaufgabe der Jahresabschlussprüfung ist (vgl. Haller 1992, Sp. 415). Dies entspricht nicht den Tatsachen. Falls der Jahresabschlussprüfer auf derartige Unterschlagungen und Betrugsdelikte im Rahmen seiner Prüfung stößt ist er natürlich verpflichtet, sie auch aufzudecken. Die Erwartungslücke resultiert also einerseits aus der realen Rolle der Wirtschaftsprüfer, die im Gesetz geregelt ist und andererseits aus der subjektiv durch die Adressaten wahrgenommenen Rolle, die wiederum überwiegend aus deren Erwartungen resultiert.

Zwischen den Erwartungen, die die Adressaten in eine Jahresabschlussprüfung setzen und den gesetzlichen Regelungen – die, muss man fairer Weise an dieser Stelle anmerken, durch die Wirtschaftsprüfer ausgelegt werden – bestehen in Polen gravierende Unterschiede. Als Beispiele hierfür sollen Antworten von einem Gesellschafter und einem Investor zitiert werden. Zunächst die Meinung des Gesellschafters:

> *Meine Erwartungen gegenüber den Wirtschaftsprüfern haben sich nicht erfüllt. Ich habe die Informationen, die ich für die Verbesserungen in meiner Firma gebraucht habe, nicht bekommen (10).*

Der befragte Investor hat sich folgendermaßen zu seiner Erwartungen bezüglich der Jahresabschlussprüfung geäußert:

> *Einerseits prüft der Wirtschaftsprüfer die Ordnungsmäßigkeit des Jahresabschlusses. Ich denke, dass er diese Aufgabe ganz gut erfüllt. Zumindest sind meine Erfahrungen so. Andererseits erstellt der*

Wirtschaftsprüfer finanzielle Analysen. Meine Erwartungen bezüglich solcher Analysen und deren Anwendung bei der Beurteilung von Investitionen haben sich nicht bestätigt. Die Analysen sagen nichts über die tatsächliche wirtschaftliche Lage des geprüften Unternehmens aus. Sie sind einfach nicht nutzbar (6).

Derartige Unstimmigkeiten stellen für die Prüfer ein ernsthaftes Problem dar, denn je stärker die Erwartungen der Öffentlichkeit von ihrem eigenen Anliegen differieren, desto weniger wird ihre Arbeit geschätzt und als glaubwürdig angesehen. Das Problem bezieht sich auf die gesamte Öffentlichkeit, denn eine effektiv funktionierende Marktwirtschaft ist ohne Vertrauen in geprüfte Jahresabschlüsse kaum vorstellbar. Andererseits sind die Erwartungen der Adressaten nicht selten viel weitgehender als ein Wirtschaftsprüfer wegen des vom Gesetzgeber vorgegebenen Prüfungsauftrags und -umfangs erfüllen kann. Häufig kommt es zur Erwartungslücke, weil die Adressaten nicht genügend Informationen besitzen bezüglich der Rolle, die der Wirtschaftsprüfer als Jahresabschlussprüfer zu erfüllen hat. Das diese Einschätzung für die polnische Situation zutrifft, davon konnte sich die Verfasserin aufgrund der durchgeführten Interviews und Literaturrecherche selbst überzeugen. Es liegt teilweise am polnischen Berufsstand der Wirtschaftsprüfer, dass er sich nicht genügend bemüht, die eigene Rolle als Wirtschaftsprüfer und Jahresabschlussprüfer der Öffentlichkeit näher zu bringen.

Als Entschuldigung für das Vorhandensein der „polnischen Erwartungslücke" kann festgehalten werden, dass die Erwartungslücke weltweit besteht und dass international darüber nachgedacht wird, wie diese möglichst geschlossen werden kann. Allerdings ist das Ausmaß der Erwartungslücke in den verschiedenen Ländern ungleich. Es obliegt dem polnischen Berufsstand und dem Gesetzgeber das Ausmaß der Erartungslücke möglichst gering zu halten.

5.2.2.6 *Mitgliedschaft in der Landeskammer der Wirtschaftsprüfer*

Die Mitgliedschaft der Wirtschaftsprüfer in der Landeskammer[195] stellt eine mögliche Vertrauensquelle des institutionsbasierten Vertrauens auf der Ebene der *organisationsspezifischen Handlungen* dar. Eine derartige Mitgliedschaft soll signalisieren, das seine Mitglieder an bestimmte Vorschriften gebunden sind und deren Befolgung überwacht ist. Dadurch wird der Wirtschaftsprüfer vertrauenswürdiger. Interessant ist wie die Landeskammer bei ihren Mitgliedern angesehen und wie sie durch die Adressaten wahrgenommen wird. Um sich ein Bild davon machen zu können, um welche Organisation es sich bei der Landeskammer der Wirtschaftsprüfer in Polen handelt, wird zunächst deren Aufgabenbereich und

[195] Aus Vereinfachungsgründen wird in folgenden Ausführungen die Abkürzung „Landeskammer" für den Begriff „Landeskammer der Wirtschaftsprüfer" verwendet.

deren Struktur beschrieben. Nachfolgend wird die Meinung der Mitglieder der Landeskammer dargestellt. Dies erfolgt einerseits aufgrund der durchgeführten Interviews und andererseits aufgrund der veröffentlichten Ergebnisse einer Umfrage, die innerhalb der Wirtschaftsprüfer durchgeführt wurde. Es handelt sich hier um eine quantitative Untersuchung, die auf den Antrag der Landeskammer in den Jahren 1998/1999 durch ein Marktforschungsinstitut[196] in Warschau durchgeführt wurde. Ziel der Untersuchung war einerseits zu ermitteln, welche Meinung die Wirtschaftsprüfer über die bisherige Tätigkeit der Landeskammer haben. Andererseits sollen die Erwartungen und die Änderungsvorschläge über die zukünftigen Tätigkeitsbereiche der Landeskammer eruiert werden. Die Ergebnisse der im Rahmen dieser Arbeit durchgeführten Interviews werden anschließend dargestellt.

Zunächst zu den Aufgaben und der Struktur der Landeskammer. Sie bildet die berufliche Vertretung und Selbstverwaltung aller Wirtschaftsprüfer in Polen und wurde auf der Grundlage des Gesetzes über die Wirtschaftsprüfer und ihre Selbstverwaltung im Jahre 1992 geschaffen (vgl. Artikel 18, Abschnitt 3 Gesetz über Wirtschaftsprüfer). Sie ist demokratisch aufgebaut und in der Erfüllung ihrer Aufgaben unabhängig vom Staatseinfluss. Die Landeskammer[197] agiert auf der Grundlage des Gesetzes über die Wirtschaftsprüfer und ihre Selbstverwaltung sowie über Bestimmungen der Satzung. Die Mitgliedschaft in der Landeskammer ist obligatorisch und entsteht aufgrund der Eintragung in das Register der Wirtschaftsprüfer bzw. die Liste der zur Prüfung von Jahresabschlüssen berechtigten Subjekte. Die Aufsicht über die Landeskammer führt der Finanzminister, der ebenfalls ihre Satzung genehmigt. Die Letzte wurde auf der dritten Landesversammlung verabschiedet und im August 1995 durch den Finanzminister genehmigt. Sie konkretisiert im wesentlichen die Organe der Landeskammer und deren Aufgaben[198] und sie enthält Regelungen bezüglich der Landesgeschäftsstellen und Bestimmungen, welche die Finanzen der Landeskammer betreffen.

Die Aufgaben der Landeskammer beinhalten: Erstens die Vertretung sowie den Schutz der beruflichen Interessen der Mitglieder. Zweitens die Bestimmung von Normen der Berufsausübung, wohlgemerkt im Einverständnis mit dem Finanzminister. Drittens die Festlegung von Grundsätzen der Berufsethik der

---

[196] Eine Information darüber um welches Marktforschungsinstitut es sich dabei handelt, wollte die Landeskammer auf meine Anfrage hin nicht erteilen. Als Begründung hierfür gaben sie den Datenschutz an.

[197] Die Landeskammer der Wirtschaftsprüfer in Polen ist eine freiberufliche Selbstverwaltungsorganisation im Sinne der Konstituierung der Wirtschaftsprüferkammer in Deutschland.

[198] Die in der Satzung enthaltenen Regelungen bezüglich der Organe der Landeskammer und deren Aufgaben sind weitgehend mit den Bestimmungen des Gesetzes über die Wirtschaftsprüfer identisch.

Wirtschaftsprüfer. Viertens die Bestimmung der theoretischen und der praktischen Qualifikationsanforderungen an die Kandidaten für den Wirtschaftsprüferberuf, wie auch die Vergabe des Titels der Wirtschaftsprüfer. Fünftens Führung der Aufsicht über die ordnungsgemäße Ausübung des Berufes sowie die Einhaltung der Grundsätze des Ethikkodexes durch die Mitglieder der Landeskammer. Sechstens sorgt sie für die berufliche Weiterbildung der Mitglieder der Landeskammer. Siebtens wacht sie über Fälle von Rechtsverletzung, fixiert die Normen der Berufsausübung und der Berufsethik. Zu ihrer Aufgabe gehört auch die Auferlegung von Disziplinarverfahren gegen Mitglieder der Landeskammer (vgl. Artikel 20, Abschnitt 3 RLG).

Die Aufgaben der Landeskammer werden mit Hilfe von deren Organen verwirklicht. Die Mitglieder der Organe sind ehrenamtlich neben ihrer täglichen Berufsarbeit tätig. Die Amtszeit der Organe beträgt jeweils vier Jahre. Im einzelnen geht es hier um die Landesversammlung der Wirtschaftsprüfer, den Landesrat der Wirtschaftsprüfer, die Landesrevisionskommission, das Landesdisziplinargericht und den Landesdisziplinarsprecher.

Die Landesversammlung der Wirtschaftsprüfer wird alle vier Jahre durch den Landesrat der Wirtschaftsprüfer einberufen. Delegierte, die an der Landesversammlung teilnehmen, wählen aus dem eigenen Kreis die Organe der Landeskammer. Zur weiteren Funktion der Landesversammlung zählt die Beschließung der Satzung und des Arbeitsprogramms der Landeskammer. Sie bestimmt auch die Grundsätze der Berufsethik für Wirtschaftsprüfer.

Der Landesrat der Wirtschaftsprüfer ist zwischen den Landesversammlungen für die Tätigkeit der Selbstverwaltung zuständig. Der Landesrat besteht aus 11 bis 15 Mitgliedern und wählt aus seiner Mitte das Präsidium des Rates, das als ausführendes Organ agiert. Das Präsidium wird gebildet: aus dem Präsidenten, seinem Stellvertreter, dem Sekretär und dem Schatzmeister. Die Tätigkeit des Landesrates betrifft vor allem die Ausführung der Beschlüsse der Landesversammlung. Weiterhin vertritt er die Landeskammer gegenüber staatlichen und Selbstverwaltungsorganen, wissenschaftlichen, wirtschaftlichen und gesellschaftlichen Organisationen sowie gegenüber den internationalen Berufsorganisationen. Die anderen Aufgaben betreffen u.a. die Festlegung der Normen der Berufsausübung, die Regelungen bezüglich des Zugangs zum Wirtschaftsprüferberuf, Beschlüsse über Eintragungen, Streichungen und Änderungen des Berufsregisters, der Liste der Wirtschaftsprüfer und der Liste der zur Prüfung von Jahresabschlüssen berechtigten Subjekte. Ferner Begutachtungs-, Schulungs- und herausgeberbische Tätigkeiten (Art. 25 Gesetz über Wirtschaftsprüfer).[199]

---

[199] Die detaillierte Liste der Aufgaben des Landesrates der Wirtschaftsprüfer befindet sich in dem eben zitierten Artikel 25 Gesetz über Wirtschaftsprüfer.

Die Landesrevisionskommission besteht aus fünf Mitgliedern. Ihre Hauptaufgabe besteht in der Ausübung von Kontrolle und der Aufsicht über die Landeskammer (vgl. Art. 27 Gesetz über Wirtschaftsprüfer).[200]

Das Landesdisziplinargericht urteilt in Fragen von disziplinarischer Verantwortung der Wirtschaftsprüfer (Art. 28 Gesetz über Wirtschaftsprüfer). Diese beziehen sich auf Vergehen der Wirtschaftsprüfer gegen Normen der Berufsausübung und Grundsätze der Berufsethik. Die möglichen Disziplinarstrafen betreffen: die Verwarnung, den Verweis, die Suspendierung von der Berufstätigkeit für einen Zeitraum von einem bis zu drei Jahren und schließlich den Ausschluss aus der Selbstverwaltung der Wirtschaftsprüfer (Art. 31 Gesetz über Wirtschaftsprüfer). Die Funktion des Anklägers in diesem Verfahren übernimmt der Landesdisziplinarsprecher.

Nachdem die Aufgaben und die Struktur der Landeskammer beschrieben wurden erfolgt nun die diesbezügliche Darstellung der Meinung der Wirtschaftsprüfer und der Adressaten.

Im Rahmen der auf Antrag der Landeskammer in den Jahren 1998/1999 durchgeführten Untersuchung wurde allen Mitgliedern der Landeskammer ein Fragebogen zugeschickt, der anonym zu beantworten war. 36% der Befragten haben den Fragebogen ausgefüllt. Der Fragebogen bestand aus zwei Teilen. Der erste Teil war voll standardisiert mit zwei Antwortmöglichkeiten. Entweder der Vorschlag wurde akzeptiert oder abgelehnt. Im zweiten Teil, dem sog. „offenen Teil“ konnten die Befragten ihre Meinung über die vorgelegten Änderungsvorschläge frei äußern oder eigene Vorschläge unterbreiten (vgl. Cebrowska/Kasperowicz/Kes/Pasławska 2000, S. 1). Die Untersuchung konzentrierte sich dabei hauptsächlich auf zwei Problembereiche. Der erste betraf die Frage nach der Stärkung der Rolle der Selbstverwaltung, ob sie gewünscht ist und wenn ja, in welcher Form. Der zweite Problembereich betraf die bisherige Tätigkeit der Landeskammer. Es sollte herausgefunden werden welche Änderungen notwendig sind, um die Mitglieder zufrieden zu stellen.

Es hat sich herausgestellt, dass die Mehrheit der Befragten die Meinung vertritt, dass eine Stärkung der Selbstverwaltung sinnvoll wäre. Umgesetzt werden soll das auf zwei Wegen. Erstens soll die Landeskammer den Beruf des Wirtschaftsprüfers der Öffentlichkeit näher vorstellen und damit die häufig bestehenden Missverständnisse bezüglich der Rolle und den Aufgaben des Wirtschaftsprüfers ausräumen. Zweitens soll sie die Interessen ihrer Mitlieder nach außen besser vertreten und wenn nötig verteidigen (vgl. Cebrowska/Kasperowicz/Kes/Pasławska 2000, S. 3).

---

[200] Die detaillierte Liste der Aufgaben der Landesrevisionskommission befindet sich in dem eben zitierten Artikel 27 Gesetz über Wirtschaftsprüfer.

Bei der Beurteilung der bisherigen Tätigkeit der Landeskammer wurden vor allem zwei eng miteinander verbundene Themen durch die befragten Wirtschaftsprüfer angesprochen. Das erste Thema bezieht sich auf die Weiterbildung der Wirtschaftsprüfer, das zweite auf die Erhöhung der Dienstleistungsqualität. Im Bereich der Weiterbildung haben die Befragten die bestehende Pflicht zur Weiterbildung als sehr positiv bewertet. Kritisch wurden jedoch die Form der durchgeführten Weiterbildung und die Wahl der behandelten Bereiche bewertet. Es wurde vorgeschlagen, statt einer Vorlesung wie bisher eher Übungen einzuführen. Bei den gewählten Themen soll weniger Theorie und mehr Praxis vermittelt werden. Außerdem sollen statt bekannten eindeutigen Themen problematische, schwierige Problembereiche behandelt werden (vgl. Cebrowska/Kasperowicz/Kes/Pasławska 2000, S. 3).

Dem zweiten angesprochenen Problembereich, der Erhöhung der Dienstleistungsqualität, stellen sich die Wirtschaftsprüfer vor allem durch das Selbststudium. Hierzu bräuchten sie regelmäßig publizierte aktuelle Unterlagen, deren Herausgabe die Landeskammer übernehmen sollte. Zusätzlich wäre hilfreich, wenn in allen regionalen Abteilungen der Landeskammer spezielle Gruppen von Sachverständigen gegründet würden, die Fachfragen der Wirtschaftsprüfer beantworten könnten (vgl. Cebrowska/Kasperowicz/Kes/Pasławska 2000, S. 4).

Auch im Rahmen der für die vorliegende Arbeit durchgeführten Interviews war es möglich, die Meinungen der Wirtschaftsprüfer und zusätzlich der Adressaten zu deren Erwartungen und deren Erfüllung bezüglich der Landeskammer zu befragen. Ähnlich wie in der oben beschriebenen Untersuchung waren die befragten Wirtschaftsprüfer der Meinung, dass Weiterbildung notwendig ist. Auch hier wurde die Form des Unterrichts und die Wahl der behandelten Themen beklagt. Als Beispiel die Aussage eines der interviewten jüngeren Wirtschaftsprüfers:

> *Ich habe im letzten Jahr in der obligatorischen Weiterbildung, die durch die Landeskammer organisiert wurde, teilgenommen. Ich habe dort nichts gelernt. Das war rausgeschmissenes Geld (2).*

Die Gruppe der befragten Adressaten konnte jedoch keine Aussagen zur Landeskammer und deren Tätigkeit machen, weil sie keinem von meinen Interviewpartnern bekannt war.

Als Fazit lässt sich feststellen, dass die Mitgliedschaft in der Landeskammer nur bedingt als Vertrauensquelle angesehen werden kann. Bereits deren Mitglieder sehen viele Verbesserungsnotwendigkeiten in der Ausübung ihrer Aufgaben. Die Unbekanntheit der Landeskammer unter den Adressaten spricht auch nicht für sie. Die Meinung der breiten Öffentlichkeit kann lediglich aus der Presse entnommen werden. Diesbezüglich wurden einige sehr kritische Artikel in der Presse veröffentlicht (vgl. Krajewski/Pałyska 1999, S18ff.; Solska 1998, S. 22f.). Es wird der Landeskammer vorgeworfen, dass sie eine Monopolstellung bezüglich der

Durchführung von Vorbereitungskursen der Wirtschaftsprüferexamen sowie die Weiterbildung der Wirtschaftsprüfer einnimmt. Dabei entsprachen weder die Vorbereitungskurse noch die Weiterbildungskurse den Erwartungen der Teilnehmer (vgl. Solska 1998, S. 22).

5.2.2.7 Sanktionsmöglichkeiten

Die Vertrauensquelle „institutionelle Regelungen" wird im folgenden als Sanktionsmöglichkeiten gegenüber den Wirtschaftsprüfern verstanden. Die Sanktionsmöglichkeiten gegenüber den Wirtschaftsprüfern äußern sich wiederum in der Haftung der Wirtschaftsprüfer. Aus der Haftung resultieren nämlich verschiedene Sanktionsmöglichkeiten.

Vor der Wende spielte in Polen die Frage der Haftung des diplomierten Buchprüfers keine Rolle. Laut Zivilkodex waren sie als Staatsangestellte zu behandeln. Folglich hat die durch sie verursachten Schäden der Fiskus zu verantworten (vgl. Goliszewska 1994, S. 27). Mit der Einführung des Berufstandes der Wirtschaftsprüfer im Jahr 1991 wurde auch die Haftung, also die Verantwortung des Wirtschaftsprüfers, eingeführt.

Die Qualität der Leistungen des Berufsstandes der Wirtschaftsprüfer lassen sich in den wenigsten Fällen unmittelbar überprüfen. Der Auftraggeber und die Öffentlichkeit sind daher in besonderem Maße auf die Vertrauenswürdigkeit der Berufsangehörigen angewiesen. Aus diesem Grund hat der Gesetzgeber und der Berufsstand selbst mit den Berufspflichten und dem Ethikkodex ein Normsystem geschaffen, das Kriterien einer vertrauenswürdigen Berufsausübung beinhaltet. Zu diesem Normensystem gehört auch eine entsprechende Disziplinaraufsicht und die entsprechende Möglichkeiten, den Berufsangehörigen bei Berufspflichtverletzungen zur Verantwortung zu ziehen. Die Verantwortlichkeit des Abschlussprüfers hängt unmittelbar mit der ordnungsgemäßen Erteilung des Bestätigungsvermerks und einer sorgfältigen Durchführung der Jahresabschlussprüfung zusammen. Die Verantwortung des Wirtschaftsprüfers kann auf drei Wegen vollstreckt werden: disziplinarisch, zivilrechtlich und strafrechtlich. Wirtschaftsprüfer, die ihre Tätigkeit als Personengesellschaft oder als juristische Personen ausüben, können nur zivilrechtlich, wegen Nicht-Erfüllung bzw. nicht korrekter Erfüllung des Prüfungsauftrages, zur Verantwortung gezogen werden. *Abbildung 19* verdeutlicht die beschriebenen Bereiche der Haftung.

Abbildung 19: **Bereiche der Haftung bei verschiedenen Formen der Berufsausübung**

Art der Berufsausübung	**Bereiche der Haftung**		
	zivilrechtlich	disziplinarisch	strafrechtlich
Wirtschaftsprüfer	+	+	+
Personengesellschaft	+	-	-
Juristische Person	+	-	-

Haftung:
+ ist vorhanden
- ist nicht vorhanden

Quelle: **Eigene Darstellung**

Die Voraussetzung für die Klageerhebung gegenüber dem Wirtschaftsprüfer sind die folgenden Tatbestände:

- Schuld,
- Verstoß gegen Recht, Ethikkodex oder Berufspflichten,
- Schadenentstehung (womit dies nicht die notwendige Voraussetzung ist).

Die Wirtschaftsprüfer haften *disziplinarisch* für ein Verhalten, was den Berufspflichten oder dem Ethikkodex, wie durch die Landeskammer der Wirtschaftsprüfer bestimmt, widerspricht (vgl. Art. 31 Abs. 1 Gesetz über Wirtschaftsprüfer). Über die disziplinarischen Angelegenheiten befindet das Landesdisziplinargericht, das auf der Landestagung der Wirtschaftsprüfer gewählt wird. Ein berufsgerichtliches Verfahren wird durch Einreichen des Antrages durch den Landesdisziplinarsprecher eingeleitet (vgl. Art. 32 Abs. 1 Gesetz über Wirtschaftsprüfer). Das Landesdisziplinargericht entscheidet in zwei Instanzen. Die berufsrechtlichen Maßnahmen sind:

1. die Ermahnung
2. der Verweis
3. das vorläufige Berufsverbot zwischen einem und drei Jahren
4. das Ausschließen aus dem Beruf (vgl. Art. 31 Abs. 2 Gesetz über Wirtschaftsprüfer).

Die Ermahnung bzw. der Verweis werden nach einem Jahr gelöscht. Die Strafe des vorläufigen Berufsverbots wird nach drei Jahren, gerechnet ab dem Ende des Verbots, gelöscht. Der Ausschluss aus dem Beruf wird nach fünf Jahren gelöscht.

Den erneuten Berufszugang kann ein so bestrafter Wirtschaftsprüfer nur auf dem Weg wie jeder neue Kandidat bekommen (vgl. Art. 31 Abs. 4-6 Gesetz über Wirtschaftsprüfer).

Die Verfolgung einer Pflichtverletzung verjährt, wenn ab dem Zeitpunkt der Aufdeckung der Pflichtverletzung ein Jahr vergangen ist, oder wenn ab dem Zeitpunkt der Pflichtverletzung drei Jahre vergangen sind (vgl. Art. 32 Abs. 4 Gesetz über Wirtschaftsprüfer). Diese Vorschrift führt in der Praxis dazu, dass nahezu alle eingereichten Anträge verjährt sind, weil das berufsgerichtliche Verfahren so häufig verschoben wird, dass es, wenn es zur Entscheidung kommt, bereits verjährt ist. In Konsequenz besteht damit eine Vorschrift, die in der Praxis keine Anwendung findet. Das führt auch dazu, dass viele, insbesondere ältere Wirtschaftsprüfer, ohne Probleme unsorgfältige Jahresabschlussprüfungen durchführen. Sogar einige interviewte Personen aus der Wirtschaftsprüfergruppe haben diesen Zustand bemängelt. An dieser Stelle kann man sich fragen, wen die Landeskammer der Wirtschaftsprüfer schützen will? Im Vergleich hierzu die deutsche Lösung: Die Verfolgung einer Pflichtverletzung verjährt in Deutschland nach fünf Jahren. Dies gilt nicht, sofern auf Ausschließung aus dem Beruf erkannt wird (vgl. § 70 Satz 1 WPO). Da die polnischen berufsrechtlichen Vorschriften weitgehend auf den deutschen basieren, stellt sich die Frage, wieso an dieser Stelle der polnische Gesetzgeber eine mildere Alternative gewählt hat. Wäre es in Polen, wo Korruption auch längst ein großes Problem darstellt, nicht sinnvoller gewesen, eine härtere Regelung zu beschließen? Die Wirtschaftsprüfer sind schließlich nur wegen des ausgeübten Berufs keine besseren Menschen.

Abschließend soll hierzu gesagt werden, dass der Wirtschaftsprüfer gegen das Urteil der ersten Instanz Berufung in der zweiten Instanz einlegen kann. Gegen das Urteil der zweiten Instanz kann sich der Wirtschaftsprüfer nur vor dem Woiwodschaftsgericht in Warschau wehren (vgl. Art. 33 Gesetz über Wirtschaftsprüfer).

Die zweite Art der Haftung, der der Wirtschaftsprüfer unterliegt, ist die strafrechtliche. Der Wirtschaftsprüfer unterliegt einer *strafrechtlichen* Verantwortung, in zwei Fällen. Erstens, wenn das erteilte Testat nicht dem tatsächlichen Zustand des Jahresabschlusses und der Handelsbücher entspricht. Zweitens, wenn das erteilte Testat nicht mit der tatsächlichen Finanz- und Vermögenslage vereinbar ist (vgl. Art. 78, Abs. 1 RLG). Für die Haftungsgrundlage reicht es aus, wenn einer von der beiden beschriebenen Zuständen zutrifft. Falls die Schuld dem Wirtschaftsprüfer nachgewiesen wird, kann das Gericht folgende Strafen verhängen: Falls die Pflichtverletzung absichtlich begangen wurde, kann der Wirtschaftsprüfer mit einer Geldbuße oder mit einer Freiheitsstrafe bis zu zwei Jahren oder mit beiden Strafen zusammen bestraft werden. Falls der

Wirtschaftsprüfer die Pflichtverletzung unabsichtlich begangen hat, so kann das Gericht entweder eine Geldbuße oder eine Freiheitsstrafe anordnen (vgl. Art. 78, Abs. 1-2 RLG und deren Änderungen).[201]

Die dritte und letzte Haftungsart des Wirtschaftsprüfers betrifft seine *zivilrechtliche* Verantwortung. Zu dieser Verantwortung kann der Wirtschaftsprüfer gezogen werden falls er schuldhaft anderen Personen Schäden zugefügt hat (vgl. Art. 415, 429, 430 Zivilkodex). Mit anderen Personen werden sowohl der Auftraggeber als auch externe dritte Personen, wie z.B. Aktionäre, Investoren oder Banken verstanden, denen materielle Schäden zugefügt worden sind. Somit handelt es sich hier sowohl um die Haftung gegenüber dem Auftraggeber als auch um die Dritthaftung. Die zivilrechtliche Haftung des Wirtschaftsprüfers kann beispielsweise im Falle einer Jahresabschlussprüfung dann in Frage kommen, wenn der erteilte Bestätigungsvermerk dem Auftraggeber oder anderen Dritten materielle Schäden zugefügt hat, weil sie dem Testat vertraut hatten (vgl. Fedak 1998, S. 28).

Um die eventuell zugefügten Schäden bezahlen zu können, muss der Wirtschaftsprüfer eine Berufshaftpflichtversicherung abschließen (vgl. Art. 12, Abs. 2, Nr. 3 Gesetz über Wirtschaftsprüfer). Die Höhe der Versicherung ist nicht gesetzlich festgelegt.

Durch die Einführung der Dritthaftung hat der Berufsstand der Wirtschaftsprüfer sicherlich in hohem Maße das Vertrauen der Adressaten gewinnen können. Dies, weil durch die Einführung der Dritthaftung die externen Adressaten, die ebenso wie die geprüfte Gesellschaft Adressaten des Wirtschaftsprüfertestates sind, in ihren Ansprüchen gleichgestellt werden. Zusätzlich sichert die Dritthaftung den Grundsatz der Unabhängigkeit des Wirtschaftsprüfers von dem geprüften Unternehmen, was auch ein Grund für die Erhöhung des Vertauens zum Berufsstand der Wirtschaftsprüfer ist. Die Tatsache das erhöhten Vertrauens aufgrund der Dritthaftung hat ihre Bestätigung auch in den durchgeführten Interviews gefunden. Alle befragten Adressaten haben sich sehr positiv über die Einführung der Dritthaftung geäußert und darin die Möglichkeit gesehen, ihr Vertrauen zu Wirtschaftsprüfern zu stärken.

---

201 Sie gelten ab dem 1.1.1998. Der Unterschied zu der vorherigen Vorschrift besteht lediglich in der Verschärfung des zweiten Absatzes des Art. 78 in der die Möglichkeit durch das Gericht auch die Freiheitsstrafe für eine unabsichtliche Pflichtverletzung durch den Wirtschaftsprüfer zu verhängen.

5.2.3 Mitgliedschaft in dem gemeinsamen kulturellen System Polens

Wie bereits im dritten Kapitel (Abschnitt: 3.3.2.2.1) dieser Arbeit dargestellt, findet der Prozess der Entstehung von Vertrauen in einem kulturellen Kontext statt. Dieser wird sicherlich auch durch die aktuelle wirtschafts-politische Situation Polens beeinflusst. Der kulturelle Einfluss auf den Prozess der Entstehung von Vertrauen wurde bereits von Zucker, deren Gedanken eine zentrale Rolle in der vorliegenden Arbeit spielen, stark betont. Daher wird auch an dieser Stelle zunächst das kulturelle System Polens dargestellt. Anschließend wird die jetzige wirtschafts-politische Situation Polens kurz geschildert, die Ergänzung und Hintergrund zugleich für das kulturelle System bildet.

Gesellschaftliche und kulturelle Regeln und Rollen, die den Austauschpartnern, hier den Adressaten und den Wirtschaftsprüfern, bekannt sind, lassen in ihnen bestimmte Erwartungen bezüglich ihrer Verhaltensweisen entstehen. Welche Erwartungen bezüglich des Verhaltens des Vertrauensobjekts das Vertrauenssubjekt entwickelt hängt wesentlich von dem kulturellen System[202] ab dem, die beiden Austauschpartner angehören. In den hier zitierten Fällen handelt es sich um polnische Wirtschaftsprüfer und um die Adressaten dieser Arbeit, somit ist hier das polnische kulturelle System relevant.

Da Werte[203] zentrale Aspekte des kulturellen Systems bilden werden sie genauer betrachtet. Es handelt sich nicht um definitorische Aspekte, die bereits in dieser Arbeit behandelt wurden, sondern um deren inhaltliche Ausprägung in der polnischen Kultur. Zunächst folgt die kollektive Betrachtungsweise der Werte in Polen. Die hier darzustellenden Ergebnisse stammen aus einer empirischen Untersuchung von Danne (vgl. Danne 1996), der im Jahre 1992 eine umfangreiche quantitative Studie u.a. zu diesem Thema durchgeführt hat.[204] Die isolierte

---

202 „Kulturelles System" wird hier als Summe gemeinsamer Werte, Einstellungen und Verhaltensdispositionen, die in einer Gesellschaft dominieren, verstanden und mit dem Begriff Kultur gleichgesetzt.

203 Die Werte in einer Gesellschaft bildet nicht eine vollständig übereinstimmende Einheit. Die Differenzierung von Wertvorstellungen innerhalb einer Gesellschaft könnte fast beliebig verfeinert werden. Auf ihre nähere Beschreibung wird hier verzichtet, da es sich lediglich um eine höchst lückenhafte Ausführung handeln könnte. Nichtsdestotrotz lassen sich bestimmte Ideen und damit verbundene Wertvorstellungen, die in einer Gesellschaft mehr oder weniger typisch sind, ausdifferenzieren.

204 Wenn auch in Polen selbst viele Studien durchgeführt wurden, die Werthaltungen der polnischen Gesellschaft auf empirischem Wege erfassen, wird hier eine Studie, die durch einen deutschen Forscher erstellt wurde, ausgewählt. Dies, weil die polnischen Untersuchungen konzeptionell und methodisch sehr heterogen angelegt sind und speziell von den in westlichen Ländern durchgeführten Studien beträchtlich abweichen. Dies heißt aber nicht automatisch, dass die in Polen erstellten empirischen Untersuchungen gänzlich außer acht gelassen werden. Bei der Darstellung und Interpretation der Befunde von Danne werden sie – sofern vergleichbar –

Darstellung der Daten wäre wahrscheinlich für viele Leser nicht aussagekräftig genug. Aus diesem Grund werden hier auch Vergleichsdaten aus Deutschland (unterteilt in Ost- und Westdeutschland) herangezogen. Insgesamt wurden im Rahmen der durch Danne durchgeführten Untersuchung 3.410 Personen befragt. Davon 1.450 Personen in drei polnischen Unternehmen, somit 44% der Gesamtstichprobe, 1.050 Personen in drei ostdeutschen Unternehmen, somit 27% der Gesamtstichprobe und 910 Personen in vier westdeutschen Unternehmen, somit 29% der Gesamtstichprobe (vgl. Danne 1996, S. 106f.).

Die Untersuchung basierte auf dem Konzept von Hofstede (vgl. Hofstede 1980, 1991). Demnach entstehen die kollektiven Werte auf der Basis von Mittelwerten. Die wiederum kommen zustande infolge der Auswertung einer Vielzahl von untersuchten Personen. Weiterhin hat Hofstede die kollektiven Werte als Kulturdimensionen gekennzeichnet, die sich seiner Meinung nach bestimmten Kulturen und Nationen zuordnen lassen. Es werden folgende vier Kulturdimensionen unterschieden: Machtdistanz, Unsicherheitsvermeidung, Individualismus und Maskulinität (vgl. Hofstede 1980, 1991).

Unter *Machtdistanz*[205] wird das erwartete und akzeptierte Maß an Machtungleichheit in einer Hierarchie bzw. innerhalb eines sozialen Systems zwischen einer mächtigen und einer weniger mächtigen Person verstanden (vgl. Hofstede 1991, S. 28). Beispielsweise die Machtdistanz zwischen dem Vorgesetzten und dem Untergebenen in einem Unternehmen. Im Rahmen der hier dargestellten Untersuchung hat sich herausgestellt, dass der Machtdistanz-Wert in Polen am höchsten ist. In Westdeutschland ist er am geringsten und in Ostdeutschland ist er nur geringfügig größer als in Westdeutschland. Der hohe polnische Wert lässt sich auf den Einfluss der wirtschaftlich schwierigen Situation zurückführen. Die Abfederung der Transformationsprobleme in Ostdeutschland infolge des Finanztransfers führte dazu, dass die Macht der Vorgesetzten über ihre Mitarbeiter deutlich geringer ausfiel als in Polen (vgl. Danne 1996, S. 118f.).

Die *Unsicherheitsvermeidung* gibt die Stärke an, mit der Mitglieder eines sozialen Systems nach Vermeidung von Unsicherheit und Risiko streben. Dabei bedient man sich der Technik, der Gesetze und der Religion. In Unternehmungen werden hierzu Regeln und Vorschriften benutzt. Als Beispiel kann hier der Wunsch nach einem festen Arbeitsplatz und die Ablehnung unkonventionellen Denkens gebracht werden. Infolge der Untersuchung von Danne zeigte sich, dass die Unsicherheitsvermeidung in den Transformationsgesellschaften größer ist als in Westdeutschland. Polen und Ostdeutschland liegen dabei relativ eng beieinander, wobei der Wert in Ostdeutschland etwas höher war. Der Grund für den höheren

---

ebenfalls herangezogen wie Referenzuntersuchungen, die im westlichen Einzugsgebiet entstanden sind.

205 Macht wird hier als Potential, das Verhalten einer anderen Person bestimmen zu können, verstanden.

Unsicherheitsvermeidung-Wert der Transformationsländer liegt in der Nachwirkung des Systemeinflusses. In der Planwirtschaft hat der Staat eine versorgende Rolle eingenommen, indem beispielsweise, wenn auch künstlich gehalten, kaum Arbeitslosigkeit vorhanden war. Der gegenüber Polen höhere ostdeutsche Wert findet seine Erklärung in der stärkeren Neigung der Deutschen zum unsicherheitsvermeidenden Verhalten. Dies kann gewissermaßen ihre Ursache in der historisch früheren Entwicklung des deutschen Sozialstaates haben. In Polen dagegen mussten die Menschen schon immer – und sie müssen es aufgrund der aktuellen wirtschafts-politischen Situation heutzutage noch immer – eine hohe Unsicherheit akzeptieren. Folglich liegt das Anspruchsniveau im Hinblick auf die Sicherheit niedriger als in Ostdeutschland – trotz oder gerade wegen der schlechten wirtschaftlichen Situation (vgl. Danne 1996, S. 120f., 272).

Der *Individualismus* bezeichnet das Verhältnis zwischen einem Individuum und einem Kollektiv. Gesellschaften, in denen die Bindungen zwischen Individuen sehr schwach sind, werden als individualistisch bezeichnet. Es wird erwartet, dass die Individuen für sich selbst und ihre unmittelbare Familie sorgen. Dagegen werden Gesellschaften kollektivistisch genannt, wenn die Individuen von Geburt an in starke, kohäsive Gruppen integriert werden. Die beschützen das Individuum zwar sein ganzes Leben lang, verlangen aber dafür hohe Loyalität (vgl. Hofstede 1991, S. 51). Den höchsten Individualismus-Wert weist in der Untersuchung Westdeutschland auf. Die Begründung hierfür liegt in der günstigen wirtschaftlichen Lage, im Systemeinfluss und im Wertewandel. Polen folgt mit seinen Daten gleich danach. Einen deutlich geringeren Wert weist Ostdeutschland aus. Dieses Ergebnis ist auf den stärkeren nationalen Individualismus der Polen zurückzuführen. In Polen hatte eine gewisse ethnische Vielfalt individualismuserhaltenden Einfluss. Trotz des oktroyierten Systems wurden in Polen verschiedene Freiräume offen gehalten. Ein Beispiel hierfür ist die Bewegung Solidarność, die eine große Rolle für die gesamte historische Entwicklung des Zusammenbruchs des sozialistischen Systems in Osteuropa gespielt hat (vgl. Danne 1996, S. 122f.).

Die Maskulinität wird auch als Ego-Sozial-Dimension bezeichnet. Sie gründet auf der Annahme, dass Männer und Frauen jeweils verschiedene Arbeitsaspekte als wichtig bzw. unwichtig einordnen. Für Männer ist demnach Aufstieg, Anerkennung und Bezahlung wichtiger als soziale Aspekte wie z.B. Betriebsklima und Kommunikation am Arbeitsplatz (vgl. Hofstede 1991, S. 81f.). Der Index ist dann hoch, wenn Mitglieder einer Gesellschaft vorwiegend maskuline Ziele als erstrebenswert erachten. Der Maskulinitätswert ist in Polen am höchsten – laut der Untersuchung – und in Westdeutschland am niedrigsten. Der ostdeutsche Wert ist geringfügig größer als der westdeutsche. Eine mögliche Erklärung dieses Resultats liegt an der schlechten wirtschaftlichen Lage Polens. Im Gegensatz dazu wurde die ostdeutsche wirtschaftliche Lage aufgrund des Transfers abgemildert. Dies kann auch die Ursache dafür sein, dass die beiden deutschen Werte nur geringfügig voneinander abweichen.

Zusammenfassend lässt sich feststellen, dass Unterschiede in den Wertorientierungen zwischen Polen, West- und Ostdeutschland vorhanden sind. Sie differieren bezüglich der vier Dimensionen. Die polnische Kultur weist im Gegensatz zur west- und ostdeutschen einen höheren Machtdistanz-Wert auf, eine mittlere Unsicherheitsvermeidung, ist deutlich mehr individualistisch orientiert als die ostdeutsche und besitzt schließlich eher einen maskulinen Charakter.

Die hier dargestellten Ergebnisse der Untersuchung von Danne sollen nun um die Darstellung der wirtschafts-politischen Situation Polens, ergänzt werden. Die bedeutenden neuen Tendenzen haben nach der Wende im Jahre 1989 stattgefunden. Nach der kurzen Zeit der Euphorie kam es zu einer Vertrauenskrise in der polnischen Gesellschaft. Es schwindet Vertrauen sowohl zu den neuen politischen und zu den wirtschaftlichen Institutionen als auch zu den Mitbürgern. Die Gründe hierfür scheinen folgendermaßen auszusehen (vgl. Sztomka 1997, S. 14f.).

Erstens entsehen neue, früher unbekannte Gebiete von Risiko und Unsicherheit. Es entsteht Arbeitslosigkeit. Die Inflationsrate sinkt in den ersten Jahren nach der Wende nur gering. Der Wettbewerb wächst. Die Existenz von kleinen und mittelständigen Unternehmen wird aufgrund der Eroberung des Marktes durch große ausländische Handels- und Produktionsunternehmungen gefährdet. Unabhängig von der Zunahme der Einzelbestraftaten steigt auch das Ausmaß des organisierten Verbrechens.

Die zweite Ursache liegt in dem normativen Chaos, das durch schnelle und zahlreiche Rechtsänderungen hervorgerufen wurde. Außerdem führte die rasche Einführung von unzähligen Marken im Bereich der Konsumgüter (von Automarken bis zum Waschpulver), Kulturgüter (z.B. Zeitungen, Zeitschriften, Kabelfernsehen, Kinofilme) und sogar politischen Ansichten (duzende Parteien) zu zusätzlicher Verunsicherung der Bevölkerung.

Der dritte Grund betrifft die Schwäche von Aufsichts- und Kontrollinstanzen, wie: der Polizei, der Zollbehörde, des Finanzamts. In den stabilen Gesellschaften ist das Sicherheitsgefühl in hohem Maße durch diese Instanzen hervorgerufen, die die Gesellschaftsordnung vollstrecken. In der polnischen Transformationsgesellschaft dagegen wird ständig von unentdeckten Verbrechen aus denen die Schuldigen ungestraft davonkommen, über Steuerhinterziehungen, die nicht weiter verfolgt werden und nicht zurückbezahlte Kredite, die nicht abgeschrieben werden müssen sowie über einen erheblichen Schuldenerlass gesprochen, um nur einige Beispiele zu nennen. Dies untermauert die Ansicht derer, die das gesellschaftliche Leben für nicht genügend abgesichert durch entsprechende Gesetze halten.

Die vierte Ursache liegt in der Unreife der politischen Elite. Sie verfügt häufig nicht über die erforderliche fachliche Kompetenz. Es besteht ein niedriges ethisches Niveau. Die politische Elite verfolgt Eigeninteressen und ist maßlos. Ihre Entscheidungen sind häufig parteiisch und willkürlich. All das wiederspricht der

Rolle, die die politische Elite einnehmen soll. Die Enttäuschung in der Gesellschaft ist dementsprechend groß.

5.2.4 Personengebundenen Merkmale des Adressaten

Die personengebundenen Merkmale der Adressaten konnten im Rahmen der durchgeführten empirischen Untersuchung nur zum Teil ermittelt werden. Dies, weil das Ziel der Studie nicht die Persönlichkeitsermittlung der interviewten Personen war. Sie fiel quasi als „Nebenprodukt“ an.

Bei den interviewten Personen aus der Gruppe der Adressaten handelte sich ausschließlich um Männer. Die Befragten waren im Alter zwischen 25 und 55 Jahren. Alle besaßen die polnische Nationalität und waren zum Teil ledig und zum Teil verheiratet.

Alle Interviewpartner zeigten eine gewisse Offenheit gegenüber den gestellten Fragen. Einige waren ausgesprochen kritisch gegenüber dem Berufsstand der Wirtschaftsprüfer. Andere wiederum haben ein gewisses Verständnis gegenüber den Schwierigkeiten, mit denen der Berufsstand zu kämpfen hat, gezeigt. Das Alter und der Familienstand waren dabei als Kriterien irrelevant. Weiterhin konnte bei allen Befragten eine starke Erfolgsorientierung beobachtet werden.

6. Schlussbetrachtung

Im Transformationsprozess von der Planwirtschaft in die Marktwirtschaft hat Polen, ähnlich wie andere sich in der Transformation befindende Länder, erkannt, dass die Überwindung der wirtschaftlichen Notlage ohne ausländische Kapitalhilfe kaum möglich ist. Aktiengesellschaften und Kapitalmarkt in Polen sind darauf angewiesen, dass national und international eine Vielzahl von Investoren bereit sind, Investitionskapital zur Verfügung zu stellen. Ihre einzige Sicherheit ist ihr Vertrauen in den Erfolg und den Fortbestand der Unternehmen, in die sie investieren. Die Vertrauenswürdigkeit der durch die Unternehmen ausgewiesenen Zahlen und sonstigen Informationen ist in ihren Augen dann vermehrt gewährleistet, wenn eine Verifizierung seitens einer unabhängigen Instanz durchgeführt wird. Nun ist ja Vertrauen generell durch zwei typische Merkmale zu bezeichnen, wie im theoretischen Teil nachgewiesen wurde: Zum einen tritt das Problem der Zeit ein, zum anderen das Problem der Informationsbeschaffung. Mit dem Zeitproblem ist verbunden, dass der Austausch in sozialen Beziehungen, die Handlungssequenzen, oft nur mit gewissen zeitlichen Verzögerungen erfolgt. Um das Risiko zu vermindern, ist der Berufsstand der Wirtschaftsprüfer eine Instanz der Vertrauenskontrolle. Die durch jenem durchgeführten Prüfungen der Jahresabschlüsse zählen deshalb zu den vertrauensbildenden Mechanismen. Eine solche Prüfung wäre nur dann überflüssig, wenn jeder Kapitalmarktteilnehmer einen freien und kostenlosen Zugang zu allen notwendigen Informationen hätte. Diese Annahme ist aber, wie theoretisch vielfach gezeigt werden konnte, nicht realistisch. Zur Absicherung der eigenen zugänglichen Informationen sind deshalb die Jahresabschlussprüfungen notwendig. Die Funktionsfähigkeit des für die freie Marktwirtschaft unentbehrlichen Kapitalmarkts wird jedoch ernsthaft beeinträchtigt, wenn das Vertrauen in die Qualität der Abschlussprüfung und ihrer Prüfer entweder gar nicht erst entsteht oder verloren geht. Diese Problematik ist im Verlaufe der Entstehungsgeschichte dieser Arbeit mehrfach in der Öffentlichkeit aufgetaucht. Erwähnt seien hier nur neuerlich die Enron-Affäre, in Deutschland die Vulkankrise oder die der Metallgesellschaft. In all diesen Fällen hat es zuerst positive Testate seitens Wirtschaftsprüfungsgesellschaften gegeben, die im Verlaufe der folgenden Monate ins Gegenteil umschlugen und zum Teil mit Totalverlust bzw. in Strafprozesse endeten. Dieses Verhältnis von Vertrauen und Misstrauen ist ja nun ein genereller Sachverhalt. Es müssen deshalb strukturelle Mechanismen zur Generierung von Vertrauen institutionalisiert werden. Auf die Wirtschaftsprüfer bezogen, kann die Arbeit beweisen, dass es eine Reihe von Möglichkeiten gibt, die geeignet erscheinen, die Leistung durch Anhebung der Qualität von Prüfungen an die Erwartungen der Öffentlichkeit, so zu verbessern, dass das vorhandene Vertrauen nicht nur erhalten bleibt, sondern noch vergrößert wird. Als Konsequenz hieraus kann die Investitionsbereitschaft von weiteren potentiellen Investoren vergrößert werden.

Bevor die Möglichkeiten der Steigerung und des Erhalts des Vertrauens in den Berufsstand der Wirtschaftsprüfer in Polen dargestellt werden, will ich noch einmal den Gedankengang der Arbeit rekonstruieren.

Im theoretischen Teil wurde ein Überblick über die verschiedenen Vertrauensansätze gegeben. Das Ziel war dabei einerseits, einen geeigneten Ansatz zu finden, der die theoretische Basis der vorliegenden Arbeit bildet. Andererseits soll der Begriff Vertrauen und der Prozess der Vertrauensentstehung aus mehreren Perspektiven gezeigt werden, um die Eignung des ausgewählten Ansatzes zu begründen. Vertrauen als Begriff musste danach begründbar sein, ob er für zwei Ebenen sich als nützlich erweisen würde. Die Ebenen wurden durch die Empirie vorgegeben: Handlungstheoretisch musste das Verhalten von Individuen (der interviewten Wirtschaftsprüfer) in der Herstellung von Vertrauen analysiert werden; systemtheoretisch musste eine Institution (die Profession der Wirtschaftsprüfer) als Vertrauensproduzent beschrieben werden. Als geeignetster Ansatz, um den empirischen Vorgaben zu genügen, hat sich der von Zucker erwiesen. Dies, weil sie nicht nur den Begriff Vertrauen detailliert definiert und den Prozess der Vertrauensentstehung innerhalb der drei sozialen Ebenen (Mikro-Meso-Makro) schildert, sondern auch die einzelnen Vertrauensquellen bespricht. Dieser Ansatz von Lynn Zucker wurde für die Behandlung meines Materials vor allem dadurch erheblich erweitert, dass ich mit ihm und aus ihm verschiedene Modelle konstruiert habe.

Das Konzept der Vertrauensentstehung von Zucker fokussiert auf drei Untertypen von Vertrauen, die ganz oder teilweise in den endgültigen Prozess der Vertrauensbildung mit einfließen. Im einzelnen handelt es sich um eigenschaftsbasiertes, prozessbasiertes und institutionsbasiertes Vertrauen. Alle diese drei Untertypen, zusammen mit ihren Vertrauensquellen, bilden die erste Ebene des Modells. Dieses wurde verfeinert, indem die einzelnen Vertrauensquellen einmal in tatsächlich gegebene und einmal in die durch Vertrauenssubjekte wahrgenommenen unterteilt wurden. Das Modell wurde dann um die zweite Ebene ergänzt, die zum einen die personengebundenen Merkmale des Vertrauenssubjekts beinhaltet. Zum anderen wurde auch die Mitgliedschaft von allen im Prozess der Vertrauensentstehung Beteiligten in dem gemeinsamen kulturellen System in das Modell aufgenommen. Anschließend wurde das Modell auf die Problematik des Berufsstandes der Wirtschaftsprüfer angepasst.

Im weiteren versuche ich die Relation des theoretisch gewonnenen Begriffs „Vertrauen“ zu dem empirienäheren Modellbegriff Zuckers innerhalb des empirischen Feldes „Wirtschaftsprüfer“ anhand von vier Hypothesen abzubilden. Ausgangspunkt bildet die Darstellung der empirischen Forschung im Bereich des Konstruktes „Vertrauen“ und im Bereich des Prüfungswesens.

Die Hypothesen entstammen der hier angewendete Erhebungsmethode und wurden in der durchgeführten Untersuchung benutzt. Als Forschungsmethode wurden hier die qualitativen, teilstandardisierten Interviews gewählt. Für die Auswahl dieser Art von empirischer Untersuchung sprach vor allem die Tatsache, dass es sich hier um eine Fragestellung handelte, die zum ersten Mal behandelt worden ist. Damit war es möglich, dass das auf die Problematik des Berufstandes der Wirtschaftsprüfer angepasste Basismodell der Vertrauensentstehung empirisch geprüft werden konnte.

So sei abschließend das Ergebnis vorgestellt. Die *erste* zu prüfende Hypothese lautete:

> Die Adressaten und Interessenten haben kein oder wenig Vertrauen zu den einzelnen Wirtschaftsprüfern, weil die sich in überwiegender Mehrheit aus ehemaligen diplomierten Buchprüfern zusammensetzen, die in der Zeit vor der Reform die Bilanzen geprüft hatten. (Dafür sprechen: Andere Ziele, Normen, Ausbildung, Arbeitsmotivation, Arbeitsmoral, Vergütung, Stellung des Berufes, Erfahrungen des diplomierten Buchprüfers aus dem Sozialismus, die nicht vollständig ausgelöscht werden können und somit die heutige Situation mitgestalten.)

Diese Hypothese wurde überraschenderweise nicht bestätigt. Die interviewten Personen aus der Adressaten-Gruppe haben Vertrauen zu den Wirtschaftsprüfern. Zwei Befragte haben jedoch ihre Antwort etwas eingeschränkt.

> *Die Wirtschaftsprüfer sind verschieden, einer ist dem anderen nicht gleich. So dass ich sagen kann, dass ich zu einigen Wirtschaftsprüfern Vertrauen habe, zu anderen geringeres Vertrauen (7).*

Die andere Einschränkung bezog sich auf die persönliche Beziehung zwischen dem Befragten und einem Wirtschaftsprüfer. Falls eine solche Beziehung existierte, wurde dem Wirtschaftsprüfer Vertrauen geschenkt. Im anderen Fall war zunächst Skepsis angesagt.

> *Ich hatte beruflichen und persönlichen Kontakt zu den Wirtschaftsprüfern, die in der gleichen Gesellschaft wie ich gearbeitet haben. Ich wusste, welchen Weg sie hinter sich hatten und ich hatte zu ihnen Vertrauen. Dagegen hatte ich ein eingeschränktes Vertrauen zu den Wirtschaftsprüfern, die ich nicht kannte (9).*

Auch die Gruppe der befragten Wirtschaftsprüfer nahm wahr, dass zu ihnen Vertrauen existiert. Aber auch hier wurde bemerkt, dass nicht alle Wirtschaftsprüfer gleich hohes Vertrauen bei den relevanten Gruppen besitzen. Einer der befragten Wirtschaftsprüfer bemerkte in diesem Zusammenhang:

> *Ich denke, dass ähnlich wie in jeder Berufsgruppe einerseits Gruppen existieren, die hohes Vertrauen besitzen und andere, die geringes Vertrauen besitzen. Letzteres dann, wenn der Verdacht vorhanden ist,*

dass die Unabhängigkeit und die Unbefangenheit nicht in ausreichendem Maße vorhanden ist (4).

Insgesamt kann festgestellt werden, dass zu den Wirtschaftsprüfern Vertrauen besteht. Diese Aussage steht jedoch in leichtem Wiederspruch zu den anderen Aussagen der interviewten Personen, was später noch zu zeigen ist. Es wird beispielsweise kritisiert, dass die Arbeitsergebnisse der Wirtschaftsprüfer nicht ausreichend kontrolliert werden.

Die *zweite* zu untersuchende Hypothese betraf Vertrauen zu der Institution der Wirtschaftsprüfer:

> Die Adressaten und die Interessenten vertrauen der Institution der Wirtschaftsprüfung, dem Berufsstand der Wirtschaftsprüfer, nicht. (Begründung: Der Berufsstand der Wirtschaftsprüfer ist eine rechtlich geregelte Institution. Im Sozialismus bestand weder Vertrauen zum Rechtssystem noch zu dessen Institutionen. Die langen negativen Erfahrungen beeinflussen die Gegenwart und somit die Einstellung zum Berufsstand der Wirtschaftsprüfer.)

Die befragten Adressaten und Interessenten konnten die Frage nicht beantworten. Dies, da ihnen die Institution der Wirtschaftsprüfung, die durch die Landeskammer der Wirtschaftsprüfer nach außen vertreten wird, unbekannt ist. Interessant ist, dass die andere unersuchte Gruppe, die der Wirtschaftsprüfer, sich auch nicht richtig festlegen konnte, ob sie Vertrauen zur Landeskammer besitzt oder nicht. Die alten Kader hatten eher Vertrauen als die Neuen. Was das Vertrauen der Gesellschaft zur Landeskammer betrifft, konnten die meisten die Frage nicht beantworten, obwohl einige selbstkritisch auf die Kritik in den Medien (vgl. Krajewski/Pałyska 1999, S. 18ff.; Solska 1998, S. 22ff.) hinweisen. Hier zwei Beispiele unterschiedlicher Ansichten der befragten Wirtschaftsprüfer:

> *Im Umfeld der Wirtschaftsprüfer genießt die Landeskammer Vertrauen. Ob auch im breiter verstandenen wirtschaftlichen Umfeld Vertrauen existiert, weiß ich nicht (1).*

Und hier eine andere Meinung:

> *Ich kann nicht objektiv sagen, ob die Landeskammer in der Gesellschaft Vertrauen besitzt. Ich persönlich habe kein Vertrauen zu ihr. [...] Ich glaube, dass wenig gemacht wurde, dass der Beruf sich entwickelt. Ich bin der Meinung, dass es ein Beruf mit großem Prestige sein sollte. Und nicht so behandelt werden sollte, wie dass die pensionierten Wirtschaftsprüfer tun, die nur an zusätzlichem Einkommen interessiert*

sind. [...] Ich bin mit dem Inhalt der Kritik in den Zeitungen[206] *einverstanden (2).*

Alles in allem wurde die Hypothese weder bestätigt noch negiert. Der Grund hierfür lag vor allem darin, dass die Landeskammer der Wirtschaftsprüfer und ihr Tätigkeitsbereich innerhalb der Adressaten und Interessenten-Gruppe gänzlich unbekannt ist. Erstaunlich war, dass auch die Wirtschaftsprüfer (mit zwei Ausnahmen) selbst wenig Informationen über den Repräsentanten ihres Berufsstandes wussten.

Die *nächste (dritte)* zu überprüfende Hypothese behandelte die Ergebnisse der Arbeit der Wirtschaftsprüfer, die Testate für die Jahresabschlüsse:

> Die Testate der Wirtschaftsprüfer werden bei der Kaufentscheidung von Aktien oder bei der Vergabe von Krediten nur am Rande berücksichtigt. (Begründung: Es besteht kein Vertrauen zum Berufsstand der Wirtschaftsprüfer und dessen Angehörigen)

Die Hypothese musste aufgrund dessen, dass sie auf den beiden vorherigen Hypothesen aufbaut und diese in großen Teilen nicht bestätigt worden sind, ebenfalls nicht bestätigt werden. Die Ergebnisse der Befragung sind hier eindeutig. Alle befragten Adressaten berücksichtigen sowohl bei der Entscheidung zum Kauf von Aktien als auch bei der Vergabe von Krediten, ob der Jahresabschluss geprüft wurde und mit welchem Ergebnis. Hier die Antwort eines Befragten aus der Bank, der auf die Frage nach der Relevanz der geprüften Bilanzen für die Kreditvergabe Folgendes sagte:

> *Natürlich ist für mich sehr wichtig, ob die Bilanz geprüft wurde. Es ist jedoch nicht das einzige Kriterium, auf Grund dessen ein Kredit vergeben wird (7).*

Die *letzte (vierte)* zu prüfende Hypothese betraf die Entstehung der sog. Erwartungslücke aufgrund des mangelnden Informationsstandes der Adressaten und Interessenten der Arbeit der Wirtschaftsprüfer:

> Der Informationsstand der Adressaten und der Interessenten bezüglich des Berufsstandes der Wirtschaftsprüfer und deren rechtliche Regelung ist minimal, was zu einer großen Diskrepanz zwischen den Erwartungen der Adressaten sowie der Interessenten einerseits und der Leistungen der Wirtschaftsprüfer andererseits führt. (Begründung: Die Informationen sind nur schwer erhältlich. Der Berufsstand vernachlässigt die

---

[206] Es handelt sich hier um bereits angesprochene zwei Artikel von Krajewski/Pałyska 1999 und von Solska 1998.

Informationsweitergabe an die Adressaten und die Interessenten: die relevanten Artikel werden spärlich in der Fachpresse publiziert, es gibt keine Info- Seite im Internet.)

Diese Hypothese fand ihre Bestätigung. Zunächst muss festgestellt werden, dass eine Erwartungslücke zwischen den Erwartungen der Adressaten sowie Interessenten und den Leistungen der Wirtschaftsprüfer vorhanden ist. Die Gründe hierfür liegen nach Meinung der Befragten nicht in den nicht ausreichenden Informationen über den Berufsstand der Wirtschaftsprüfer. Die meisten waren der Meinung, dass diese in Zahlen ausgedrückt, ausreichend sind. Bezüglich des Inhalts hat sich lediglich ein Interviewpartner geäußert:

Ich denke, dass die Häufigkeit der Artikel ausreichend ist, leider dreht sich der Inhalt ständig um die gleichen Themen (6).

Betrachtet man jedoch den gesamten Verlauf der Gespräche, so muss festgestellt werden, dass die Empfindungen der Adressaten bezüglich der vorhandenen Informationen und die tatsächliche Kenntnisse weit auseinander liegen.

Die Gründe für die geringe Bestätigung der gestellten Hypothesen werden im vierten Kapitel aufgeführt, das sich mit den Möglichkeiten der Entstehung von Vertrauen zum Berufsstand der Wirtschaftsprüfer und deren Mitglieder beschäftigt.

Anhand der Aussagen der geprüften Hypothesen und aufgrund der Auswertungen der relevanten Literatur können nun die am Anfang des Abschnitts gestellte Frage zusammenfassend beantwortet werden. Zu beiden Fragen lassen sich aufgrund der Ergebnisse der Studie überraschende Aussagen formulieren. Erstens kann die Frage nach der Existenz von Vertrauen in den Berufsstand der Wirtschaftsprüfer seitens der Prüfungsadressaten nicht eindeutig beantwortet werden. Dies, weil die Adressaten den Berufsstand der Wirtschaftsprüfer in Polen in zwei Gruppen gespaltet sehen. Die erste Gruppe bezieht sich auf Wirtschaftsprüfer, die das Wirtschaftsprüfer-Examen nach der Wende bestanden haben. Sowohl die Zulassungsvoraussetzungen zum Examen als auch seine Inhalte wurden durch das Gesetz über Wirtschaftsprüfer und deren Selbstverwaltung von 1994 geregelt. Dieses Gesetz entspricht weitgehend den entsprechenden Gesetzen in westlichen Ländern, wie beispielsweise der Wirtschaftsprüferordnung in Deutschland. Die zweite unterschiedene Gruppe betrifft Wirtschaftsprüfer, die vor der Wende den Titel des Diplomierten Buchprüfers erworben haben und nach der Wende durch Eintrag in das Register zu Wirtschaftsprüfern wurden. Zu der zuerst genannten Gruppe der Wirtschaftsprüfer besitzen die Adressaten überwiegen Vertrauen. Zu der zuletzt genannten Gruppe dagegen haben die Adressaten stark eingeschränktes bzw. gar kein Vertrauen. Da die meisten Wirtschaftsprüfer in Polen der zweiten Gruppe zugehören, war es wichtig, einerseits die Ursachen hierfür und andererseits die Möglichkeiten, diesen Zustand zu verändern, herauszufinden. Somit wird auch die zweite, in Rahmen der vorliegenden Arbeit durchgeführten Untersuchung, Frage zu beantworten sein.

Die Möglichkeiten der Vertrauensentstehung wurden, um es zu wiederholen, in der vorliegenden Arbeit mit Hilfe des auf die Problematik der Wirtschaftsprüfer angepassten Modells geprüft. Einerseits wurden hierzu die qualitativen Interviews durchgeführt. Andererseits wurden die sekundären Quellen, im Sinne von Fachliteratur, genutzt. Es hat sich herausgestellt, dass die Ursachen für das mangelnde Vertrauen vor allem zu den älteren Wirtschaftsprüfer in der niedrigen Prüfungsqualität liegen. Insbesondere wurden dabei die fehlenden Fachkenntnisse genannt. Dies hängt stark mit der Art zusammen, in der die Wirtschaftsprüfer ihren Titel erlangt hatten. Die Personen die das Wirtschaftsprüferexamen nach den Regeln des Gesetzes über Wirtschaftsprüfer bestanden hatten, wurden sehr positiv bewertet. Die anderen dagegen, die vor der Wende als diplomierte Buchprüfer fungierten, waren überwiegend kritisch bewertet. Nicht nur deren Ausbildung, die der heutigen Wirtschaftswirklichkeit nicht entspricht, wurde bemängelt. Vor allem die fehlende Bereitschaft zur Weiterbildung der pensionierten Wirtschaftsprüfer hat erhebliche Kritik gefunden.

Eine relativ niedrige Prüfungsqualität hat auch andere Ursachen. Es wurde festgestellt, dass die Wirtschaftsprüfer die Inhalte ihres Ethikkodex der Berufsausbildung nicht kennen. Der bildet aber das Fundament der Ausübung des Wirtschaftsprüferberufes. Eine Ursache hierfür kann darin liegen, dass die Nichtbefolgung dieser Prinzipien praktisch keine Konsequenzen mit sich bringt. Hiermit wird ein weiterer kritischer Punkt angesprochen, nämlich die Sanktionsmöglichkeiten gegenüber den Wirtschaftsprüfern. Diese sind zwar vorhanden, werden aber auch so gut wie nie angesetzt. Auch nicht, wenn Wirtschaftsprüfer Vergehen begehen. Es wurden zwar Beschwerden eingereicht, aber die wurden so lange nicht bearbeitet, bis sie schließlich verjähren. An dieser Stelle konnte man sich fragen, wieso die Landeskammer der Wirtschaftsprüfer solche Politik betreibt. Hat das etwa mit einem Schutz älterer Wirtschaftsprüfer zu tun, da vor allem gegen diese werden Beschwerden angereicht werden? Auch sonst ist die Landeskammer vor allem in den Medien strittig. Dies auch deswegen, da alle ihre Organe aus ehemaligen diplomierten Buchprüfern, die heute als Wirtschaftsprüfer fungieren, bestehen. Die Landeskammer tut auch nicht genug, um die Rolle der Wirtschaftsprüfer der breiten Öffentlichkeit klarer zu machen. Aus der Unkenntnis darüber entstehen oft Missverständnisse, die dann dazu führen, dass die Erwartungen insbesondere bezüglich des Inhalts und der Rolle des Bestätigungsvermerks gravierend überschätzt werden.

Kommen wir nun zu einigen praktikablen Möglichkeiten der Verbesserung. Theoretisch könnte gefragt werden: Wie ist Systemvertrauen institutionalisierbar? Und: Wie können Individuen, hier: Wirtschaftsprüfer „Vertrauensbereitschaft" lernen? Verbesserungsmöglichkeiten für die Zukunft resultieren vor allem aus den Ergebnissen der durchgeführten Interviews. (Die andere Quelle bieten die rechtlichen und beruflichen Regelungen sowie die relevante Literatur.) Die folgende Betrachtung nimmt immer die Perspektive der Adressaten ein, ferner deren Erwartungen, die je nachdem, ob sie erfüllt oder enttäuscht werden, den Prozess der Vertrauensentstehung formen.

Kritikwürdig sind zwei große Problembereiche. Erstens die Qualität der Wirtschaftsprüfer und zweitens die Qualität der Abschlussprüfung. Wünschenswert ist die Erhöhung der Qualität in beiden Bereichen. Zunächst paar Worte zur Qualität der Prüfer.

Aufgrund der durchgeführten empirischen Untersuchung sowie der Auswertung der relevanten Literatur lässt sich Folgendes feststellen. Die polnischen Wirtschaftsprüfer, die den Berufsexamen nach der Einführung des Gesetzes über Wirtschaftsprüfer im Jahre 1994 abgelegt haben, sind ausreichend fachlich qualifiziert. Die polnischen Wirtschaftsprüfer dagegen, die vor der Wende den Beruf des diplomierten Buchprüfers ausgeübt haben und den Titel sowie die Zulassung zum Wirtschaftsprüferberuf lediglich aufgrund eines Antrags bekommen haben, sind in großen Teilen nicht ausreichend qualifiziert. Dabei muss noch zwischen zwei Untergruppen unterschieden werden: Die eine, die voll im Berufsleben steht und die andere, die bereits aus dem aktiven Berufsleben ausgeschieden ist, und den Wirtschaftsprüferberuf durch die Durchführung von gelegentlichen Prüfungen noch ausübt. Bei den ersten Gruppe sind oft Bemühungen zu erkennen, die fehlende Fachkenntnisse zu erwerben, bei der zweiten Gruppe dagegen existieren solche Bemühungen, von einzelnen Ausnahmen abgesehen, nicht.

Mit der nicht ausreichender fachlicher Qualifizierung hängt unmittelbar zusammen die Problematik der vorgeschriebenen Mindestfortbildung. Einer von den Kennzeichen des freien Berufes ist die Ausübung von Spezialwissen. Bei der Aufnahme der Berufstätigkeit muss ein Wirtschaftsprüfer, der einen freien Beruf ausüben will, das spezielle Wissen nachweisen. Das Gesetz bestimmt, dass ein Bestand an Fachwissen zu einem vorgegebenen Zeitpunkt, nämlich des Examensstichtages vorhanden sein muss. Auch ein Nachweis des Fortbestehen des Wissens über den Stichtag ist ausdrücklich geregelt. Leider nimmt ein Teil der Wirtschaftsprüfer an der obligatorischen Fortbildung nicht teil (vgl. Korzeniewski 1999, S. 483).

Der nächste wichtige Kritikpunkt in dem Bereich der Qualität der Prüfer betrifft seine Unabhängigkeit. Die Unabhängigkeit des Wirtschaftsprüfers von sachfremden Einflüssen, insbesondere von Seiten des Geprüften, ist eine wichtige Voraussetzung für eine qualifizierte Prüfung. Der polnische Gesetzgeber hat sich dieser Frage in Art. 66 Gesetzes über Wirtschaftsprüfer. Die Landeskammer der Wirtschaftsprüfer hat sich mit der Problematik der Unabhängigkeit des Wirtschaftsprüfers ebenfalls beschäftigt. Sie hat sich im zweiten Kapitel, Abschnitt 2.4 des Ethikkodex, dieser Problematik mit besonderer Aufmerksamkeit zugewandt. Leider behandeln die Wirtschaftsprüfer diesen Grundsatz mit großer Nachlässigkeit (vgl. Korzeniewski 1999, S. 483). Die Unabhängigkeit des polnischen Wirtschaftsprüfers könnte durch schärfere Kontrollen und durch die tatsächliche Anwendung von

Sanktionsmechanismen bei der Nichtbeachtung, erfolgen. Mit Sanktionsmöglichkeiten ist der letzte wichtige Punkt bei der Problematik der Qualität der Prüfer angesprochen. Diese werden wie bereits in der Arbeit dargestellt, so gut wie nie angewendet. Es wäre die Aufgabe der Landeskammer, diese Tatsache zu ändern.

Der zweite große Problembereich bezieht sich auf die Qualität der Abschlussprüfung. Sie hängt im Einzelfall von der professionellen Durchführung ab. Gesetzliche Regelungen gibt es dazu in Polen nicht. Sie sind auch in anderen Staaten, wie z.B. in Deutschland nicht üblich. Diese Aufgabe obliegt der Berufsorganisation. National hat die Landeskammer der Wirtschaftsprüfer die Normen der Abschlussprüfung herauszugeben. International existieren eingehende Empfehlungen von IFAC. Trotzdem ist der generelle Qualitätsmangel bei der Erstellung der Prüfungsleistung in Polen nicht zu übersehen. Zwischen den Erwartungen der externen Adressaten und Prüfleistung der Wirtschaftsprüfer existiert eine erhebliche Lücke, die nicht zur Herstellung des Vertrauens bei der Adressaten führt. Zur Schließung der Erwartungslücke ist in USA bereit im Jahr 1977 die regelmäßige Überprüfung der Berufstätigkeit durch Außenstehende empfohlen worden. Es handelt sich um die sog. Peer Review[207]. Auf Grund der Satzung des Instituts der Abschlussprüfer in USA (American Institute of Certified Public Accountant) verpflichten sich die Berufsangehörige sich alle 5 Jahre einer Qualitätskontrolle in Form einer externen Überprüfung durch andere Berufsangehörige zu unterziehen. Das Ergebnis der Prüfung wird in einem Testat zusammengefasst (vgl. Biener 1995; Bertel 1996; Lindengs-Strache 1997). Regelungen nach diesem Vorbild führten mittlerweile Belgien, Frankreich, Großbritannien und Irland ein. Der deutsche Berufsstand diskutiert darüber seit geraumer Zeit. Auch IFAC Empfehlung bewegen sich in dieser Richtung, mit dem Unterschied, dass sie auch die Möglichkeit einer Überprüfung durch hauptamtliche Berufsorganisationen vorsehen (vgl. Biener 1995, S. 53). Für Polen wäre es zum überlegen, in welcher Form eine derartige Überprüfung der Prüfungsqualität eingeführt werden kann. Es wäre sicherlich sinnvoll gewesen, da die Qualität der Abschlussprüfung viel zu niedrig ist. Die Einführung von Peer Review wäre sowohl für die außenstehenden Adressaten als auch für die Wirtschaftsprüfer nützlich gewesen: Für die Adressaten, da sie dadurch eine zusätzliche Sicherung in die Ergebnisse der Prüfung bekommen würden. Für die Wirtschaftsprüfer, weil die jungen wenig Erfahrung besitzen. Diejenigen währenddessen, die aus dem alten Kader stammen, haben immer noch nicht ihre

---

[207] Unter „Peer Review“ wird die erste von amerikanischen Berufsstand eingeführte Qualitätskontrolle von Abschlussprüferpraxen mit solchen Mandanten, deren Jahresabschlüsse der Aufsicht der amerikanischen Börsenzulassungsstelle, der Securities and Exchange Commission (SEC), unterlagen, verstanden. Diese Maßnahme wurde im Jahre 1977 eingeführt und gilt unverändert. Zwischenzeitlich ist sie allerdings auf alle Praxen die Abschlussprüfungen durchführen, ausgedehnt (vgl. Niehus 1994, S. 126).

Prüfungsgewohnheiten aus der Zeit vor der Wende überwunden. Es versteht sich, dass diese oft mit den heutigen Regelungen und Bedürfnissen nicht kompatibel sind.

Die bisher geäußerte Kritik bezog sich auf die mangelnden Qualität der Personen der Wirtschaftsprüfer und deren Arbeitsweise. Ein anderer Kritikpunkt betrifft den Gesetzgeber, der bisher versäumt hat, die gesetzlichen Vorschriften den öffentlichen Erwartungen an die Aussagefähigkeit der Rechnungslegung und der Prüfung anzupassen. Die Forderungen der externen Prüfungsinteressenten reichen von einer konsequenteren Anwendung bestehender Prüfungsvorschriften bis hin zu stärkeren Zukunftsorientierung sowie der Einbeziehung von wirtschaftlichen Lage in die Prüfung. Soll der Berufsstand der Wirtschaftsprüfer in der Zukunft Vertrauen bei den Adressaten erwecken, gewissermaßen kreditwürdig werden, so soll der Gesetzgeber über die klassische Buchführung hinaus neue Aufgabenfelder der Abschlussprüfung definieren und normieren. Die Gelegenheit dazu bieten die Reformierungsarbeiten zu den hierfür beiden relevanten Gesetzen, dem Rechnungslegungsgesetz und dem Gesetz über Wirtschaftsprüfer, die gerade stattfinden. Als Ergebnis ist festzuhalten, dass eine Steigerung und ein Erhalts des Vertrauens in den Berufsstand der Wirtschaftsprüfer möglich ist, wenn die Prüfungsqualität der Jahresabschlüsse und die Qualität der Wirtschaftsprüfer verbessert wird.

Als Schlussgedanke soll noch mal darauf hingewiesen werden, dass es der Berufsstand ist, der die Normen gegenüber Dritten, besonders der öffentlichen Meinung, rechtfertigt, Vertrauen institutionalisiert, Misstrauen und damit Risiko minimiert, kurz: die Komplexität des Austausches von Wirtschaft, Recht und Gesellschaft reduziert.

Literaturverzeichnis

Albach 1991	Albach, H. 1991: Vertrauen in der ökonomischen Theorie. In: Albach, H.: Unternehmen im Wettbewerb: Investitions-, Wettbewerbs- und Wachstumstheorie als Einheit. Wiesbaden: Gabler, S. 3-12
Amelang/Gold/Külbel 1984	Amelang, M.; Gold, A.; Külbel, E. 1984: Über einige Erfahrungen mit einer deutschsprachigen Skala zur Erfassung zwischenmenschlichen Vertrauens (Interpersonal Trust). In: Diagnostica, 3/84, S. 198-215
Antfang/Urban 1994	Antfang, P.; Urban, D. 1994: „Vertrauen" – soziologisch betrachtet. Ein Beitrag zur Analyse binärer Interaktionssysteme. In: Schriftreihe des Instituts für Sozialforschen der Universität Stuttgart
Arrow 1980	Arrow, K. J. 1980: Wo Organisation endet: Management an der grenzen des machbaren. Wiesbaden: Gabler
Atteslander 1984	Atteslander, P. 1984: Methoden der empirischen Sozialforschung. Berlin, New York: de Gruyter
Bachmann 1997	Bachmann, R. 1997: Kooperation und Vertrauen in zwischenbetrieblichen Beziehungen. In: Hradil, S. (Hg.): Differenz und Integration. Die Zukunft moderner Gesellschaften. Verhandlungen des 28. Kongresses der Deutschen Gesellschaft für Soziologie in Dresden 1996. Frankfurt/M., New York: Campus Verlag
Bailey/Krzywda/Schroeder 1995	Bailey, D.; Krzywda, D.; Schroeder, M. 1995: Badanie i ogłaszanie sprawozdań finansowych w Polsce i w Wielkiej Brytanii – Próba porównania. *(Prüfung und Veröffentlichung von Jahresabschlüssen in Polen und in Großbritannien – eine Vergleichsprobe.)* In: Zeszyty Teoretyczne Rady Naukowej, Band 33, S. 5-13

Baj 1996	Baj, K. 1996: Jak określić zasady moralno-etyczne zawodu biegłego rewidenta? *(Wie könnten die moralisch-ethische Prinzipien des Wirtschaftsprüferberufes bestimmt werden?)* In: Rachunkowość, 1/96, S. 47-48
Baliński 1990	Baliński, J. 1990: Nasza przebudowa. Wywiad z Prezesem Stowarzyszenia. *(Unser Umbau. Ein Interview mit dem Vorstandsvorsitzenden der Buchhaltervereinigung)* In: Rachunkowość, 5-6/90, S. 106-109
Bentele 1993	Bentele, G. 1993: Immer weniger öffentliches Vertrauen. In: Bertelsmann Briefe, 5/93, S. 39-43
Bertl 1996	Bertl, R. 1996: Peer Review – Prüfung der Prüfer. In: Kofler, H.; Nadvornik, W.; Pernsteiner, H. (Hg.): Betriebswirtschaftliches Prüfungswesen in Österreich. Festschrift für Karl Vordazka zum 65. Geburtstag. Wien: Linde Verlag, S. 29-44
Biener 1995	Biener, H. 1995: Die Erwartungslücke – eine endlose Geschichte. In: Lanfermann, J. (Hg.): Internationale Wirtschaftsprüfung. Festschrift zum 65. Geburtstag von Hans Havermann. Düsseldorf: IDW-Verlag, S. 37-63
Bień 1967	Bień, W. 1967: Sześćdziesiąt lat działalności organizacji księgowych w Polsce. *(Sechzig Jahre Tätigkeit der Buchhalterorganisation in Polen.)* In: Bień, W.; Skrzywan, S.; Terebucha, E. (Hg.): Rachunkowość Polska. Warszawa: Państwowe Wydawnictwo Ekonomiczne, S. 4-76
Bień 1997	Bień, W. 1997: Powstanie zawodu biegłego rewidenta w Polsce. *(Entstehung des Wirtschaftsprüferberufes in Polen.)* In: Rachunkwość, 8/97, S. 379-381
Bień 1998	Bień, W. 1998: Dziewięćdziesiąt lat działalności organizacji księgowych w Polsce. *(Neunzig Jahre Tätigkeit der Buchhalterorganisation in Polen.)* In: Rachunkowość, 1/98, S. 9-18

Bierhoff/Buck 1997	Bierhoff, H. W.; Buck, E. 1997: Wer vertraut wem? Soziodemographische Merkmale des Vertrauens. In: Schweer, M. K. W. (Hg.): Vertrauen und soziales Handeln: Facetten eines alltäglichen Phänomens. Neuwied, Kriftel, Berlin: Luchterhand, S. 99-114
Birgfellner 1989	Birgfellner, J. 1989: Czy tematyka badania ksiąg odpowiada potrzebom. *(Entsprechen die Themenbereiche der Prüfung von Handelsbüchern den vorhandenen Bedürfnissen?)* In: Rachunkowość, 8-9/89, S. 273
Bittl 1997	Bittl, A. 1997: Vertrauen durch kommunikationsintendiertes Handeln. Eine grundlagentheoretische Diskussion in der Betriebswirtschaftslehre mit Gestaltungsempfehlungen für die Versicherungswirtschaft. Wiesbaden: Gabler
Bleicher 1982	Bleicher, K. 1982: Vor dem Ende der Misstrauensorganisation? In: Office Management, 4/82, S. 400-404
Bleicher 1994	Bleicher, K. 1994: Unternehmen auf dem Weg zur Vertrauensorganisation: Potentiale entdecken. In: Gablers Magazin, 1/94, S. 14-21
Bleicher 1995	Bleicher, K. 1995: Vertrauen als kritischer Faktor einer Bewältigung des Wandels. In: Zeitschrift für Organisation, 6/95, S. 390- 395
Bobula 1998	Bobula, A. 1998: Badanie rocznych sprawozdań finansowych – problemy, kłopoty. *(Prüfung der Jahresabschlüsse – Probleme, Schwierigkeiten)* In: Rachunkowość, 11/98, S. 581-585
Braun 1992	Braun, N. 1992: Altruismus, Moralität und Vertrauen. In: Analyse & Kritik, 14, S. 177-186
Büschges/Abraham 1997	Büschges, G.; Abraham, M. 1997: Einführung in die Organisationssoziologie. Stuttgart: Teubner
Butler 1991	Butler, J. K. 1991: Toward Understanding and Measuring Conditions of Trust: Evolution of a Conditions of Trust Inventory. In: journal of Management, 3/91, S. 643-663

Butler/Cantrell 1984	Butler, j. K.; Cantrell, S. 1984: A behavioural decision theory approach to modelling dyadic trust in superiors and subordinates. In: Psychological Reports, 55, S. 19-28
Cebrowska/Kasperowicz/ Kes/Pasławska 2000	Cebrowska, T.; Kasperowicz, A.; Kes, Z.; Pasławska, A. 2000: Autoportret audytorów. Wyniki badań ankietowych. *(Selbstbildnis der Wirtschaftsprüfer. Ergebnisse einer empirischen Befragung.)* In: Rachunkowość -audytor, 3/00, S. 1-4
Code of Ethics... 1996	Code of Ethics for Professional Accountants, 1996. International Federation of Accountants (Hg.). New York: IFAC
Coleman 1995	Coleman, J. S. 1995: Grundlagen der Sozialtheorie. Band 1: Handlungen und Handlungssysteme. Studienausgabe. München, Wien: Oldenburg Verlag
Creed/Miles 1996	Creed, W.E.D.; Miles, R.E. 1996: Trust in organizations: A conceptual framework linking organizational forms, managerial philosophies, and the opportunity costs of control. In: Kramer, R.M.; Tyler, T.R. (Hg.): Trust in organizations: Frontiers of strategy and research. Thousand Oaks, London, New Delhi, S. 16-38
Czerwiński 1937	Czerwiński, K. 1937: Na XXX Rocznicę. *(Auf den XXX Jahrestag.)* In: Czasopismo Księgowych w Polsce, 5/37, S. 129-135
Dadacz 2000	Dadacz, J. 2000: Ustawa o biegłych rewidentach i ich samorządzie po nowelizacji. *(Gesetz über Wirtschaftsprüfer und ihre Selbstverwaltung nach dessen Änderung)* In: Rachunkowość-audytor, 4/00, S. 11-12
Danne 1996	Danne, G. 1996: Die Rolle von Mentalität und arbeitsbezogenen Wertstrukturen in Transformationsgesellschaften: Eine vergleichende Studie über kulturelle Werte, Arbeitsmotivation und Arbeitszufriedenheit in ostdeutschen, polnischen und westdeutschen Unternehmen. Hamburg: Kovač

Das polnische Recht... 1997	Das polnische Recht der Rechnungslegung und Prüfung 1997, Institut der Wirtschaftsprüfer in Deutschland e.V. und Stowarzyszenie Księgowych w Polsce (Hg.). Düsseldorf: IDW
Dederichs 1997	Dederichs, A. M. 1997: Vertrauen als affektive Handlungsdimension: Eine emotionssoziologischer Bericht. In: Schweer, M. K. W. (Hg.): Vertrauen und soziales Handeln. Facetten eines alltäglichen Phänomens. Neuwied, Kriftel, Berlin: Luchterhand, S. 62-77
Deutsch 1962	Deutsch, M. 1962: Cooperation and Trust: Some Theoretical Notes. In: Jones, M. R. (Hg.): Nebraska Symposiums on Motivation. Lincoln Nebraska, S. 275-319
Deutsch 1976	Deutsch, M. 1976: Konfliktregelung. Konstruktive und destruktive Prozesse. München, Basel: E. Reinhardt
DiMaggio 1983	DiMaggio, P. J. 1983: State expansion and organizational fields. In: Hall, R. H.; Quinn, R. E. (Hg.): Organizational theory and public policy. Beverly Hills, London, New Delhi, S. 147-161
DiMaggio/Powell 1983	DiMaggio, P. J.; Powell, W. W. 1983: The Iron Cage Revisited: Institutional Isomorphism and Collective Rationality in Organization Fields. In: American Sociological Review 48, S. 147-160
DiMaggio/Powell 1991a	DiMaggio, P. J.; Powell, W. W. 1991: Introduction. In: Powell, W.W.; DiMaggio, P.J. (Hg.): The New Institutionalism in Organizational Analysis. Chicago, London: The University of Chicago, S. 1-38
DiMaggio/Powell 1991b	DiMaggio, P. J.; Powell, W. W. 1991: The Iron Cage Revisited: Institutional Isomorphism and Collective Rationality. In: Powell, W.W.; DiMaggio, P.J. (Hg.): The New Institutionalism in Organizational Analysis. Chicago, London: The University of Chicago, S. 63-82
Döring 1990	Döring, H. 1990: Aspekte des Vertrauens in Institutionen. Westeuropa im Querschnitt der Internationalen Wertestudie 1981. In: Zeitschrift für Soziologie, 2/90, S. 73-89

Doraczyński 1980	Doraczyński, J. 1980: Zasady (normy) postępowania dyplomowanego biegłego księgowego. *(Grundsätze (Normen) des Verhaltens von diplomierten Buchhalter)* In: Rachunkowość, 8/80, S. 221-228
Doraczyński 1983	Weryfikacja sprawozdań finansowych przy udziale dyplomowanych biegłch księgowych. *(Jahresabschlussprüfung mit Mitwirkung der diplomierten Buchhalter.)* Warsszawa: Stowarzyszenie Księgowych w Polsce
Dubbeld 1996	Dubbeld, C. 1996: Unabhängigkeit – Grundvoraussetzung für die Objektivität des "Professional Judgment". Das Instrument zur objektiven Urteilsbildung. In: Der Schweizer Treuhänder, 7-8/96, S. 547-554
Egner 1974	Egner, H. 1974: Bilanzen. Ein Lehrbuch zur Bilanztheorie. München: Vahlen
Egner 1992	Egner, H. 1992: Prüfungstheorie, verhaltensorientierter Ansatz. In: Coenenberg, A.; Wysocki, K. (Hg.): Handwörterbuch der Revision, Sp. 1566-1578.
Ehlermann 1995	Ehlermann; C.-D. 1995: Wettbewerb und freie Berufe: Antagonismus oder Kompatibilität? In: Förschle, G.; Keiser, K.; Moxter, A. (Hg.): Rechenschaftslegung im Wandel. Festschrift für Wolfgang Dieter Budde. C. H. Beck`sche Velagsbuchhandlung: München, S. 157-180
Erle 1990	Erle, B. 1990: Der Bestätigungsvermerk des Abschlussprüfers. Düsseldorf: IdW- Verlag
Ethikkodex	Kodex der Berufsethik der Wirtschaftsprüfer
Ewert 1990	Ewert, R. 1990: Wirtschaftsprüfung und asymmetrische Information. Berlin, Heidelberg, New York, London, Paris, Tokyo, Hong Kong, Barcelona: Springer-Verlag
Ewert 1993	Ewert, R. 1993: Rechnungslegung, Wirtschaftsprüfung, rationale Akteure und Märkte. Ein Grundmodell zur Analyse der Qualität von Unternehmenspublikationen. In: Zeitschrift für betriebswirtschaftliche Forschung, 9/93, S. 715-747

Fałowski 1996	Fałowski, W. 1996: Nowy Kodeks etyki zawodowej biegłych rewidentów. *(Der neue Kodex der Berufsethik der Wirtschaftsprüfer)* In: Rachunkwość, 11/96, S. 561-563
Fałowski 1998	Fałowski, W. 1998: Kodeks etyki biegłych rewidentów po roku. *(Kodex der Ethik der Wirtschaftsprüfer nach einem Jahr.)* In: Rachunkowość, 6/98, S. 309-313
Fedak 1996a	Fedak, Z. 1996: Normy badania rocznych sprawozdań finansowych. *(Prüfungsnormen der Jahresabschlüsse.)* In: Rachunkowość, 2/96, S. 57-62
Fedak 1996b	Fedak, Z. 1996: Rewizja rocznych sprawozdań finansowych. *(Prüfung von Jahresabschlüssen.)* Warszawa: Stowarzyszenie Księgowych w Polsce
Fliess 1997	Fliess, W. 1997: Die Fortentwicklung der Abschlußprüfungsgrundsätze und die IFAC-Standards. In: Wirtschaftsprüfungskammer-Mitteilungen, Sonderheft, S. 126-131
Fuderholz 1998	Fuderholz, J. 1998: Kultur virtueller Unternehmen: Arbeiten und Vertrauen in der Informationsgesellschaft. Berlin: Logos
Gabarro 1978	Gabarro, J. J. 1978: The Development of Trust, Influence, and Expectations. In: Athos, A. G.; Gabarro, J. J. (Hg.): Interpersonal behaviour: Communication and understanding in relationships. Englewood Cliffs: Prentice-Hall, S. 290-303
Gabriel 1993	Gabriel, O. W. 1993: Institutionenvertrauen im vereinigten Deutschland. In: Aus Politik und Zeitgeschichte. Beilage zur Wochenzeitung Das Parlament, B 43/93, S. 3-12
Gesetz über Wirtschaftsprüfer	Gesetz vom 13. Oktober 1994 über die Wirtschaftsprüfer und ihre Selbstverwaltung. In: Institut der Wirtschaftsprüfer in Deutschland e.V. und Stowarzyszenie Księgowych w Polsce (Hg.): Das polnische Recht der Rechnungslegung und Prüfung. Düsseldorf: IDW-Verlag, S. 287-307
Goliszewska 1994	Goliszewska, D. 1994: Bilanse pod lupą. *(Bilanzen unter der Lupe)* In: Businessman, 7/94, S. 26-27

Gońka 2001	Gońka, F. 2001: Kontrola sprawozdań finansowych. *(Kontrolle der Jahresabschlüsse.)* In: Rachunkowość, 5/01, S. 336-337
Goppelt/Dudek 1995	Goppelt, W.; Dudek, I. 1995: Wirtschaftsprüfung in Polen. In: Die Wirtschaftsprüfung, 19/95, S, 649-655
Gottlieb 1994	Gottlieb, M. M. 1994: Międzynarodowe Standardy Rachunkowości w praktyce światowej i w warunkach polskich. *(International Accounting Standards in der Weltpraxis und in den polnischen Verhältnissen.)* Warszawa: Fundacja Rozwoju Rachunkowości w Polsce
Grabitz 1985	Grabitz, H.-J. 1985: Die soziale Lerntheorie von Rotter. In: Frey, D.; Irle, M. (Hg.): Theorien der Sozialpsychologie, Bd. II: Gruppen und Lerntheorien. Bern, Stuttgart, Toronto: Hans Huber, S. 219-240
Graeff 1998	Graeff, P. 1998: Vertrauen zum Vorgesetzten und zum Unternehmen. Modellentwicklung und empirische Überprüfung verschiedener Arten des Vertrauens, deren Determinanten und Wirkungen bei Beschäftigten in Wirtschaftsunternehmen. Berlin: Wissenschaftlicher Verlag Berlin
Grunwald 1995	Grunwald, W. 1995: Wie man Vertrauen erwirbt: Von der Misstrauens- zur Vertrauensorganisation. In: io Management Zeitschrift, 1-2/95, S. 73-77
Haller 1992	Haller, A. 1992: Empirische Forschung im Prüfungswesen. In: Handwörterbuch der Revision, Sp. 413-426
Hamsher/Geller/Rotter 1968	Hamsher, J. H.; Geller, J. D.; Rotter, J. B. 1968: Interpersonal trust, internal-external control, and the Warren Commission Report. In: Journal of Personality and Social Psychology, 3/68, S. 210-215
Hasse/Krücken 1996	Hasse, R.; Krücken, G. 1996: Was leistet der organisationssoziologische Neo-Institutionalismus? Eine theoretische Auseinandersetzung mit besonderer Berücksichtigung des wissenschaftlichen Wandels. In: Soziale Systeme 2, 1/96, S. 91-112

Heisig 1997	Heisig, U. 1997: Vertrauensbeziehungen in der Arbeitsorganisation. In: Schweer, M (Hg.): Interpersonales Vertrauen: Theorien und empirische Befunde. Opladen: Westdeutscher Verlag, S. 121-153
Helin 2001	Helin, A. 2001: Nowa ustawa o biegłych rewidentach i ich samorządzie i co dalej? W oczekiwaniu na Krajowy Zjazd Biegłych Rewidentów. *(Neues Gesetz über Wirtschaftsprüfer und ihre Selbstverwaltung und was weiter? In der Erwartung der Landesversammlung der Wirtschaftsprüfer.)* In: Rachunkowość, 3/01, S. 212-213
Hennersdorf 1998	Hennersdorf, S. 1998: Aufstiegsdiskriminierung von Frauen durch Mitarbeiterbeurteilungen. Wiesbaden: Gabler
HGB	Handelsgesetzbuch. In: Wirtschaftsgesetze 1998. Düsseldorf: IDW-Verlag
Hofstede 1980	Hofstede, G. 1980: Culture`s consquences: International differences in work-related values. Beverly Hills: CA: Sage
Hofstede 1991	Hofstede, G. 1991: Cultures and Organizations – Software of the mind. London: McGraw
Hofstede 1993	Hofstede, G. 1993: Die Bedeutung von Kultur und ihren Dimensionen im Inernationalen Management. In: Haller, M. et. Al (Hg.): Globalisierung der Wirtschaft. Einwirkungen auf die Betriebswirtschaftslehre. Bern etc.: Haupt
Hosmer 1995	Hosmer, L. T. 1995: Trust: the connecting link between organizational theory and philosophical ethics. In: Academy of Management Review, 2/95, S. 379-403
Hulle van 1994	van Hulle, K. 1994: Das Europäische Bilanzrecht. Entwicklungen und Herausforderungen. In: Wirtschaftsprüfungskammer-Mitteilungen, 1/94, S. 9-17
Hunger 1981	Hunger, J. R. 1981: Die deutschen Wirtschaftsprüfer – Image und Selbstverständnis einer Profession. Düsseldorf: IdW - Verlag

Idzikowska 2000 — Idzikowska, G. 2000: Niezależność biegłego rewidenta i usługi rewizyjne. *(Unabhängigkeit des Wirtschaftsprüfers und deren andere Dienstleistungen)*. In: Rachunkowość-audytor, 4/00, S. 13-14

IFAC 1998 — IFAC Handbook 1998. Technical Pronouncements. New York: IFAC

Inglehart 1980 — Inglehart, R 1980: Motivation. In: Hoyos, C. G.; Kroeber-Riel, W.; Rosenstiel, L.; Strümpel, B. (Hg): Grundbegriffe der Wirtchaftspsychologie. Gesamtwirtschaft-Markt. Organisation-Arbeit. München: Kösel-Verlag, S. 409-419

Jepperson 1991 — Jepperson, R. L. 1991: Institutions, Institutional Effects, and Institutionalism. In: Powell, W.W.; DiMaggio, P.J. (Hg.): The New Institutionalism in Organizational Analysis. Chicago, London: The University of Chicago, S. 143-163

Johnson-George/Swap 1982 — Johnson-George, C.; Swap, W. C. 1982: Measurement of Specific Interpersonal Trust: Construction and Validation of a Scale to Assess Trust in a Specific Other. In: Journal of Personality and Social Psychology, 6/82, S. 1306-1317

Juchler 1986 — Juchler, J. 1986: Die sozialistische Gesellschaftstransformation. Allgemeine Theorie und Fallstudie (Polen 1945-1984). Frankfurt/M., New York: Campus

Juhnke 1995 — Juhnke, R. 1995: Die Trennung von Eigentum und Verfügungsgewalt in der deutschen Publikums-Aktiengesellschaft und der Funktionswandel ihrer Organe. Eine Analyse der Reformvorschläge unter Berücksichtigung der Theorie der Verfügungsrechte und ein Beitrag zur Geschichte des Aktienwesens. Frankfurt/M., Berlin, Bern, New York, Paris, Wien: Peter Lang

Junge 1998 — Junge, K. 1998: Vertrauen und die Grundlagen der Sozialtheorie. Ein Kommentar zu James S. Coleman. In: Müller, H.-P.; Schmid, M. (Hg.): Norm, Herrschaft und Vertrauen. Beiträge zu James S. Colemans Grundlagen der Sozialtheorie. Opladen, Wiesbaden: Westdeutscher Verlag, S. 26-63

Kaliński 1985	Kaliński, A. 1985: Zbliża się 30 rocznica reaktywowania Stowarzyszenia Księgowych w Polsce. *(Der Dreißigste Jahrestag der Reaktivierung des Buchahlterverbandes in Polen rückt nähr)* In: Rachunkowość, 9/85, S. 267-268
Kaliński 1995	Kaliński, A. 1995: Kodeks etyki zawodowej biegłych rewidentów. *(Der Kodex der Berufsethik der Wirtschaftsprüfer)* In: Rachunkowość, 10/95, S. 499-503
Kaliński 1996	Kaliński, A. Niezależność biegłego rewidenta. *(Die Unabhängigkeit des Wirtschaftsprüfers)* In: Rachunkowość, 3/96, S. 125-128
Kappelhoff 1993	Kappelhoff, P. 1993: Soziale Tauschsysteme: strukturelle und dynamische Erweiterungen des Marktmodells. München: Oldenbourg
Kapustka 1972	Kapustka, A. 1972: Rys historyczny działalności organizacji księgowych w Polsce. *(Historische Skizze über die Tätigkeit der Buchhalterorganisation in Polen.)* In: Biuletyn Jubileuszowy, S. 11-16
Kassebohm/Malorny 1994	Kassebohm, K.; Malorny, Ch. 1994: Auditierung und Zertifizierung im Brennpunkt wirtschaftlicher und rechtlicher Interessen. In: Zeitschrift für Betriebswirtschaft, 6/94, S. 693-716
Keller-Pfrunder/Treichler 1993	Keller-Pfrunder, A.; Treichler, Ch. 1993: Unternehmungskulturstrategien im Zürcher Ansatz. In: Die Unternehmung, S. 55-66
Kicińska 1994	Kicińska, A. 1994: Niezależność pozycji audytora a wiarygodność badanych przez niego sprawozdań finansowych. (Die Unabhängigkeit des Wirtschaftsprüfers in bezug auf die Glaubwürdigkeit der von ihm durchgeführten Jahrsabschlussprüfungen.) In: Zeszyty Teoretyczne Rady Naukowej, Band 29, S. 67-72
Kiechl 1993	Kiechl, R. 1993: Im multikulturellen Betrieb ist der gegenseitige Respekt wichtig. In: io Management Zeitschrift, S. 22-25

Kleinaltenkamp 1992	Kleinaltenkamp, M. 1992: Investitionsgüter-Marketing aus informationsökonomischer Sicht. In: Zeitschrift für betriebswirtschaftliche Forschung, 9/92, S. 809-829
Klimczak 1998	Klimczak, B. 1998: Podstawowy Problem etyczny zawodu biegłego rewidenta. *(Ethisches Grundproblem der Wirtschaftsprüferberufes.)* In: Rachunkowość, 9/98, S. 442-444
Kloos 1993	Kloos, G. 1993: Die Transformation der 4. EG-Richtlinie (Bilanzrichtlinie) in den Mitgliedstaaten der Europäischen Gemeinschaft: eine Analyse der verbliebenen Rechnungslegungsunterschiede aufgrund von nationalen Wahlrechtausnutzungen. Berlin: Duncker & Humbolt
Koczkas 1981	Koczkas, S. 1981: Vertrauen im Betrieb – Grundlage des Wandels. In: Zander, E.; Reinecke, W. (Hg.): Führungsentwicklung. Organisation Development in der Praxis. Heidelberg: Sauer, S. 119-138
Koller 1992	Koller, M. 1992: Sozialpsychologie des Vertrauens. Ein Überblick über theoretische Ansätze. In: Psychologische Beiträge, 34, S. 98-112
Koller 1997	Koller, M. 1997: Psychologie interpersonalen Vertrauens: Eine Einführung in theoretische Ansätze. In: Schweer, M. (Hg.): Interpersonales Vertrauen. Theorien und empirische Befunde. Opladen: Westdeutscher Verlag, S. 13-26
Konietzka 1995	Konietzka, D. 1995: Lebensstile im sozialstrukturellen Kontext. Opladen: Westdeutscher Verlag
Korzeniewski 1999	Korzeniewski, Z. 1999: IV Krajowy Zjazd Biegłych Rewidentów. *(Die vierte Landesversammlung der Wirtschaftsprüfer)* In: Rachunkowość, 8/99, S. 483-486
Krajewski 1999	Krajewski, J. 1999: Ranking audytorów. *(Rang der Wirtschaftsprüfer.)* In: Businessman, 2/99, S. 25-27
Krajewski/Pałyska 1999	Krajewski, J.; Pałyska, J. 1999: Kasta badaczy bilansów. *(Kaste der Bilanzprüfer.)* In: Businessman, 2/99, S. 18-21

Krampen/Viebig/Walter 1982	Krampen, G.; Viebig, J.; Walter, W. 1982: Entwicklung einer Skala zur Erfassung dreier Aspekte von sozialem Vertrauen. In: Diagnostica, 3/82, S. 242-247
Krystek 1991	Krystek, U. 1991: Controlling, mißtrauens- oder vertrauensbasiert: Speerspitze einer Misstrauensorganisation? In: Gablers Magazin, 5/91, S. 18-22
Kuhner 1999	Kuhner, C. 1999: Der Code of Ethics for Professional Accountants der International Federation of Accountants (IFAC) – Neue Verhaltensrichtschnur für den Wirtschaftsprüfer? In: Wirtschaftsprüfungskammer-Mitteilungen 1/99, S. 7-15
Kwasiborski 1994	Kwasiborski, A. 1994: Trochę historii. *(Ein Bisschen Geschichte.)* In: Audit, 1/94, S. 52-59
Kwasiborski 2001	Kwasiborski, A. 2001: Wdrażanie przepisów znowelizowanej ustawy o biegłych rewidentach i ich samorządzie. *(Einführung des gäenderten Gesetzes über Wirtschaftsprüfer und ihre Selbstverwaltung.)* In: Rachunkowość-audytor, 2/01, S. 1-7
Kwintkiewicz/Pawlicki/ Tylewski 1986	Kwintkiewicz, D.; Pawlicki, M.; Tylewski, T. 1986: Podstawy prawne rachunkowości i finansów jednostek gospodarki uspołecznionej. *(Rechtsgrundlagen des Rechnungswesens und der Finanzierung volkseigenen Betriebe)* Warszawa: Stowarzyszenie Księgowych w Polsce
Lamnek 1995	Lamnek, S. 1995: Qualitative Sozialforschung. Band 2: Methoden und Techniken. Weinheim: Beltz, Psychologie Verlags Union
Lauermann 1996	Lauermann, M. 1996: Transformation ohne Transformationstheorie. In: Kollmorgen, R.; Reißig, R. ; Weiß, J. (Hg.): Sozialer Wandel und Akteure in Ostdeutschland. Opladen: Leske & Budrich, S. 263-280
Leffson 1988	Leffson, U. 1988: Wirtschaftsprüfung. Wiesbaden: Gabler

Lindgens-Strache 1997	Lindgens-Strache, U. 1997: Peer Review – Ein probates Mittel zur Sicherung und Verbesserung der Prüfungsqualität in Deutschland? – Anmerkungen aus Sicht der Praxis. In: Betriebswirtschaftliche Forschung und Praxis, 3/97, S. 266-291
Loose/Sydow 1994	Loose, A.; Sydow, J. 1994: Vertrauen und Ökonomie in Netzwerkbeziehungen – Strukturationstheoretische Betrachtungen. In: Sydow, J.; Windeler, A. (Hg.): Management interorganisationaler Beziehungen. Vertrauen, Kontrolle und Informationstechnik. Opladen: Westdeutscher Verlag, S. 160-193
Lüdemann 1998	Lüdemann, C. 1998: Das Makro-Mikro-Makro-Modell von James S. Coleman, Kontrollübertragungen und fremdenfeindliche Gewalt. In: Müller, H.-P.; Schmid, M. (Hg.): Norm, Herrschaft und Vertrauen. Beiträge zu James S. Colemans Grundlagen der Sozialtheorie. Opladen: Westdeutscher Verlag
Luhmann 1989	Luhmann, N. 1989: Vertrauen: ein Mechanismus der Reduktion sozialer Komplexität. Stuttgart: Enke
Maaß 1995	Maaß, J. 1995: Vom Lean Management zur Vertrauensorganisation. Eine personalpolitische Herausforderung. In: Office Management, 4/95, S. 55-61
Molski 2001	Molski, S. 2001: Kilka uwag o szkoleniu obligatoryjnym biegłych rewidentów. *(Einige Bemerkungen über obligatorische Weiterbildung der Wirtschaftsprüfer.)* In: Rachunkowość-audytor, 2/01, S. 7-8
Markus 1992	Markus, H. B. 1992: Der Wirtschaftsprüferberuf. Eine geschichtliche Kurzfassung. In: Wirtschaftsprüfungskammer-Mitteilungen, 1/92, S. 1-10
Markus 1996	Markus, H. B. 1996: Der Wirtschaftsprüfer. Entstehung und Entwicklung des Berufes im nationalen und internationalen Bereich. München: C. H. Beck

Marten/Schmöller 1999 — Marten, K.-U.; Schmöller, P. 1999: Das Image der Wirtschaftsprüfer. Eine empirische Untersuchung. In: Zeitschrift für Betriebswirtschaft, 2/99, S. 171-193

Matiaske 1999 — Matiaske, W. 1999: Soziales Kapital in Organisationen. Eine tauschtheoretische Studie. München, Mering: Hampp

Mayer/Davis/Schoorman 1995 — Mayer, R. C.; Davis, J. H.; Schoorman, F. D. 1995: An integrative model of organizational trust. In Academy of Management Review, 20, S. 709-734

Meisel 1992 — Meisel, B. S. 1992: Geschichte der deutschen Wirtschaftsprüfer. Entstehungs- und Entwicklungsgeschichte vor dem Hintergrund einzel- und gesamtwirtschaftlicher Krisen. Köln: Dr. Otto Schmidt

Merton/Kendall 1993 — Merton, R. K.; Kendall, P.L. 1993: Das fokussierte Interview. In: Hopf, C.; Weingarten, E. (Hg.): Qualitative **Sozial**forschung. Stuttgart: Klett-Cotta, S. 171-204

Messelken 1993 — Messelken, K. 1993: Die Verhaltenstheorie. In: Endruweit, G. Unter Mitarbeit von Daheim, H.; Giesen, B.; Messelken, K. (Hg.): Moderne Theorien der Soziologie: strukturell-funktionale Theorie, Konflikttheorie, Verhaltenstheorie; ein Lehrbuch. Stuttgart: Ferdinand Enke Verlag, S. 135-213

Messner 1996 — Messner, Z. 1996: Status biegłego rewidenta. *(Status des Wirtschaftsprüfers.)* In: Serwis Finansowo-Księgowy, 1/96, S. 16-18

Messner 1997 — Messner, Z. 1997: Znowelizowane wymagania i nowe zasady organizacji egzaminów dla kandydatów na biegłch rewidentów. *(Geänderte Bedingungen und neue Regel des Organisierens der Prüfungen für die Wirtschaftsprüferkandidaten)* In: Rachunkowość, 12/97, S. 667-669

Meyer/Boli/Thomas 1994 — Meyer, J. W.; Boli, J.; Thomas, G. M. 1994: Ontology and Rationalization in the Western Cultural Account. In: Scott, W. R.; Meyer, J. W. (Hg.): Institutional environments and organizations: structural complexity and individualism. Thousand Oaks, London, New Delhi: Sage Publications, S. 9-27

Meyer/Rowan 1977 | Meyer, J. W.; Rowan, B. 1977: Institutionalized Organizations: Formal Structure as Myth and Cerenomy. In: American Journal of Sociology, 2/77, S. 340-363

Meyer/Scott 1992 | Meyer, J. W.; Scott, W. R. 1992: Centralization and the Legitimacy Problems of Local Government. In: Meyer, J. W.; Scott, W. R. (Hg.): Organizational Environments. Ritual and Rationality. Newbury Park, London, New Delhi: Sage Publications. S. 199-215

Meyer/Scott/Deal 1981 | Meyer, J. W.; Scott, W. R.; Deal, T. E. 1981: Institutional and technical sources of organizational structure. In: Stein, H. D. (Hg.): Organization and the human Services. Philadelphia, S. 151-178

Mielke 1996 | Mielke, R. 1996: Lerntheoretische Persönlichkeitskonstrukte. In: Enzyklopädie der Psychologie: Themenbereich C, Theorie und Forschung: Ser. 8, Temperaments- und Persönlichkeitsunterschiede, Bd. 3. Göttingen, Bern, Toronto, Seattle: Hogrefe. Verlag für Psychologie, S. 185-222

Misińska 1995 | Misińska, D. 1995: Zmiany w rachunkowości a konkurencyjność podmiotów gospodarczych. (*Veränderungen im Rechnungswesen und Wettbewerbsfähigkeit von Unternehmen.*) In: Rachunkowość, 5/95, S. 225-229

Molski 2000 | Molski, S. 2000: Kontrola jakości w firmach audytorskich. *(Qualitätskontrolle in Wirtschaftsprüfungsgesellschaften)* In: Rachunkowość-audytor, 3/00, S. 5-10

Möhle 1954 | Möhle, F. 1954: Zur Geschichte und geistigen Grundlage des Wirtschaftsprüferberufes. In: Die Wirtschaftsprüfung, 23/54, S. 529-531

Müller 1993 | Müller, H.-P. 1993: Sozialstruktur und Lebensstile. Frankfurt/M.

Narowski 1974 | Narowski, C. 1974: Vertrauen. Begriffsanalyse und Operationalisierungsversuch. Augsburg: Druck- und Verlangsanstalt Werner Blasaditsch

Neu 1991	Neu, D. 1991: Trust, Contracting And The Prospectus Process. In: Accounting, Organizations and Society, 3/91, S. 243-256
Neubauer 1997	Neubauer, W. 1997: Interpersoneles Vertrauen als Management-Aufgabe in Organisationen. In: Schweer, M. (Hg.): Interpersonales Vertrauen: Theorien und empirische Befunde. Opladen: Westdeutscher Verlag, S. 105-120
Nieder 1999	Nieder, P. 1999: Erfolgreich führen durch Vertrauen. In: Personalwirtschaft, 2/99, S. 36-39
Niehus 1994	Niehus, R. 1994: Der Abschlussprüfer und die Qualitätskontrolle – Ein Anliegen des deutschen Berufsstandes (I) und (II). In: Wirtschaftsprüferkammer Mitteilungen, 3/94 und 1/95, S. 125-133 und 1-10
Nowak 2000	Nowak, W. A. 2000: Etyczne determinanty systemów rachunkowości i controllingu. *(Ethische Detrminanten der Rechnungswesenysteme und des Controllings.)* In: Zeszyty Teoretyczne Rady Naukowej, Band 54, S. 83-95
Nurowski 1976	Nurowski, H. 1976: Weryfikacja sprawozdań bilansowych. *(Die Prüfung der Jahresabschlüsse.)* Warszawa: Państwowe Wydawnictwo Ekonomiczne
Oberlander 1995	Oberlander, W. 1995: Zwischen Markt und Staat – eine sozialstrukturelle und berufssoziologische Betrachtung der Freien Berufe in den neuen Bundesländern. Erlangen-Nürnberg
Offermanns 1990	Offermanns, M. 1990: Bürokratie und Vertrauen. Die Institution Vertrauen in der Ökonomischen Theorie der Bürokratie. Baden-Baden: Nomos
Oliver 1991	Oliver, C. 1991: Strategic respomses to institutional processes. In: Academy of Management Review, 1/91, S. 145-179
Parsons 1951	Parsons, T. 1951: General Statement. In: Parsons, T.; Shils, E. (Hg.) Towards to General Theory of Action. New York: Harper & Row. S. 3-58

Paryziński 1995 | Paryziński, Z. 1995: Der Beruf des Wirtschaftsprüfers und Steuerberaters in Polen. In: Steuerberatung, 6/95, S. 250-254

Paryziński 1998 | Paryziński, Z. 1998: Refleksje z okazji 90. rocznicy istnienia Stowarzyszenia Księgowych. *(Reflexionen wegen des neunzigsten Jahrestages der Existenz des Buchhaltevereins.)* In: Rachunkowość, 2/98, S. 65-67

Petermann 1996 | Petermann, F. 1996: Psychologie des Vertrauens. Göttingen, Bern, Toronto, Seattle: Hogrefe

Platzköster 1990 | Platzköster, M 1990: Vertrauen – Theorie und Analyse interpersoneller, politischer und betrieblicher Implikationen. Essen: Verlag Beleke KG

Powell/DiMaggio 1991 | Powell, W. W.; DiMaggio, P. J. 1991: The New Institutionalism in Organizational Analysis. Chicago: University of Chicago Press

Preisendörfer 1995 | Preisendörfer, P. 1995: Vertrauen als soziologische Kategorie. Möglichkeiten und Grenzen einer entscheidungstheoretischen Fundierung des Vertrauenskonzepts. In: Zeitschrift für Soziologie, 4/95, S. 263-272

Rapoport/Chammah 1965 | Rapoport, A.; Chammah, M. 1965: Prisoners Dilemma: A study in conflict and cooperation. New York: Ann Arbor

Rippberger 1998 | Rippberger, T. 1998: Ökonomik des Vertrauens. Analyse eines Organisationsprinzips. Tübingen: Mohr, Siebeck

RLG | Gesetz vom 29. September 1994 über die Rechnungslegung. In: Das polnische Recht der Rechnungslegung und Prüfung 1997, Institut der Wirtschaftsprüfer in Deutschland e.V. und Stowarzyszenie Księgowych w Polsce (Hg.). Düsseldorf: IDW, S. 3-159

Rojek 2000 | Rojek, P. 2000: Po zmianach ustawy o biegłych rewidentach i ich samorządzie. *(Nach den Änderungen des Gesetzes über Wirtschaftsprüfer und ihre Selbstverwaltung.)* In: Rachunkowość-audytor, 4/00, S. 1-2

Rost 1991 — Rost, P. 1991: Der internationale Harmonisierungsprozeß der Rechnungslegung. Theorie, Praxis, Perspektiven. Frankfurt/M., Berlin, Bern, New York, Paris, Wien: Peter Lang

Rotter 1954 — Rotter, J. B. 1954: Social learning and clinical psychology. Englewood Cliffs: Prentice-Hall

Rotter 1967 — Rotter, J. B. 1967: A new scale for the measurement of interpersonal trust. In: Journal of Personality, 35, S. 651-665

Rotter 1971 — Rotter, J. B. 1971: Generalized expectancies for interpersonal trust. In: American Psychologist 26, S. 443-452

Rotter 1980 — Rotter, J. B. 1980: Interpersonal Trust, Trustworthiness and Gullibility. In: American Psychologist, 1/80, S. 1-7

Rotter 1981 — Rotter, J. B. 1981: Vertrauen. In: Psychologie Heute, 3/81, S. 23-29

Rotter/Chance/Phares 1972 — Rotter, J. B.; Chance, J. E.; Phares, E. J. 1972: Applications of a Social Learning Theory of Personality. New York, Chicago, San Francisco, Atlanta, Dallas, Montreal, Toronto, London, Sydney: Holt, Rinehart and Winston

Rotter/Hochreich 1979 — Rotter, J. B.; Hochreich, D. J. 1979: Persönlichkeit: Theorien, Messung, Forschung. Berlin, Heidelberg, New York: Springer

Rotter/Katz 1969 — Rotter, J. B.; Katz, H. A. 1969: Interpersonal trust scores of students and their parents. In: Child Development, 40, S. 657-661

Ruhnke 1997a — Ruhnke, K. 1997: Internationale Normen der Abschlußprüfung. In: Wirtschaftsprüfungskammer-Mitteilungen, 2/97, S. 78-89

Ruhnke 1997b — Ruhnke, K. 1997: Empirische Forschung im Prüfungswesen. In: Zeitschrift für betriebswirtschaftliche Forschung, 4/97, S. 311- 344

Sablik 1992 — Sablik, J. 1992: Co dalej z biegłymi księgowymi? *(Wie geht es weiter mit den diplomierten Buchprüfern?)* In: Rachunkowość, 4/92, S. 100-101

Sawicki 1996 — Sawicki, K. 1996: Zagadnienie etyki zawodowej biegłego rewidenta. *(Probleme der Berufsethik der Wirtschaftsprüfer.)* In: Zeszyty Teoretyczne Rady Naukowej, Band 37, S. 20-28

Sawicki 1997 — Sawicki, K. 1997: Normy zawodowe I normy etyczne jako podstawa działania biegłych rewidentów. *(Berufsnormen und ethische Normen als Basisgrundlage der Tätigkeit der Wirtschaftsprüfer.)* In: Zeszyty Teoretyczne Rady Naukowej, Band 37, S. 49-62

Sawicki 1998a — Sawicki, K. 1998: Formułowanie opinii biegłego rewidenta o sprawozdaniu finansowym. *(Formulierung des Bestätigungsvermerks des Wirtschaftsprüfers über den Jahresabschluss.)* Warszawa: Stowarzyszenie Księgowych w Polsce

Sawicki 1998b — Sawicki, K. 1998: Badania rocznych sprawozdań finansowych jednostek nie objętych obowiązkiem corocznego badania. *(Prüfung von Jahresabschlüssen, die der jährlichen Pflichtprüfung nicht unterliegen)* In: Serwis Finansowo-Księgowy, 4/98, S. 4-7

Sawicki 1998c — Sawicki, K. 1998: Problem formułowania opinii biegłego rewidenta o sprawozdaniu finansowym jednostki. *(Probleme bei Formulierung des Bestätigungsvermerks des Wirtschaftsprüfers über den Jahresabschluss eines Unternehmens.)* In: Zeszyty Teoretyczne Rady Naukowej, Band 47, S. 85-97

Sawicki 2000 — Sawicki, K. 2000: Problemy badania sprawozdań finansowych podmiotów gospodarczych. *(Probleme der Jahresabschlussprüfungen.)* In: Zeszyty teoretyczne Rady naukowej, Band 56, S. 192-196

Schanz 1977 — Schanz, G. 1977: Grundlagen der verhaltenstheoretischen Betriebswirtschaftslehre. Tübingen: J.C.B. Mohr (Paul Siebeck)

Schildbach 1996	Schildbach, T. 1996: Die Glaubwürdigkeitskrise der Wirtschaftsprüfer – zu Intensität und Charakter der Jahresabschlussprüfung aus wirtschaftlicher Sicht. In: Betriebswirtschaftliche Forschung und Praxis, 1/96, S. 1-30
Schindler/Thomas 1993	Schindler, P. L.; Thomas, C. C. 1993: The structure of interpersonal trust in the workplace. In: Psychological Reports, 73, S. 563-573
Schmidt 1996	Schmidt, P.-J.; 1996: Überlegungen zur Erweiterung der gesetzlichen Regelungen über die Abschlussprüfung. In: Betriebswirtschaftliche Forschung und Praxis, 1/96, S. 52-75
Schmitz 1997	Schmitz, G. 1997: Marketing für professionelle Dienstleistungen. Bedeutung und Dynamik der Geschäftsbeziehungen, dargestellt am Beispiel Wirtschaftsprüfung. Wiesbaden: Gabler
Schneewind 1992	Schneewind, K. A. 1992: Persönlichkeitstheorien II. Organismische und dialektische Ansätze. Darmstadt: Wissenschaftliche Buchgesellschaft
Schnell/Hill/Esser 1988	Schnell, R.; Hill, P. B.; Esser, E. 1988: Methoden der empirischen Sozialforschung. München, Wien: Oldenbourg
Schreyögg 1996	Schreyögg, G. 1996: Organisation: Grundlagen moderner Organisationsgestaltung, mit Fallstudien. Wiesbaden: Gabler
Scott 1986	Scott, W. R. 1986: Grundlagen der Organisationstheorie. Frankfurt/M., New York:
Scott 1990	Scott, W. R. 1990: Symbols and organizations: From Chester Barnard to the institutionalists. In: Williamson, O. E. (Hg.): Organization theory. New York, Oxford: S. 38-55
Scott 1994	Scott, W. 1994: Institutional environments and organizations. Thousand Oaks: Sage Publication

Scott/Meyer 1994 — Scott, W. R.; Meyer, J. W. 1994: Developments in institutional theory. In: Scott, W. R.; Meyer, J. W. (Hg.): Istitutional Environments and Organizations: Structural Complexity and Individualism. Thousand Oaks, S. 1-8

Skrzywan 1967 — Skrzywan, S. 1967: Rachunkowość w Polsce Ludowej. *(Rechnungswesen in Volksrepublik Polen)* In: Rachunkowość Polska. Warszawa: Państwowe Wydawnictwo Ekonomiczne

Solska 1998 — Solska, J. 1998: Monopol starszych panów. *(Monopol der älteren Herren)* In: Polityka, 35/98, S. 22-24

Spremann 1988 — Spremann, K. 1988: Reputation, Garantie, Information. In: Zeitschrift für Betriebswirtschaft, 5-6/88, S. 613-629

Staehle 1999 — Staehle, W. H. 1999: Management: eine verhaltenswissenschaftliche Perspektive. München: Vahlen

Stahl 1996 — Stahl, H. K. 1996: Die Vertrauensorganisation: Wie sie entsteht, welche Vorteile sie schafft, wo ihre Grenzen liegen. In: io Management, 9/96, S. 29-32

Stasiewski 1996 — Stasiewski, T. 1996: Niezależność biegłego rewidenta. *(Die Unabhängigkeit des Wirtschaftsprüfers)* In: Nowa Europa, S. 16-17

Steiner 1995 — Steiner, M. 1995: Internationalisierung mittelständischer Unternehmungen – Das Kulturmanagement aus Sicht des Stammhauses. Hallstadt: Rosch-Buch

Stier 1996 — Stier, W. 1996: Empirische Forschungsmethoden. Berlin, Heidelberg, New York: Springer

Strasser/Voswinkel 1997 — Strasser, H.; Voswinkel, S. 1997: Vertrauen im gesellschaftlichen Wandel. In: Schweer, M (Hg.): Interpersonales Vertrauen: Theorien und empirische Befunde. Opladen: Westdeutscher Verlag, S. 217-236

Stüdlein 1997	Stüdlein, Y. 1997: Kulturelle Perspektive internationaler strategischer Allianzen – Phasenkonzept zum Management von Kulturunterschieden. Wiesbaden: Gabler
Sydow 1995	Sydow, J. 1995: Konsitutionsbedingungen von Vertrauen in Unternehmungsnetzwerken – Theoretische und empirische Einsichten. In: Bühner, R.; Hasse, K. D.; Wilhelm, J. (Hg.): Die Dimensionierung des Unternehmens. Stuttgart: Schäffer-Poeschel Verlag, S. 178-200
Sydow 1996	Sydow, J. 1996: Erfolg als Vertrauensorganisation? In: Office Management, 7-8/96, S. 10-13
Sztompka 1997	Sztompka, P. 1997: Kulturowe imponderabilia szybkich zmian społecznych. Zaufanie, lojalność, solidarność. *(Kulturelle Imponderabilien bei schnellem gesellschaftlichen Wandel. Vertrauen, Loyalität, Solidarität.)* In: Studia Socjologiczne, 4/97, S. 5-19
Szymański 1998	Szymański, K. G. 1998: Opinia biegłego rewidenta z badania sprawozdania finansowego. *(Bestätigungsvermerk des Wirtschaftsprüfers aus der Prüfung des Jahresabschlusses.)* In: Serwis Finansowo-Księgowy, 19/98, S. 4-15
Tendera 1987	Tendera, P. 1987: Sprawozdawczość finansowa w przedsiębiorstwie. Sporządzanie, badanie, weryfikacja. *(Berichterstattung im Unternehmen. Erstellung, Analyse, Prüfung.)* Warszawa: Państwowe Wydawnictwo Ekonomiczne
Tendera 1996	Tendera, P. 1996: Badania i weryfikacja sprawozdań finansowych. *(Prüfung und Analyse von Jahresabschlüssen)* Katowice: Akademia Ekonomiczna im. Karola Adamieckiego
Thommen/Achleitner 1998	Thommen, J.-P.; Achleitner A.-K. 1998: Allgemeine Betriebswirtschaftslehre. Umfassende Einführung aus managementorientierter Sicht. Wiesbaden: Gabler
Tolbert/Zucker 1983	Tolbert, P. S.; Zucker, L. G. 1983: Institutional source of change in the formal structure of organizations: The diffusion of civil service reform, 1880 - 1935. In: Administrative Science Quarterly, 28, S. 22-39

Treibel 1997	Treibel, A. 1997: Einführung in soziologische Theorien der Gegenwart. Opladen: Leske & Budrich
T.T. 1977	T.T. 1977: Wyniki oceny działalności dyplomowanych biegłych księgowych za 1975 r. *(Ergebnisse der Beurteilung der Tätigkeit der diplomierten Buchprüfer für das Jahr 1975)* In: Rachunkowość, 2/77, S. 61-63
Türk 1997	Türk, K. 1997: Organisation als Institution der kapitalistischen Gesellschaftstransformation. In: Ortmann, G.; Sydow, J.; Türk, K. (Hg.): Theorien der Organisation. Die Rückkehr der Gesellschaft. Opladen: Westdeutscher Verlag, S. 124-176
Ustawa z dnia 29.9.1994...	Ustawa z dnia 29.września 1994 r.o rachunkowości. *(Gesetz vom 29. September 1994 über die Rechnungslegung)* In: Dziennik Ustaw 1994, Nr. 121, S. 2125-2158
Vogt 1997	Vogt, J. 1997: Vertrauen und Kontrolle in Transaktionen. Eine institutionenökonomische Analyse. Wiesbaden: Gabler
Walgenbach 1995	Walgenbach, P. 1995: Institutionalistische Ansätze in der Organisationstheorie. In: Kieser, A. (Hg.): Organisationstheorien. 2., überarbeitete Auflage. Stuttgart, Berlin, Köln: Kohlhammer
Walz 1996	Walz, D. 1996: Vertrauen in Institutionen in Deutschland zwischen 1991 und 1995. In: ZUMA-Nachrichten, 38, S. 70-89
Weisenfeld-Schenk 1997	Weisenfeld-Schenk, U. 1997: Die Nutzung von Zertifikaten als Signal für Produktqualität. Eine informationsökonomische Betrachtung. In: Zeitschrift für Betriebswirtschaft, 1/97, S. 21-39
Widmaier 1991	Widmaier, S. 1991: Wertewandel bei Führungskräften und Führungsnachwuchs. Zur Entwicklung einer wertorientierten Unternehmensgestaltung. Konstanz: Hartung-Gorre Verlag
Wiegand 1996	Wiegand, M. 1996: Prozesse Organisationalen Lernens. Wiesbaden: Gabler

Willke 2000	Willke, H. 2000: Systemtheorie I: Grundlagen. Stuttgart: Lucius & Lucius
Windmöller 1996	Windmöller, R. 1996: Unabhängigkeit und Unbefangenheit – Internationales Verständnis und Deutsche Grundsätze. In: Baetge, J.; Börner, D.; Schruff, L. (Hg.): Rechnungslegung, Prüfung und Beratung: Herausforderungen für den Wirtschaftsprüfer. Festschrift zum 70. Geburtstag von Professor Dr. Reiner Ludewig. Düsseldorf: IDW, S. 1089-1127
WiTG	Wirtschaftstätigkeitsgesetz vom 23.12.1988. In. Handbuch Wirtschaft und Recht in Osteuropa. München: Beck, PL 800
Woliński 1996	Woliński, P. 1996: Badanie sprawozdania finansowego a podmiot sprawozdawczy. *(Prüfung des Jahresabschlusses und das geprüfte Unternehmen)* In: Prawo Przedsiębiorcy, 3/96, S. 27-30
Wolz 1996	Wolz, M. 1996: Die Krisenwarnfunktion des Abschlussprüfers. Wiesbaden: Gabler
Wskazówki... 1998	Wskazówki dotyczące formułowania opinii biegłego rewidenta o rocznym sprawozdaniu finansowym 1998, *(Hinweise bezüglich der Formulierung des Bestätigungsvermerks durch den Wirtschaftsprüfer)* Krajowa Izba Biegłych Rewidentów (Hg.) In: Biuletyn 38, S. 19-43
Wskazówki... 1999	Wskazówki w sprawie kształtowania trści raportu biegłego rewidenta z badania rocznego sprawozdania finansowego 1999, *(Hinweise bezüglich der Inhaltsgestaltung des Prüfungsberichtes durch den Wirtschaftsprüfer)* Krajowa Izba Biegłych Rewidentów (Hg.) In: Biuletyn 40, S. 27-54
Zernack 1997	Zernack, A. 1997: Rechnungslegung, ihre Abgrenzungsfunktionen und Internationalisierung. Frankfurt/M., Berlin, Bern, New York, Paris, Wien: Peter Lang
Zimbardo 1992	Zimbardo, P. G. 1995: Psychologie. Berlin, Heidelberg, New York: Springer-Verlag

Zimbardo 1995	Zimbardo, P. G. 1995: Psychologie. Berlin, Heidelberg, New York: Springer-Verlag
Zucker 1983	Zucker, L. G.1983: Organizations as institutions. In: Research in the Sociology of Organizations, 2/83, S. 1-47
Zucker 1986	Zucker, L. G. 1986: Production of trust. Institutional sources of economic structure, 1840-1920. In: Cummings, L. L.; Staw, B. M. (Hg.): Research in Organizational Behavior 8/86, S. 53-111
Zucker 1987	Zucker, L. G. 1987: Institutional Theories of Organization. In: Annual Review of Sociology, 13/87, S. 443-464
Zucker 1991	Zucker, L. G. 1991: The role of institutonalization in cultural persistence. In: Powell, W. W.; DiMaggio, P. J. 1991: The new institutionalism in organizational analysis. Chicago: S. 83-107

Peter Lang · Europäischer Verlag der Wissenschaften

Steffen Rapp

Freiberufliche Tätigkeit von Rechtsanwälten, Wirtschaftsprüfern und Steuerberatern sowie Freiberufler-Personengesellschaften im internationalen Steuerrecht

Frankfurt/M., Berlin, Bern, Bruxelles, New York, Oxford, Wien, 2002.
XLVII, 309 S.
Europäische Hochschulschriften: Reihe 5, Volks- und Betriebswirtschaft. Bd. 2907
ISBN 3-631-39643-0 · br. € 50.10*

Ziel der Arbeit ist es, die Besteuerung der Einkünfte aus der grenzüberschreitenden Tätigkeit von Freiberuflern anhand der Berufsgruppe der Rechtsanwälte, Wirtschaftsprüfer und Steuerberater systematisch darzustellen. Dabei wird zunächst auf selbständig tätige Berufsangehörige eingegangen und daran anschließend insbesondere auf die Ergebnisermittlung zwischen „Stammhaus" und fester Einrichtung sowie auf die Beteiligung als Gesellschafter einer international tätigen Freiberufler-Personengesellschaft. Wesentlicher Teil der Untersuchung ist die dogmatische Auseinandersetzung mit dem nationalen Steuerrecht und dem Recht der Doppelbesteuerungsabkommen der Bundesrepublik Deutschland. Letzteres wird künftig, trotz dessen Änderung durch das OECD-MA 2000, durch das OECD-Musterabkommen aus dem Jahre 1977 geprägt. Da die Anpassungen der Abkommen der Bundesrepublik an das OECD-MA 2000 einen beträchtlichen Zeitraum in Anspruch nehmen werden, sind beide Fassungen des OECD-MA parallel zu beachten.

Frankfurt/M · Berlin · Bern · Bruxelles · New York · Oxford · Wien
Auslieferung: Verlag Peter Lang AG
Moosstr. 1, CH-2542 Pieterlen
Telefax 00 41 (0) 32 / 376 17 27

*inklusive der in Deutschland gültigen Mehrwertsteuer
Preisänderungen vorbehalten

Homepage http://www.peterlang.de